U0579066

**权威·前沿·原创**

皮书系列为
"十二五""十三五""十四五"时期国家重点出版物出版专项规划项目

BLUE BOOK

智库成果出版与传播平台

社区蓝皮书
**BLUE BOOK** OF COMMUNITY

# 中国社区发展报告（2021~2022）

ANNUAL REPORT ON COMMUNITY DEVELOPMENT OF CHINA (2021-2022)

北京市社会科学院

主　编／谭日辉

副主编／李金娟　张　娜

社会科学文献出版社

SOCIAL SCIENCES ACADEMIC PRESS (CHINA)

图书在版编目（CIP）数据

中国社区发展报告. 2021~2022 / 谭日辉主编. --
北京：社会科学文献出版社，2022.7
（社区蓝皮书）
ISBN 978-7-5228-0421-7

Ⅰ.①中… Ⅱ.①谭… Ⅲ.①社区建设-研究报告-
中国-2021-2022 Ⅳ.①D669.3

中国版本图书馆 CIP 数据核字（2022）第 120127 号

社区蓝皮书
中国社区发展报告（2021~2022）

主　　编／谭日辉
副 主 编／李金娟　张　娜

出 版 人／王利民
责任编辑／王　展
责任印制／王京美

出　　版／社会科学文献出版社·皮书出版分社（010）59367127
　　　　　地址：北京市北三环中路甲 29 号院华龙大厦　邮编：100029
　　　　　网址：www. ssap. com. cn
发　　行／社会科学文献出版社（010）59367028
印　　装／天津千鹤文化传播有限公司

规　　格／开　本：787mm×1092mm　1/16
　　　　　印　张：27.25　字　数：407 千字
版　　次／2022 年 7 月第 1 版　2022 年 7 月第 1 次印刷
书　　号／ISBN 978-7-5228-0421-7
定　　价／128.00 元

读者服务电话：4008918866

# 中国社区发展报告（2021~2022）
## 编 委 会

# 主要编撰者简介

谭日辉　博士，研究员，北京市社会科学院科研处处长、北京城市管理研究基地主任。主要研究领域：社区、城市治理、社会治理等。代表作：《一个南方城市的空间社会学研究》（专著）、《北京社区治理机制研究》（专著）、《管理创新与政策选择——政府培育扶持社区社会组织的研究》（合著）、《社会心态与民生建设研究》（合著）、《2020北京城市空间格局优化研究》（合著）、《社会组织发展的深层困境及其对策探讨》（论文）、《留下、离开还是等待——流动人口城市化的群体分异及其治理》（论文）、《数字平台优化韧性城市建设研究》（论文）。

李金娟　博士，北京市社会科学院社会学研究所助理研究员。主要研究方向：社区治理、社区养老。

张　娜　博士，北京科技大学科学技术研究院副院长、副教授。主要研究方向：教育社会学、基础教育管理等。

# 摘　要

2021 年，中国城乡社区发展的总体态势良好，面对世纪疫情，韧性社区建设取得积极成效。新征程上，各地社区建设、社区治理积极探索，涌现出了一批先进典型，以"咬定青山不放松"的韧劲扎实推进社区建设，北京、上海、杭州等地探索的低碳社区建设、数字社区建设新趋向彰显，数字化社区建设正在打通社区治理中各个主体之间的信息沟通渠道，为实现社区资源线上线下的整合提供必要准备，社区治理进一步迈向精细化。居家社区为老服务水平不断提升，多元化主体参与居家社区养老服务格局形成，"医疗—养老—保险"一体化智慧社区养老模式开始融合发展。疫情防控背景下基层社区卫生资源进一步丰富，社区疫情联防联控动员模式效果显现。与此同时，在社区治理和发展层面还存在城乡发展不平衡、社区服务效能不高、治理体系不健全、智能化水平较低等问题，具体表现为智慧养老产品研发和平台技术支撑不足，社区物业管理对社区数字化、智能化、精细化管理和服务水平尚待提升，农村社区建设相对滞后，基层从管理到服务转变艰难。

对此，立足中国社区发展和治理，需要加强整体统筹，协调城乡区域发展，以服务精细化为主要方向，加强以居民需求为导向的社区公共服务供给，推动社区治理向开放、联动、融合迈进，促进完整社区建设：规范智慧社区养老服务模式的体制机制、增加智慧社区养老服务信息的透明度，推进数字化社区建设，构建更具韧性的智慧社区网络生态环境；党建引领社区业主委员会、物业企业参与社区治理，明确各方主体责任，推进物业管理市场

化运作，构建以信用评价为核心的物业服务监管体制；重视街区公共空间作为基层治理创新载体应用，建构居民参与社区治理的新型平台，推进社区基层社会治理良性循环。

**关键词：** 社区建设　物业管理　社区养老　社区治理

# 序

北京市社会科学院的《社区蓝皮书：中国社区发展报告》已经出版多年，一直根据党和国家的大政方针，追踪全国尤其是北京市社区建设和发展的新形势和新课题。

翻阅、浏览历年的《中国社区发展报告》蓝皮书，可以清楚地看到北京市在社区建设和社区发展各个方面进行探索、实践的前进历程。应当讲，北京市在社区制度建设和社区发展模式上，对全国都具有重要的影响。

我国的社区属于基层政权管理组织，历史上，它源于保甲制，《北京志·政务卷·民政志》在这方面梳理得比较清楚："清朝以前，北京的基层政权和基层社会组织，城内主要是坊、里……清朝末年采用日本的警察制度，开始实施警管制……民国十九年（1930年），国民政府颁布的市、县组织法规定，以'5户为邻，设邻长；5邻为间，设间长；20间为坊，设坊长；10坊为区，设区长'……日本投降后，国民党政府取消分区，改坊里为保甲，形成区、保、甲三级制并延续到北平市和平解放"①。

1949年，新中国成立，国民党政府的保甲制度被摧毁废除。1951年国庆节，北京举行国庆典礼，当北京市民组成的游行队伍走过天安门广场时，毛主席对身旁的北京市长彭真说："还是把市民组织起来好。"毛主席指示

---

① 北京市地方志编纂委员会：《北京志·政务卷·民政志》，北京出版社，2003。

彭真负责研究摸索城市居民的组织工作①。1953 年 6 月，彭真递交了《关于城市街道办事处、居民委员会组织和经费问题的报告》，建议建立"城市街道办事处"和"城市居民委员会"。1954 年 12 月 31 日全国人大常委会第四次会议通过了《城市街道办事处组织条例》和《城市居民委员会组织条例》。从此，与计划经济体制下"单位制"并立的"街居制"在全国各地轰轰烈烈地建立起来。

当时的居民委员会的任务包括：办理有关居民的公共福利事项；向当地人民委员会或者它的派出机关反映居民的意见和要求；动员居民响应政府号召并遵守法律；领导群众性的治安保卫工作；调解居民间的纠纷。具体工作主要包括卫生防疫、优抚救济、房屋修缮、宣传教育、调解纠纷、妇女工作、接待群众、分发紧缺商品票证以及开具丢失粮本和购物证明等。

街居制直到改革开放后才开始发生变化。1986 年，民政部倡导在城市基层开展以民政对象为服务主体的社区服务。1989 年，全国人大常委会通过的《中华人民共和国居民委员会组织法》明确规定：居民委员会应当开展便民利民的社区服务活动。第一次将"社区服务"列入法律条文。同时，《居民委员会组织法》还规定了居民委员会的主要任务：宣传宪法、法律、法规和国家的政策，维护居民的合法权益，教育居民履行依法应尽的义务，爱护公共财产，开展多种形式的社会主义精神文明建设活动；办理本居住地区居民的公共事务和公益事业；调解民间纠纷；协助维护社会治安；协助人民政府或者它的派出机关做好与居民利益有关的公共卫生、计划生育、优抚救济、青少年教育等工作；向人民政府或者它的派出机关反映居民的意见、要求和提出建议等。

在社区服务开展多年后，2000 年 11 月，中共中央办公厅、国务院办公厅联合下发了《中共中央办公厅、国务院办公厅关于转发〈民政部关于在全国推进城市社区建设的意见〉的通知》，开始在全国大力推进社区建设。

---

① 黄观鸿：《准确把握基层群众自治制度建立的历史史实》，《中国社会报》2021 年 6 月 18 日。

在党中央的指示下，社区建设在全国蓬勃开展，自此社区制建立，并开始取代街居制。

由于 90 年代开始的"城镇住房制度改革"，城市出现了越来越多的商品房住宅小区，这一新的空间形态成为社区管理的空白。社区建设自然关注这一课题，2002 年，北京市国土资源和房屋管理局、北京市民政局印发了《关于将居住区物业管理纳入社区建设的意见》（京国土房管物〔2002〕758 号），明确指出，商品房小区的管理要纳入社区建设中。这个文件对其他省市的相关政策产生了重要的影响。

2000 年北京市十五届人大常委会通过的《北京市物业管理条例》再一次从法律上将物业管理纳入社区治理体系。

社区建设的基本内容及其规定的社区居委会的主要工作包括以下五点：社区组织建设，党组织建设、街居管理体制改革、居民自治组织、中介组织；社区服务，包括面向社区残疾人、老年人、优抚对象和社会困难群体的福利性服务，面向全体社区成员的便民利民服务和面向社区单位的社会化服务，面向下岗职工的再就业服务和社会保障社会化服务；社区卫生，包括社区的公共卫生、疾病预防、保健、康复、医疗和计划生育等；社区治安，包括社区的治安保卫、民事调节、帮教失足青年、防火防盗和其他社会治安综合治理工作；社区文化，包括各种群众性的文化、教育、科普活动，以及其他形式的社会主义精神文明建设活动等。

2006 年，为了厘清以往社区服务中错误的认识，明确政府在公共服务领域中的主角职能，国务院发布了《关于加强和改进社区服务工作的意见》，该文件明确指出社区公共服务体系建设是政府公共服务职能在社区的具体化，也是社区服务的核心。

该文件还指出，社区居委会在社区服务中的主要工作是：协助城市基层政府提供社区公共服务；积极组织社区成员开展自助和互助服务；为发展社区服务提供便利条件。该文件还明确提出分类管理和分类指导的要求，即社区服务可分为公共服务、互助性服务或志愿性服务和微利性服务，对社区公共服务要在资金、场所和人员上给予保证；对社区组织开展的互助性服务、

志愿服务和社会力量兴办的微利性社区商业服务，要给予政策和资金上的扶持；对营利性社区商业服务要强化其自身发展能力，积极引导向产业化、市场化发展。

比较改革开放前后的街居制与社区制，我们可以明显看出两者在指导思想、行政体制中的地位、成员的组成、管理模式以及居民参与等方面的一系列重要区别。由于社区建设后发展起来的社区制已经形成了社区内多种组织并存的局面，这些组织逐步形成了合作共治（即治理）的结构与机制。因此在此基础上，党中央开始部署社会和社区治理体制的创新，推进国家治理体系和治理能力现代化。2012年党的十八大报告指出："在城乡社区治理、基层公共事务和公益事业中实行群众自我管理、自我服务、自我教育、自我监督，是人民依法直接行使民主权利的重要方式。"这是我党第一次将城乡社区治理的基本思想和理念写入重要文献中。为促进城乡社区治理体系和治理能力现代化，2017年，中共中央、国务院印发了《关于加强和完善城乡社区治理的意见》。这是新中国历史上第一份以党中央、国务院名义出台的关于城乡社区方面工作的纲领性文件，文件指出城乡社区是社会治理的基本单元，并提出了我国城乡社区治理的总体要求，规定了完善社区治理体系、提升社区治理能力、补齐社区治理短板等方面的内容。这一文件是对社区建设新治理观的深入阐释，开创了我国社区治理实践的新纪元。同年10月，党的十九大报告进一步指出："加强社区治理体系建设，推动社会治理重心向基层下移，发挥社会组织作用，实现政府治理和社会调节、居民自治良性互动。"报告还进一步提出，要"打造共建共治共享的社会治理格局"。根据十九大报告的表述，加强和创新社会治理与社区治理的根本目标是"完善公共服务体系，保障群众基本生活，不断满足人民日益增长的美好生活需要，不断促进社会公平正义"，要"使人民获得感、幸福感、安全感更加充实、更有保障、更可持续"。

比较系统地梳理基层政权管理组织的发展和改革脉络，可以让我们清楚明了如今的社区制度是如何从最初的街居制一步一步走到今天的；也可以看到《中国社区发展报告》蓝皮书确实是始终贴近社区建设的重要问题进行研究的。

伴随着街居制变革为社区制，基层政权管理组织本身也得到发展壮大，如北京市的街道办事处工作人员已经从50年代的10人左右壮大到100人以上。在社区居民委员会人员增加的同时，人员身份也从最初的家庭妇女和退休职工变为年轻的、有学历的专业社会工作者。同时，社区的主要工作和任务也从最初的几项简单工作发展到今天的社区服务、社区卫生（包括防疫）、社区养老、社区治安、社区物业、智慧社区、社区治理等。因此，《中国社区发展报告》蓝皮书所涉及的领域也越来越丰富。

本人自20世纪90年代中期开始关注社区方面的问题并进行相关学术研究，1997年开始在中国人民大学开设"社区研究"的本科生课程，在疫情前的一次社区研究会议中，一名人民大学本科毕业现在清华大学任教的学生对我讲：他们当时上过这门课，那时国内大学开设这门课程是较罕见的。之后我招收的几十名硕士生和博士生，社区研究都是研究方向之一。顺带提一句，让我足以欣慰的就是，今天这些学生已经在社区或城市社会学的相关研究领域崭露头角，成为各工作单位的学术骨干和中坚力量，有些也已经成为硕士生导师或博士生导师。

1996年开始，我先后在日本、英国、美国、德国等国家的大学做访问学者，在了解国外社区研究最新学术动态的同时，还多次对一些社区进行了实地考察。因而较清楚发达国家社区的制度和居民参与情况，特别是居民委员会和小区业主委员会的组成、地位、制度、规则与活动等。

值得一忆的是，为了了解新出现的商品房小区的管理情况，2003年3~4月，我和我的学生冒着感染"非典"的危险，在当时的"非典"疫情中心广州进行了半个月左右的田野工作。此刻，在当下新冠肺炎疫情肆虐的情境中，不由得生出一些感慨。

简单地进行以上一些回顾和经历是想表明，笔者作为一名社区研究的学者，同时，也作为一名在北京成长的居民，几十年来，亲眼见证了我国社区改革开放前后的巨大变化，见证了在我们国家现代化和城市化的同时，社区制度和社区治理同步发展的状况，以及社区越来越得到党中央和各级政府的

重视与社会各界的关注。今天的社区研究已俨然成为一门热闹非凡的显学，研究者也早已不限于社会学领域内，各个学科大量的研究者参与其中，相关的课程和研究文献已数不胜数。"社区"这个原来只是社会学界学者使用的舶来语，也早已妇孺皆知。

　　以上是我对我国社区发展脉络的简单回顾和个人的一点感悟，并以此作为本年《中国社区发展报告》蓝皮书之序。

2022 年 4 月 15 日

# 前　言

本书是北京市社会科学院"中国社区发展报告"课题组对2021~2022年度中国社区发展的形势研究和预测的年度报告。本年度《中国社区发展报告》从以下五个方面展开分析，并提出对策建议。

## 1. 社区建设篇

社区是城乡居民参与社会活动的重要场所，优化社区建设是提升社区安全性、宜居性等功能品质及满足新时代城乡居民美好生活愿望的重要路径。立足相关理论，依据有关统计数据，社区建设篇围绕中国低碳社区建设、辽宁省完整社区建设、北京市数字化社区建设及老旧小区公共空间建设改造等方面进行论述及分析研判。

报告分析指出，为实现碳达峰碳中和目标，中国低碳社区建设需要加强低碳顶层设计和技术创新，构建低碳能源结构，强化垃圾分类，鼓励低碳消费，推进绿化建设等。针对北京市城乡社区建设，报告认为，北京市老旧小区应以需求为导向科学规划全龄融合的社区公共空间，以立体化、集约化方式挖掘社区公共空间资源，推动公共空间的共建共治共享等。报告还对北京市数字社区建设发展趋势进行科学研判：一是有力推动数字产业创新，二是不断吸收融入新科技，三是需要持续加强网络安全防范。此外，报告立足北京市城乡社会建设空间布局的系统视角审思北京社会建设空间布局，从引导人口有序流动、医疗教育资源空间均衡布局、强化社会组织空间治理功能等方面提出建议，助推城市更新和乡村振兴。

## 2. 社区治理篇

从社区服务到社区建设再到社区治理，我国城乡社区治理不断呈现新特征和新趋势，社区治理方式不断精细化。社区治理篇基于不同理论研究视角，运用问卷调查等定量分析方法，结合北京、上海、昆明等城市社区治理实践，从参与治理主体价值需求转型、社区治理结构特征、社区治理公共空间营造创新、数字化视域下社区治理转型发展等维度展开理论探讨、切入剖析，展现了我国社区协同治理创新格局并在分析现状及问题的基础上提出对策建议，为促进社区善治提供了有益的研究视角。

## 3. 社区养老篇

结合当前中国大型城市如北京、杭州等城市人口老龄化状况，依据相关统计数据的定量分析，本部分着重从智慧社区养老服务、社区老年餐供给等方面聚焦当前我国居家社区养老服务发展现状、新趋势、存在问题与对策，有助于进一步创新居家社区为老服务方式，满足老年人多元化、个性化的养老需求。

报告指出，北京市智慧养老综合服务信息平台、上海市基于大数据和云科技等建立的"上海市养老服务平台"、杭州市的"互联网+"形式为老年人居家社区养老服务提供了便捷。报告还指出，当前，我国居家社区养老服务还存在一些问题，一是需要整合资源优势，形成政府、企业、社会组织及社区四方合力，为社区老年食堂的可持续发展提供支持；二是北京市老年友好型社区建设应以不同类型社区的建设基础为依据；三是迫切需要建立专业化的人才培养体系，同时规范智慧社区养老服务模式的体制机制以及增加智慧社区养老服务信息的透明度等。

## 4. 社区物业及服务篇

社区是居民生活的重要场域，社区物业管理及社区服务水平是社区居民实现美好生活的重要影响因素。社区物业篇围绕社区物业业委会主体作用发挥、社区物业管理及北京市社区服务发展展开探讨，同时针对居民社区住宅需求变化、社区服务发展特征以及社区停车等社区物业管理中的热点和难点问题进行有针对性的分析并提出对策建议。

报告认为，城市社区物业管理目前存在各主体权责认识不清、运行机制不完善、服务管理不规范等问题。解决物业管理困境需要从理念思维、体制机制和制度保障等方面展开探索。与此同时，业委会自治机制也需进一步完善：一是推进社区公共财产和公共收益相关政策制度落地，二是通过坚持自治性和公益性的基本特征以及形成业主代表大会持续推进业委会专业化能力建设；三是搭建业主与社区治理主体交流和对话的平台等。

**5. 社区卫生篇**

社区卫生服务是我国公共卫生服务体系中的一个重要环节。社区卫生篇以定量分析与定性分析相结合的研究方法进行研究分析，并针对当前社区基层卫生服务路径及社区新冠肺炎疫情常态化防控动员机制提出优化对策。

报告指出，构建以社区卫生服务为基础，社区卫生服务机构与医疗、预防保健机构密切协作、合理分工的医疗卫生服务体系，已成为社区卫生服务发展的必然趋势。当前，我国社区卫生服务取得了长足发展，社区医疗卫生服务能力、服务质量、服务效果均有明显提升，但社区卫生服务标准化建设还有待加强。此外，报告还认为，基于社区疫情卫生防控的现实需要和长效发展，社区居委会线下和线上相结合的动员机制应以制度为纲，助推动员体系规范化；以合作为要，筑牢主体多元化基础；以情感为线，打造社区共同体意识。

本年度《中国社区发展报告》蓝皮书的作者均来自专业的研究和调查机构、大学以及政府有关研究部门，各位作者的观点，只属于作者本人，既不代表总课题组，也不代表作者所属单位。

本年度《中国社区发展报告》涉及的大量统计和调查数据，由于来源不同、口径不同、调查时点不同，可能存在着不尽一致的情况，请在引用时认真核对。

# 目 录 ⟆

## Ⅰ 主报告

**B.1** 以"咬定青山不放松"的韧劲扎实推进韧性社区建设

  ——2021~2022年中国社区建设与社区治理形势分析

  …………………… 谭日辉 李金娟 郝佳洁 王 涛 / 001

**B.2** 中国社区治理的结构演变与发展趋势

  ——基于2000~2020年全国乡镇街道、城乡社区演变分析

  ……………………………… 焦若水 陈禹舟 李有为 / 020

## Ⅱ 社区建设篇

**B.3** 共同愿景视角下的社区治理实践

  ——以海淀区闵航南里社区"和美闵航"建设为例

  …………………………………………… 黄 锂 黄 悌 / 049

**B.4** "践行"美好环境与幸福生活共同缔造

  ——以辽宁省老旧小区"完整社区"建设为例

  …………………………………………… 靳 娟 鲁 捷 / 066

B.5 空间运营类社会组织参与城市基层治理创新研究
　　　　——以益陶然社区发展研究中心运营陶然书苑为例
　　　　…………………………………… 王雪梅　吴　军 / 083
B.6 "双碳"目标视域下中国低碳社区建设路径研究……… 陆小成 / 105
B.7 北京数字化社区建设重点和发展方向研究…………… 李　茂 / 119
B.8 城市更新与乡村振兴背景下北京社会建设空间布局研究
　　　　…………………………………………… 穆松林 / 130
B.9 北京市老旧社区改造中的公共空间建设研究………… 袁　蕾 / 139

Ⅲ　社区治理篇

B.10 社区精细化治理的现状、问题及对策建议 ………… 包路林 / 147
B.11 昆明城市社区治理现状调查研究
　　　　——基于呈贡5个城市社区的分析
　　　　………………………… 张　慧　李芳娟　石　雷 / 159
B.12 杭州数字化改革推动社区治理转型的研究 ………… 梁　娟 / 176
B.13 从"热闹型"参与到"价值型"参与
　　　　——北京市"公益二代人"培养与政府支持体系2.0版
　　　　…………………………………………… 刘　阳 / 192
B.14 公共空间营造与社区治理创新
　　　　——基于上海市东明路街道社区花园建设实践的分析
　　　　…………………………………………… 金　桥 / 206
B.15 城市基层社区柔性治理路径探索
　　　　——以苏州工业园区金鸡湖街道"浸润式工作法"为例
　　　　………………… 郝佳洁　刘家熠　王　靖　邹广荣 / 218

Ⅳ　社区养老篇

B.16 北京市社区老年餐桌运营现状及对策建议 ………… 李金娟 / 236

**B.17** 北京市老年友好型社区评价指标研究 ·················· 曲嘉瑶 / 247

**B.18** 杭州智慧社区养老进展、问题和对策研究

·········· 朱海龙　徐心一　徐文姣　丁小洋　方泽南　郑思雨 / 264

**B.19** 智慧社区养老服务模式的探索与研究 ········· 刘　姝　李墨洋 / 279

## V　社区物业及服务篇

**B.20** 社区业主委员会运行现状、问题及对策研究

······························ 张菊枝　李砚忠 / 291

**B.21** 城市社区物业管理现实困境及解决路径 ·············· 马晓燕 / 307

**B.22** 居民住宅偏好变化的多要素分析 ·················· 宋　梅 / 318

**B.23** 社会资源配置模式变迁与社区服务社会化的体制机制创新

——以社区服务的"海淀经验"为例 ····· 黄家亮　陶雁柳 / 326

**B.24** 北京市社区"停车难"问题探讨 ··················· 柴浩放 / 346

## VI　社区卫生篇

**B.25** 中国社区卫生服务发展现状及标准化建设探析

······························ 白慧君　冯　昊 / 356

**B.26** 联动与联结：疫情防控常态化的社区动员机制研究

——基于北京 X 社区疫情防控的调查 ····· 李　敏　罗胡伊 / 368

Abstract ····················································· / 383

Contents ····················································· / 385

皮书数据库阅读**使用指南**

# 主 报 告
## General Reports

**B.1**

# 以"咬定青山不放松"的韧劲
# 扎实推进韧性社区建设

## ——2021~2022年中国社区建设与社区治理形势分析

谭日辉 李金娟 郝佳洁 王 涛*

**摘　要：** 风险社会是当前社会治理亟须适应的新常态，以咬定青山不放松的韧劲扎实推进韧性社区建设是应对风险社会的有效选择。近年来，韧性社区建设取得明显成效，突出表现为多元主体参与治理积极性稳步提高、社区智慧治理水平稳步提升、社区养老服务水平显著提升、社区防控意识抗风险能力显著增强、社区两件"关键小事"明显改善。整体来看，目前韧性社区构建过程中依然存在多元主体参与制度保障和能力水平不足、科技赋能韧性城

* 谭日辉，北京市社会科学院科研处处长，北京城市管理研究基地主任，研究员，主要研究方向为城市社会学、城市治理、社区等；李金娟，北京市社会科学院社会学研究所助理研究员，研究领域为社区养老、社区治理等；郝佳洁，中国社会科学院大学2022级硕士研究生，主要研究方向为社会治理；王涛，清华大学教育研究院博士研究生，主要研究方向为政策分析、教育经济与管理。

市的广度和深度不够、社会治理共同体意识不强、社区社会资本以及社区资源禀赋不足等问题。未来，要进一步强化多元主体对社区的认同，构建更高水平的和谐稳定安全社区，打造自治、法治、德治三治融合的治理模式，持续增强社区韧性。

**关键词：** 韧性社区　风险治理　基层治理　共同体建设

习近平总书记在党的十九届六中全会第二次全体会议上指出："以咬定青山不放松的执着奋力实现既定目标，以行百里者半九十的清醒不懈推进党和人民事业。"《中华人民共和国国民经济和社会发展第十四个五年规划和2035年远景目标纲要》中提出"建设海绵城市、韧性城市，提高城市治理水平，加强特大城市治理的风险防控"，强调要顺应城市发展新理念新趋势，开展城市现代化试点示范。面对世纪疫情，中国社区建设和社会治理表现出了强大的韧劲，取得了一个又一个胜利，践行了人民至上、生命至上的理念，展现出中国特色社会主义制度的优越性。韧性城市建设作为一种新型城市形态，已经成为我国应对日益严峻的复合型灾害风险的实践选择与发展趋势。

习近平总书记在《国家中长期经济社会发展战略若干重大问题》中强调"要在生态文明思想和总体国家安全观指导下制定城市发展规划，打造宜居城市、韧性城市、智能城市，建立高质量的城市生态系统和安全系统"。韧性城市建设成为新发展阶段的重要组成部分。韧性社区是韧性城市的基础，涵盖社会韧性、环境韧性、组织韧性和经济韧性四个维度[①]。在面临自然和社会慢性压力、急性冲击，特别是在遭受重大安全事故、极端天气、地质灾害、公共卫生疫情、暴恐袭击等突发事件时，韧性社区展现出动

---

① 谭日辉、陈思懿、王涛：《数字平台优化韧性城市建设研究——以北京城市副中心为例》，《城市问题》2022年第1期。

态平衡、冗余缓冲和自我修复等特性，保持城市抗压、存续、适应和可持续发展能力。面对疫情防控进入常态化，韧性社区建设显得尤为重要。

# 一 韧性社区建设取得的成效

风险社会是从不确定性角度对风险结果的一种认知，是"预测和控制人类活动的未来结果，即激进现代化的各种各样、不可预料的后果的现代手段，是一种拓殖未来（制度化）的企图，一种认识的图谱"[①]。风险社会是当前社会治理亟须适应的新常态，韧性城市作为一种以"吸纳并适应风险"为特质的新型城市形态，成为应对风险社会的有效选择。城市是一个动态变化的复杂系统，在不确定性日益显著的现代世界中，城市系统等脆弱性和各种风险越发显著，韧性城市建设不断发展。党的十八大以来，城市韧性呈现出了整体增强态势，韧性社区建设作为其中重要一环，取得了积极成效。

## （一）多元主体参与积极性稳步提高，筑牢了韧性社区建设的顶层架构

在社区层面构筑多元主体参与社区治理的共同体，是促进社会整合、有效应对社区风险，促进韧性社区建设的前提与基础。"韧性"又称为"复原性"或"弹性"，指的是社区面对负面风险的抵抗能力[②]，一方面，它能应对突发的威胁与社会变迁；另一方面，它也能够促进社区的可持续发展。韧性社区建设的首要前提就是社区多元主体联动和积极参与，实现社区层面各主体的协作与交流。当前我国社区多元主体参与治理的积极性稳步提升，社区各主体的利益代表、利益表达机制逐渐完善，社区主人翁意识获得极大提升。

---

① 〔德〕乌尔里希·贝克：《世界风险社会》，吴英姿、孙淑敏译，南京大学出版社，2004。

② Ribeiro, Paulo Jorge Gomes, & Pena Jardim Gonçalves, Luís António, "Urban resilience: Aconceptual Framework," *Sustainable Cities and Society*, 2019, 50.

在党的统一领导下，居委会、社区社会组织、社区企业单位、物业、居民以及志愿者等共同构成了分工明确、多元耦合、系统多元的社区建设共同体。例如北京市密云区灵活运用社区议事厅、居民恳谈会等形式，线上设置"我有话说""说说物业""邻里议事厅"等板块，线下通过"摆桌子听意见""民意速递服务点""谈心谈话室"等方式，推进共治共建共享格局的建立与基层议事协商规范化，也为基层韧性社区建设夯实了基础。社区多元参与的治理共同体能够提升社区应对风险的能力，尤其是在遭遇到破坏性力量时，能成为维持社会整合、促进社会平稳正常运行的有效力量。一方面，多元参与能够倾听多方利益，综合考量多元主体的利益诉求，发动社会各界参与发现和解决社会问题，积极调整状态投入生产生活之中，推动城市恢复平衡。另一方面，在风险社会中，风险的第四种特性是人们在面对风险时所表现出的慌乱无措。流动性和异质性带来的管理难度以及慌乱无措带来的负面情绪给社区治理带来挑战。社区多元主体构成的治理共同体能够带给人们更多的信任感，在应对突发风险时起到"主心骨"的作用。

## （二）智慧治理水平稳步提升，增强了韧性社区建设的科技力量

在科学技术日益发展的今天，科技成为社区治理和社区风险治理的重要手段，也成为建设韧性社区的重要力量。社区的智能化治理与韧性社区建设是相辅相成的，其中技术与社区发生了融合，人与物共处于一个统一的社会技术系统之中。数字技术的生产、流通和使用嵌入韧性社区体系的各个环节，形成了一个社会—技术相互联动的城市运行系统，提高了基层社区抵御风险的水平。

就目前来看，国内社区智慧化治理水平进一步提升，技术赋能韧性社区建设的功能进一步增强，其中智慧社区和社区数字化平台建设是生动体现。面对居民的多样性，以数字平台为基础的数字化社区建设充分体现了居民的需求，还成为促进居民参与、提高社区凝聚力的重要技术设施。北京通州区依托"多网融合"平台，建立城市管理基础数据普查更新机制，推进与12345市民服务热线案件数据及水、电、气、热、地下管线等模块融合是该

平台所发挥的主要作用。此外，数字平台还生产了海量数据，政府有关部门能够实时获取这些反映居民诉求的数据以做出精确研判和高效决策。例如"城市大脑·生态环境"平台，对 155 平方公里的通州核心区域完成了环境监测的智能化改造，接入 1437 路视频、1100 个大气预警传感器，每 10 分钟就可以完成一次全区域视频扫描。在视频探头覆盖的区域内，该平台能够基于视频智能算法，实现全天候自动识别和发现。通过这一数字平台构建的雾霾监测平台，为识别和应对环境问题提供了便利的条件。对于突发风险的治理，技术同样发挥了重要作用。数字技术建立起依托大数据防控的应急指挥体系，从而加强了灾害监测和预警、综合接警和综合保障能力。北京城市副中心在城市空间的数据基础之上，通过叠加互联网、物联网等多维度的实时数据，用算法高效驱动和管理城市运营，实现了城市资源要素智能优化配置、社区建设智能化水平稳步提升，为韧性社区建设植入了科技基因。

### （三）社区养老服务水平显著提高，提升了韧性社区建设的爱心温度

社区是当前我国人口老龄化背景下社会治理体系的重要落脚点，同时也是满足社区老年人美好养老生活的基本场域。作为社会治理的"最后一公里"，当前我国社区为老服务体系的发展充分展现了社区的韧性治理理念和为老服务实践的有机融合，是新时代柔性运用社会治理理论工具解决老年人刚需的中国探索。观照国内城乡社区为老服务体系建设，在党中央带领下，居家社区养老服务不断提质增效。

一方面，无论是北京市的"9064"养老模式还是上海市的"9073"养老模式，经过十多年的发展，国内社区养老模式经历了从规模化起步到逐渐规范化、精细化、灵活化的发展演变历程。社区养老以其多触角、多维度的运营方式不断创新发展，小型化、嵌入性的专业养老照护机构资源进一步辐射，在社区层面初步实现了多功能的养老照料。截至 2020 年底，全国已有社区养老服务机构和设施 29.1 万个，接近全国社区综合服务机

构和设施总数的一半①。以居家为基础、以社区为依托、以机构为补充、医养相结合的养老服务融合发展的良好格局进一步显现。北京、杭州、南京等城市先继开展"家庭养老照护床位"试点建设，尤其是北京还进行了"养老顾问""喘息制度"等制度创新；深圳市以"立足社区、面向老人、专业服务"为特点，为老人提供集生活照料、家政、康复、日托、精神慰藉、临终关怀等于一体的多元化服务。

另一方面，多主体参与社区为老服务实践进一步拓展。从养老供给主体层面而言，以政府、社会组织、社区、企业及老人等多方主体为合力，以美好养老生活为指引，正在形成可持续的有韧性的养老共同体联动机制。与此同时，为老、适老、助老、养老不同服务链之间的连接更加有序紧密，基本养老服务、个性化的康养服务在满足不同群体的养老需求方面有了较大提升。从养老服务内容供给来看，社区层面的"医疗+养老""物业+养老"等多维度多层次的跨界养老服务资源更丰富，获取方式更加便捷，老年生活环境更加友好。一是"医疗+养老"长者服务圈形成。近年来，医养资源整合的优势通过公建民营、委托管理、民建民营等多种方式不断体现出来，"医"与"养"的结合方式也逐渐多样化。如广东珠海高新区2022年伊始建立金峰社区居家养老服务站，为老人打造家门口的"医、养、康"服务体系，由社区定期为老人进行健康知识普及、健康管理等，探索以医促养、以养助医的社区为老服务机制。二是"物业+养老"开始试点起步。北京市已于2020年开始试点，鼓励物业企业参与针对基本养老服务对象及空巢独居老人提供基本养老服务，内容涉及巡视探访、生活照顾服务等。

此外，AI项目助力社区智慧养老落地，社区养老智能化建设水平提升。社区在满足老年人的基本需求、完善数据化养老支撑保障等方面呈现出新的特征和趋势，为老人在社区获得个性化养老服务提供了便捷。随着社区数字生活适老化改造的推进，在为行动不便的老人提供代购配送、远程医疗护理服务，为有学习需求的老人提供线上课堂等方面，社区智慧养老服务内容更

---

① 参见中华人民共和国民政部网站《2020年民政事业发展统计公报》。

加精细化。例如深圳沙头街道着眼于老年人服务需求和实际困难，于 2022 年初开始"韧性健康颐养模式"创新项目及配套制度的试点推动。即身体辅助和心理疏导双线并行，通过老人"互助"、AI 项目引进等形式，力促以居家为基础、社区为依托、社会机构为补充的多方联动颐养服务体系落地落实。

### （四）社区风险防控意识增强，韧性社区治理效能显著提升

韧性社区建设的主要目的是有效应对在社区这个场域内出现的各种风险，减少各种压力和冲击带来的不确定性，因此社区风险防控意识的强化、抗风险能力的增强是促进韧性社区建设和可持续社区发展的重要途径。2019 年 11 月 29 日，习近平总书记在主持中共中央政治局第十九次集体学习时强调"要健全风险防范化解机制，坚持从源头上防范化解重大安全风险，真正把问题解决在萌芽之时、成灾之前"。始终坚持从源头上化解重大风险，也就是要在社区层面强化风险防控意识，提升抗风险能力。在习近平总书记关于防范重大风险的思想指引下，我国社区在风险防范、响应、应急和预测等方面，取得显著成效。

疫情是关于风险防范的最大考验。疫情防控期间，很多社区都采用了网络预约口罩、绿色健康码、智能机器人、智能封条、车辆"疫查清"、无人机疫情巡查等科技手段助力社区抗疫。技术也被广泛应用于疫情防控和社区基层治理过程中，提高了治理的效能。新冠肺炎疫情防控期间，2020 年上海市出台《上海市公共卫生应急管理条例》等法规，成立专项工作小组和智慧高效的应急指挥体系，市民积极配合，社会广泛参与群防群控。"一网统管"的城运中心覆盖上海所有市级委办局和有关单位以及部分区、街镇，直接反映城市运行的宏观态势。"社区云"则构建了较为完备的社区常住人口信息数据库，便于社区日常管理和服务。"智慧公安"和智能监控系统普及化极大地提升了民警工作效率和防范化解各类安全风险的能力。

### （五）社区两件"关键小事"显著改善，韧性社区建设取得新进展

韧性社区建设是全方位、系统性的社区环境和功能的整体提升，物业管理和垃圾分类作为当前社区治理过程中的两件"关键小事"，一定程度上可以反映出韧性社区的环境韧性建设状况。环境韧性指的是城市基础设施应对风险灾害的能力，反映了城市环境的承载力，以及城市对危机的响应、适应与恢复能力。基础设施完善、道路交通便捷、生态绿化较好的城市在应对突发的生态和环境风险时具有一定的优势。从空间的角度审视环境韧性，城市的设施布局及资源配置对于灾害事件的预防和应对都有重要的意义和价值，一体化布局和多功能性设计可提升城市整体协调性，有助于构建城市资源内部网络、高效调配资源，同时抵抗风险冲击，降低城市受灾可能性。

物业管理和垃圾分类都是社区环境韧性建设中的重要一环，当前社区两件"关键小事"显著改善，韧性社区建设取得成效。北京市进一步压实乡镇、社区党组织主体责任，将垃圾分类、物业管理纳入城市基层党建和社区治理范畴。当前，北京市各社区已经基本建成党建引领社区治理框架下的物业管理体系，街道（乡镇）、社区管理力量和能力全面增强，物业管理长效机制基本形成。业主委员会（物业管理委员会）、物业服务、党的组织实现广泛覆盖。基本建成物业服务行业党委模式，打造"红色物业"管理体系，全市物业服务覆盖率达95.4%，业委会（物管会）组建率达95.6%，业委会（物管会）和物业服务企业中党的组织覆盖率分别达98.5%和98.8%。同时形成了街道（乡镇）对业主委员会（物业管理委员会）履职情况、物业服务企业履约情况进行考评的机制，物业管理逐步走上机制化、规范化和专业化的道路。

在推动垃圾分类普及过程中，物业服务企业通过宣传公示栏、张贴垃圾分类海报和标语等形式宣传和普及垃圾分类知识，提高居民垃圾分类意识，帮助居民分辨垃圾类别、尽早熟悉垃圾分类方法。同时，物业服务企业对相关服务人员做好垃圾分类方面的培训工作，推动其督导工作的进行，耐心地通过合理的方式引导居民逐步养成主动分类习惯，引导居民正确分类生活垃

圾，形成全社会共同参与垃圾分类的良好氛围，实现垃圾分类居民知晓率达
98%、参与率达90%、准确投放率达85%，家庭厨余分出量增长11.6倍，
可回收物分出量增长46.1%，生活垃圾回收利用率增长到37.5%，达到此
前垃圾分类20年都未达到的水平。

## 二　韧性社区建设面临的挑战

人民美好生活需要日益广泛，除了对物质文化生活提出更高的要求之外，
对环境、民主法治、安全等方面的要求也日益增长。党的十九大报告对"加
强和创新社会治理"做出重要部署，指出要"加强社会治理制度建设，完善
党委领导、政府负责、社会协同、公众参与、法治保障的社会治理格局"。从
"三社联动"到"五社联动"，社区基层服务和治理在实践中不断总结创新。
虽然我国在韧性社区建设层面取得一定成就，但是依然面临一定挑战。

### （一）多元主体参与制度保障水平和能力水平亟须实现"双提升"

社区治理的长效运行需要专业化和规范化，有赖于良好的保障机制，同
时还需要依靠专业社会组织、社会工作者等通过教育培训和治理实践培育居
民的治理能力，目前韧性社区建设亟须实现元主体参与制度保障水平和能力
水平的"双提升"。

一方面，社区内缺少对居民以及社会力量赋权增能的机制保障，未发挥
出多元治理的有效性。当前的社区居委会仍然大量承担政府下沉的公共服务
管理职能，社区自治和服务提供能力薄弱①。政府工作报告及指导文件广泛
纳入多元主体社区治理体系，并颁布多条相应政策，但缺乏法律法规层面的
切实保障，监管制度和安全的规划设计亦不足。部分居委会处于"完成任
务"的工作状态，对居民实际需求缺乏了解。社会组织和专业社会工作者

---

① 方舒：《协同治理视角下"三社联动"的实践反思与理论重构》，《甘肃社会科学》2020年
第2期。

在社区治理中的地位和职能不明晰，缺乏参与治理的协同性与一致性，未发挥其治理有效性。社区自主能力不强，社区建设主要靠自上而下的强力推动，多元主体对自身权责了解不清晰，治理方式和手段也较单一和扁平化，传统的"刚性管理"已经不能适应韧性社区建设。

另一方面，多元主体参与治理的水平需要进一步提高。社区居民是社区构成的最重要元素，社区居民参与是社区治理的根本，也是实现社区多元合作治理的重要社会基础，但当前居民参与意识和能力有待提升，仍是一种"弱参与"，具有非制度化、非常规性和非政治性等特征。现代社会的人口流动性增强，社区内群体和人口特征日益复杂化，群体的文化背景呈现多元性，居民内部的群体差异明显，诉求也呈现出复杂性和多样化特征。部分居民对社区治理的认识还处于"事不关己"的层面，居民在治理议事中多是"旁观者"。即便部分居民对于治理参与有热情，但是碍于知识水平和整体素质的限制，往往只关心有利于自我利益实现的相关事务①。部分社区存在党员在做、群众在看，物业在做、业主在看，社工在做、居民在看，社区干部跑断腿、居民还不满意②的矛盾。

## （二）需进一步拓展科技赋能韧性城市的广度和深度

随着中国特色社会主义进入新时代，社区作为社会治理的基本单元，不断面临互联网背景下数字化转型发展的挑战，科技赋能城市社区发展在广度和深度上尚有较大拓展空间。

社区层面智能化设备如智能化硬件与传感设备等配备有限、物联网技术应用各要素之间的连接还较为松散，协调统一性不足；社区居民"吃、住、行、游、购、娱、健"数字化生活各要素之间互动化和协同化还有待进一步加强。此外，目前我国智慧社区建设主要通过以政府为主导的购买服务方式运行，在满足居民对于新型互联网技术应用于居家生活的安全便捷性与舒

---

① 周添：《优化社区居民自治文化氛围研究》，《大众文艺》2019 年第 21 期。
② 梁朱红、李斌：《强化社区自治主体多元化共治》，《北京日报》2020 年 6 月 1 日，第 15 版。

适宜居性相统一的高质量需求上有待进一步拓展。

依托于智慧社区基础设施建设的社区治理和服务能力滞后是现阶段需要重视的一个问题。还未形成社区数字化治理模式，市、区、乡镇（街道）三级数据通道尚未打通，基层社区管理和公共服务的数据基础较为薄弱。一方面，老旧小区智慧社区基础设施的功能有待提升。老旧小区社区信息数据的采集、分享与交换以及分析统筹不足，大多还处于摸索调适阶段。加之社区数据收集存储主体具有差异性，又分属于不同部门和不同层级，社区内不同系统间的数据难以实现互动共享和协调处理，社区层面数据冗余、数据烟囱现象也迫切需要转变。另一方面，从人文主义层面关注个体化需求以及注重社区服务的精细化、智慧化，应是我国城乡社区现代化服务实践转型过程中的一个重要特征。而受城乡不同区域经济发展、社区原有禀赋等影响，社区人脸识别和车辆识别智能门禁设备、智能家居设备以及智能化社区公共设施如安防系统的各种摄像头、智慧路灯、智能巡检、智能井盖、智慧消防、空气污染环境检测器等各类传感设备整体配备还不足，不具有普适性。

此外，社区更新的动能优势还需进一步挖掘。社区更新不仅涉及地理物质空间的改造，还与社区精神文化层面的共建共享息息相关。社区更新不仅要对社区内老旧建筑和微型公共空间进行改造提升，还要在精神文化层面创造有社区归属感的空间，实现社区活化。但是，受到规划建造、建成年代、管理体制、治理结构、业主构成、居民规模等方面因素的制约，老旧小区适老化改造、涉及老旧建筑及微型公共空间的改造程度还较为有限，需要进一步提升。

## （三）社会治理共同体意识亟须进一步提升

协同治理本质上是通过在共同处理复杂社会公共事务过程中多元主体间的相互关系的协调，实现共同行动、联合结构和资源共享等目标①，原子化

---

① 徐选国、徐永祥：《基层社会治理中的"三社联动"：内涵、机制及其实践逻辑——基于深圳市 H 社区的探索》，《社会科学》2016 年第 7 期。

的个人在社区治理中发挥的作用有限。党的十九届五中全会强调，要完善社会治理体系，建设人人有责、人人尽责、人人享有的社会治理共同体。现代社区不同于农村以及单位制时期，人口流动性增强，社区个体之间的异质性与互不关联性使得个体之间建立稳固的社会关系更加困难。社会治理共同体指向公共性，内部各主体彼此相互联系、相互依赖，利益和风险共享共担。但着眼于社会治理实践，构建社会治理共同体仍存在利益诉求多元化、公共权力边界不清以及公民参与机制不健全等诸多障碍。

在社会治理共同体中，每一个治理主体都是作为类存在物在与他人联系之中行动的，内部成员在与他者的关系中获得自身的规定性和对社会治理共同体的身份认同①。在人口流动日益显著的背景下，当前社区治理实践缺少对复杂的人口结构的考虑。人口之间文化背景和价值体系存在偏差，对于社区治理共同体的认识层次也不一致。社区作为居民生活的重要场域，亦承载着个体的情感需求和利益诉求。当下社区治理中居民参与社区行动的渠道和形式还未作为常态融入居民的现实生活之中。社区建设中往往出现重硬件轻软件的状态，缺乏有效协调各方利益的途径和渠道，既有机制亟待完善。

此外，韧性社区的主要管理者还是居委会、街道以及社区内部分固定人群。社区居民的治理职权范围狭窄，社区居民普遍缺乏对社区内政治性活动以及社区共同利益项目的了解与参与。在社区治理中，居民参与的功利指向较强，缺乏集体思考和社区共同体文化的构建。同时社区中主流群体与弱势群体增能和可持续发展之间未形成链接，社会凝聚力不足，居民对于城市的归属感和融入度有待提高。以上问题导致当前的韧性社区建设缺少信任教育和培育、维护信任的机制，公共情怀培育不足。政府常被置于治理中心，社会治理实践中社区网络及人群关系的韧性建设不足，社会多元力量组织动员效能尚未被充分挖掘。对社区组织、社区居民赋权增能不足，社区组织和社

---

① 杨仁忠、张诗博：《社会治理共同体的公共性意蕴及其重要意义》，《河南师范大学学报（哲学社会科学版）》2021年第1期。

区居民还未成为高能动性的参与主体，多元治理体系有待完善，社区内的协同性结构的作用尚待强化。

## （四）社区社会资本亟需培育

现代社会的发展和变迁伴随着"熟人网络"的解体，社区从曾经的"熟人社会"逐渐转向"陌生人社会"，个体之间的交往更加依赖规则、制度以及法律的制约。在陌生人场域，社会个体的关联性与同质性都显著区别于乡土的熟人社会，虽然聚集在同一个城市，却是以零散的互无关联的碎片化形态存在①。社区以泛化的、扩散的目标为首要导向，其成员的关系要松散得多②。社区社会资本以社区参与为基础，属于社区居民共同体，形成于居民共同的社区生活之中，主要包括社区规范、社区信任以及社区网络等。社区社会资本的存量和结构决定着人们参与社区公共生活的质量以及解决公共问题的效率③。在突发性危机中，有了强大的社会资本、社会网络、社区灾难意识的有益支持，能够更好地应对灾难④。社区社会资本是社区建设的能量源，其建立的过程也是社区治理主体协同共治、建立社区联系网络的过程。

在共建共治共享的现代社区治理行动框架中，需要坚持党建引领，社区居委会发挥组织作用，以社区为平台，以社会组织为载体，以社会工作者为支撑，以社区志愿者为辅助，以社会慈善资源为补充⑤。虽然政府对社区社会治理的设计予以诸多指导，但社区一级大多缺乏规划和政策的本土化改造，与社区发展和历史惯例相脱离，尚未形成基于社区土壤的规范条例和操

① 鲁良：《转型期失信行为探源——基于社会关系的分析视角》，《湖南科技大学学报》（社会科学版）2017年第1期。
② 夏建中：《社区概念与我国的城市社区建设》，《江南论坛》2011年第8期。
③ J. F. Helliwell, Robert, D. Putnam, "Tuning in tuning out: The Strange Disappearance of Social Capital in America", *Political Science and Politics*, 1995, 28 (04): 664-683.
④ 李雪伟、王瑛：《社会资本视角下的社区韧性研究：回顾与展望》，《城市问题》2021年第7期。
⑤ 夏学娟、王思斌、徐选国、任敏、金美凤、任艳萍：《打造现代化的基层治理服务新格局（下）——解读〈中共中央　国务院关于加强基层治理体系和治理能力现代化建设的意见〉》，《中国社会工作》2021年第24期。

作细则。在社区治理制度和体系中，存在治理主体之间权责不清、职责分工笼统，环节之间还有盲区和交叉重复、领域还未细化等问题。社区内治理主体之间缺乏统筹协调的联动机制，各自为政，难以形成合力，协同不足，综合统筹能力有待加强。居民参与社会治理的体系保障不足，主人公意识还未树立起来，虽然单位制解体，但人们还没有完全从"单位人"的思想中走出，仍有明显的"他治、他赖"的单位意识。

就社区层面而言，以居委会为代表的社区管理层尚未将治理空间让渡给其他主体，同时其管理以完成政府工作任务为主，自治能力较弱，与社区内其他组织及职能部门联系较为松散，社区组织与居民之间缺乏互动，社区层面的社会关系网络不健全。从居民角度来讲，"家长式管理作风"使得居民对于积极参与治理的热情不断降低，社区管理导致居民利益与社区联系不紧密，居民缺少参与社区事务的动力。现代社区重构和重组带来了社会空间的极化与隔离，居民个人关系更多建立在社区之外的工作与兴趣活动之中，居民邻里关系薄弱，社区归属感不强。社区治理活动宣传和便利性参与渠道缺位，居民共同活动参与不足，缺乏与其他治理主体建立信任关系的互动与契机，也无从建立信任体系和关系网络。

## （五）社区资源禀赋亟须增强

社区资源禀赋是社区营造场域的基础性条件与重要在地资源，影响社区治理模式和社区治理绩效，也直接影响社区应对危机的能力。社区资源包括物质资源、人力资源、组织资源、文化教育资源、社会资本等，涵盖环境韧性、组织韧性、社会韧性与经济韧性。提升社区共同体的资源整合能力是实现支持网络从单位到社区转变的重要前提，也是社区建设和社区可持续发展的关键。虽然我国的社区建设和社区服务已经有了长足发展，但单位制的惯性依然存在于当前的社区建设之中，社区的资源整合功能有限，社区内资源共享网络尚未搭建成形，人力、文化教育和组织资源等的开发利用与整合不足。当前社区的制度建设、社区服务以及资源支持还主要依靠政府的行政手段，市民、非营利组织在参与过程中能够发挥的作用和力量十分有限，弱化了社区管理的自治水平。社区向外的资源获取与向内的资源挖掘与培育机制还未形成,单一的行政手段无法有效调动起各类主体的主动性和积极性,还容易导致社区产生"等靠要"的依赖性。

就目前来看,我国社区的经济基础还十分薄弱,社区建设资金支持主要来自政府资金,社区的经济韧性较弱,在社会风险中也表现出一定的脆弱性。随着城市快速发展,居民对于社区环境提出了更高的要求,社区公共服务和基础设施的滞后与不足直接影响居民对于美好幸福生活的追求。总体来说,社区的建设缺乏韧性思维,较少涉及社区内的功能性划分与战略性用地留白,基础设施建设冗余性不足。在疫情中,短期内对资源的高强度需求冲击城市的基础运转,诸多城市面临基础设施不足且城市转化能力不强无法冗余缓冲的困境。社区建设中关注物质基础较多,对基础设施等硬件韧性建设之外的教育医疗、日常生活等社会福祉类城市综合性服务设施规划不足,城市公共服务体系和民生保障与居民需求之间存在错位。

此外,社区的文化教育和人力资源尚未完全挖掘,韧性社区建设还停留在文件上,群众对于韧性社区的理念缺乏认识和理解,而社区内宣传栏与海报等传统的宣传方式与当前居民群体线上获取信息的习惯不一致,缺乏统一、集中、权威的宣传渠道和平台,也缺少易被群众理解认知的详细普及宣传。社区精神文明建设中尚未明确韧性文化,社区居民的参与感、责任感、荣誉感及人伦责任、社区特有的历史文化以及社区规范等尚未融合形成社区文化。教育资源是社区的重要资源,但仅有少数地区能够依托社区力量,利用社区资源开展社区教育项目。在新冠肺炎疫情防控中,社区中涌现了众多的志愿者有效参与社区事务,但在常态化管理中暴露出志愿者管理和保障机制不足的问题。社区及居民本身具有的巨大潜力和优势尚未发掘,当前社区内缺少孵化社会组织、社区团体以及引入民间组织的意识与环境。

## 三 韧性社区建设展望

韧性社区建设是一个完整的链条,韧性社区治理以人性化为原则,建立

起主体多元、层级科学、分工明确、合作密切的长久稳定的社会治理责任体系，社区文化氛围浓厚，环境和谐稳定，全方位驱动居民"主人翁"意识提升与身份落实。未来，韧性社区建设还需要从如下几方面重点发力。

### （一）强化多元主体对社区的认同

社区是社会文化的生存地、生产地和传播地。韧性社区通过塑造社区文化，打造包括治理文化、治理制度和体系以及平台的物质与精神双形态的社区文化，增强社区社会韧性与文化韧性，营造社区自我组织、自我管理的氛围。韧性社区强调居民主体地位，在居民和各方主体的共识基础上建立社区统一的规范，综合考虑不同居民群体的文化背景，在社区治理中发挥党建领导、政府指导作用。联系广泛、统筹有力、充分讨论、统筹协调解决，让居民在利益表达中发挥主导作用。建立贴近群众、全渠道、有权威性的媒体宣传和信息发布平台，通过广泛开展贴近生活的社区活动，将社区重塑成"熟人社会"。以行为文化的示范带动效应勾勒出社区精神。举办居民可以广泛参与的活动，增强居民对于社区的归属感、认同感。以制度文化保障强化社区的组织韧性和机制韧性，通过法律条文、政策文件和社区规范逐级保障居民的社区参与权利和义务并落实到社区民主议事和监督机制中，建立公平公开公正透明的议事沟通平台和一套完备的、各主体协同运行的自治制度机制作为保障。

韧性社区遵循党委核心领导，其治理框架是广空间、泛资源、多主体、全流程的，具有培育居民自治和多元主体协商共治的丰厚土壤。多元主体在参与社区治理中相互嵌入，参与的维度与渠道细化，治理责任机制明确。社会组织孵化激发社区治理生机活力。细化志愿者的保障机制，以常态化社区志愿服务队伍和项目建设撬动社区居民自治组织形成与能力培育，带动居民参与家门口的志愿服务，在社区建设中推动社区共同体意识发育，推动志愿服务向深层次参与社区治理转变。居民自治组织充分发挥不同群体的异质性功能，形成自治系统。政府与非营利组织合作，搭建社区内的社会组织孵化平台，通过政府购买服务、居民需求预订等方式，促进社区非营利组织广泛参与科普休闲、文体教育活动等传统服务领域，探索进入社区议事与建设等新兴领域，推动社会组织与政府在社区治理中合作互补，解决政府和居民自治组织难以解决的专业性、复杂化的社会问题，破解"服务群众一百米"难题。

## （二）构建更高水平的和谐稳定安全社区

环境韧性是韧性社区建设的重要方面，社区环境指相对于社会大环境而言的人们生活的小环境所包容的自然的和社会的多种因素构成的氛围，包括社区建筑、气候、交通、娱乐、人际关系等要素①。社区环境是社区成员共同创造、维护的自然环境与人文环境的结合体，主要包括社区容貌、休闲娱乐环境、文化设施、生活环境等。韧性社区环境建设充分体现社区关怀、以人为本的社区理念，应将社区生态环境与人文设施相结合，将垃圾分类等社区环境营造活动纳入社区规范之中，践行"绿色社区"理念。社区进行空间功能分化，为居民娱乐、治理主体议事和社区活动开展留有固定场地。注重设计留白，优化避难空间、安全生产空间和生活空间布局，以社区为单位加强城市的冗余性建设和安全风险排查与治理，构建安全社区，逐步提升基础设施公共服务能力与水平。

韧性社区重视社区服务减缓矛盾和冲突的功能，改变传统行政化的社区管理模式，构建社区管物业、物业纳入社区治理的互相信任配合机制，以满足社区治理对新型物业的需求，促进物业企业发挥在多元社区治理中作为市场主体的作用。韧性社区依据法律条例，通过社区规范明确物业公司社区治理身份，将边缘化的物业公司纳入社区社会资本网络中，依法加强物业管理，督促其提升服务能力和服务质量，挖掘物业公司的治理与服务潜能。明确物业公司与居民、业委会、政府、居委会和其他社会组织在社区治理中的职责和规范，引入第三方监督机构，确保物业公司服务水平及质量能够满足居民合理需求。在做好基础服务的基础上，物业公司参与议事平台，与其他

---

① 连春亮：《社区矫正的社会支持系统及其作用》，《山东警察学院学报》2010年第1期。

治理主体合作厘清需求清单、民生清单，根据清单，调整物业服务。鼓励物业公司从"单一物业服务"到"智能化管理"的功能转变和从管理服务提供者到社区协同服务供应商的角色转变，支持物业与社区内其他社会组织合作，为业主提供休闲、娱乐、咨询等多种延伸服务。

### （三）打造自治、法治、德治三治融合的治理模式

现代化转型过程中韧性社区建设离不开自治、法治和德治的有机融合。党的十九届六中全会通过的《中共中央关于党的百年奋斗重大成就和历史经验的决议》指出要"健全党组织领导的自治、法治、德治相结合的城乡基层治理体系"，这也是我党基层治理现代化实践的经验总结。"十四五"时期，面对新形势、新挑战和新机遇，我国的社区治理将转向以人民为中心、以需求为重心、以服务为核心的精细化、智能化、专业化、社会化和法制化治理，自治、法治与德治的融合发展将进一步推动构建城乡现代化社区治理共同体。

农村地区自治、法治与德治三治融合在广度和深度上进一步拓展。从20世纪80年代试行村民自治制度到90年代全国推广再到党的十九大提出"加强农村基层基础工作，健全自治、法治、德治相结合的乡村治理体系"，实践证明，我国农村基层善治的运行有赖于自治、法治与德治的有机融合。尤其是乡村振兴事业发展必然要求农村基层政权建设确立相关法律法规保障，村规民约作为以德治国重要载体将在不同维度重建。制定完善关于农村发展的政策法律，开展接地气、符合村民主体特征的法治教育将有助于补齐农村走向善治的现实短板。

就城市基层社区而言，随着党建引领背景下治理重心的不断下移，将以三治融合促成政府治理、社会调节和居民自治的良性互动，自治、法治与德治三治融合的新型治理格局进一步生成，现代化治理水平将逐渐提升。一方面，群众参与基层社会治理的制度化渠道逐渐完善，城市基层社区居民自我管理、自我服务、自我教育、自我监督能力将进一步提升，居民自治形式和空间也将不断拓展，以此不断提升基层社会活力。另一方面，以习近平总书

记"人民城市人民建、人民城市为人民"重要理念和"全过程人民民主"重要思想为指引,聚焦人民群众现实需求,形成城乡社会各个层级、部门协商与民、协商为民的趋势,助推新型基层社会治理格局下社区服务功能进一步细化,进一步推动构建人人有责、人人尽责、人人享有的社会治理共同体。

# B.2
# 中国社区治理的结构演变
# 与发展趋势*

## ——基于 2000~2020 年全国乡镇街道、城乡社区演变分析

焦若水　陈禹舟　李有为**

**摘　要：**　社区是社会治理的关键节点，城乡社区更是我国社会治理现代化的重要基础单元。在新型城镇化快速推进下，城市社会基础结构、经济生产方式和组织形态发生巨大变化。本文基于 2000~2020 年的统计数据，系统梳理了我国乡镇街道、城乡社区、社区服务近 20 年的演变趋势。20 年来，伴随着城镇化率的迅速提高，我国跨入了"城市中国"发展过程之中，乡镇数量迅速收缩、街道数量大幅提升，在结构上改变着社区治理的格局。"十四五"时期，要构建以人民为中心、以需求为重心、以服务为核心的精细化、智能化、专业化、社会化和法制化治理体系，推进城乡社区在构建社会治理共同体中更好发挥作用，为社会治理体系与治理能力现代化奠定基础。

**关键词：**　社区治理　新型城镇化　服务型政府　社会治理共同体

---

　*　本文是甘肃省教育科技创新项目青年博士基金专项"甘肃省脱贫攻坚与乡村振兴有效衔接的重点服务人群保障和救助研究"（2021QB-128）的阶段性成果。

**　焦若水，博士，教育部人文社科重点研究基地兰州大学西北少数民族研究中心教授，中国统一战线理论研究会民族宗教理论研究甘肃基地研究员，主要研究方向为社会学与社会工作理论；陈禹舟，教育部人文社科重点研究基地兰州大学西北少数民族研究中心博士研究生；李有为，教育部人文社科重点研究基地兰州大学西北少数民族研究中心硕士研究生。

# 一　引言

　　党的十八大以来，社区治理成为推进国家治理现代化的基本抓手和基础场域。从十八大首提社区治理到十九大再提社会治理下沉到基层社区，社区已成为社会治理的关键节点，城乡社区更是成为我国社会治理现代化的重要突破口。特别是近五年来，党中央、国务院出台的两项意见，对在更为宏观的历史视角中审视社区治理，具有重要的指导引领作用。2017 年 6 月，党中央、国务院出台《中共中央国务院关于加强和完善城乡社区治理的意见》，这是新中国历史上第一份以党中央、国务院名义出台的关于城乡社区治理的纲领性文件，明确城乡社区是社会治理的基本单元，对城乡社区治理目标、原则、任务、要求、保障等进行了顶层设计，指出了基层治理的方向、方法和路径，实现了从社区建设到社区治理的历史飞跃，社区治理进入新时代①。2021 年，中共中央、国务院发布《关于加强基层治理体系和治理能力现代化建设的意见》，把基层治理看作国家治理的基石，指出统筹推进乡镇（街道）和城乡社区治理是实现国家治理体系和治理能力现代化的基础工程。这是党的十九届四中全会通过《关于坚持和完善中国特色社会主义制度　推进国家治理体系和治理能力现代化若干重大问题的决定》，第一次系统描绘中国特色国家治理体系的"图谱"后，进一步从基层治理角度明确乡镇（街道）和城乡社区治理的纲领性文件。从历史视角回顾改革开放以来社区治理的变迁逻辑，不难发现三个转向构成结构性的动力。

　　一是社区治理逻辑的迭代升级与自觉性提升。20 世纪 80 年代，单位制和街居制逐步退出历史舞台，社区制逐渐成为地方政府治理基层社会的重要手段。② 1986 年民政部提出"社区服务"成为我国社区治理工作开始的标

---

① 黄树贤：《加强和完善城乡社区治理　夯实国家治理现代化基础》，《求是》2017 年第 13 期。
② 吴佋：《新中国成立 70 年来的"街道办"：变迁及其逻辑》，《经济社会体制比较》2019 年第 6 期。

志，同时社区也正式进入国家政策体系。20 世纪 90 年代，我国开始在多个城市社区开展社区建设试点工作；2000 年 12 月民政部《关于在全国推进城市社区建设的意见》的出台标志着全国城市社区建设的全面推开。社区成为国家基层治理的焦点，并成为最基层的治理空间。更为重要的是，社区治理的深层逻辑正在由西方引介向本土理论自觉转变，特别是关于国家治理体系和治理能力现代化建设，已经跳出了西方流行的治理理论解释，将治理体系和治理能力现代化建设的本质解释为国家自我完善和发展的一项系统工程，只能在坚持和完善中国特色社会主义制度前提下，由作为执政党的中国共产党来领导，统筹各方力量来实现①，这和现有的所有治理理论有着重要而深刻的区别。

二是社区治理空间的城乡统筹与联动性拓展。我国社区建设的发展起步于城市，沿着社区服务、社区建设、社区治理的演变脉络逐渐发展，经过近40 年的发展，城市社区治理服务体系逐渐趋于成熟。伴随着新型城镇化的逐渐深入，特别是农村税费改革后农村基层政府角色的结构性转变，农村社区建设成为重要的政策议题。2006 年 10 月，中共十六届六中全会通过的《中共中央关于构建社会主义和谐社会若干重大问题的决定》提出，"把农村社区建设成为管理有序、服务完善、文明祥和的社会生活共同体"。"农村社区"这一概念开始进入国家政策体系。特别是 2017 年 6 月《中共中央国务院关于加强和完善城乡社区治理的意见》的出台，标志着农村社区治理工作从试点实验向全面推进过渡，通过创新引路、典型示范，逐步探索符合城乡社区治理一般规律、农业农村实际特点和农村居民现实需要的农村社区治理路径。

三是社区治理体系的政策衔接与倒逼性凸显。城乡社区治理创新的上位体系改革和"倒逼性"改革需求不断凸显。在城市社区表现为围绕社区上位机构街道办事处改革的探索，街道办事处撤、并、设、转成为各地探索解

---

① 王思斌：《新中国 70 年国家治理格局下的社会治理和基层社会治理》，《青海社会科学》2019 年第 6 期。

决社区治理创新掣肘的重要议题。在农村社区则表现为农村人口规模不断萎缩后，撤乡并镇与农村社区规模不断缩减，导致农村社区公共服务提供面临持续冲击，在乡村振兴中如何推进城乡统筹发展成为重要政策议题。

总之，理解中国社区治理的深层结构演变与发展趋势，需要从中国城乡社会结构变迁的角度出发，立足坚持和完善中国特色社会主义制度、推进国家治理体系和治理能力现代化的战略高度来进行研究。本研究旨在通过对过去 20 年来全国乡镇街道社区的数量变化以及城乡人口变化、社区公共服务设施分布等进行全面梳理，从历史和空间两个维度全面展示我国社区治理的结构转向，为理解新时期我国社区治理的发展提供建设性的指导意见。

## 二　2000~2020年中国城乡治理格局的变迁

自改革开放以来，我国进入快速城市化进程，城镇化率从 1978 年的 17.92% 提升到 2011 年的 51.83%，城镇人口比重首次超过农村人口，城乡人口天平首次向城镇倾斜。2020 年第七次人口普查数据显示，城镇人口比重已达 63.89%。在快速城镇化的过程中，我国城乡治理格局也在发生巨大变迁。2000~2020 年，乡镇、街道以及村、居委会的数量发生快速改变，全国乡镇、农村社区村委会数量呈下降趋势，街道、城市社区居委会数量总体呈现上升趋势。具体来说，2000~2020 年，全国乡镇数量从 43551 个减少至 29966 个，乡镇数量减少了近 1/3（31.19%）；与此同时，街道数量从 2000 年的 5902 个增加到 2020 年 8773 个，街道数量扩幅达 48.64%。与此相对应，我国城乡基层居民自治组织的数量和格局也在发生变化。2000~2020 年，村民委员会的数量从 731659 个减少至 502057 个，数量减少了 31.38%；截至 2020 年，我国建成社区居委会 113089 个，与 2003 年相比，增幅达 46.05%（见图 1）。可以说，我国正从"乡土中国"转变为真正的"城市中国"，国家基层治理体系也相应由以农村为主体向以城市为主体转变。

社区蓝皮书

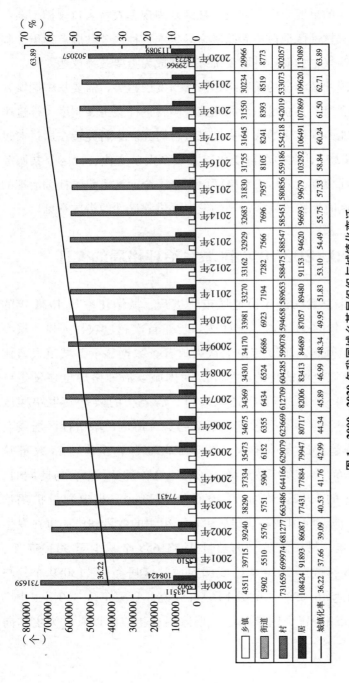

**图1 2000～2020年我国城乡基层组织与城镇化变迁**

数据来源：国家统计局，2001～2021年《中国统计年鉴》；中华人民共和国民政部，2001～2021年《民政统计年鉴》。

024

### （一）人口与城镇化增速均趋缓，城镇化地区间差距缩小

城镇化是现代化的必由之路，城镇化的推进有利于推动区域发展，能够扩大内需和促进产业升级，是加速推进社会主义现代化建设的关键环节[①]。自 1978 年改革开放以来，我国进入快速城市化进程。1978 年全国人口为 96529 万人，其中城市人口为 17245 万人，城镇化率仅为 17.92%。到 2020 年底，我国城市人口数量为 90220 万人，城市化率增长至 63.89%[②]。

2000~2020 年我国城镇化发展呈现出速度放缓的总体趋势。一是人口总量的增速在逐步收窄（见图 2）。2000~2010 年，我国人口增速逐步下降，2011~2016 年，受"二孩"政策的影响，我国出现了人口增长的小高潮，2017 年开始，人口增长速度出现疲软，人口增速减缓到 0.4% 以下，2020 年更是降至 0.14%[③]。二是城市化率在提升但增速在波动中趋缓（见图 3）。2003 年以前我国城镇化率迅猛提升，增速保持在年均 3.98% 的高位；2003~2010 年增速放缓，但仍以年均 3.11% 的增速在发展；2011 年是近 20 年来城镇化发展最为迅速的一年，增速达到 3.76%；此后，城镇化增速一路回落，2012~2018 年年均增速仅为 2.47%，2019~2020 年年均增速已经减缓至 1.93%[④]。

三是 2000~2020 年城镇化区域差距在缩小（见图 4）。2000 年东部地区、中部地区、西部地区以及东北地区的城镇化率分别为 52.88%、30.59%、29.50% 和 51.82%[⑤]；2020 年东部地区、中部地区、西部地区以及东北地区的城镇化率分别为 77.35%、59.73%、56.94% 和 66.80%。20 年

---

① 李兰冰、刘秉镰：《"十四五"时期中国区域经济发展的重大问题展望》，《管理世界》2020 年第 5 期。
② 数据来源：国家统计局，2021 年《中国统计年鉴》。
③ 数据来源：国家统计局，2001~2021 年《中国统计年鉴》。
④ 数据来源：国家统计局，2001~2021 年《中国统计年鉴》。
⑤ 根据国家统计局网站统计制度和分类标准，将全国分为东部、中部、西部和东北地区四个经济带。国家统计局：四、统计制度及分类标准（17），http://www.stats.gov.cn/tjzs/cjwtjd/201308/t20130829_74318.html，2018 年 1 月 24 日。

社区蓝皮书

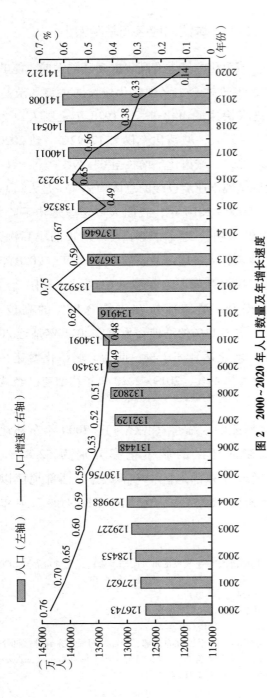

图 2　2000~2020 年人口数量及年增长速度

数据来源：国家统计局，2001~2021 年《中国统计年鉴》。

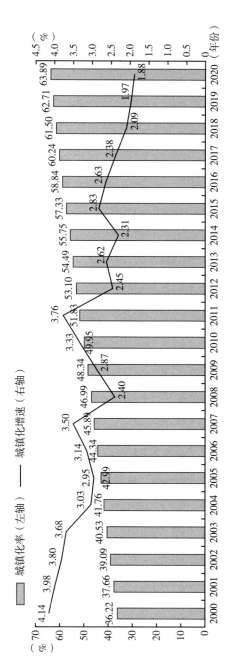

图3　2000~2020年城镇化率及年增长速度

数据来源：国家统计局，2001~2021年《中国统计年鉴》。

| （%） | 东部地区 | | | | | | | | | | 中部地区 | | | | | | 西部地区 | | | | | | | | | | | | 东北地区 | | |
|---|---|---|---|---|---|---|---|---|---|---|---|---|---|---|---|---|---|---|---|---|---|---|---|---|---|---|---|---|---|---|---|
| | 北京 | 天津 | 河北 | 上海 | 江苏 | 浙江 | 福建 | 山东 | 广东 | 海南 | 山西 | 安徽 | 江西 | 河南 | 湖北 | 湖南 | 内蒙古 | 广西 | 重庆 | 四川 | 贵州 | 云南 | 西藏 | 陕西 | 甘肃 | 青海 | 宁夏 | 新疆 | 辽宁 | 吉林 | 黑龙江 |
| 2000年 | 77.54 | 71.99 | 26.08 | 88.31 | 41.49 | 48.67 | 41.57 | 38.00 | 55.00 | 40.11 | 34.91 | 27.81 | 27.67 | 23.20 | 40.22 | 29.75 | 42.68 | 28.15 | 33.09 | 26.69 | 23.87 | 23.36 | 18.93 | 32.26 | 24.01 | 34.76 | 32.43 | 33.82 | 54.24 | 49.68 | 51.54 |
| 2005年 | 83.62 | 75.11 | 37.69 | 89.09 | 50.11 | 56.02 | 47.30 | 45.00 | 60.68 | 45.20 | 42.11 | 35.50 | 37.00 | 30.65 | 43.20 | 37.00 | 47.20 | 33.62 | 45.20 | 33.00 | 26.87 | 29.50 | 26.65 | 37.23 | 30.02 | 39.25 | 42.28 | 37.15 | 58.70 | 52.52 | 53.10 |
| 2010年 | 85.96 | 79.44 | 43.94 | 89.30 | 60.22 | 61.64 | 57.09 | 49.71 | 66.17 | 49.69 | 48.05 | 42.99 | 43.75 | 38.53 | 49.70 | 43.31 | 55.53 | 40.02 | 53.03 | 40.22 | 33.78 | 34.72 | 22.67 | 45.70 | 35.94 | 44.72 | 47.96 | 42.79 | 62.15 | 53.36 | 55.66 |
| 2015年 | 86.71 | 82.88 | 51.67 | 88.53 | 67.49 | 66.32 | 63.22 | 56.97 | 69.51 | 54.91 | 55.87 | 50.97 | 52.30 | 47.02 | 57.18 | 50.79 | 62.09 | 47.58 | 60.94 | 47.48 | 42.92 | 42.93 | 28.87 | 54.74 | 44.24 | 51.67 | 56.98 | 48.78 | 68.05 | 57.64 | 60.47 |
| 2020年 | 87.55 | 84.70 | 60.07 | 89.30 | 73.44 | 72.17 | 68.75 | 63.05 | 74.15 | 60.27 | 62.53 | 58.33 | 60.44 | 55.43 | 62.89 | 58.76 | 67.48 | 54.20 | 69.46 | 56.73 | 53.15 | 50.05 | 35.73 | 62.66 | 52.23 | 60.08 | 64.96 | 56.53 | 72.14 | 62.64 | 65.61 |

图4 2000~2020年各省省区市城镇化情况

数据来源：国家统计局，2001~2021年《中国统计年鉴》。

来，四区域城镇化水平提高了 24.47 个、29.14 个、27.44 个和 14.98 个百分点。2000 年城镇化率最高的东部地区与最低的西部地区的差距为 23.38 个百分点；2020 年两者的差距缩小为 20.41 个百分点。除东北地区外，各区域之间的城镇化差距在逐步减小，但区域间的差距尤其是东西差距依旧较大。

### （二）城镇化背景下乡镇／街道比重的翻转

20 世纪 90 年代以后，我国县级行政区划基本完成，行政区划转向市辖区范围的调整和县级以下乡镇政区的调整①。为了推进城镇化的快速发展，平衡区域间的发展，解决乡镇数量多、规模小、密度大、实力弱等问题，全国迅速推进撤乡设镇、撤乡入镇、合并乡镇和镇改街道的改革。总体来说，2000～2020 年，乡镇、街道比重发生结构性翻转，全国乡镇数量呈下降趋势，城市街道数量呈现上升趋势。乡镇数量从 43511 个减少至 29966 个，减少了 31.13%；街道数量从 2000 年的 5902 个增加到 2020 年 8773 个，增加幅度为 48.64%。

第一，2000～2020 年乡镇数量逐渐收缩，扩镇减乡贯穿乡镇建制改革（见图 5）。首先从地区分布来看，西部地区的乡镇数量远多于中部地区、东部地区和东北地区。其次，从变迁速度来看，2000～2005 年乡镇数量大幅收缩，乡镇管理体制发生重大转变。税费改革前，我国有乡镇 4.5 万个，财政供养人员 1280 万人，平均每 40 个农民需要供养一名干部②。2000 年我国开始实行农村税费改革，以摆脱基层机构和人员自我膨胀与"农民的事情只能由农民自己办"的双重夹击。仅用 5 年的时间，我国乡镇数量从 2000 年的 43551 个减少到 2005 年的 35473 个，减幅达 18.55%③；其中东部、中部、西部和东北地区乡镇数量减少的幅度分别为 19.95%、19.06%、16.78% 和 21.27%，这是我国乡镇数量高速收缩的 5 年。随着农村税费改革的完成，2006～2015 年，我国乡镇数量减少的速度与前 5 年相比大幅减缓。此外，城镇化的推进加速人口进一步向外流动，乡镇数量以每 5 年 2.6%～8.08% 的

---

① 黄成亮：《村改居社区治理的现实困境及其破解》，《中州学刊》2019 年第 2 期。
② 陈锡文：《农村税费改革如何影响农民的命运》，《联合论坛》2002 年 8 月 28 日。
③ 数据来源：中华人民共和国民政部，2001～2006 年《民政统计年鉴》。

幅度在减少。2016~2020年，除西部地区外，其他地区乡镇数量的减速收窄为0.34%~2.91%，乡镇格局趋于稳定，但乡镇数量还会随着区域发展进一步缩减。需要说明的是，西部地区的乡镇数量在此时期大幅缩小的原因在于四川。四川省发布《关于推动县域经济高质量发展的指导意见》，指出"按规定适当调整乡镇行政区划，稳妥推进撤乡设镇、乡镇撤并、村居撤并，优化乡镇规模结构"，近些年城市基础设施的投入增强了乡镇的辐射能力，使得四川省乡镇数量由2018年的4259个锐减至2019年的2991个，减幅接近30%①。此外，在乡镇数量大幅缩减的过程中，扩镇减乡成为乡镇建制内部变化的主体趋势。② 1984年民政部《关于调整建镇标准的报告》指出要适当放宽建镇标准，以乡镇合并推进小城镇在城乡联结中的纽带作用。③ 2000年

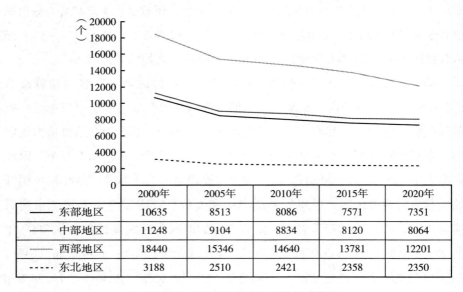

图5　2000~2020年分地区乡镇数量变化

数据来源：国家统计局，2001~2021年《中国统计年鉴》。

① 数据来源：中华人民共和国民政部，2019年、2020年《民政统计年鉴》。
② 陈军亚、肖静：《资源整合：我国乡镇建制的调整逻辑》，《理论与改革》2021年第2期。
③ 中华人民共和国中央人民政府：《国务院批转民政部关于调整建镇标准的报告的通知》，
http://www.gov.cn/zhengce/content/2016-10/20/content_5122304.htm，2016年10月20日。

以来，我国建制乡的数量从 2000 年的 23199 个减少至 2020 年的 8809 个，建制镇的数量从 2000 年的 20312 个增加至 2020 年的 21157 个①。

第二，2000~2020 年街道数量大幅扩张，地区差距依旧存在（见图 6）。街道是基层政府的派出机构，是联结政府和居民的桥梁，是社会服务、公共管理的第一线，承担着"聚合统筹"职责②。随着改革开放的稳步推进，"单位制"逐步解体，与单位紧密相连的政治、社会、教育、保障等功能逐渐剥离，街道成为城镇化建设和管理的重要窗口。作为城市治理体制的基层组织，街道数量从 2000 年的 5902 个增加到 2020 年 8773 个，增幅高达 48.64%。从地区分布来看，东部地区的街道数量为 3091 个，远高于中部地区的 2043 个、西部地区的 2391 个和东北地区的 1248 个。从街道变迁速度来看，街道数量在持续增长但增速放缓。2000~2005 年，东部地区、中部地区和西部地区在城镇化快速推进的背景下，城市街道数量快速增长，5 年间的增幅分别为 27.43%、16.34% 和 15.95%。而东北地区此时受到街道办事处合并改革影响，街道数量减少了 34.40%。2006~2020 年，各地开始探索街道办事处的改革方式，进行撤销街道办事处、建立大社区等改革。同时随着城镇化增速的减缓，街道办事处的增速也开始回落。与全国其他地区相比，西部地区街道增速略有滞后，且从 2010 年开始后发增长，近 10 年年均增速高达 5.9%。东北地区 2015~2020 年受黑龙江省"撤销街道办事处、合并建立大社区、实施区直管社区"和辽宁省街道办事处合并等改革措施的影响，在这一段时间街道办事处的数量出现负增长。未来，全国街道数量将会减缓增长甚至负增长，通过撤小并大、合弱并强、拆分组合等做法，重构街道治理格局。但中西部地区随着城镇化进入加速阶段，街道数量还有一定的增长空间。

### （三）城乡居民自治在动态变化中寻求平衡

1954 年第一届全国人大第一次会议通过《地方各级人民代表大会和地

---

① 数据来源：中华人民共和国民政部，2001 年、2021 年《民政统计年鉴》。
② 王佃利、孙妍：《基层社会治理共同体与城市街道的"嵌入式"改革——以青岛市街道办改革为例》，《公共管理与政策评论》2020 年第 5 期。

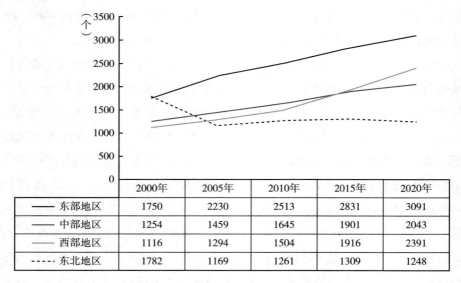

| | 2000年 | 2005年 | 2010年 | 2015年 | 2020年 |
|---|---|---|---|---|---|
| —— 东部地区 | 1750 | 2230 | 2513 | 2831 | 3091 |
| —— 中部地区 | 1254 | 1459 | 1645 | 1901 | 2043 |
| —— 西部地区 | 1116 | 1294 | 1504 | 1916 | 2391 |
| ---- 东北地区 | 1782 | 1169 | 1261 | 1309 | 1248 |

**图6  2000~2020年分地区街道数量变化**

数据来源：国家统计局，2001~2021年《中国统计年鉴》。

方各级人民委员会组织法》，明确居民委员会是群众自治性的居民组织，应在街道办事处的指导下开展相关工作[1]。改革开放后，居委会和村委会的基层群众组织形式取代城市"国营单位"和乡村"集体单位"的组织形式，成为基层社会的基本自治组织[2]。总体来说，2000~2020年，全国村委会数量与城市居委会数量随乡镇和街道数量相向变化。村委会数量从731659个减少至502057个，减少了31.38%，基本与乡镇数量减少幅度一致；城市居委会数量从2000年的108424个增长到2020年113089个，增加了4.3%[3]。

第一，从历时性变迁来看，2000~2020年村民委员会的数量持续减少，减少速率呈U形曲线（见图7）。按照每5年一个节点计算，东部地区村委会

---

① 中华人民共和国法规编辑编辑委员会：《中华人民共和国法规汇编（1954年9月~1955年6月）》，法律出版社，1956，第173~175页。
② 周庆智：《基层社会自治与社会治理现代转型》，《政治学研究》2016年第4期。
③ 数据来源：中华人民共和国民政部，2001~2021年《民政统计年鉴》。

数量的减幅分别为12.52%、6.89%、0.95%和11.53%；中部地区村委会数量的减幅分别为12.14%、4.43%、2.45%和15.56%；西部地区村委会数量的减幅分别为14.37%、5.18%、4.66%和16.48%；东北地区村委会数量的减幅分别为30.45%、2.92%、-2.61%和0.12%。2000~2005年，村委会数量快速减少；2006~2015年，村委会数量减少速度放缓；2015~2020年，随着人口流动和城镇化的快速推进，农村不少地区出现了"空心村"的现象，同时加上"拆村并村""撤村并组"等措施的推行，这一阶段村委会数量进一步减少。

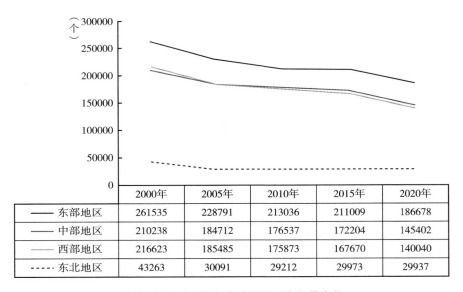

**图7　2000~2020年分地区村委会数量变化**

数据来源：中华人民共和国民政部，2011~2021年《民政统计年鉴》。

第二，从历时性变迁来看，2000~2020年城市居委会数量先减后增（见图8）。2000~2005年，受到《民政部关于在全国推进城市社区建设的意见》的影响，城市居委会数量持续减少。在单位制解体和城市化推进的背景下，原有的城市居民委员会难以处理流动人口、下岗职工、老龄工作、社会治安、计划生育等各种问题，同时城市居委会存在权责利不统一、职责任务不明确、管辖范围过小、人员老化、工作条件差等问题，各地对城市社区居委会的范围和设置进行了调整，2003年底，居委会数量减少到77431个。2003年后，随着"村改居"的不断推进，城市居民委员会的数量又开始回升。

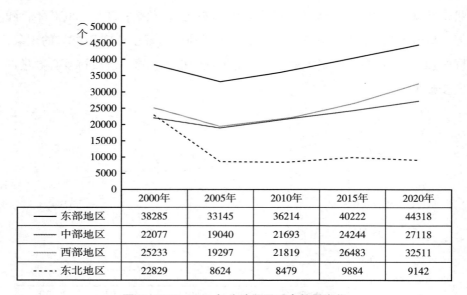

| | 2000年 | 2005年 | 2010年 | 2015年 | 2020年 |
|---|---|---|---|---|---|
| —— 东部地区 | 38285 | 33145 | 36214 | 40222 | 44318 |
| —— 中部地区 | 22077 | 19040 | 21693 | 24244 | 27118 |
| —— 西部地区 | 25233 | 19297 | 21819 | 26483 | 32511 |
| ---- 东北地区 | 22829 | 8624 | 8479 | 9884 | 9142 |

**图8　2000~2020年分地区居委会数量变化**

数据来源：中华人民共和国民政部，2011~2021年《民政统计年鉴》。

### （四）社区治理能力不断提升

第一，社会工作者数量迅速增加，社区人力资本不断提升（见图9）。新时期，我国大力推进社会工作人才队伍建设，考虑到城乡社区是社会工作者发挥作用的主阵地，社会工作专业化建设对促进社区治理中人力资本提升具有显著的支撑作用。2006年十六届六中全会通过《中共中央关于构建社会主义和谐社会若干重大问题的决定》，提出构建宏大的社会工作人才队伍的任务。2008年，我国共有社会工作师4192人、助理社会工作师20648人，累计24840人；2020年底，我国共有社会工作师160529人、助理社会工作师507334人，累计667863人，12年间社会工作专业人才队伍迅速壮大。从2020年的数据来看，广东省、浙江省、江苏省、山东省、北京市是我国拥有社会工作专业人才最多的省份，广东省在"双百"建设的政策指引下，专业社会工作人才更是突破10万人大关，2020年末共有113215人。从地区分布来看，2010~2020年，各地区社会工作者队伍数量都在不断攀升，与2010年相比，2020年东部地区社会工作者数量从36649人增加到443885人，增加了407236人，社会工作者人数遥遥领先；中部地区社会工作者数量从7685人增加到82859人，增加了75174人；西部地区社会工作者数量从6026人增加到97339人，增加了91313人；东北地区社会工作者数量从3816人增加到43780人，增加了39964人。

第二，社会服务投入逐步加大，社区社会服务机构数量逐年增加，种类日趋丰富，社区社会服务专业性也逐步提高。2000年全国社会服务事业投入费用为230.5亿元，到2020年全国社会服务事业费用支出为4808.2亿元，全国社会服务事业的投入资金增加了近20倍。2000年全国拥有城镇社区服务设施18.14万个；2020年，全国共有社区服务机构和设施51.05万个，其中社区服务指导中心503个、社区服务中心2.78万个、社区服务站42.05万个、社区专项服务机构和设施6.16万个。2000~2020年，社区服务机构数量大幅增加，新增为老年人提供服务的日间照料中心、互助型养老社区设施以及为残疾人和儿童提供服务的社区服务设施。2000年社区服务的从业人员中，有38.1%都是下岗工人，其服务的专业性有所欠缺；2020年社区服务机构中，大学本科及以上人数为242233人，占年末职工人数的10.74%，助理社会工作师和社会工作师81484人，占年末职工人数的3.61%①。

第三，社会力量逐步参与社区建设与社会治理。随着人民生活水平的提高，人们的生活需求变得日益多元，这对政府治理提出了新的要求和挑战。

---

① 数据来源：中华人民共和国民政部，2011~2021年《民政统计年鉴》，2020年年末，社区服务机构和设施职工人数为2256253人。

社区蓝皮书

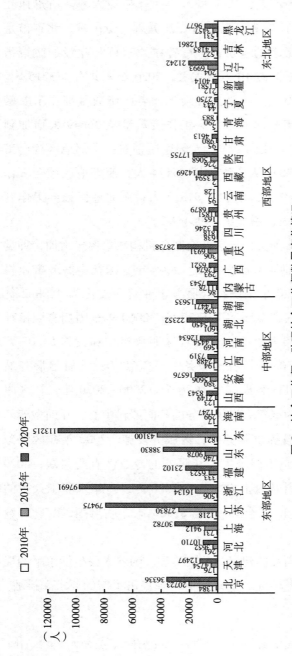

图9 社会工作师、助理社会工作师数量变化情况

数据来源：中华人民共和国民政部，2011～2021年《民政统计年鉴》。

为应对多元需求带来的挑战，平衡公共服务市场化与"政府垄断"之间的矛盾，2013年9月，国务院发布《关于政府向社会力量购买服务的指导意见》，对规范有序开展政府向社会力量购买服务工作做出明确规定。2017年《中共中央国务院关于加强和完善城乡社区治理的意见》指出，到2020年要基本形成基层党组织领导、基层政府主导的多方参与、共同治理的城乡社区治理体系。社会组织以政府购买服务的方式，参与社区建设和社会治理的方方面面。截至2020年底，全国共有社会组织89.4万个，与2000年的15.4万个相比，增长了480.52%①。除了数量上的增长，目前社会组织的服务内容涵盖社会服务、养老、儿童、妇女、残障、司法等多个领域。此外，为打通基层服务"最后一米"，2021年11月5日，民政部提出"十四五"期间，要实现乡镇（街道）社工站基本全覆盖，构建完善县（区）、乡镇（街道）、村（社区）三级社会工作服务体系。2021年全国乡镇（街道）社工站建设投入资金约24.9亿元，已建成乡镇（街道）社工站1.7万余个，带领5000余家社会工作服务机构扎根基层，约4万余名社会工作者驻站开展服务，累计服务对象达18.79万人②。

## 三　我国社区治理面临的问题与挑战

### （一）全国城镇化发展不平衡问题依然存在

第一，全国地区发展的不平衡问题依然存在。2020年，上海市、北京市、天津市、广东省和江苏省是我国城镇化水平最高的省份，城镇化水平分别为89.30%、87.55%、84.70%、74.15%和73.44%，这5个省份均为东部地区省份；广西壮族自治区、贵州省、甘肃省、云南省和西藏自治区是我国

---

① 数据来源：中华人民共和国民政部，2011年、2021年《民政统计公报》。
② 数据来源：中华人民共和国民政部，《全年投入24.9亿元，建成1.7万余个社工站，配备4万余名社工乡镇（街道）社工站建设取得重大进展》，http：//www.mca.gov.cn/article/xw/mtbd/202201/20220100039033.shtml.

城镇化率较低的省份，城镇化水平分别为 54.20%、53.15%、52.23%、50.05% 和 35.73%，而这 5 个省份均集中在西部地区，全国极差（上海市与西藏自治区）达到了 53.57 个百分点。从地区发展上来看，按照城镇化发展平均数计算，2020 年东部地区、中部地区、西部地区以及东北地区的城镇化率分别为 77.35%、59.73%、56.94% 和 66.80%，东部地区的城镇化程度高于其他地区，其所有省份城市化率均超过 60%，西部地区城市化起步晚、农村社区建设的滞后依然成为制约其发展的主要因素。

第二，土地城镇化大于人口城镇化。2020 年，我国城市建设用地从 2000 年的 22113.7 平方公里增加 58355.3 平方公里，城市建设用地面积增长了 1 倍多①。当下有两种计算城镇化率的方法，一个是常住人口城镇化率，按照这个指标统计，我国 2020 年底已经达到了 63.89%；另外一个统计指标是户籍人口城镇化率，同年户籍人口城镇化率只有 45.4%②。要注意的是，当前我国的城镇化中有很大一部分是通过行政区划变动实现的，例如通过县改市（区）、乡改镇、村改居等完成就地城镇化③。因此，我国人口的城镇化软实力水平与硬件水平之间还存在一定差距，需要进一步提高。此外，按照 2020 年末的人口数量计算，"十四五"期间，如果常住人口城镇化率提高 1 个百分点，就意味着每年有千万级别的人口从农村转移到城市，随即需要处理的是城镇化带来的就业、医疗、教育、住房等问题。但事实是，我国近 3.76 亿流动人口中还有大部分没有在工作地获得户籍身份，他们在城市特定的劳动领域打工，但因户籍的阻碍，无法获得城市的医疗、教育、住房等公共资源与服务④，成为住在城市的"边缘人"。

## （二）人民生活水平普遍提高对治理创新带来挑战

第一，流动性带来的社区共同体撕裂。作为生活共同体的社区是建立在

---

① 数据来源：中华人民共和国住房和城乡建设部，《2020 年城乡建设统计年鉴》。
② 数据来源：国家统计局，《第七次全国人口普查公报》。
③ 蔡昉：《以农民工市民化推进城镇化》，《经济研究》2013 年第 3 期。
④ 周皓：《中国人口流动模式的稳定性及启示——基于第七次全国人口普查公报数据的思考》，《中国人口科学》2021 年第 3 期。

认同基础上以情感、价值观为纽带的邻里互助系统①。我国城市的基层治理先后经历了单位制、街居制到社区制的转变。在改革开放后，单位制逐步解体，原本"同一单位"的集体认同也随着单位制的解体与城镇化的推进而逐步瓦解，社会内部的共同体也随着职业变动、人员流动而逐步分解，同质性逐步降低。在乡村社区也面临同样的问题，在快速城镇化的拉动下，大量的农村劳动力开始外流。与六普数据相比，2020 年七普数据中人户分离人口增加了 88.52%，流动人口为 3.76 亿，东部地区人口比重提升了 2.15 个百分点②；再加上东部和东北地区的抚养比为 41.88% 和 37.51%，显著低于西部地区的 49.9% 和中部地区的 46.05%③，可以大致推断我国人口依旧更多地向东部地区流动。在大规模城乡流动和地区流动的背景下，乡村社会以亲缘关系组织起来的熟人网络、传统治理资源等逐步消失，开始面对城市中的业缘关系、社会融入、现代化生活方法转变等现实问题。城乡社会关系网络的解体与重塑给城乡社区中的社区团结、社区整合带来了严峻的挑战。

第二，多样性带来的社区管理复杂化。2020 年中国人均 GDP 为 72000元，超过全球人均 GDP 水平，接近世界银行划设的高收入经济体人均水平门槛④。居民的人均可支配收入也从 2000 年的 6280 元增长到 2020 年的32188.8 元⑤；同时，居民人均支出从 2000 年的 4998 元增长到 2020 年的21209.9 元，其中服务性支出的占比从 2014 年的 40.31% 提升到 2020 年的42.61%，医疗保健类支出占比也从 2014 年 7.21% 提升到 2020 年的8.69%⑥。随着人民生活水平的逐步提高，人民对美好生活的向往也日趋多元，社区居民对社区基础公共设施、社区福利性服务、社区公共服务、社区经营性服务的需求也逐步增多。人口老龄化带来的"空巢老人"照料需求、

---

① 王春光：《社会治理"共同体化"的日常生活实践机制和路径》，《社会科学研究》2021 年第 4 期。
② 数据来源：国家统计局，《第六次全国人口普查公报》和《第七次全国人口普查公报》。
③ 数据来源：国家统计局，2021 年《中国统计年鉴》。
④ 宁吉喆：《国民经济量增质升"十四五"实现良好开局》，《中国国情国力》2022 年第 2 期。
⑤ 2020 年人均可支配收入受新冠疫情影响，与 2019 年相比略有回落。
⑥ 数据来源：国家统计局，2001 年、2015 年、2021 年《中国统计年鉴》。

现代职业带来的儿童托养照料需求、城乡人口流动增加带来的流动人口管理需求等，都要求社区在回应居民需求的过程中承担更多的职能。此外，各种现实风险和潜在的风险因素也随之增加，尤其是疫情防控常态化以来，社区内部公共安全隐患增加。因此，当前社区处于需求、风险和矛盾等的多发态势，但社区治理中多元需求回应能力、资源整合能力、突发事件处理能力和调和利益纠纷的机制依然滞后。

### （三）农村社区建设相对滞后

第一，城镇化背景下劳动力人口外溢，农村人口结构失衡。2000~2020年，我国第一产业的比重从15.9%减少到7.7%，第三产业比重从33.2%增长至54.5%[1]。城镇化背景下，产业结构的转变吸引了大量农村的劳动力人口外流。从2000年人口普查的数据来看，农村常住人口数量为80739万人，其中15~65周岁的人口占农村常住人口总数的66.99%，2020年农村常住人口为50979万人，15~65周岁的人口比例下降到63.01%，占农村总人口减少数的61.86%[2]，也就是说农村大量劳动力人口流出；65岁以上老年人口比重从2000年到7.48%提升到2020年的17.72%，农村老龄化程度加深[3]。农村残疾人数量多、残疾程度深，我国3800万持证残疾人中有79.2%生活在农村[4]，一般为重度、中度残疾人[5]。在城镇化背景下，产业的迭代升级形成城市对农村劳动力人口的"虹吸效应"，农村出现老人、妇女、儿童"三留守"群体，老年人、残疾人等弱势群体比重高，空心化现象日益凸显，对教育、医疗、养老等公共服务的需求也更加迫切。但从2020年的数据来看，农村地区的医疗和教育资源仍存在缺口。农村地区每千人拥有职业（助理）医师2.06人、注册护士2.10人，这一数量不到城市资源的1/2。

---

① 数据来源：国家统计局，2001年、2021年《中国统计年鉴》。
② 根据《第六次全国人口普查公报》和《2021年中国统计年鉴》数据计算得出。
③ 数据来源：国家统计局，《2000年第五次人口普查资料》，《2021年中国统计年鉴》。
④ 数据来源：《中国残疾人发展与社会进步年度纵览（2020）》。
⑤ 根据《第二次全国残疾人抽样调查主要数据公报》和《中国残疾人事业研究报告（2018）》数据整理而得。

2019 年底全国初中在校生人数与专任教师之比为 7.69∶1，农村地区在校生人数与专任教师之比为 11.56∶1①。

第二，大多数村级组织缺乏造血能力。农村税费改革后，村级运转资金基本依靠上级转移，农村逐步演变为无集体财产、无集体企业、无集体收入的"三无"村，自身基本没有造血能力②。转移资金除去村支两委成员的工资后，基本无剩余，遑论在教育、文化、治安、活动场所及基础设施建设的维护及其他公益事业等方面进行投入。国家不再从农村提取资源，借以"一事一议"制度与财政奖补制度帮助农村实现基层治理转型，但集体经济薄弱的村庄难以配套相应的资金，导致村庄难以承接公共品建设项目，最终使得农村公共品供给结构失衡③。资金的短缺使得村级组织陷入"无钱办事""无能力办事"的窘境。村级资金短缺成为制约基层社会治理的主要因素，再加上"撤村并组"等举措，撕裂了乡村社会原有的熟人社会治理单元，导致乡村社会管理难度再次加大。此外，乡级组织在条块调整中权力和职权的弱化，使得空壳化现象凸显，基层政权在资源和权威双重丢失的窘境下，进一步削弱了农村社会基层组织效能的发挥④。

### （四）基层从管理到服务转变艰难

第一，长期行政化限制了社区自治的动力和活力。为满足改革开放带来的社会变迁的需要，基层管理体制逐步由单位制和街居制向社区制转变。社区成为上级政府的权力延伸地区，社区也逐步依赖政府的管理，形成了政府管理社区条块模式，政府习惯性地干预社区事务，社区在资源依赖路径下，也将政府安排的工作看作自己的分内事。在重组社会的过程中，上级政府不断地强化其在社区中的主导地位，社区管理卷入行政体制

---

① 数据来源：国家统计局，2021 年《中国统计年鉴》。
② 杜春林：《制度变迁、财力变化与乡镇治理能力提升——兼论农村税费改革后的乡村关系转型》，《南京农业大学学报（社会科学版）》2021 年第 4 期。
③ 陈锋：《分利秩序与基层治理内卷化——资源输入背景下的乡村治理逻辑》，《社会》2015 年第 3 期。
④ 周飞舟：《财政资金的专项化及其问题——兼论"项目治国"》，《社会》2012 年第 1 期。

惯性，行政化倾向严重①。村、居委会只是被动执行上级政府的行政指令，协助党委、政府全面管理社区内各项事务，政府作为管理主体负责管理一切大小事务，群众则是被管理的对象。对于政府实施的管理措施和提供的公共服务，群众只能被动接受，村、居委会作为群众自治组织的主体性并未体现出来。社区行政化虽然推动了社区资源的整合，使社区建设在短时间内取得成效，但是这样的做法一定程度上也阻碍了社会力量的发育②，不利于政府治理、社会调节和居民自治良性互动的社区治理体系的构建。

第二，社区服务能力依旧薄弱，地区差距依旧显著。尽管社区建设取得了一定的提升，城市社区综合服务设施覆盖率为 96.4%，农村社区综合服务设施覆盖率为 83.7%③，社区公共服务、志愿服务和便民利民服务衔接配套的城乡社区服务体系初步形成④。但由社区建设转向社区治理依然艰难，社区工作人少事多、工作队伍不稳定的事实较为突出。社区工作力量一般由两委成员、网格员、居民小组长等组成，以四川省为例，社区平均专职工作者人数仅为 5.7 名，工资低、晋升空间限制等成为阻碍人才引入的因素⑤。此外，地区间的社会服务能力存在较大差距，公共服务量少质弱的问题也比较突出。各地区每万人拥有民政服务机构和设施平均值分别为东部地区6.15 个、中部地区 7.63 个、西部地区 4.13 个和东北地区 5.47 个。地区每万人拥有民政服务机构和设施的职工平均值分别为东部地区 29 人、中部地区 29 人、西部地区 20 人和东北地区 24 人。⑥

---

① 王德福：《社区行政化与街居治理共同体》，《行政论坛》2019 年第 6 期。
② 崔月琴、张译文：《双重赋能：社区居委会治理转型路径研究——基于 X 社区社会组织服务中心实践的分析》，《清华大学学报（哲学社会科学版）》2022 年第 2 期。
③ 数据来源：中华人民共和国国家发展改革委员会，《关于印发"十四五"公共服务规划的通知》。
④ 龚维斌：《"十四五"时期推进基层治理现代化研究》，《中国特色社会主义研究》2021 年第 4 期。
⑤ 张伟涛：《社区服务能力强起来 社会治理基础实起来——访全国政协委员、四川省民政厅厅长益西达瓦》，《中国社会报》2020 年 5 月 27 日。
⑥ 数据来源：中华人民共和国民政部，2021 年《民政统计公报》。

# 四　迈向高质量社区治理的对策建议

2000～2020 年我国城镇化发展经历了从高速发展向高质量发展的转型，产业结构、人口结构和空间布局等方面出现了明显变化。党的十八大以来，推进新型城镇化建设成为改革主轴，《国家新型城镇化规划（2014～2020年）》的发布标志着我国的城镇化进入了"以人为中心"的发展阶段。为了推进城镇化的发展，农村社区通过撤乡设镇、撤乡入镇、合并乡镇和镇改街道等方式实现了空间布局的城镇化，我国过半的人口完成了从农民向市民的转变。但我国也面临人口出生率持续走低、人口老龄化程度持续加重、人口红利下行压力增加等带来的挑战①。第二、第三产业成为我国的主导产业，第三产业已经占据我国国内生产总值的半壁江山，大量的农村劳动人口流入城市，城乡的结构性变迁给社区治理带来新的风险与挑战，城市社区收入增加和人口流入带来了社会服务的多元需求，农村社区空心化、"三留守"群体、发展活力匮乏等问题，都对社区治理提出了新的要求。在深入推进以人为中心的新型城镇化进程中，城乡社区形态还将继续变化。面对新形势、新挑战和新机遇，"十四五"时期，我国的社区治理要坚持以人民为中心、以需求为重心、以服务为核心的精细化、智能化、专业化、社会化和法制化治理，构建社会治理共同体，推动"城市中国"建设向高质量发展。

## （一）坚持"以人为中心"的城镇化发展宗旨，提高人口城镇化水平

一是紧扣人口结构变迁的规律，加强人口城镇化政策研究。改革开放之前，我国人口几乎不迁徙或者被动迁徙，在城镇化、工业化的背景下，我国迅速转向大规模、多层次、多元化的全员迁移，实现了从"乡土中国"向

---

① 陆杰华、林嘉琪：《中国人口新国情的特征、影响及应对方略——基于"七普"数据分析》，《中国特色社会主义研究》2021 年第 3 期。

"迁徙中国"的转变①。在"迁徙中国"的背景下，人口成为贯穿城乡发展的主要因素，城镇化对我国不同年龄结构的群体都进行了新一轮的重塑，随之而来的是农村空心化、城市拥挤化等带来的土地、税收、户籍、社会保障等制度要素的调整。因此，尊重"迁徙中国"的人口结构规律，合理制定顺应人口迁徙、城乡流动的政策规定，保障人口要素的自由流通，有利于进一步提升城镇化建设中人的活力。

二是加速推进户籍制度改革，推进农业转移人口的市民化。医疗、教育、购房等公共服务仍依附于户籍制度，没有户口等于无法享受优质的公共资源②。从2013年《中共中央关于全面深化改革若干重大问题的决定》放宽小城镇的落户政策开始，到2020年4月出台《2020年新型城镇化建设和城乡融合发展重点任务》明确300万人以下城市全面取消落户限制，我国的户籍准入政策在逐步放宽，但对于超大、特大城市而言，难以做到落户门槛放宽要求③。因此，要进一步分层、分类推进不同城市、不同群体的落户政策、居住证制度，制定差异化的落户政策，分散核心城市的落户压力；以居住证制度保证农业转移人口子女就学，畅通享受社会保障、医疗保障等公共服务，对农民工进行技能培训，通过职业融入推进文化、经济、生活等多维度的市民化进程。

三是着力推进城市都市圈建设，平衡区域发展。首先，基于城市群发展的人口城市化分散中心城市的公共服务压力，扭转人口向大城市流入的偏好。其次，城市群的建设可以统筹公共服务资源配置，要借助基础设施将大中小城市联系起来，弥补中小城市供给劣势，让中小城市能够充分享受大城市公共服务的扩散效应。同时，对西部地区而言，在新农村建设成效不足、人口外流压力大的现实背景下，城市群的发展有利于增强西部中心城市的经济和人口吸引力，以实现区域和城乡间的发展要素的平衡。

---

① 程梦瑶、段成荣：《迁徙中国形态得到进一步确认》，《人口研究》2021年第3期。
② 许琳梓、张松林：《城市公共服务的可获性与人口城市化——兼议"城市分类落户政策效应"》，《现代经济探讨》2022年第2期。
③ 李沛霖：《户籍制度改革区域差异对人口流动影响研究》，《人口与发展》2021年第6期。

## （二）坚持"以需求为重心"的治理导向，推进治理能力现代化

一是以党建为平台统筹社区资源，构建多元主体互动机制。群众路线是党的根本工作路线与行为准则，在当前新形势下，中国共产党"以人民为中心"服务人民的使命比以往任何时候都更需要注入新时代元素。首先，提升社区党组织的组织力，塑造党组织在基层的治理权威。以思想政治培训、治理能力培训等方式增强基层党组织解决问题的能力，在解决居民问题的过程中树立组织威信。其次，要发扬党的群众工作、思想政治工作的优良传统，社区党员干部发挥带动作用、密切联系群众、切实反映群众诉求、及时解决群众困难，增加党组织与社区居民的黏性。最后，要发挥党组织的凝聚力，整合社区内部资源，搭建社会参与平台，将热心群众、社区企业、社会组织有效地动员起来，实现党建引领与多元共治的有机结合。

二是构建以需求为导向的供给机制，以自治增强社区情感联结。首先，通过社区党组织牵头，打造社区基金会、社区议事会、社区客厅等自治载体和空间，成立由小区业委会成员、物业公司代表、居民代表等社区主体组成的居民议事组织机构，构建社区共同协商议事的平台。其次，以协商议事制度为杠杆，撬动形成共治秩序、发展互惠机制。在居民之间增进信任，构建亲密团体，重塑新关系资源，进而实现社区矛盾化解的"关系式动员"；推动社区不同治理主体理性对话、友好协商，共同解决社区生活中的烦心事、复杂事。最后，运用和处理好居民关系网络，通过情感联系增进信任理解，带动社区居民自主创造正向联系，维护社区秩序，形成社区认同感，以居民自主力量化解社区矛盾纠纷①。

三是运用市场化、社会化的服务供给机制，促进社区服务体系的完善②。社区服务种类繁多，涵盖医疗、教育、养老等公共服务和非公共服

---

① 蔡斯敏：《城市社区文化营造的主体关系调适及路向选择》，《南通大学学报》（社会科学版）2022 年第 1 期。

② 焦若水、陈文江：《社区社会组织：社会建设的微观主体》，《科学社会主义》2015 年第 1 期。

务，仅仅依靠政府单一主体难以满足社区居民多元需求。要结合地方实际情况，制定市级公共服务供给清单，帮助政府厘清自身权责界限。以居民实际需求制定非公共服务供给清单，通过租金优惠、杂费减免等政策，吸纳社区组织和社会企业的力量，使其获得可持续经营的空间，进而参与非公共服务的提供，培育社区多元共治主体。

### （三）以县域为基本单元，推动城乡融合发展

一是大力发展县域富民产业，以产业促进农村发展。首先，拓宽县域、区域发展共同体思路，积极承接周边大城市疏解产业，与周围城市群建立小微企业融通发展联盟，打造区域品牌。其次，要结合自身的自然优势和资源，做好需求调研，引导县域产业立足资源优势和发展基础，培育产业特色和竞争优势，形成"一县一业""一乡一品"的产业发展格局，通过县级特色产业的培育，形成对农村就业、收入的拉动作用，使农民就近增收。最后，建立起金融、科技、人才、农业技术等全方位支持系统，增强县域内小微个体对市场风险的抵抗能力，增强县域经济发展的可持续性。

二是加强基础公共服务县域统筹，构建城乡一体化的公共服务体系。城乡一体化的公共服务体系要以改善民生为导向，缩小城乡公共服务差距，打破社会管理城乡二元结构。首先，扎实开展农村道路硬化工作等基础性公共设施建设，为城乡一体化发展提供前提条件。其次，聚焦资源统筹，推进紧缺公共服务建设。推进县域学校共同体、医疗共同体、养老共同体建设，由县域统筹利用资源，同县同策享用公共服务资源。重点提升县级敬老院失能照护能力和乡镇敬老院集中供养能力，提升乡镇小学教学质量，探索建立学龄前儿童托养机构，保障农村教育公平。最后，加强乡镇便民服务中心建立，依托乡镇社工站，着力推进乡镇老年人、儿童、残疾人等弱势群体的社会保护工作[①]，切实提升乡镇社会服务能力。

三是加强农村基层组织建设，做好体制机制保障。健全党组织领导的自

---

① 焦若水：《社会保护：乡村振兴中社会工作的价值与使命》，《探索》2021年第6期。

治、法制和德治相结合的乡村治理体系。首先，推动农民自下而上落实乡村行动方案，立足村域实际情况，开展乡村建设行动，不盲目撤、并、建村。其次，推行村委会规范化管理和建设，推进村级网格化管理，使用清单列表规范村级组织权责范围。最后，推进乡村数字化建设，推进智能化监管，防范村级债务，规范科学管理村级项目，提高村集体产业活力。

### （四）坚持"以服务为核心"的治理逻辑，推进服务型政府转型

一是进一步推进街道、社区改革，破除条块分割的行政惰性。首先，以立法确立街道办事处的法律地位，遵照"权责对等"的原则赋予街道办事处相应的法律地位。其次，推行以街道为中心的大部门制改革，建立党建服务中心、社区服务中心、政务服务中心和网格化服务管理中心，实现管理层次扁平化，让老百姓办事只跑一次。再次，将执法的权限和力量下沉到街道，夯实基层工作队伍，整合街道一级的执法资源，进行权责相宜的执法力量调整。落实街道事项准入制度、社区公共事务准入制度，明细街道权责，清单之外的事项街道一律不负责，推动街道、社区为其主责主业服务。最后，街道推行"街乡吹哨、部门报到"的工作机制，使街道位于基层工作的中心，向下获取民意，向上对接政府职能部门和公共服务机构，使职能部门精准回应居民需求。

二是进行基层社区工作队伍建设，促进服务队伍水平的专业化提升。首先，建立岗位等级制度和合理的薪酬体系。紧抓专职化标准，以岗位职责承担和履行情况、社区工作年限、受教育程度、专业化水平等因素为评比标志，以等级排序进行薪资配比。其次，聚焦专职化队伍建设，在"选、用、育"关键环节上严格把控。在选人上，实行凡进必审，确保人才引进的公平、规范；用人强调规范的合同用工机制和退出机制，用竞争考核机制确保工作成效；设立省、市、区、街道四级育人体系，鼓励社工参加继续教育提升专业知识和操作能力水平，参与社会工作者职业资格考试提升专业水平，打通专业化和职业化之间的通道。最后，大力推进街道社区工作人员自身能力建设，形成"社工+社区工作人员+社区志愿者"的社区工作队伍。

社区蓝皮书

　　三是加大力度培育社区社会组织，发挥社会力量共建社区。通过政府购买服务的方式，将社会力量引入社会治理，立足社区实际情况，选择老年人日间照料、幼儿托育、社区保健等社区亟需的服务机构，引进并扶持社会服务机构在社区发展。重视第三次分配的作用，发挥社会慈善、公益的力量，鼓励、支持和引导驻区单位、企业、社会组织、社区居民等各类社会力量积极协同参与社区志愿服务，强化社区服务功能、提升社区服务水平，形成社会互助网络，实现政府治理和社会调节、居民自治的良性互动。

# 社区建设篇

## Community Construction

**B.3**

# 共同愿景视角下的社区治理实践

—— 以海淀区闵航南里社区"和美闵航"建设为例

黄锂　黄悌*

**摘　要：** 社区是建设社会治理共同体的重要场域，也是社会治理的重心所在。本文基于北京市海淀区四季青镇闵航南里社区开展研究，以共同愿景为视角，总结闵航南里社区围绕居民议事会建设、社区社会组织培育、协同治理资源链打造三条主线，探索"党建引领、政府推动、群众主力、军地融合、社会协同、文化赋能"原则指导下的社区治理共同体建设的主要做法与基本经验，以为提升社会治理效能和推进市域社会治理现代化建设提供借鉴。

**关键词：** 共同愿景　社区共同体　社会治理

---

\* 黄锂，北京敬诚社工发展中心主任，主要研究方向为社会工作介入社区治理实践；黄悌，北京市海淀区志愿服务联合会联合党支部成员。

2022 年 1 月 21 日，《"十四五"城乡社区服务体系建设规划》（下称《规划》）正式印发并指出，新时代的社区，是面向全龄人口的美好生活共同体，每一个社区居民的需求都值得被重视、被满足，提出坚持党的全面领导、坚持以人民为中心、坚持共建共治共享、坚持城乡统筹、坚持分类指导五项基本原则。其中"充分调动社会组织、社会工作者、志愿者和慈善资源等社会力量，引导市场力量，更好发挥政府作用，构建多方参与格局，让全体人民共享发展成果"更凸显在社区治理时构建社区共同体的重要性。在北京市海淀区四季青镇闵航南里社区创建"最美村庄、社区"行动中，本研究通过对居民进行走访、开展问卷调查了解居民对现有社区治理模式的态度及居民自身需求，并结合社区社会组织队伍培育及社区共治服务实践，进行共同愿景视角下的"和美闵航"治理模式探索，希望对四季青镇乃至更广泛区域的社区治理实践有所启发。

## 一 闵航南里社区治理现状与需求

闵航南里社区成立于 2007 年 5 月，社区管辖范围东至闵航路 2 号院（西郊机场），西至天香颐北里，南至闵航路 31 号院（闵航路是一条断头路），北至闵航路 21 号院北墙，占地面积 1.16 平方公里，共 13 个小区，其中部队家属院 12 个，常住总户数 2100 户，户籍户数 527 户，总人口 4200 人。闵航南里社区设党总支 1 个、党支部 2 个，现有党员 232 人，其中"双报到"党员 209 人。党总支班子成员 5 人，全部具有本科以上学历，平均年龄 41.6 岁；居委会班子成员 5 人，平均年龄 45.6 岁。

### （一）居民对社区治理现状的态度

为贯彻北京市海淀区四季青镇闵航南里社区创建"最美村庄、社区"行动，落实闵航南里社区治理工作要点，做好社区社会组织开展社区治理服务实践，闵航南里社区在镇政府的指导下，对辖区内 13 个小区进行了"和美闵航"最美社区建设工作需求调查。

本次调查采用问卷调查方式，结合了部分访谈活动。在闵航南里社区13 个小区进行抽样，共发放问卷 160 份，其中有效问卷 152 份，有效问卷中参与填写的居民年龄 60 岁及以上为 57 人，占 37.50%；40~60 岁为 86人，占 56.58%；40 岁以下 9 人，占 5.92%。男性居民 56 人，占 36.84%；女性居民 96 人，占 63.16%。有 82.24% 的居民在本社区生活 10 年以上，对社区情况了解较深。

被调查对象的学历情况如表 1 所示。大专、本科及以上学历者较多，占 80.91%，而高中以下学历者的比重较小，说明总体上社区居民的文化程度较高。

表 1　被调查对象学历情况分布

| 选项 | 小计（人） | 比例（%） |
| --- | --- | --- |
| 小学以下 | 1 | 0.66 |
| 初中 | 7 | 4.6 |
| 高中或中专 | 21 | 13.83 |
| 大专 | 36 | 23.68 |
| 本科 | 55 | 36.18 |
| 研究生及以上 | 32 | 21.05 |
| 本题有效填写人次 | 152 | |

### 1. 居民支持以"共建、共治、共享"的方式改善环境

被调查对象对社区居住环境的整体评价情况，通过表 2 可以看出。居民对社区居住环境的整体评价中"不太满意"和"很不满意"仅占 4.60%，"非常满意""比较满意"占 78.95%，这说明居民普遍对居住环境认可。但是居民对社区环境也存在一些不认可的方面，例如：居民的生活便利性、交通安全隐患、物业缺失、违章建筑管理等。综合分析，在认可层面上，居民对社区存在感性支持；在针对性的具体问题方面，居民普遍反映了一些具体问题。

社区蓝皮书

表2　被调查对象对社区居住环境的整体评价情况

| 选项 | 小计(人) | 比例(%) |
|------|------|------|
| 非常满意 | 42 | 27.63 |
| 比较满意 | 78 | 51.32 |
| 一般 | 25 | 16.45 |
| 不太满意 | 4 | 2.63 |
| 很不满意 | 3 | 1.97 |
| 本题有效填写人次 | 152 | |

在是否支持以"共建、共治、共享"的方式对小区内部环境进行改造提升这一问题上，96.05%的居民选择了支持，无所谓的占3.29%，只有0.66%的居民选了不支持。一方面反映了居民对改造内部环境需求的迫切性，另一方面也反映出居民对"共建、共治、共享"的方式有一定的认同。

表3　被调查对象是否支持以"共建、共治、共享"的方式改善环境

| 选项 | 小计(人) | 比例(%) |
|------|------|------|
| 支持 | 146 | 96.05 |
| 不支持 | 1 | 0.66 |
| 无所谓 | 5 | 3.29 |
| 本题有效填写人次 | 152 | |

2. 居民对社区的认同感较强，社区具备一定凝聚力

被调查对象中有144人认为对社区有认同感和归属感，占94.74%；没有认同感和归属感的有8人，占5.26%。针对认同感和归属感的来源情况如表4所示，地域人文因素占40.28%，军队文化因素占56.25%，社区团结因素占72.92%，邻里关系因素占58.33%，成长记忆因素占11.11%。从归属感、认同感来源看，居民普遍对社区邻里和谐与社区团建比较认同，而地域文化与军队文化是凝聚社区人心的重要抓手。当然，因社区中部分小区存在时间较久，承载了一些居民的成长记忆，使居民对社区的感情更深。

表4　被调查对象对社区认同感和归属感的来源情况

| 选项 | 小计（人） | 比例（%） |
|---|---|---|
| 地域人文 | 58 | 40.28 |
| 军队文化 | 81 | 56.25 |
| 社区团结 | 105 | 72.92 |
| 邻里关系 | 84 | 58.33 |
| 成长记忆 | 16 | 11.11 |
| 其他（请说明） | 2 | 1.39 |
| 本题有效填写人次 | 152 | |

### 3. 居民参与社区治理的意识较强

在被调查对象中，"非常了解""比较了解"最美社区建设的居民占比为71.71%，"不太了解""很不了解"最美社区建设的居民占28.29%。从调查反映的居民主动了解社区治理的意识来看，居民参与度较高、参与意识较强。

表5　被调查对象对最美社区建设的知晓度

| 选项 | 小计（人） | 比例（%） |
|---|---|---|
| 非常了解 | 28 | 18.42 |
| 比较了解 | 81 | 53.29 |
| 不太了解 | 42 | 27.63 |
| 很不了解 | 1 | 0.66 |
| 本题有效填写人次 | 152 | |

被调查对象有70.39%愿意作为志愿者参与到最美社区建设工作中，并留下了联系方式，而29.61%表示不愿意作为志愿者参与。调查中未设定不愿意参与的原因选项，因此对不愿意参与的原因无法判断。

表6　被调查对象是否愿意作为志愿者参与到最美社区建设工作

| 选项 | 小计（人） | 比例（%） |
|---|---|---|
| 愿意 | 107 | 70.39 |
| 不愿意 | 45 | 29.61 |
| 本题有效填写人次 | 152 | |

### （二）闵航南里社区治理工作的挑战

#### 1.军队住宅小区物业管理难

破解军队住宅小区物业管理的难题。军队住宅小区是指经济适用住房（含安居工程和集资建房）小区、已售干休所住房区和从军队家属区划分出的售房区。在军队住宅小区实行专业化、市场化的物业管理，是军队深化住房制度改革的重要内容之一。闵航南里13个小区中，有12个小区的产权单位是军队，只有7个小区有物业，但也存在部分小区物业服务不到位的现象。产权单位的特殊性，造成管理不便、物管会成立条件不足等困扰。

#### 2.人口结构相对单一造成地域文化区域资源相对单一

闵航南里社区绝大多数小区为军队家属院，"军队家属院"社区从人口结构上看是相对单一的，其有利的一方面在于党建力量强、命令执行力强、人心齐、动员体系简单有效、资源集中等；而不利的因素也反映在这些方面，比如人口结构单一造成社会资源单一、议事过程容易行政化等。

#### 3.自上而下的高执行力与治理后劲不足

对于社区治理来说，军队文化在社区中的传承，有利的一面就是在社区中的动员工作简单，执行力非常强，不利的一面就是在议事的角度上容易受原有军队体系中的行政序列影响，意见集中于少数人。社区在开展居民参与治理工作中，亲力亲为，成为主导力量，整体活动自上而下推进较明显，在推动初期会产生意想不到的效果，居民的积极性非常强，但后续因一些居民的声音未被关注，积极性下降、凝聚力下降，后劲不足。

## 二 推进闵航南里社区治理的实践

### （一）开启共同愿景视角的社区共同体打造

2021年6月2日召开的创建"最美社区"军地协商座谈会上，四季青镇党政领导、直属部队单位领导高度重视，军地双方领导支持社区工作，达成了"为民办实事、居民做主、居民参与、居民受益、军地共建，营造军民同心一家亲"的"和美闵航"的共同愿景。在前期对各方社区治理诉求进行广泛沟通、协调，对各方资源进行整合，以及协作机制探索的基础上，初步形成了社区与驻区部队定期召开军地共建联席会、物业协调会的联动机制。

**1. 党员旗帜引领社区共同体**

闵航路 18 号院是一个独立的部队家属院，院内居民长期被环境问题困扰，在院子的东南侧有一个三间的违建车库，长期闲置、无人看管，堆积了大量的枯木等易燃物，成为小区一个重大安全隐患；小区内的道路长期缺乏维护，坑坑洼洼的，经常有年龄大的居民崴脚、跌倒；道路过窄，车辆行驶对行人安全形成一定的危险；小区南侧绿地长期被部分居民占用，开辟出一个个菜园，即影响环境美观，也造成道路泥泞，对居民出行造成进一步的困难。

在社区党委组织下，闵航路 18 号院 48 户居民于 2021 年 4 月召开了第一次民主议事会，针对小区内的环境、安全等一系列公共事务畅所欲言，对小区内环境改造问题达成了共识。为了进一步实现小区环境改造行动，参与会议的党员们主动要求承担更多工作，特别是党员居民"虎妈"毛遂自荐，并被与会居民代表一致选为小区议事会带头人。此后，小区议事会通过决议，对小区空间进行了重新规划，并制定了分步走的行动计划。6 月 28 日上午 9 点，闵航南里社区自治组织首个自主策划的大型活动由在职党员、志愿服务队、志愿家庭带头发起，助力 18 号院居民开展清洁日活动。在社区的协助下，共召集在职党员 14 人、志愿者 7 人、志愿家庭 1 组，居委会、产权单位、政平集团各派出志愿服务团队 1 支，共同协助 18 号院居民开展院落大扫除。18 号院小区全体居民积极参与，志愿者们与居民一起开始清理，整理绿地、捡拾垃圾、翻盆倒罐，为小区环境更加干净整洁贡献出自己的力量。在"虎妈"和小区党员居民的带领下，闵航路 18 号院小区居民在 2021 年五六月间，积极行动，对小区公共空间进行改造，设计规划了暖客厅、融媒中心、社区智库等功能空间，打造了集党建、学习、休闲、娱乐、

文化宣传于一体的小区公共活动场所。值得一提的是，在暖客厅的东面墙上是一张张居民党员的照片，真正形成了党员亮身份、党员齐带头的局面。

2. "初心驿站"构建社区议事阵地

闵航路18号院改造的公共空间，在议事协商的过程中，逐步有了响亮的名字——"初心驿站"。闵航南里社区通过联动驻区单位、部队，依托"初心驿站"建立起军地共建联席会机制、五社联动机制，搭建起多方沟通的平台，定期沟通，围绕"党建引领、政府整合、军地共建、群众主力、社会协同、文化赋能"的工作原则，共同探索打造可持续发展的和美社区，使"初心驿站"成为社区议事阵地。

闵航路18号院创建"初心驿站"试点的成功，带动了各小区居民参与议事会的热情，纷纷在各自的小区内仿效。闵航路16号院、闵航路19号院、闵航路甲21号院、闵庄38号院在小区内建起了小区议事会，在社区的主持下，驻区部队、单位、小区居民代表等共同参与议事，针对院落环境、楼道堆物、小区停车难、垃圾分类等问题进行行动策划，形成了粉刷楼道、停车划线、桶前值守等议事会决议。例如，闵航路甲21号院的停车问题一直困扰着小区居民，虽然大家一致同意通过在小区内规划停车空间来规范停车秩序，但是具体怎么划、车位如何分配成为新的议题。就规范停车的议题，社区协助联动的北京晨鑫建设工程有限公司、物业单位召开3次议事会，居民们充分发表自己的观点，物业单位在消防安全等方面给出了合理的建议，最终结合各方意见，归纳出最简单高效的施工方案，产生了能尽快解决"停车难"问题的行动计划。在落实施工阶段，社区与居民积极互动，将部分坑洼路面修理平整。

3. 规范化运行促进"初心驿站"全覆盖

闵航路18号院在共同愿景视角下开展"初心驿站"议事协商机制试点后，闵航南里社区党委积极总结社区共同体构建经验，总结闵航路18号院"初心驿站"运行中可以规范化操作的方法、工具、流程等，整理形成了闵航南里社区"初心驿站"运行手册。手册中包括"初心驿站"议事会章程与流程、"初心驿站"空间使用制度、活动开展流程与值日表格等，并在闵航路 19 号院、闵航路甲 21 号院、闵庄 38 号院等小区进行推广试运行，向闵航南里社区"初心驿站"全覆盖的格局迈进。

## （二）树立共同愿景的社区社会组织培育

针对困扰居民的"垃圾分类怎么做？怎么才能做好桶前值守"难题，社区引导闵航路甲 21 号院的队员们就此开展议事，立足居民自身需要，从社区为民做主变成由民做主，从社区为民办事变成社区带领大家共同建设，推动了社区垃圾分类的治理工作，形成了"主意大家拿、办法大家想、事情大家做"的工作机制和作风。通过"初心驿站"议事会社区与居民成为"一家人"，共同把事情做好。

### 1. 探寻共同愿景，助力社区社会组织规划方向

闵航路甲 21 号院有 70 户 230 位居民，小区产权单位是部队，小区道路维护较好，整体绿化保持也较好，但也存在垃圾桶区域卫生较差、楼道楼门口堆物、楼道内墙壁脏乱等现象。小区内的社区社会组织以文体类活动为主，活跃的队伍成员有十多人，队伍管理相对松散，成员参与社区社会组织的目的仍以满足文体活动需求为主，对社区公共事务并没有概念。

2021 年 10 月 15 日，在社区会议室召开"闵刻初心"党员先锋队和闵航路甲 21 号院太极队两个社区社会组织共同参与的开放空间议事会。队员们在会议引导老师的引导下，针对主题提出自己认为重要的议题，并选出"楼道堆物清理、垃圾分类需要指导、楼门需要清理粉刷并要体现文化特色、丰富小区居民文化生活"等焦点议题。在分组讨论中，大家运用"双脚法则"选择有兴趣参与的议题，再把议题讨论结果用大海报张贴在墙上，让没有参加讨论的人可以了解其他组的讨论情形，进而引发新的议题。最后大家针对共同关注的焦点问题，展开进一步的行动计划，把大家的智慧化为行动，整个会议气氛热烈。

参会的社区社会组织成员讨论确立了在接下来的三个月中小区居民应参与的共同事务，制定了垃圾分类桶前值守助力冬奥、最美楼门文化建设、文化迎新春等工作计划。这些计划建立在大家对社区事务的共同意愿基础上，

每个人充分理解内容，发于本心，并愿意在会后承担更多的责任。

在本次会议后，社区团队趁热打铁，组织闵航路 18 号院、19 号院、闵庄 36 号院等小区的社区社会组织和"闵刻初心"党员先锋队参与头脑风暴会，针对社区居民共同关注的焦点问题进行讨论，最终确定了各小区居民共同关注的公共事务并制定了行动计划。

探寻共同愿景使社区社会组织明确了组织发展的方向。黄玉珍阿姨在"助力冬奥桶前值守 1 小时"项目启动会上表示，作为党员、作为先锋队带头人，更应该迅速行动起来，在垃圾分类工作上走在前、树标杆、作表率，牢记共产党员的责任、工作担当和光荣使命，以更加饱满的热情投身垃圾分类工作，切实发挥好共产党员的先锋模范作用，精诚团结、攻坚克难。

社区团队深知社区社会组织只有以回应社区居民需要为基点进行培育与发展，方有强大的基础和长久生存的生态。在培育过程中应牢牢把握两条主线。一是立足需要，直接培育。以闵航南里社区居民需求和问题解决为导向，立足社区，发掘具有回应需要技能的社区达人，有针对性地引导，直接培育服务供给型的社区社会组织，促进其在表达和满足居民诉求、开展自助互助、参与社区公益方面活动发挥作用。二是运用媒介，间接转化。社区社会组织转化性培育就是将一些文化类、娱乐性、环保类等原有社区社会组织引入服务领域。借助各种方式，引导这些组织针对所在小区居民需要，立足于自己组织特色，运用特有技能和形式不断开发新服务项目，以个性化的服务满足小区居民多样化需求，有效地参与社区共同体营造。

闵航南里社区通过孵化、培育、扶持和陪伴，产生了以"一名党员一面旗帜"为引领、以新时代文明实践站为主导的"闵刻行动"党员志愿服务队，这支在社区中活跃的先锋队，以"闵刻"（铭刻）为谐音，引导党员铭记"不忘初心　牢记使命"主题教育的精髓，带领社区居民共同打造"和睦家庭、和谐家园、和美闵航"；成立了"童携之手"青少年志愿家庭环境治理志愿服务队，他们活跃在社区环境治理与垃圾分类的第一线；产生了文化传播者组成的志愿服务中坚力量，以家庭教育志愿宣讲团为代表的众多志愿者在家庭教育、文明风尚、军队文化传承、社区美学讲堂等文化阵地发挥着重要作用。

### 2. 紧抓文化赋能，提升社区社会组织服务能力

闫庄 36 号院舞蹈队是闽航南里社区规模较大的小区文体队伍，能参加社区文艺会演活动，作为社区文艺会演主力可以参与一些镇里的活动。但在引导小区居民参与社区治理，为小区、社区提供公共服务方面尚处于被动应对社区需求状态，在社区治理和社区活动中的作用未完全发挥出来。

在调研和开展社区服务的过程中，社区书记赵崇真和她的团队发现，参与社区服务的志愿者队伍成员自我管理能力不足、与居民相互配合度不高、骨干队员协调能力弱等现象。为进一步提升志愿者队伍的自我管理、自我服务能力，社区以文化赋能开展各类文化活动，通过赋能培训活动，提升社区志愿服务队伍带头人及骨干成员的活动策划与组织管理能力，激发社区居民的志愿服务精神。

深挖居民中的部队文化传承，将军人保家卫国的无私奉献精神与志愿服务的利他主义精神进行有机结合，在社区志愿队伍建设中，建立志愿服务供需对接机制，鼓励社区、志愿服务组织完善志愿者激励回馈、"时间银行"等制度，动员和支持居民广泛参与社区志愿服务活动。实现"一个家庭一个堡垒"的真正意义，以志愿者带动志愿家庭的成长，在"和美闽航"共同愿景的指导下，实现吸引更多社区居民参与社区志愿服务服务活动的目标。

### 3. 项目化运作，打破可持续发展瓶颈

社区社会组织的资金来源相对单一且存在"等靠要"情况是制约社区社会组织发展的因素之一，闽航南里社区的社区社会组织也普遍存在着同类问题。例如，闽航南里社区书法班的参与者均为社区居民，以发展兴趣爱好为目标，在文体活动中希望社区帮助解决书画装裱和场地布置等基础费用。目前书法班活动资金主要来源为书法爱好者集资，社区为书法班运行提供了部分费用。书法班组织者肖老师一直为书法班资金来源渠道有限，活动设施、场所受限而发愁。

2021 年 10 月 15 日开放空间议事会召开后，社区组织多次组织头脑风

暴会讨论，形成了"讲好中国故事"致敬社区志愿者系列党建活动、"喜迎冬奥，值桶 1 小时"垃圾分类桶前值守志愿服务系列活动、"最美楼门"楼门文化建设与评选系列活动，以及"不忘初心新征程""和美闵航"社区文体队伍联赛等项目，并通过包片社工进行统筹，落实各社区社会组织队伍带头人制定项目计划。

在共同愿景的基础上，各小区队伍和社区社会组织有针对性地开展聚焦小区停车、公共区域环境整治、物业管理等社区治理难题破解的讨论与实践，通过"初心驿站"议事会进行民主协商，形成社区"微创享"项目，向社区进行项目申报。社区团队通过项目化管理，在项目服务中引导志愿服务队自主发现、自主提案、自主策划、自主实施，进行社区治理、社区服务实践；通过包片社工与社会治理专家的陪伴咨询、引导议事、活动策划、资源整合等支持工作，使社区志愿服务队在实践中巩固共同愿景，提升了社区志愿服务队的社区服务能力。

总之，闵航南里社区在培育社区社会组织过程中充分关注社区共同体的培育，发掘社区社会组织对共同关注的社区公共事务的愿景，通过镇党委引导支持、社区党组织的大力培育，推进社区共同体成长，使社区社会组织在培育、发展、转化的过程中成为社区治理的重要基础。

### （三）基于共同愿景的多元跨界协同资源链

2021 年 6 月至 7 月，四季青镇城市规划师团队、北京城市学院师生团队、空后直属保障大队、社区居民共同参与社区规划设计议事协商会，北京城市学院师生团队对闵航路 18 号院、甲 21 号院等小区进行多轮调研、勘察形成初稿、成稿，四季青镇城市规划师团队、北京城市学院师生团队反复对设计方案进行修改，最终呈现出居民眼中的最美村居蓝图。然后通过居民们的议事会进行协商，制定出针对每个小区的具体行动计划。在四季青镇、驻区单位的支持下，在社区以及居民的共同努力下，相信和美蓝图必将变成现实。

1. 军地共建联席会机制，突破体制壁垒

闵航南里社区有 12 个小区的产权单位是部队，军产小区在镇政府没有备案，监管不便，小区物业与社区工作的配合度有所欠缺；小区居民有意愿成立物管会，但军产小区无法成立；闵航路 18 号院小区自 1999 年就投入使用，但有部分楼的居民不能办理房产证，影响孩子上学；闵航路 16 号院与闵航路 18 号院小区，路面年久失修、坑洼不平。军队住宅小区的产权特殊性，使地方政府、社区、产权单位三者间存在协调管理的困难。

四季青镇党政领导、军产小区直属部队单位领导高度重视，坚持从问题导向出发，打破各自为政的壁垒，创新机制，军地双方领导对社区工作多次调研，在为居民办实事与军地共建方面充分达成共识。为民服务刻不容缓，特事特办。军地领导以项目合作的形式，对闵航南里社区的军产小区问题进行一事一议，建立四季青镇政府、驻区部队、社区、小区居民组成的军地共建联席会，对小区物业、环境、疫情防控常态化等事务进行联席办公，集中社区、物业在小区公共事务管理过程中的问题，由四季青镇政府联动驻区部队，落实社区军地共建项目。

在试点行动中，闵航路 18 号院居民以启发共同愿景为开端，以问需会的形式开始小区治理的需求调研，通过分析社区存在的公共事务问题，产生了多项议题：路边树木常年无人看护，居民的生命安全和财产安全难以保证；环境脏乱差，公共卫生隐患日益增长；路面权属不明晰，修缮后维护难；小区内长期存在的违建存在火灾隐患等。居民的需求就是命令，军地共建领导小组积极落实党建共建联席会机制，多次召开共建联席会，通过协商就如何改善院落环境问题形成了解决方案。

最终，通过镇政府、驻区部队、社区、社会单位的资源整合、联动，在军地共建、居民主动参与、社会力量协同的基础上，经过环境清理、道路平整、院落美化等改造行动，已经初步实现了模板式的蓝图实现路径。

2. 五社联动机制，实现跨界资源融合

在社区垃圾分类、疫情防控常态化等方面工作中，社区加强与辖区物业之间的联系和沟通，积极召开物业协调会，理顺社区居委会、业委会（物

管会)、产权单位、物业服务人、业主在社区治理物业管理中的主体地位，搭建理顺辖区单位内外关系的有效平台，组织社区、物业、居民共同参与的协调议事会，解决社区居民的"烦心事、挠头事、揪心事"，把接诉即办变为未诉先办，提升社区居民的安全感、幸福感，为打造和谐宜居小区奠定基础。

在闵航路 18 号院试点改造行动中，通过"红色党建 1+1"的形式对接资源，先后与共建单位政平集团、北京外国语大学北外学院和北京城市学院两所高校形成"红色党建 1+1"项目，补齐小区缺乏物业的治理短板，文化赋能"讲中国故事"学党史，进而实现共创共建共发展。北京城市学院刘蕊老师带领 20 多名学生，在紧张的考试学习之余，多次勘查现场。同学们分小组与居民们交流，居民从实际出发讲述自己生活中遇到的不便，以及对于"和美闵航"的畅想。经过反复修改设计方案，短短的三周时间，北京城市学院团队就给居民呈现了学生眼中的最美村居。

6 月 20 日上午，闵航南里社区"和美闵航"小区空间设计方案评选在社区二楼活动室举办，镇城市规划师于小菲老师、北京城市学院刘蕊老师和学生代表、社区居民共 40 人参加了方案议事会。学生们分别就自己的设计方案进行了一一讲解和展示，居民们对学生的设计方案都给予了高度的评价和热烈的掌声。居民们根据实际情况给出客观公正的评价，通过举手投票的方式，按票数确定了闵航路 18 号院改造方案。每位居民对最终方案做补充说明，改造工程在全体居民和政平集团、空后直属保障大队的协助下，有序进行。

北外学院学生团队与社区居民议事会发起"躬行、笃行、力行"专项计划。在建党百年的 2021 年，闵航南里社区居民们与北外学院学生团队携手开展了"传承建党精神，讲好中国故事"系列活动。学生团队通过走访调研挖掘大学生身边的中国故事，结合联合国可持续发展目标，把所学变为所用，做好外语人"把中国介绍给世界，把世界介绍给中国"的工作。学生们邀请社区多位志愿者通过讲述自己的故事，了解党的百年伟大征程。在"讲好中国故事"实践项目中，北外学院志愿服务队的同学们和居民打成一片，向前辈们学习，为居民提供其所需的志愿服务，为基层治理贡献自己的力量。

闵航南里社区推动社区、社会组织、社工、社会资源及社区自治组织的联动，实现社区治理的专业化、精细化，建立五社联动机制，搭建起多方沟通的平台，打造可持续发展的和美社区，共同完善社区基础设施和公共服务设施，创造宜居的社区空间环境，营造体现地方特色的社区文化，推动建立全过程民主的共建共治共享的社区治理体系。

# 三 成效与反思

闵航南里社区探索"一核两轴四级五联"社区治理工作模式一年以来，其党建引领的军地共建、居民参与、四级网格化、跨界协调等模式产生的实际效果已逐渐显露。"一核两轴四级五联"社区治理模式实施以来，密切了居民关系，改变了工作作风，得到社区工作人员、驻区单位和社区居民群众的充分肯定和鼎力支持。

## （一）以服务筑牢党群关系，切实发挥基层党组织的领导核心作用

一是以党建引领为核心，发挥镇党委、社区党总支的基层治理核心作用，依托"初心驿站"议事会深化、细化网格管理，建立四级网格管理体系，通过五社联动，结成"红色党建1+1"对子，一事一议创新军地共建机制，打破条块分割、各自为政的传统基层党建体制，初步形成以"党建引领、政府整合、群众主力、军地共建、社会协同、文化赋能"为特色的社区治理新格局。

二是以社区议事会引导居民参与公共事务和公益事业，调解居民纠纷，反映居民的意见、要求和建议等，打通了辖区内民情民意与社区之间的沟通桥梁。

三是以居民议事会、小区网格志愿服务队为关键力量，切实引导社区居民参与社区治理与社区志愿服务，充分调动居民自我服务、自我管理、

自我教育和自我监督的积极性、主动性，促进党群共同参与社区管理服务。

### （二）创新社区治理共同体模式，充分调动多元主体参与社区治理

以"党建引领、军地共建、社会协调、群众主力"为特色，调动驻区部队、企业、物业、社会单位、社会组织、居民共同参与和美社区的共同愿景树立，通过共同参与社区治理、社区服务的过程，使社区多元主体在共同愿景的视角下形成具有特色的新型社区治理共同体，充分发挥多元主体参与社区治理的作用。

一方面，随着议事平台的搭建、队伍的建设、服务的开展、居民公约在现实中的践行，社区的工作人员与居民、驻区单位多方参与，依托平台"议起来"，共同参与社区公共事务的处理，从根本上拉近了社区与居民之间的距离，更新了社区服务群众的方式方法。另一方面，多主体参与社区治理模式搭建后，各方依托平台、队伍开展议事，主动挖掘需求共同制定解决方案，通过四级网格巡查走访、发现问题。在这个过程中，社区团队更直接地接触居民生活、感受居民需求，真正有效满足居民需要、倾听居民诉求，带动党员骨干、联动社区资源链做好事、行实事。

### （三）坚持以人民为中心的发展思想，深入贯彻党的群众路线

在社区党委的引导下，聚焦群众需求，挖掘社区志愿服务能人，寻找社区中有威望的居民，建立与培育社区志愿队伍，以协调社区内矛盾纠纷、完善社区自我治理机制促进居民生活满意度提升。

以社区自组织为例。社区以活动项目的形式给予充分保障支持，提升治理效率，实现自治组织运行的制度化。常态化治理下，社区居民有效调解社会矛盾、解决社区问题，激发了社区自治活力。"'初心驿站'议事平台+社区志愿服务队伍+协同治理资源链"具有资源整合的强大优势，能够在最短时间内找到与居民特定诉求对应最准确的解决方案。组织化的队伍服务与协调治理资源链有助于更有效地动员多方治理主体和资源，更加彻底地解决实

际问题。实践中，最大限度发挥"初心驿站"议事平台的积极作用，跨界整合各方资源，合力解决社区所不能解决的问题，大大增强了为民办事的能力。

# 四　结语

共同愿景作为组织发展的要素之一，是团队成员的共同愿望，是全体成员发自内心想要争取、追求的目标，它使不同个性的人聚在一起，朝着共同的目标前进。在共同愿景视角下打造社区治理模式，是以社区居民需要回应为基点进行的社区多元治理主体的共同愿景挖掘、培育社区共同体的过程。闵航南里社区在探索治理创新模式的实践中，以自下而上的流程，促进社区多元治理主体参与满足居民诉求的行动，开展自助、互助和公共服务三个层面的服务，引导有效的社区参与；形成"党建引领、政府整合、群众主力、军地共建、社会协同、文化赋能"的治理体系，构建共建共治共享的新格局；在首都现代化社区治理过程中进行了创新探索实践，并为社区治理提供了新的视角和方法。

**参考文献**

何晓云：《军队住宅小区物业管理问题与建议》，《现代物业（上旬刊）》2014 年第 10 期。

方亚琴：《社会资本视角下社区社会组织培育模式探讨——以浙江省 H 市 SC 区 XY 街道为例》，《城市观察》2017 年第 5 期。

汪国新：《社区学习共同体的四大支柱》，浙江大学出版社，2016。

# B.4

# "践行"美好环境与幸福生活共同缔造

## ——以辽宁省老旧小区"完整社区"建设为例

靳娟 鲁捷*

**摘 要:** 本文重点介绍了辽宁省老旧小区改造中,坚持以人为核心的社会治理理念,坚持党建引领、居民参与,以"美好环境与幸福生活共同缔造"为手段,建设安全健康、设施完善、管理有序的完整居住社区的先进经验和典型案例。从政府高位推动、纵向到底,社区组织助力、横向到边,居民集思广益、协商共治三个角度,总结了省内各城市通过共同缔造把完整社区理念融入老旧小区改造的先进做法和亮点,同时发现并挖掘存在的问题并给出对策建议。

**关键词:** 社区治理 完整社区 老旧小区

## 一 问题的提出

习近平总书记指出:"社区是基础,只有基础牢固,国家大厦才能稳固。"为建设安全健康、设施完善、管理有序的完整居住社区,住房和城乡建设部(简称"住建部")在总结地方经验的基础上,于2021年底印发

---

* 靳娟,全国市长研修学院(住房和城乡建设部干部学院)助理研究员,研究方向为住房领域干部培训;鲁捷,沈阳师范大学管理学院教授、社会保障专业硕士研究生导师,全国市长研修学院(住房与城乡建设部干部学院)物业管理(房地产)专业客座教授,研究方向为社会治理与物业管理。

《完整居住社区建设指南》（以下简称《指南》）。辽宁省作为老工业基地，城镇化起步较早，如今建设用地规模趋近临界值，老工业城区因设施陈旧、交通拥堵等问题呈现出衰败态势，且具有国有企业多、大型企业多的特点，随着经济发展和现代化城市建设，遗存了众多历史厚重的老旧小区。因此辽宁省现阶段要解决人民日益增长的美好生活需要和不平衡不充分发展之间的矛盾，做好老旧小区改造是出路之一。

辽宁省认真学习贯彻十九大会议精神，准确理解和把握十九届四中全会提出的社会治理格局七要素——党委领导、政府负责、社会协同、公众参与、法制保障、民主协商、科技支撑等，坚持社会治理理念实践探索是老旧小区长效管理的必由之路。2020年7月国务院办公厅发布的《关于全面推进城镇老旧小区改造工作的指导意见》（国办发〔2020〕23号）（以下简称"23号文"）提到"推动构建'纵向到底、横向到边、共建共治共享'的社区治理体系"。国家"十四五"规划中提出，社会治理重心要向基层下移，构建党组织领导的自治、法治、德治相结合的城乡基层治理体系。这些重要会议和文件都为辽宁省老旧小区改造明确思想、指明道路，推动形成以人为核心的社会治理体系。

2020年12月，住房和城乡建设部与辽宁省人民政府签署《住房和城乡建设部　辽宁省人民政府共建城市更新先导区合作框架协议》，出台了《住房和城乡建设部　辽宁省人民政府共建城市更新先导区实施方案》。辽宁省高度重视城市更新和老旧小区改造，坚持以人为本，抓住老旧小区改造核心。

## 二　具体做法

### （一）共同缔造——政府高位推动，纵向到底

"美好环境与幸福生活共同缔造"的基本要求，是坚持"党建为核心、社区是基础、分类为手段、群众为主体、参与是关键、制度作保障"的原

则。这些要求在辽宁省老旧小区改造中指导实践，在安排部署和工作细节中体现。辽宁省委、省政府高度重视老旧小区改造。省政府成立了以 26 个省直部门为成员单位的老旧小区改造工作领导小组，统筹领导全省老旧小区改造工作，协调重大政策措施、计划项目、资金分配等，研究解决重大决策问题，建立政府主导、多部门齐抓共管的工作机制，系统推进老旧小区的综合改造提升。

在激励机制方面，辽宁省住房和城乡建设厅出台《关于对老旧小区改造工作真抓实干成效明显地区进一步加大激励支持力度的通知》，把老旧小区改造列为辽宁省落实中央重大政策措施 30 项重点工作之一，对真抓实干、取得明显成效的地区，分别给予 500 万、300 万、100 万元的资金奖励及政策支持。

在工作方法方面，辽宁省住房和城乡建设厅对应 23 号文"九个机制"，编制了《辽宁省城镇老旧小区改造技术导则（试行）》、《辽宁省老旧小区改造技术指引》（即"1358 工作法"），为老旧小区改造提供明确指导，同时鼓励各地结合实际创新实践，扎实推动老旧小区改造。"1358 工作法"在总体要求中提出，老旧小区改造工作要开展"美好环境与幸福生活共同缔造"活动，以改善人民群众居住条件为着眼点，以工作机制制度创新为着力点，全面、系统、大力推进城镇老旧小区改造，补齐城市人居环境短板，推动构建"纵向到底、横向到边、共建共治共享"的社区治理体系。到 2025 年，基本完成对 2000 年底前建成的需改造的城镇老旧小区的综合改造提升，建设安全健康、设施完善、管理有序的完整居住社区的目标。三个改造阶段工作内容和五个工作机制明确要求社区各类组织、物业企业重点参与，发挥引领带头作用；广泛听民声、纳民意，充分调动居民积极性；将"共同缔造"理念扎根人民群众中，从而使八项重点工作落到实处，实现老旧小区的完整居住社区改造，并建立良好长效管理机制。

### （二）共同缔造——社区组织助力，横向到边

在社区党组织领导下，社区治理类（如业委会、物业公司、自治小组

等）、公益慈善类（如公益志愿者组成的爱心医疗组、家电维修队、宣传教育小组等）、文体活动类（歌舞团、艺术团、运动小组等）、专业服务类（根据社区特定需求购买养老、心理辅导等专项服务）等组织是共同缔造的中坚力量，应充分发挥他们对社会治理事务的统筹协商作用和带动群众能力，横向到边，努力将每个居民纳入自治。

发挥街道社区党委的带动引领作用，在社区治理类、公益慈善类、文体活动类组织的配合下，建立融洽融合的自治体系，充分体现共同缔造理念。组织居民成立了"小区改造居民义务监督小组"，鼓励具有技术专长的小区居民参与，并建立以小区为单位的居民监督微信群，搭建居民监督员、建设单位、管理单位、设计单位、监理单位、施工单位、社区、办事处共同参与的平台，使居民真正成为老旧小区改造"主角"。以在职、退休工人为主体，利用"劳模党员"的权威性、凝聚力和影响力，以"劳模工匠精神"为内涵，做实"党员骨干倍增"工程。本着"把党的组织建进去，把居民领袖请出来，把党员群众组织起来"的原则，建立完善"社区大党委—楼院党支部—单元党小组—党员中心户"四级网格体系，为老旧小区改造和后期长效管理、品质养老等方面提供政治环境。

政府与社会企业合作，采用"规划设计+采购+施工+运营"的"EPC+O"模式，吸引社会资本参与老旧小区改造。基础类、完善类改造资金由政府出资，提升类、商业类改造由企业出资，企业投资额不低于政府投资额的15%。在常规使用市、区两级财政资金和申请中央补助资金的基础上，积极拓展资金来源渠道，通过发行地方政府专项债券、引入社会资本等渠道筹措改造资金。此模式在改造的同时捆绑后续管理服务，引进有资源有实力的企业，通过植入社区配套和商业服务项目开发小区的商业潜能。企业利用自身团队和平台提供运营服务，以所得利润支撑小区物业管理支出，形成常态化服务管理机制。

## （三）共同缔造——居民集思广益，协商共治

完整社区建设以居民需求为导向，充分发挥居民的主体作用。社区组织

搭建议事平台，采取居民议事、业主协商、居民听证、民主评议等形式，充分听取采纳群众意见，通过践行"共商、共建、共治、共评、共享"的理念，唤醒居民的主人翁意识，让居民作为主角参与共同缔造的全过程，并从中体验获得感和幸福感。

问计于民，融合群众智慧。在实践中探索出一条"听百姓说、请百姓议、让百姓定"的五步议事法，即说事、议事、理事、解事、评事，为建立自下而上项目生成机制打下坚实基础。党委、政府高度重视，自上而下部署任务，制定流程；基层党组织引领，自下而上调查民意，确定改造内容，充分体现了"党建引领、政府负责、公众参与、民主协商"的社会治理理念。

问效于民，共评示范项目。多个城市将"民意验收"和专业验收相结合，要求改造前期方案和项目竣工满意度落实"双80"。把居民满意度纳入评价指标，以专业验收结合民意验收的方法，明确验收指标，照顾到各个阶层群众的意愿，使人民群众成为最终"阅卷人"，在结果中充分体现共同缔造，践行以人为本、以人为核心的社会治理理念。

2013年8月30日，习近平总书记来到沈阳市沈河区多福社区看望居民时指出，社区建设要"与邻为善、以邻为伴"（下文简称"两邻"文化）。此后，沈河区在"两邻"文化理念的指引下，以党建为引领，以"打造特色社区、一社一品"为切入点，不断激发群众参与社区建设的内生动力，改造中根据广大居民意见，将地域特色和文化背景融入地标性景观建筑，以文铸魂。重塑邻里关系要求居民在社区生活中聚邻共商共建共治共享，共同打造和谐家园。

辽宁省完善老旧小区配套设施，打造居住舒适、整洁有序、环境优美、邻里和谐的美丽家园，创新了5种模式："五共"思路，统领改造全过程；"一院一策"思路，推进社区（楼院）微更新；"生活圈"思路，完善老旧小区配套；"城市更新"思路，旧改与更新相统筹；"绿色社区"思路，响应绿色低碳方式。5种模式相互结合，在坚持以人为本的前提下，在设计中统筹考虑，对推动城镇化发展、加强社会治理、实现美好生活共同缔造有着深远的意义。

# 三　经验总结

## （一）民主协商：党建引领　以人为本

小区作为社会治理最基本的单元，要将基层党建融入各项事务。党建创新引领要真正下沉到基层，组织体系要实现纵向到底、横向到边。

### 1. 党建引领，纵向到底

一是通过党建引领将党组织延伸到楼宇，发挥基层党建的"引擎"作用，凝聚、引领、服务好小区党员，以带动党支部、社区、居民、物业群策群力。

鞍山市建立自上而下项目生成机制、老旧小区党建联动体系等四级管理模式；沈阳市于洪区设立的"一班一组一支部"，充分发挥"社区党委—网格党支部—院落党小组—楼栋党员骨干"组织体系的作用；沈阳市牡丹社区推行的"1+6+N"社区治理工作模式，将社区党组织、社区居委会、自管委员会、社区大党委、两代表一委员、物业服务管理公司作为社区治理的重要载体集中起来，实现党建引领下的基层社会治理再优化再发展。

二是服务和管理下沉到小区，探索自治、自助、N位一体等物业管理方式，在"党支部建在小区"和"小区党支部与业委会深度融合"的基础上深度下沉服务和管理，以党建引领实现纵向到底，实现老旧小区改造后的长效管理。

### 2. 以人为本，横向到边

发挥基层党组织的战斗堡垒作用和广大党员的先锋模范作用，统筹协调各社会组织共同推进改造，横向到边。

发挥党建统领"黏合剂"作用，凝聚各社会组织力量，引领老旧小区治理创新，如以退役军人为主体的半军事化管理的综合型物业企业，党建引领社会协同；发挥共建单位"助推器"作用，汇聚力量积极协同供电、自来水、燃气、通信等相关企业进一步提升服务和管理水平，共同解决管线改

造难点；发挥党员"动力源"作用，深化党员志愿服务，改造中统筹建立临时党组织，成立党员志愿服务队，带动群众由"旁观者"向"参与者"转变。

## （二）共同缔造："五共"模式

### 1. 决策共谋，汇聚民智

利用线上线下手段，从提出改造倡议到商量改造方案均由居民全过程共谋参与。

在改造前调查摸底问需于民，按照"一小区一策"的原则，主动了解，把焦点集中在民众急切关注的问题上，科学规划整体方案、资金问题及后期治理难点。改造期间，根据"双80"要求，召开议事会，畅通公众参与渠道，征求意见以促进居民形成共识。改造后期，通过居民议事会，就物业管理模式、物业费用缴纳等问题进行协商，实现长效治理。

### 2. 发展共建，多方联动

党组织统筹各方主体力量破解共建难题，形成"党员示范建、部门攻坚建、居民群众志愿建"的联动共建体系。沈阳市"人民设计师"作为良好的沟通桥梁，既要科学规划、实施"量体裁衣"，又要当街道居民的"知心人"，可很好地融合上级要求和下级需求，平衡各方利益，激发各方积极性。

### 3. 建设共管，居民主体

坚持小区"改造一个、管好一个"原则，发挥居民全过程监督作用，畅通投诉举报渠道，鼓励具有技术专长的小区居民参与工程监督。建立"一评双考两公开"监督机制，园区内设置公示板，公开市、区两级监督电话，充分发挥监督共管作用。

### 4. 效果共评，居民认同

群众满意度是评判老旧小区改造实际成效的重要依据。居民通过参与验收评价，发挥热情和主动性，形成共同参与意识，

根据"双80"要求，可聘请第三方专业机构对改造后的居民满意度、

社会认可度及改造效果进行综合评定。可采用民意验收和专业验收相结合的方式，针对不同人群，通过调查问卷等形式最终实现居民认可。可通过评定典型示范项目、宣传表彰共建单位等激励机制，激发各方参与改造的积极性、主动性。

### 5. 成果共享，凝聚人心

改造解决居民急难愁盼的问题，既改善了人居环境，也凝聚了人心。共同缔造最终带来美好环境与幸福生活，也激发居民共同参与、自愿承担起小区后续管理事务的责任感，治理效果不断提高，百姓的获得感、幸福感、安全感大幅提升。争取"一次改造、长期保持"，确保小区长治久安。

## （三）汇聚合力：资源整合，完整社区

### 1. 统筹空间、资金资源

#### （1）统筹空间资源

合理配置和利用公共空间，对区域内空间资源进行统筹规划，重点在于养老、托育、商业、物流、电梯、快递、停车等社会服务设施功能实现。如丹东市永安花园社区收回原有浴池，结合各方需求，改造为业主食堂、社区办事大厅、文体活动中心、社区图书馆以及小区智慧化控制中心。

环境整治兼顾背街小巷和毗邻步行商业街改造，垃圾分类兼顾体现宜居绿色低碳，尊重、保护、利用好具有历史文化价值的小区文化、街区道路和特色景观。

#### （2）统筹资金

除原本政府财政补贴外，主张吸引金融机构、社会力量参与投资。设立激励制度，对真抓实干、取得明显成效的地区实施资金奖励。主张居民自筹部分工程资金，如入户上下水管网、配套设施的资金等，培养居民的责任意识。

### 2. 打造完整居住社区

辽宁省深入贯彻落实完整居住社区建设标准，落实到城市，细化完善公共服务设施、便民服务设施、文化设施、市政配套基础设施和公共活动

空间。

鞍山市共和小区植入"8890 幸福驿站",集合党政服务、诉求办理、贫困帮扶、便民服务、医养结合、金融服务六大功能,为社区居民提供金融医疗、日间养老、商超配送、教育培训等便民服务;陶官老旧小区建立陶官社区党群服务中心,下设党建服务站、"8890 群众诉求办理站"、"8890 便民服务站"、"8890 幸福驿站"、网格化管理服务站及贫困户救助站,把辖区的资源整合起来,把分散的社会力量凝聚起来,打通为民服务"最后一公里"。

大连沙河口区从基本公共服务、便民商业服务、市政配套基础、公共活动空间、物业管理全覆盖、社区管理机制等方面打造完整社区示范小区。优化调整小区内道路通行和停车设施、升级通信网络宽带和社区智慧应用。按照完整社区建设标准,补齐 20 项完整社区建设内容。

### (四)方法务实:"1358"工作法

一是围绕一项总体要求系统谋划,开展"美好环境与幸福生活共同缔造"活动,建设安全健康、设施完善、管理有序的完整社区。

二是在三个改造阶段,前期准备阶段以组织群众、发动群众为主,中期改造阶段以确保工程质量安全为主,后期管理阶段以建立小区长效治理机制为主。抓两头、带中间,改造重"质"不重"量"。

三是五个工作机制。自下而上的项目生成机制,明确改造范围、编制改造计划、共商改造方案、支持完善提升类改造;多方参与的项目推进机制,建立专班、明确实施主体、简化审批流程、确保工程质量安全、开展"架空线"问题专项治理、实行改造效果共评;合理共担的资金筹集机制,用好各类改造资金、引入社会资金参与、明确居民出资责任、落实税费减免政策等;市场导向的社会共建机制,引导专业经营单位参与、发展服务新业态、盘活用好存量资源;建立党建引领的小区治理机制,实行物业管理全覆盖、落实疫情防控常态化要求。

四是八项重点任务具体指导,工作细化,使改造有据可依、有的放矢。

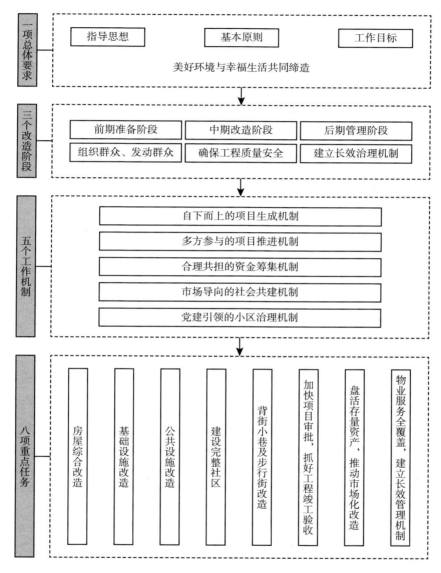

图1 "1358"工作法

辽宁各地在落实"1358"工作法中因地制宜，在党建引领发动群众参与、社会共建、资金共担和长效管理等方面积极探索创新举措，发挥了良好的引领带动作用。

（五）文化融入："两邻"理念　聚邻共建

多年来辽宁省将"两邻"理念作为新时代城市基层治理的科学指引和基本遵循，以解决基层治理为了谁、依靠谁、怎么看、怎么干等重大问题为导向，积极推进完整社区建设。

1. "两邻"理念，重塑邻里关系

"与邻为善"强调友善，道德教化与文化熏陶贯穿社区，内化于情感，营造温情的邻里氛围。"以邻为伴"强调在社区居民之间形成密切互动关系，激活居民参与的内生动力。

如沈阳市回民社区使用以"各民族像石榴籽那样紧紧抱在一起"为目标的"石榴家园123"社区治理新模式；文安路社区以文化铸魂，将孝、善、和、礼、信"文安五德"作为社区精神，结合"两邻"理念和"家"文化打造新型邻里关系。辽宁省贯彻"两邻"理念，抓改革谋创新、强弱项补短板，有效集聚了基层治理的强大合力。

2. 聚邻共建，打造和谐家园

践行"两邻"理念，创造"邻"载体。辽宁省各级党组织积极搭建贴近实际、灵活多样的友邻睦邻平台，使各类人群、组织紧紧团结在党组织周围。通过"家"文化的宣传普及，社区涌现出一大批志愿者，使邻里互助互爱、和睦友善。

沈阳市多福小区通过实施"党建引领，福连人心"工程，建造了"福"文化地标性景观建筑"多福八景"，探索形成了"党建引领、文化铸魂、多元参与、社会协同"的完整社区模式；牡丹社区以"罗阳精神""文墨精度"等劳模工匠精神为指引，以沈飞产业文化为载体，深挖航空报国文化，创作"牡丹之歌"，制作"沈飞老故事"明信片等，利用熟人社区的优势，将家风家训与睦邻文化融合起来，以"睦邻节"为抓手，促进邻里互帮、互助、互知、互敬、互亲，重塑亲邻文化，实现共谋共建共管共享。

# 四　面临挑战

在共同缔造完整社区的过程中，老旧小区改造需要政府、社会组织和群众通过良好的体制机制上下联通。这个过程中必然存在难点和问题，需要共同破解。

## （一）工程改造难点

一是管线类改造难点，老旧小区改造需要通信、水电气暖等相关单位大力配合，调研中大部分项目都可同步实施改造，但由于电力、通信专业经营单位是央企，需要国家层面沟通协调，同步实施改造存在一定困难，协调各管线运营商难度大。二是工程质量安全监管难点，项目改造过程中会遇到突发矛盾，包括拆除违建难、管线整治难、停车位建设难、加装电梯难和新增用房难等问题，其中任何一项工作推进迟缓，都会影响工程质量安全的监管。三是改造工程验收难点，因各地老旧小区改造方案标准不统一、居民诉求不同，不同人群的改造要求难以达成共识，方案需要多次个性化调整，增加了工程质量的验收和评估难度。

## （二）资金筹措难点

一是改造资金投入大，政府缺口大。辽宁省主动实施外墙保温工程，这对建筑节能、减少碳排放有重要意义，群众满意度高，改造效果好。但工程造价提高，给政府带来困难较多。

二是筹资来源单一导致政府改造负担重。老旧小区居民普遍缺乏"共建共治共享"和"购买服务"的观念，将改造全盘推给政府，不愿承担任何费用。加之项目的公益属性、没有社会资本参与，政府筹资还款面临着巨大挑战。按照现有贷款额度和上级补助政策，尚有较大缺口，资金保障压力大、负担重。

三是居民出资难，项目改造难以一次性到位。老旧小区居民多为老年人

或低收入群体，收入普遍偏低，导致出资问题难动员。改造只能本着有多少钱办多少事的原则，实施群众最迫切、看得见的项目，很难一次性改造到位。

四是引入社会资本困难。辽宁老旧小区原有公共配套服务设施不足，商业模式落后，较难产生盈利点。金融机构支持老旧小区改造在辽宁省暂无成功案例，尚未产生带动效应；社会资本参与改造动力不足，PPP模式类的项目落地性不足。

### （三）市场化发展难点

第一，老旧小区原有公共空间不足，导致社区内可用于经营性物业的空间较少，可导入社区进行运营的产业较少，无法满足老龄化进程中对养老、医疗等相关产业资源的需求。

第二，缺乏整体规划。老旧小区改造未将市场化纳入前期整体规划，未深入结合老旧小区人群结构及周边配套进行综合分析，缺乏换位思考，未激发产业内生动力，未促进市场化发展。

第三，缺乏平台管理工具。老旧小区市场化是各个产业协同发展的整体性课题，目前辽宁省老旧小区改造过程中缺乏以新技术为底层、提升社区治理与管理水平的平台管理工具，很难形成产业主体流量共享、资源互导的良好局面，无法以精细可量化的方式来计量社区商业价值。

第四，缺乏产业运营商供给。目前辽宁省老旧小区可用于经营性物业的空间较少，适合进入社区的产业内容较少，产业运营商的供给不足导致了可用产业内容较少，阻碍了老旧小区的市场化发展。

### （四）长效治理难点

辽宁省老旧小区普遍是20世纪具有特殊背景的老房子，产权多元，很少有物业机构入驻；居民结构复杂，大多处于开放状态，治安等隐患不少。如果只改造而不重视解决管理问题，必将陷入"改造—破坏—再改造"的怪圈。长效管理后劲不足，很难让改造的福利发挥长久的作用。

# 五　对策建议

"美好环境与幸福生活共同缔造"完整社区建设的最后一步，是看居民群众提出的问题是否解决、小区是否实现长效管理。对于党组织和政府，可实现纵向到底，让服务进驻社区。一是党的基层组织建设和群团组织建设落实到社区，党的政治和领导核心作用进社区，群团组织便能成为发动和组织群众的骨干力量。二是将政府公共服务和社会管理资源下沉到城乡社区，使党和政府工作落到基层、深入群众。对于社区组织，可实现横向到边，把每个居民都纳入以党组为领导核心的社会组织中来，进行社会治理事务的共同协商和统筹管理。培育和建立社区治理类、公益慈善类、文体活动类、专业服务类等社会组织，让每个充满活力的社区组织有序参与社区治理，调动社会成员积极性，激发社会组织活力。群众既是参与者，又是最终受益者。通过"决策共谋、发展共建、建设共管、效果共评、效果共享"机制，打通群众参加共同缔造的渠道，真正发挥主体作用，加强基层民主协商，增强群众归属感。

## （一）老旧小区改造工程方面建议

共同缔造中，政府、社会组织和人民群众需要加强沟通、相互信任、上下齐心，确保改造前期规划合理，中期质量过关，后期管理长效。

第一，建立统筹协调机制。坚持政府主导，依靠高层协调，统筹各个部门，形成政府统筹组织、主管部门协调指导、相关部门密切配合、属地街道具体实施、社区协同整体推进、居民全程积极参与的工作模式。

第二，加强工程质量安全监管。施工单位须自觉严格执行工程项目建设有关法律法规和标准规范，并接受相关专业人员和居民的监督。落实相关单位责任，改造前期结合安全隐患排查，保证改得彻底、改后安全。

第三，积极调动群众参与改造完毕的分类认证评价，与未改造小区一起动态排名，加大舆论宣传力度，提升居民改造意愿。对企业采取各

种认证方式，与评价挂钩；对施工单位进行评比、奖励等，激发工作热情。

## （二）老旧小区改造资金方面

社会组织应以服务为根本任务，以解决群众实际困难为出发点探索共赢的途径。

首先，多渠道筹资。一方面，政府提供一定物业费补贴，以奖代补鼓励老旧小区自主融资，引入市场管理机构；另一方面，建立共担机制，对提供资金的市场机构、社会组织、原建单位或居民个人，出让一定的小区公共空间盈利，缓解政府财政负担与居民筹资问题。

其次，主抓运营夯实资金保障。充分利用改造后空间，增建"沿街商业+立体停车库"的小型综合体，以收入增加政府的投入回报。探索引入"准物业+业主自治"管理模式，运用数字化技术合理征收停车费，增强小区长效管理的资金保障。

## （三）老旧小区市场化发展方面

建议以新发展理念为指导，以"战略策划+产业导入+运营落地"为具体实现路径。以人为核心，以运营为导向，聚合社会各方力量共同参与，把小区建设成为一个资源共享、要素融合、相互赋能、持续成长的共生社区，建设成为一个以人为本、内容丰富、情感温暖、服务便捷的幸福社区。以数字经济为引擎、幸福产业为抓手，以新经济的方式系统化集成幸福产业的内容，以数字化的方式实现内容融合、价值创造与效率提升，以平台化的方式协同落地，一体运营。

### 1. 建立平台化管理工具

每个老旧小区打造一个平台型使用工具，加快智慧物业发展。通过数字社区服务平台，建立社区商业生态。社区服务企业可通过平台工具的使用，增加收入、创造利润，弥补物业服务费不足，建立长效管理机制。同时依托数字社区服务平台建立物业管家和家庭医生两个服务团队，为居民提供物业和健康双重保障服务。物业管家为社区居民提供以生活保障为基础的物业服务，同时为居民提供团购、群体采购、代收发快递、建立房屋档案、活动提醒等数字信息服务。家庭医生为社区居民提供 24 小时呼叫应答、建立健康档案、远程会诊、三甲医院双向转诊、健康咨询、健康管理等互联网智慧医疗服务。居民自愿免费签约，通过数字社区综合服务平台随时联系物业管家和家庭医生进行一对一服务。

### 2. 明确老旧小区市场化发展服务场景

要以资源新的配置方式将老旧小区改造成具有完整社区功能的幸福小区，确立思路为以下六个方面，分别是便民、安全、健康、养老、文化教育、创新创业；继而完善为八大服务场景，分别是党建教育、医疗健康、社区养老、周边商业、智慧物业、助餐食堂、文化艺术、物联网硬件等应用服务场景，让社区居民享受到数字社区综合服务平台带来的便捷、优质、安全的智慧生活。

便民服务站：小型超市、餐饮、配送、家政、自助取款机、美容美发店、宠物店、物业服务公司办公区等。

健康小屋：家庭医生门诊、心理咨询、远程会诊、养生康复、药品配送等服务。

环保驿站：垃圾分类投放收集、再生资源回收处、智慧公厕等。

运动场：休闲公园、儿童游乐场、休闲长廊。

养老服务中心：居家及社区养老服务、专业生活护理、旅居养老服务等。

文化活动中心：党群服务、活动区、教育培训区、书吧、茶水咖饮吧等。

创新创业中心：退伍、待岗、残障等人员创新创业服务。

### （四）加强后期长效治理

#### 1. 党建引领

建立完善各级党组织领导的社区、业委会、产权单位、物业管理公司等

多主体参与的小区管理联席会议制度，定期沟通解决问题。发挥小区党员模范引领作用，把党的组织优势转化为管理优势。老旧小区改造坚持"先自治，后改造"的原则，先健全党建引领的小区治理机制，然后实施老旧小区改造，因地制宜搭建小区居民自治体系，通过社区指导、培训与监督等，提高居民的自治能力。

### 2. 物业企业进驻社区

政府要深入小区，主动转变居民对物业管理的看法和对付费享受物业服务的观念。政府可以通过加大对物业公司补贴力度、减免税收费用等方式，吸引物业公司接手小区管理工作。

### 3. 社区自治

成立居委会或业主委员会，通过居民监督与物业管理合并的方式，有效提高小区自治能力。规范居民公共行为，规范物业公司管理行为和资金使用，公开物业资金使用情况，解决老旧小区改造的维护和管理难题。搭建社区交流平台，增强社区邻里关系和小区认同感，实现老旧小区长效管理和共同缔造。

### 参考文献

全国市长研修学院系列培训教材编委会：《美好环境与幸福生活共同缔造》，中国建筑工业出版社，2019。

范丛昕：《城市更新视角下辽宁城市发展需求解析与实践应对》，《党政干部学刊》2021年第11期。

# B.5
# 空间运营类社会组织参与城市基层
# 治理创新研究

## ——以益陶然社区发展研究中心运营陶然书苑为例*

王雪梅　吴军**

**摘　要：** 近年来，北京市基层治理在"顶层设计"与"基层创建"两种力量共同推动下，逐渐形成了三种主要路径：组织活动、搭建平台和运营空间。运营空间是最新的实践路径，尚在探索之中。本研究基于西城区益陶然组织运营陶然书苑公共空间的个案调查，详细呈现这一路径的理论与实践背景、缘起与创设、实际运作与效能等，并据此总结若干启示。研究表明，空间运营是社会组织参与基层治理的可行路径，它的特点在于将街区公共空间作为基层治理创新的载体，把街区公共空间作为治理工具，下沉党政资源，链接国家与社会，为居民参与社区治理与社区服务提供机会和平台，吸引多元利益主体，在品质社区、人文社区、和谐社区建设中发挥助力作用，显著提升治理效能。空间治理要求基层政府主动转型，实施"空间+"策略，推动治理创新。

**关键词：** 社会组织　空间运营　基层治理

---

* 本研究是西城区政府改革办委托课题"社会组织参与基层治理研究（2020~2021年）"课题成果之一。

** 王雪梅，博士，中共北京市委党校社会学部副教授，硕士研究生导师；吴军，博士，中共北京市委党校社会学部副教授、副主任。

党的十九大全会精神、国家"十四五"规划都明确提出并要求加强和创新社会治理，积极引导社会力量参与基层治理，发挥群团组织和社会组织在社会治理中的作用，完善社会治理体系，建设社会治理共同体。具体到社会组织的定位，其是新时代全面建设小康社会的重要力量、化解矛盾维护和谐稳定的重要力量、巩固党的执政基础的重要力量。由此，对社会组织提出三个新的任务要求：功能化地参与社会调解、制度化地参与协商民主、结构化地参与社会治理。

一直以来，北京市在推动社会组织参与城市基层治理创新方面做了大量探索。本研究以实践为导向，从典型案例入手，分析西城区益陶然社区发展研究中心（以下简称"益陶然"）通过运营陶然书苑来参与城市基层治理创新的历程，总结其特点，探讨其路径，以期通过这项研究为北京市空间运营类社会组织参与基层治理创新提供参考借鉴①。

## 一　北京社会组织参与基层治理创新的现实路径与瓶颈

### （一）北京实践历程与三种路径的探索

21 世纪以来，北京市在推动社会组织参与城市基层治理创新方面做了大量探索，逐渐形成了三种主要路径：组织活动、搭建服务平台和空间运营。这些路径的形成是在北京基层治理"顶层设计"与"基层创建"两种力量共同推动下形成与发展的。

第一种：组织活动。2010 年之前，社会组织介入城市基层治理所开展的工作更多是组织活动，如组织一些娱乐性、节庆性、任务性的活动。活动的参与者更多的是社区建设领域所培养的一支队伍——楼门长及其他积极分子。这是一支百变队伍，只要街道与社区需要，该类队伍就可以转变为活动

---

① 课题组采用沉浸式和扎根式研究方法开展研究。课题组全过程全领域跟踪调查，召开各类调研会 20 余次，除此之外，在 2021 年 1 月底，课题组对陶然书苑社会组织生活进行了问卷调查，124 位陶然亭地区居民参与了问卷调查。

的积极参与者。

第二种：搭建服务平台。2010年开始，北京在顶层设计方面出台关于社会组织参与社会治理的"1+4+N"文件，发挥特色，利用枢纽型的社会组织来推动社会组织的发展，鼓励其积极参与社会治理。北京市从类别、性质、领域等方面对社会组织进行类型划分，提出要培育发展枢纽型社会组织，并用这种方式推动社会组织参与城市基层治理。特别是街道层面的枢纽型社会组织，在基层治理创新中发挥了重要作用。这些组织的名称不尽相同，如社会组织联合会、社会组织指导中心、社会组织孵化中心等。它们中的大多数并不是实体，更多的是一个平台，目标是培育社区社会组织。这样的顶层设计延续至今。在近几年出台的《北京市人民政府关于加强城市精细化管理工作的意见》《关于加强新时代街道工作的意见》《关于深化党建引领"街乡吹哨、部门报到"改革的实施意见》等文件中，强调"平台建设"，尤其是搭建社会组织服务平台。总体来看，顶层设计更加注重从业者工作能力提升和专业方法引入，尤其是通过社会工作方法来培育社区社会组织和志愿者队伍。东城、西城、朝阳、顺义在顶层设计的基础上有很多基层创新。比如，朝阳区引入恩派、协作者等支持性社会组织，运用公益创投的方法来孵化和培育社区社会组织，搭建了项目资源平台，运用"三社"联动机制引导社会组织进入社区治理。再比如，顺义在全区范围推动各类型的枢纽型社会组织参与社会治理创新。

在注重搭建服务平台阶段，北京的基层治理取得了一些成效，但也存在着局限。一方面是当时孵化培育的相当多的社区社会组织，是自娱自乐型，其功能被形象地称为"吹拉弹跳唱"，真正发挥协调、协商、调解作用，参与基层治理的组织比较少，而且大部分是被动型的，自主性较低。另一方面是依靠政府购买服务，自我造血能力不足，进入低质量、低水平的循环。近些年，北京市通过多种手段推动自娱型社会组织转变提升为功能型社会组织，但成效并不明显。背后原因有很多，但更多的是顶层设计方面的引导问题。之前的顶层设计中对于如何引导和鼓励社会组织参与基层治理的规范性内容存在欠缺。除此之外，社区工作者在理念和能力上也没有充分发挥这种

功能性作用。

第三种：空间运营。从 2016 年起，北京市部分社会组织开始着重于空间运营。社会组织能够参与空间运行，和当时北京城市发展大背景有关。北京疏解整治促提升行动过程中，腾退出了许多公共闲置空间，这为社会组织参与空间运营、提供社区服务提供了可能。当然，这种可能性还要建立在基层政策的治理创新意愿、雄厚财力和包容性政策等多元条件下。

## （二）社会组织以空间运营参与治理路径的现状与瓶颈

本研究对北京 20 家空间运营类社会组织进行了调研与观察，大体上分类如下。从名称上来看，有文化中心、社会组织孵化中心、党群活动中心、综合服务中心、便民服务体、社区艺术馆（生活馆）、社区图书馆等。主营内容中，文化类较多，服务类次之，如白塔寺社区会客厅、朝外链空间等。这与基层政府相关职能部门的推动有关，如近些年要求党群服务落地、实体化，民政部门大力推动养老驿站和社区孵化中心建设。从运营主体来看，主体多元，不限于社会组织。有街道组织直接运营的，如广内街道核桃园党群服务中心，不仅提供党群服务，还提供养老服务；有社区直接运营的，如双井街道九龙社区、呼家楼殷金凤工作室；还有的是公司运营，如朝阳地瓜社区等。但更多的是社会组织运营，有的是专门社工机构运营的，如田村街道阜四小院；有的是协会运营的，如西城区书香驿站。从经费来源来看，街道及社区运营主要依靠政府购买社会服务，少数采用基金会支持、社会捐助或公司运作的模式，如西木学堂等。

从空间运营模式来讲，大致分为两类：一类是商业模式，另一类是公益模式，其中，公益模式占大多数。从运营结果来看，人气高的、运作好的往往是采用商业理念和公益模式，运营方将商业服务的理念引入公益服务中，使公益服务摆脱了之前纯公益输出的形式，而是采用低价付费的半公益形式。

社会组织在运营空间的实践中，存在误区，偏重于采取商业运营的付费消费—服务享受的交换方式，"被服务者"的体验感增强了，但"被动性"

并没有根本的改变，反而弱化了公益理念，公益未获得真正的反哺。这表明空间运营者（社会组织）缺乏专业社会工作理念和方法，不注重社会动员，也不注重居民组织化的参与。换句话来说，无法增强居民参与者的黏性。

总的来看，目前更多的是空间创建，在街道层面、社区层面百花齐放。但存在的问题首先是缺少顶层设计；其次是在空间运营过程中，对于空间的基本理念、运营的模式机制认识不清晰。社会组织虽运营空间，但在利用空间参与社区治理中发挥的作用是有限的。

更为严重的是，为社会组织搭建平台的"供给"和社会组织参加空间运营的"需求"之间是脱节的。这些社会组织参加空间运营，其理念、方法、新模式、新机制都需要从头摸索，但现实中的政策供给是不足的。

另外，这些组织在回应社区治理痛点难点、参与治理问题等方面功能错位，原因是多方面的。老旧小区改造、公共空间的再利用、物业小区的管理、多样化个性化的养老服务，这些都是社区治理面临的痛点难点。其中涉及居民的是两类问题，一类是与自身利益无关的问题，比如涉及街区公园的改造，居民觉得与自己利益相关性不大，不参与；另一类是与居民自身利益相关的问题，如停车场的改造，与居民的直接利益相关，居民会参与进来，但会形成利益冲突，共识很难达成。显然目前社会组织要完成这些任务还需要做很多工作。理论与实践都有待进一步探索和创新。

对以上三种路径的梳理和分析，为益陶然社区发展研究中心（简称"益陶然"）运营陶然书苑、参与基层社会治理创新提供了一个现实的背景和有益的镜鉴。

## 二　益陶然运营陶然书苑：缘起与思路

### （一）缘起

2019年6月，陶然亭街道制定了《北京市西城区陶然亭街道建设美好陶然三年行动计划（2019年至2021年）》，明确设立陶然书苑共享空间、

孵化街道级社会组织益陶然社区发展研究中心的思路做法。在街道领导班子和益陶然社区发展研究中心专家团队的设计营造下，北京市西城区益陶然社区发展研究中心于 2019 年 10 月经区民政局批准成立。

在陶然亭街道工委和办事处、益陶然社区发展研究中心、陶然亭街道责任规划师团队的共同努力下，陶然书苑于 2019 年 10 月 25 日正式开张。书苑拥有 8 个服务空间，即陶然新语展厅、新时代文明实践所、怡得书房、心灵氧吧、西城区委党校陶然亭分校、社区治理研发中心、融媒体中心、城市客厅。

陶然新语展厅主要用于社区展览、演示、观影、社区分享等；社区治理研发中心主要承担责任规划师工作室、益陶然社区发展研究中心办公室、专家工作室等功能；城市客厅具有咖啡饮品、行业聚会、社区聚会、创享吧等功能；怡得书房具有阅读、传统文化研习、高雅艺术分享等功能；心灵氧吧承担社区心理疏导、心理健康讲座、职业健康指导等功能；融媒体中心承担陶然亭街道"陶然之窗"报社、公众号运维、大数据应用等功能；位于地下一层的区委党校陶然亭分校空间具有教授党课、学习、交流、培训、社交活动、文体活动的功能；同样位于地下一层的新时代文明实践所具有议事协商、社区互动、才艺分享等功能。简而言之，陶然书苑整体上承载与容纳了多元的服务主体和多功能的服务项目。

## （二）运营思路

在社会治理、社会组织相关理论的指导下，借鉴京内外社会组织运营空间经验，结合现实基础，益陶然明确了经由运营陶然书苑参与基层治理创新的"时空方位"，初步设想了运营模式选择、功能定位、受益群体和目标愿景等。

1. 陶然书苑主营业务：研发、内服、外预"三位一体"

研发就是运营模式体制的研发，包括提供社工学院、为社工提供服务、研发一系列课程等，同时还包括研究，运营的过程就是不断实践总结、理论提升的过程。内服即为内部空间运营提供服务。服务以文化艺术类为主体，包括心灵滋养。外预是指运用专业社工知识方法的外展社会工作和社区干预。在外预的过程中，会有社区规划的实验、社区组织的实验、社区空间营造的实验。

举一个例子，窑厂社区（化名）辖区内原有一个小广场空间，小区前期改造时该空间转变成了居民停车场，停车场使用管理主要涉及周边三栋楼居民，但是街道和居民都不满意。第一，停车空间是无序的，存在乱停车现象；第二，停车位不足 60 个，我们前期调研了解到三栋楼有车居民超过 60 户，停车场不能够满足停车需求；第三，三栋楼共住有居民 208 户，其中老年人占相当大的比重。小广场是个公共空间，意味着利益相关居民都有权利使用，不仅要满足有车居民的停车需求，也要满足老人休憩的需求。据此，益陶然开展社区规划实验，引入规划设计师团队，重新规划设计，并动员居民全程参与。怎样动员居民参与呢？益陶然引入社会组织实验，即退后一步，首先解决社区的问题。通过调研发现，该社区曾有舞蹈队，舞蹈队由于社区变迁而无活动空间，加上团队负责人及老师离去而解散。益陶然设想利用陶然书苑空间先孵化自娱自乐型社区社会组织居民舞蹈队，逐步引导该自益型的组织转变为能够参与街区规划设计、居民矛盾调解、后期小广场维护、停车自治管理等的功能型社会组织。这个案例很好地呈现了陶然书苑三大主业三位一体、完全融合的特色。

2. 陶然书苑明确受益群体、营造"三个之家"

广泛来说，街道全体居民均是陶然书苑的受益群体，但是陶然书苑的理念是受益人不是个体化的（公益服务）消费者，而是具有组织成员身份的互益、公益志愿者。陶然书苑的运营，将重点打造"三个之家"。一是居民自组织之家，受益者可以以某一自组织成员、志愿者的身份来享受公益服务，包括党员志愿者、共青团志愿者、各类公益活动志愿者。二是社工之家，为社区工作者赋能，营造具有归属感的空间。三是辖区共建单位之家。书苑所在街区商户林立，辖区单位、社会单位、商户是陶然书苑最直接的受益群体，他们可能会以商户联盟的身份进入。

**3.陶然书苑运营秉持留白原则**

留白的意思是即使空间已经装修到位了，但设计使用功能时要留有余地。留白就是为了社会参与，留给三类直接受益主体和更多的居民，主体包括最重要的在其他街区治理中可能忽略的没有很好动员的主体，那就是街区单位。怎样填充留白？运用社会工作的方法和社区营造的理念，引领进入空间的群体迈向公民参与的三个阶梯。首先是体验，体验式地参与公益服务，进而主动地运营空间，可以参与设计管理，最终实现空间自主、分时共享，让三个群体在这里找到归属感。如果将整个理念总结成一个词的话，那就是"文用艺体"，基本功能是提供文化服务，终极功能在于引导社会参与——公益大家办。

**4.益陶然组织文化和愿景**

"益陶然"有两层含义，一层是强调塑造公民文化，培育公共精神，推动持续公益行动；另外一层就是美好，一种陶陶然的状态。

简单来说，益陶然的组织愿景是运营一个公益体验之家，共营共生，生产一批公共空间，这个公共空间更多的是通过外展，通过街道外部的小广场、街头公园等公共空间，通过社区营造，使公民产生归属感，然后互相联结起来。共绘一张公共地图，用公益型社会组织的公益服务内容绘制地图。益陶然致力于培育社区社会组织、引导社区志愿者，共同组织和分享富有陶然亭特色的文化艺术和社区互动活动。益陶然的角色定位是公益组织的陪伴者、公共精神的激发者、社区公共生态改良的引领者。这三个角色注重陪伴引领和激发。

## （三）陶然书苑运维模式

陶然书苑采取以公共服务、公益服务为主的运维模式。公共服务和公益服务是指全部由政府出资提供的基本公共服务。公益服务是公共服务的重要补充，可以满足基本公共服务以外的多样化的特别是特定群体的差别化服务需求。陶然书苑的运营总负责方是益陶然。益陶然负责整体运营，提供空间运营基础服务，并提供社区营造、社区治理的专业化服务。入驻陶然书苑的各主体具有分工合作关系。益陶然负责总体运营，编制活动时间表，提供基础服务；各主体负责主持项目，遵守运营规则。各方分工明确，合作共事。

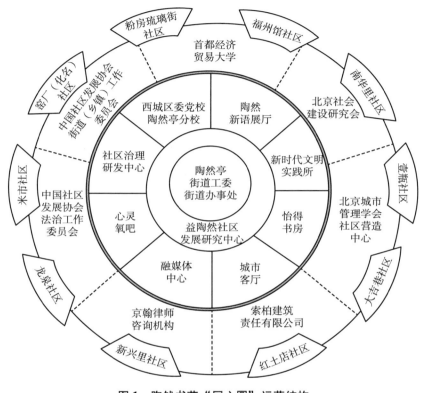

图 1　陶然书苑"同心圆"运营结构

# 三　益陶然与陶然书苑：在实践中探索

## （一）公益文化艺术服务

陶然书苑提供的文化艺术公益服务包括三种类型。第一类是文化艺术领域的专家、专业教师的讲座，体验和公益课程。讲座的内容包括世界史、哲学、国学、芭蕾舞、摄影、合唱、书香中国悦读、亲子和亲密关系心理学、

传统文化欣赏、北京城市规划等。益陶然还购置了钢琴、古琴、音响设备，尝试聘请老师开设儿童戏剧、古琴、太极班，为居民提供持续的专业教师和公益课程班，提高居民的文化艺术素养，受到居民欢迎。

第二类是居民中的文艺爱好达人开设的公益课程班。益陶然通过发掘社会达人，邀请书法协会会员和书法、国画领域的获奖者如书法爱好者侯振宇先生、国画爱好者王绍炎先生等，担当公益老师，帮助专任老师编写教材、组织授课，同时指导社区居民成立社区社会组织墨香书画社、墨缘国画班，开展定期学习。学习成果在书苑进行展览，并组织大家参加西城区文化馆的各种展览和竞赛。目前，已经开展三期公益班和四次书画、书法展，基本上每周一次活动，一年两次以上展览，居民受众比较稳定，学员水平提高很快。此外，生物学教授开设的儿童植物角课程、知音妈妈开设的儿童故事会等公益活动，也受到居民欢迎。

第三类是社区社会组织互助互益的文化艺术活动。陶然亭地区受到原宣武文化馆、少年宫、陶然亭公园的滋养，有很多文化艺术爱好者。书苑引导社区文化艺术爱好者学习陶然文化内涵，引导文化艺术团队活动，提供书苑的空间和设备，组织演出和分享平台。长期入驻书苑的活动团队包括综合艺术团2个、合唱队2个、舞蹈团3个、模特队1个、摄影班1个、书法班1个、国画班2个。他们定期在书苑活动，采取学员教学、分享，自己寻求资源等方式，共同学习。如摄影班中，影楼摄影师刘永祚老师经常给大家上课，讲评摄影作品，大家互帮互学；歌舞团和合唱队成员都是社区的达人，如米市社区的胡显华给团队编节目，谢立新教舞蹈等，指导大家共同提高水平。2021年，益陶然围绕建党一百周年，先后与社区组织协商，发布了历史情景剧、社会组织联欢会、陶然情摄影展、书画展等公益项目，邀请社区达人和社会组织来承办。

截至2021年6月底，在受疫情影响停止室内活动大约半年时间的情况下，陶然书苑，包括怡得书房、心灵氧吧等，向社区广大居民提供400余场活动，开展展览、文化艺术体验、讲座、读书会、沙龙、节庆联欢会等线下活动200余场，另开展数十场线上活动，还开展社工培训、社会组织工作坊、志愿者交流会、研讨会等近 30 场。此外，开展戏剧社、古琴班、摄影班、书法班、植物角、模特队、合唱队、周末电影放映等定期活动，达 200 余场次，参与活动的居民接近 8000 人次。

## （二）孵化培育社区社会组织

城市基层治理体系和治理能力现代化建设离不开社会协同和社会力量的参与，那么，社区社会组织孵化培育是重要的内容，也是衡量枢纽型社会组织参与城市基层治理创新的重要指示器。陶然书苑是陶然亭街道社区社会组织孵化培育的重要场域，截至 2020 年 10 月，由益陶然孵化、培育，并通过申请得到批准入驻陶然书苑活动的摄影俱乐部、声乐之友艺术团、合唱队、模特队、书法班、国画班等居民自组织共有 13 个。这些团队有各自的架构、团队名称、活动项目、活动周期、活动地点等，益陶然引导他们开展互益活动和爱心公益活动。通过开展丰富多彩的党建引领、文化艺术、文明实践以及艺术创作等活动，进一步提升社区居民幸福感、归属感。同时，在各种活动中，陌生的邻里间连起了感情的纽带，大家彼此加深了了解，找到了朋友，找到了快乐，让人们对社区有"家"的感觉。

具体来说，益陶然为了更好地了解居民需求、发掘社区能人，首先对陶然书苑周边两个社区的居民进行需求调研分析，并对米市社区自组织情况摸底排查，将不同类型的社区社会组织分类培育，满足居民的多样性需求。通过前期对居民的需求分析，成功将陶然书苑周边的米市社区和大吉巷社区的合唱队、书法班、国画班等三支队伍吸纳引入书苑，并与社区共同孵化出大吉巷墨香书画社和米市合唱队。益陶然与社区协商后，为它们提供固定的活动场地，指导签订安全协议，开展活动记录和培训，提高了它们自我管理能力。益陶然通过对社区自组织的支持以及开展活动，丰富了陶然亭街道社区居民的精神文化生活，受到了居民的一致认可和支持。

## （三）开展在地基层治理研究

益陶然开展陶然亭地区社区"两委"治理能力提升路径调查研究。通

过对社区工作者进行一对一、面对面访谈,对问卷数据统计分析,整理形成《陶然亭地区社区"两委"治理能力提升路径研究》调研报告。调研报告提出提升社工治理能力的三大路径:一是树立强烈的人才意识,高度重视社区工作者个人发展;二是明确社区优先的导向,分批次地将街道借调的社工派回社区,可以有计划地短期借调社工,但目的是以干带训,让社工了解街道工作流程,切不可长期将某名社工借调到街道办事处;三是以陶然书苑共享空间为阵地,打造"社工学院"品牌,建设一支"有情怀、有作为、有能力、有口碑"的"四有"社区工作人才队伍。

针对第三条路径,陶然亭街道与益陶然拟定了下一步社工治理能力提升计划。一是探索社工学院"学分制+导师制+模块制+项目制"的培养方式。二是启动"陶然亭街道领头雁"工程,完善"社区书记工作室"机制。三是开办社区分类治理特色工作坊。四是指导社工学院,精心设计、组织若干期社区工作者贯通式培训。五是积极关注、切实保障社工心理健康。益陶然依托陶然书苑,开展针对陶然亭街道社区治理的系列活动,得到了街道办事处及社区的一致肯定和支持。

除此之外,益陶然通过举办读书沙龙活动,将学术与社区治理实践相结合,为开展社区治理项目提供方向;对龙泉社区进行实地调研,了解停车自治问题,汇总形成案例集初稿;搜集上海黄浦区五里桥街道社区协商治理资料,科学合理地开展陶然湖景小区协商自治项目。

## 四 陶然书苑运营状况:空间享用者调查与反馈

为了解居民对于陶然书苑的使用情况,更好地发挥陶然书苑在社区公共文化提供、社区社会组织孵化培育和在地基层治理研究等方面的作用,课题组在2021年上半年采用问卷和面对面的形式,对居住在陶然亭地区特别是中信城沁园、禧园、锦园的居民,开展了问卷调查和访谈。调查对象既包括老居民,也包括新居民。

## （一）居民特征：文化程度和收入水平较高，老年人和党员居多

在调查的 113 位居民中，非北京户籍居民共有 26 人，占比 23.01%。按照世界卫生组织对于年龄的划分标准，受访者大多数为 60~74 岁，为年轻的老人。具体来看，50~60 周岁的有 24 人，占比 21.24%；61~70 周岁的有 78 人，占比 69.03%；71~80 周岁的有 11 人，占比 9.73%。

大多数人都接受了完整的九年义务教育，文化程度属于较高层次。文化程度初中及以下的有 10 人，占比 8.85%；高中或中专的有 45 人，占比 39.82%；大专的有 36 人，占比 31.86%；本科有 17 人，占比 15.04%；研究生及以上 5 人，占比 4.42%，党员占大多数，政治素养较高。共产党员有 55 人，占比 48.67%；共青团员有 2 人，占比 1.77%；民主党派成员有 2 人，占比 1.77%；群众 54 人，占比 47.79%。

总体来看，婚姻状况稳定性较高。已婚的有 99 人，占比 88.39%；离异的有 5 人，占比 4.46%；丧偶的有 8 人，占比 7.14。

相对而言，经常来陶然书苑活动的居民收入较高，32.14% 的居民月均收入超过 6000 元，超过 5% 的居民月均收入超过 10000 元。受访者居住相对集中且稳定，个人购买住房人员占 47.79%；兴趣爱好比较广泛；参与公益活动热情高，参加社区各种公益活动人员占 59.68%。

## （二）空间使用：五个板块利用率较高，人均每周来书苑1~2次

陶然书苑内部原有八个空间，后又增加了一个摄影室，不同板块的居民使用情况差异较大。问卷数据显示，区委党校陶然亭分校、怡得书房、陶然新语展厅、摄影室、城市客厅模块的使用率较高，分别达到了 50.89%、40.18%、38.39%、33.93%、21.43%。融媒体中心的使用率最低，为 7.14%。区委党校陶然亭分校位于地下一层，空间大、功能复合，容纳了各种培训、舞蹈、音乐、电影放映等活动。

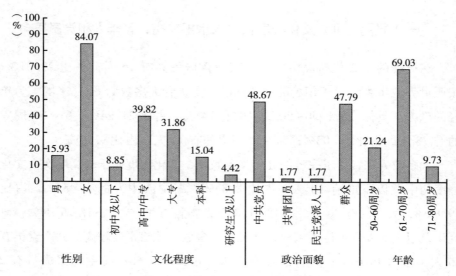

**图2 使用陶然书苑的社区居民画像**

数据来源：陶然书苑。

**表1 居民使用陶然书苑板块情况（N＝113）**

单位：人，%

| 陶然书苑板块 | 小计 | 比例 |
| --- | --- | --- |
| ①陶然新语展厅（1层） | 43 | 38.39 |
| ②社区治理研发中心（1层） | 10 | 8.93 |
| ③城市客厅（1层咖啡厅） | 24 | 21.43 |
| ④怡得书房（2层） | 45 | 40.18 |
| ⑤心灵氧吧（2层） | 13 | 11.61 |
| ⑥融媒体中心（2层） | 8 | 7.14 |
| ⑦西城区委党校陶然亭分校（-1层地下活动室） | 57 | 50.89 |
| ⑧新时代文明实践所（-1层） | 17 | 15.18 |
| ⑨摄影室（2层） | 38 | 33.93 |
| ⑩其他 | 18 | 16.07 |
| 本题有效填写人次 | 112 | |

关于居民每周来陶然书苑的频次，在调查的 113 人中，有 89 人表示每周来 1~2 次，占比 78.76%；来 3~4 次的有 18 人，占比 15.93%；来 5 次及以上的有 4 人，占比 3.54%。可见居民大多习惯了每周来参与活动，并且基本每周来 1~2 次或更多。

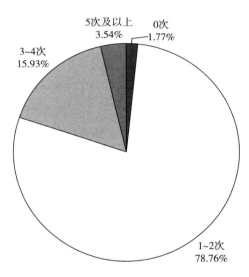

**图 3　居民每周来陶然书苑频次**

数据来源：陶然书苑。

## （三）入驻社区社会组织种类丰富，摄影、合唱、舞蹈更受青睐

陶然书苑是社区社会组织的重要孵化培育载体，通过鼓励性和包容性的政策引导和培育社区社会组织。短短两年间，入驻陶然书苑的社区社会组织从 0 个发展到 13 个。问卷数据显示，调查的 113 位居民中，参加较多的组织和活动有：靓陶然摄影俱乐部 30 人次，占比 26.55%；大吉巷合唱队 26 人次，占比 23.01%；米市醉陶然艺术合唱队 21 人次，占比 18.58%。

入驻陶然书苑的社区社会组织活动频率比较高。以 2021 年第二季度为例，本季度受疫情影响较小，陶然书苑常态化运营，具有一定代表性（见

图4）。陶然书苑社区组织开展的文化活动包括靓陶然摄影俱乐部摄影展、陶然亭街道社区社会组织庆祝建党100周年联欢会等19个项目72场次，共计1955人参加。其中陶然亭街道社区社会组织庆祝建党100周年联欢会单场活动超过200人参加。陶然书院举办线上活动也超过20个场次，超过450人参加。

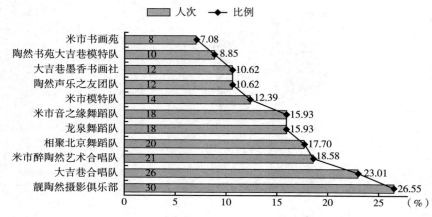

**图4　居民参加入驻陶然书苑社区社会组织活动情况**

数据来源：陶然书苑。

## （四）陶然书苑对居民社会交往的影响：显著增进社区认同感

陶然书苑成为凝聚社区居民的核心，促进社区居民的社会交往，增进了社区居民对社区的认同感。参与陶然书苑的居民中，有86.61%的居民通过陶然书苑认识了新朋友，其中24.74%的居民认识超过15个新朋友。98.21%的居民认为，驻苑团队成员之间的关系是和睦的，94.64%的居民认为团队成员彼此信任，96.43%的居民认为团队里大部分人愿意互相帮助，63.39%的居民曾经得到过团队成员的帮助。就此，87.50%的居民对团队在陶然书苑活动感到自豪，75.00%的居民在书苑有家的感觉，91.96%的居民信任书苑和工作人员。

表 2    陶然书苑对居民社会交往的影响

| 题目/选项 | 赞同 | 一般 | 不同意 | 说不清 |
|---|---|---|---|---|
| (1)告诉别人我们团队在陶然书苑活动,我感到自豪 | 98 (87.50%) | 12 (10.71%) | 0 (0%) | 2 (1.79%) |
| (2)在书苑我有家的感觉 | 84 (75.00%) | 24 (21.43%) | 2 (1.79%) | 2 (1.79%) |
| (3)总的来说,我信任书苑及其工作人员 | 103 (91.96%) | 9 (8.04%) | 0 (0%) | 0 (0%) |

注:括号外为人数,括号内为占比。本题有效填写人次为112。

## (五)陶然书苑对居民价值观影响:显著提升社区志愿公益精神

陶然书苑对居民志愿精神和公益精神有较强的驱动作用。虽然,仅有55.36%的居民是志愿者,但是在陶然书苑活动和组织的熏陶带动下,80.36%的居民考虑参加陶然书苑组织的公益活动。其中居民对环保公益类的活动参加意愿最强,高达66.96%;而对特定群体服务类和爱心捐赠类的活动参加意愿也较强,分别为40.18%和41.07%。

表 3    陶然书苑对社区居民志愿精神、公益精神的影响

单位:人,%

| 是否为志愿者 | 小计 | 比例 |
|---|---|---|
| ①是 | 62 | 55.36 |
| ②现在还不是 | 50 | 44.64 |
| 本题有效填写人次 | 112 | 100 |

| 是否有意愿参加陶然书苑组织公益活动 | 小计 | 比例 |
|---|---|---|
| ①考虑参加 | 90 | 80.36 |
| ②暂时不考虑参加 | 22 | 19.64 |
| 本题有效填写人次 | 112 | 100 |

## （六）陶然书苑对居民社区参与的影响：显著增进参与意愿

从上述数据中可以看出，陶然书苑吸引了大量社区居民参与包括志愿服务在内的社区公共活动。这些居民公共参与将进一步增强陶然书苑对社区居民的凝聚作用，切实推动对社区弱势群体的帮助。而居民协商议事类、居民矛盾调解类事项也分别有 26.76% 和 8.04% 居民愿意参与。这两类公共参与的增强在一定程度上说明，陶然书苑有效促进了居民参与社区治理意愿和水平的提高。

表4　陶然书苑对居民社区参与的影响

单位：人，%

| 社区参与意愿 | 小计 | 比例 |
| --- | --- | --- |
| （1）环保公益类 | 75 | 66.96 |
| （2）特定群体服务类 | 45 | 40.18 |
| （3）爱心捐赠类 | 46 | 41.07 |
| （4）居民协商议事类 | 30 | 26.79 |
| （5）居民矛盾调解类 | 9 | 8.04 |
| （6）其他（请注明） | 17 | 15.18 |
| 本题有效填写人次 | 112 | |

益陶然每季度对社区居民开展一次满意度调查，社区居民对陶然书苑的整体满意度总体上保持在98%的高位。特别是面对新冠肺炎疫情考验，陶然书苑服务了近万名社区居民，开展了数百场文化活动，这对于社会组织而言实属不易，也充分说明了社区居民对陶然书苑的认可、对社区组织参与基层社会治理的认可。陶然书苑已经真正成为社区居民凝聚力的核心，是社区居民的理想家园。

# 五 益陶然运营陶然书苑的启示

## （一）空间运营：社会组织参与基层治理的可行路径

陶然书苑利用短短两年时间完成了从成立与试运营阶段的探索阶段（2019年6~12月），到初步发展阶段（2020年），再到稳步发展期（2021年至今）的成长。

益陶然运营陶然书苑案例为空间运营类社会组织参与基层治理创新提供了一种可行性路径。这种路径的特点在于将街区公共空间作为基层治理创新的载体，把街区公共空间作为治理工具，下沉党政资源，链接国家与社会，为居民参与社区治理与社区服务提供机会和平台，吸引多元利益主体发挥作用，有效整合基层不同社区、不同部门、不同背景的专家和不同的社区精英等主体的诉求和资源，通过丰富多样的在地社区文化活动、孵化社区社会组织、承接社工培训、参与老旧小区更新设计、提供在地基层治理调研与研究等，参与公共事务，聚集治理资源，提升治理效能。

## （二）借助空间运营类社会组织培育，激发社会参与

空间运营类社会组织在社区建设、基层社会治理中发挥了重要的助力作用。首先，在品质社区建设方面有助于优化文化教育、医疗卫生、养老、体育等基本公共产品空间布局，推进优质公共服务均衡配置，构筑15分钟社区生活服务圈。其次，在人文社区建设方面，有助于大力弘扬中华优秀传统文化，践行社会主义核心价值观 促进首都文明文化深度融入社区建设和居民生活，养成居民文明、科学、健康、向上的思维习惯和生活方式。有助于保护和传承历史文化遗产，深度发掘社区地域文化特质，建设富有文化气质、独具魅力的特色街区和公共空间，打造社区"文化家园"品牌、培育街区精神。再次，在和谐社区建设方面，有助于提升社区开放包容水平，进一步弘扬市民的开放、包容、友善精神，让不同乡音、不同阶层、不同职业

者和谐共融。回天地区的治理经验也表明，扎根、在地性社会组织可通过完善群众参与机制，培育居民家园意识，形成社区命运共同体。

社会参与是社会培育与再组织化的基础，是基层社会治理共同体形成的关键环节。蔡奇书记总结了回天地区治理的五条经验，其中重要的一条经验就是发挥第三方作用，拓展社会组织参与社区治理的广度和深度，满足市民群众多样化需求。

### （三）基层政府主动转型实施"空间+"策略，推动治理创新

1. 空间治理要求基层政府主动转型，选择整体治理的模式，避免条块分割

整体治理的模式就是"党—政—社"三元主体的协同与共治。一方面是党与政府关系，进一步打破基层公共部门条块分割格局，促进党政组织内部条块协同和整体性治理；另一方面是党政组织与社会关系，进一步整合党政体系外的社会力量，包括驻区单位、市场主体、社会组织和党员居民个体。

党政组织各部门依据自身组织特点、权力类型，为街区公共空间提供硬件或软件资源。街区公共空间运营者从空间区块内的实际需求出发，形成需求清单，各党政部门根据自身资源禀赋与功能，形成资源清单，根据需求与资源清单形成项目清单。各条块部门资源和活动直接配送街区公共空间，在此过程中，党政组织各条块各司其职又相互配合，一方面避免资源浪费，另一方面促进服务与需求高效匹配。

空间运营类社会组织与场所建设，还要处理好与社区服务站、邻里中心、党群服务中心、文化活动中心等现有设施的互动与协同关系。因此，在规划与建设时，应把社会组织运营的公共空间放置到整个区域发展规划中谋篇布局、统筹推进。具体规划建设应遵循以下几个原则。

第一，以区位特征、全面覆盖为原则，选取交通便利、人流量大、需求旺盛、资源充足的位置规划和建设街区公共空间，吸引更多居民、党员和单位在家门口"零距离"接受教育和服务。

第二，采用"先行先试、示范打样"的建设策略，先将部分条件成熟

的空间点建设成为示范样本和标杆，在推进过程中边试边改，避免快速推进带来的街区公共空间同质化缺陷。

第三，各个街区公共空间不能简单地复制，而应根据空间点的服务需求和资源禀赋，实行差异化建设战略。不同街区公共空间有针对性地覆盖不同性质的群体，举办不同类型的活动。

**2. 不断建立与完善空间运营类社会组织参与城市基层治理创新的体制机制**

通过"空间+专项资金、政府购买服务和公益创投"等方式，统筹设计服务项目、支持社会组织承接、引导专业团队参与，促进完善社区、社会组织、社工、社区志愿者"四社联动"机制。

建立社会组织资源配置平台，通过"互联网+"的形式，将社会组织所需资源及需求聚合起来，为社会组织开展项目合作、资源对接提供服务，包括人才、技术、资金、项目、场地、财务、专家、志愿者等方面。在资源和需求之间建立直接通道，让资源找到最合适的项目，让项目找到最需要的资源。

优化社会组织与社工联动机制，为社区系统性赋能。所谓系统性赋能，是指社区各个组成部分有机组合，包括社会工作者、社区居民、社会组织、志愿者等，将社区打造成一个整体，聚力发展。

支持社区总体营造，开展各类群众服务活动，了解群众需求，从群众中来，到群众中去。在组织活动的同时，引导社区居民密切日常交往、以社区志愿者身份参与公共事务、开展协商合作，组织邻里互助，发掘并培育社区能人，促进完善社区自组织、自治理和自发展机制。

志愿服务激励机制与社区自组织活动的开展有着很强的正相关性。志愿者动机研究的功能理论认为人类的大多数行为都是由特定的目标和需要所激发的，如果要了解某一行为发生的原因，就应该从该行为能够实现的目标或满足的需要进行考虑。对此，政府—社区—市场等应多样化合作，搭建平台，服务志愿者组织的成长；提供资金促进社区志愿服务的多元化发展；保障志愿者的权益与能力提升。另外，还需注意现有社区志愿服务的过度物质

化和过度精神化倾向。志愿者激励机制应当坚持以精神激励为主、物质激励与精神激励相结合的原则。根据分层分类的思路，针对不同的志愿者，采取不同的激励方式。

值得注意的是，政府的支持应体现为撬动效应，而非直接干预。例如，在一定规则下，给予志愿者自由选择的空间、充分的信任，培育其能力；或者通过政府的较少投入，吸引社会和市场的较大投入；或者借鉴美国的创新基金做法，通过政府匹配资金，带动社会组织的投入和能力建设。

**参考文献**

王天夫：《转型时期的城市空间》，社会科学文献出版社，2021。
田凯等：《组织理论：公共的视角》，北京大学出版社，2020。
黄晓春：《当代中国治理转型与社会组织发展》，社会科学文献出版社，2020。
阮云星：《吸纳与赋权：当代浙江、上海社会组织治理机制的经验研究》，浙江大学出版社，2016。

# B.6
# "双碳"目标视域下中国低碳社区
# 建设路径研究

陆小成*

**摘　要：** 社区作为城市人口居住生活乃至工作的基本单元，是人口活动及其碳排放的重要场所，是践行低碳理念、构建低碳生活、实现"双碳"目标的关键载体。当前，中国低碳社区建设任重道远，存在规划设计不合理、传统能源占比高、垃圾分类不到位、生态建设严重滞后等诸多难题。加快低碳社区建设，实现碳达峰碳中和目标，应加强低碳顶层设计和技术创新，构建低碳能源结构，强化垃圾分类，鼓励低碳消费，推进绿化建设，加快打造低碳的美丽社区空间。

**关键词：** 碳达峰　碳中和　低碳社区　建设路径

中国为应对全球气候变化，推动绿色低碳发展，主动承担碳减排责任，明确提出"双碳"目标计划，即中国力争在2030年前实现碳达峰、2060年前实现碳中和。这是中国政府对世界做出的庄严承诺和大国担当，也是中国面向"十四五"规划和2035年远景时期经济社会发展的重要目标。2022年2月22日，国家发改委组织召开城镇化工作会议指出，2021年末中国常住人口城镇化率达到64.72%，农业转移人口市民化加快推进。城镇地区承载

---

* 陆小成，北京市社会科学院城市问题研究所所长，研究员，研究方向为生态文明、低碳社区、城市治理等。

着我国大部分常住人口的居住与工作生活，由此带来的产业、交通、生活、建设等各领域的总碳排放量占全国碳排放总量的70%以上，在实现碳达峰碳中和目标中必然扮演主体角色。这也就意味着中国城镇及其社区已经成为中国推动绿色低碳发展、实现"双碳"目标的主要空间载体。社区作为城市人口居住生活乃至工作的基本单元，是人口活动及其碳排放的重要场所，是城市践行低碳理念、构建低碳生活、实现"双碳"目标的关键载体。在这一背景下，加快中国低碳社区建设意义重大，任务艰巨。

## 一 "双碳"目标下低碳社区的提出及其重要意义

低碳概念是在应对气候变化、减少温室气体排放的背景下提出的。2003年，英国政府发表了《助力净零碳排放未来》，创造性地提出了"低碳经济"（Low Carbon Economy）概念，从此低碳经济、低碳发展成为世界各国推进经济社会可持续发展的重要共识。所谓低碳经济，主要是指采取有效的技术或科学的发展模式，实现更少的资源能源消耗、更少的污染排放，实现更加绿色低碳的经济发展，减少对生态环境的破坏，进而实现经济与社会、经济与生态的和谐共生的经济模式。低碳经济兼顾了"低碳"和"经济"两个层面的丰富内涵，也就是既要实现低碳或零碳排放，又能确保经济效益和发展质量，经济增长不能以牺牲生态环境为代价，必须采取有效措施减少对传统高碳能源的依赖，在实现资源能源集约利用、低碳排放的基础上确保经济发展的稳定性与可持续性。

随着工业化、城市化进程提速，越来越多的人生活、工作、学习在城市社区。低碳社区概念也得以产生。本文研究的社区主要是指城市或城镇社区。何谓低碳社区？目前学术界尚未形成统一概念。不同的学者从各自研究领域进行界定。从经济维度看，城市低碳社区是基于经济模式的转型提出来的，即改变传统高能耗、高碳排放的粗放型经济增长模式，选择更加低能耗、低排放、低污染的低碳经济模式，加快构建资源集约利用、推动低碳经济发展的社区建设模式。从可持续发展维度看，低碳社区是以经济社会可持续发展的视角改变社区居民生产生活方式，从源头上减少资源能源消耗和碳排放强度，构建的低碳可持续发展的社区模式。有研究指出，低碳社区强调以可持续观念来引导和改变社区居民的行为，以低碳科技创新为支撑，实现社区乃至整个城市的可持续发展[①]。从碳减排的维度看，低碳社区要重视居民生活的低碳转型，通过低碳出行、低碳家庭、低碳消费、生态绿化等多种方式减碳降碳固碳，实现低碳或零碳排放。有研究指出，社区碳排放包括直接排放和间接排放两个方面，一方面是所有的直接温室气体排放；另一方面是电力、热力和蒸汽消费的间接温室气体排放，以及其他购买材料、燃料的开采和生产等间接排放（见表1）[②]。因此，所谓低碳社区，主要涉及社区能源、交通、建筑以及社区居民生产生活、社区绿化等各个方面的直接或间接碳减排，尽可能减少对传统化石能源的依赖，提高社区建筑、交通、家庭生活等能源利用效率，利用社区及周边空间开发应用光伏等绿色低碳新能源，降低碳排放，实现整个社区的低碳转型或零碳排放，助推城市或区域碳达峰碳中和目标实现。

**表1 社区碳排放的主要构成**

| 碳排放 | 类型 | 内容 |
| --- | --- | --- |
| 直接碳排放 | 社区能耗需求 | 社区的供暖、制冷、热水、照明、炊事和其他电器,也包括社区公共区域发生的能耗,能源形式主要为电力、燃气等,不排除有的城镇社区使用煤炭作为燃料 |
| | 社区交通出行 | 社区居民私家车出行产生二氧化碳,不包括公交出行和长途旅行(大巴、火车、轮船和飞机等) |
| | 社区生活废弃物处理 | 废弃物处理过程中产生的二氧化碳 |
| | 社区用水 | 区域对社区的供水和回收处理社区污水所需电力的碳排放 |

---

① 陈永亮、黄时进：《建设低碳社区的基本内涵及上海创建低碳社区的思路》，《上海节能》2014年第11期。

② 王梓晨：《碳排放量化视角下的低碳社区规划思考》，《安徽建筑》2018年第1期。

社区蓝皮书

续表

| 碳排放 | 类型 | 内容 |
|---|---|---|
| 间接碳排放 | 非能源产品和服务消费 | 非能源产品(如食品、衣物)和相关设备在生产、运输和安装等所产生的二氧化碳(如建筑材料的生产、供水厂的厂房和设施建设、太阳能光伏电板的生产等) |

　　构建低碳社区对于实现碳达峰碳中和目标具有重要的战略意义。城市社区作为市民生活的主要活动空间,也是碳排放的重点领域。随着我国城镇化的快速推进,社区碳排放及其减排问题成为现阶段低碳社区建设的重点①。党的十八大报告明确提出要大力推进生态文明建设,促进绿色发展、循环发展、低碳发展。2021年3月,中央财经委员会第九次会议提出,实现碳达峰碳中和是一场广泛而深刻的经济社会系统性变革,要把碳达峰碳中和纳入生态文明建设整体布局。中国向世界做出实现碳达峰碳中和的庄严承诺,既是机遇也是挑战,中国承诺实现的从碳达峰到碳中和所需时间远远短于发达国家,需要以前所未有的力度推动产业和能源结构向低碳化深度调整。长期以来,中国以煤炭石油等传统能源消费为主导,加快能源转型、节能减排与低碳发展,成为实现碳达峰碳中和目标的重要支撑。城市及其社区空间作为人类活动的主要场所,已成为低碳经济实现的重要空间载体。建设低碳社区成为推动绿色低碳发展、实现碳达峰碳中和目标的重要抓手。立足新发展阶段、贯彻新发展理念、构建新发展格局、推动高质量发展,社区作为人们生产生活的最基本活动单元,点多、面广、量大。随着城镇化进程的推进和生活水平的提高,社区居民日常生活和消费成为碳排放的重要领域。一方面,构建低碳社区有利于推动经济社会全面绿色转型。加快低碳社区建设,不仅是推动生态文明建设和绿色低碳发展的重要内容,也是满足人民美好生态环境需要的必然要求。可从群众体验性最强的居住和活动单元着手提升低碳发

---

① 黄建、罗淑湘、史军、孙金颖:《低碳社区碳核算及减排路径研究》,《建筑技术》2019年第8期。

展水平，推动整个社会的节能减排，满足人民群众对美好生态环境的需求，增强人民群众的幸福感、获得感和安全感。另一方面，构建低碳社区，有利于推动绿色低碳发展，有效减少区域或全国的碳排放量，最终实现低碳高质量发展与碳达峰碳中和目标。

## 二 当前中国低碳社区建设的主要难题

随着城市化率的不断提高，越来越多的人民群众生活、工作、学习在城市社区，城市社区成为人民群众多元化生活和广泛社交的重要空间。人民群众对美好环境的要求越来越高。但因多方面原因的存在，低碳社区建设作为一个新概念，还没有得到社会各界特别是社区居民的广泛认同，社区居民还没有高度重视低碳社区建设的重要战略意义。不少社区建设存在高能耗、高排放、高污染等问题，社区的生态环境不容乐观，低碳社区建设任重道远，主要表现在以下几个方面。

### （一）社区规划设计不合理，导致碳排放强度大

不少社区在规划设计时更多考虑的是社区安全、居民服务等方面的因素，没有更多考虑能耗和碳排放问题，导致在社区建成后能源消耗、碳排放强度大，许多指标难以达标。比如小区绿化率不达标，有的开发商为了追求最大的商业利益，人为降低绿化率；有的社区道路设计不合理，增加许多人行道障碍，如社区护栏，导致居民绕行和通行不畅；有的没有设计更多的停车位导致社区道路拥堵，产生更多的能耗和排放；有的没有规划设计充电桩等，难以满足新能源车的充电需求等；有的电、气、热等线路管道设计不科学，浪费更多的材料，导致资源能源利用率低。

从低碳社区建设的政策制定层面看，社区规划及其相关政策不够完善，导致社区难以向低碳方向转型发展。低碳社区缺乏完善的政策法律体系作为保障，大多数法律主要是针对城市或产业等宏观层面，针对具体的社区低碳建设问题缺乏有效的政策支持和法律保障。在低碳社区建设有关的低碳能

源、低碳交通、低碳建筑、低碳家庭、低碳服务等多个领域，缺乏必要的法律约束和政策激励。在社区太阳能开发与使用、社区垃圾治理、社区再生水使用等方面缺乏政策的引导与监督。从政策执行的角度看，物业公司对社区环境建设、低碳改造等投入不足，社区居委会以及街道等职能部门未能形成联动机制，难以推进社区环境治理与低碳建设。

### （二）社区传统能源占比高，高碳排放问题难以解决

低碳社区在很大程度上依靠能源结构转型，只有减少对传统能源依赖，更多地开发使用绿色低碳新能源，才能从根本上减少碳排放，才能真正实现碳达峰碳中和目标。能源结构在很大程度上影响低碳社区建设，高能耗、高碳排放的传统能源体系是阻碍低碳社区建设的拦路虎。以传统能源消费为主的能源结构必然导致能耗和碳排放总量及其强度难以下降，随着居民对能源消费需求的持续攀升，必然难以推动低碳社区建设。目前，许多城市社区主要使用传统能源，使用绿色低碳新能源的比重低。根据《中国统计年鉴2021》最新数据（见表2），从全国居民生活能源消费量来看，居民生活能源消费总量呈现持续攀升态势，从2015年的50461万吨标准煤上升到2019年的61709万吨标准煤，预计未来还将持续攀升，其中煤炭消费从2015年的9627万吨下降到2019年的6547万吨，在"双碳"目标背景下，居民生活中煤炭消费量还将持续下降。此外，对煤油、液化石油气、天然气、煤气等传统能源的消费还占一定比重。整体来看，传统能源消费是居民生活能源的主体。有的社区进行煤改气、煤改电工程建设，特别是北方城市许多社区已经改为天然气供暖，但也有个别社区包括居民为节约成本仍然使用燃煤锅炉供暖、燃煤做饭等。传统高碳能源的碳排放强度大、污染严重，因监管或服务不到位，有的社区居民私设摊点，开露天大排档或户外烧烤摊，餐饮等废气排放严重影响社区环境。社区私家车多、排放量大，尾气未经处理排放到大气中，导致碳排放强度难以下降。

表 2   2015~2019 年全国居民生活能源消费量

| 能源品种 | 2015 年 | 2016 年 | 2017 年 | 2018 年 | 2019 年 |
|---|---|---|---|---|---|
| 合计(万吨标准煤) | 50461 | 54336 | 57459 | 60436 | 61709 |
| 煤炭(万吨) | 9627 | 9492 | 9283 | 7714 | 6547 |
| 煤油(万吨) | 29 | 26 | 28 | 25 | 23 |
| 液化石油气(万吨) | 2549 | 2955 | 3225 | 3147 | 2855 |
| 天然气(亿立方米) | 360 | 380 | 420 | 468 | 502 |
| 煤气(亿立方米) | 80 | 63 | 52 | 47 | 46 |
| 热力(万百万千焦) | 93841 | 98623 | 106330 | 121684 | 128832 |
| 电力(亿千万小时) | 7565 | 8421 | 9072 | 10058 | 10637 |

数据来源:《中国统计年鉴 2021》,http://www.stats.gov.cn/tjsj/ndsj/2021/indexch.htm。

目前来看,大部分老旧小区的屋顶、空地等空间闲置,未能按照低碳社区理念加强对光伏发电等新能源的开发利用。从低碳社区建设与新能源开发的角度来看,因地制宜利用社区大面积的闲置屋顶或空地安装大面积的光伏发电设备,既能为社区提供持续的绿色低碳能源,也能减少对传统能源的依赖,还有助于减少碳排放。但受居民重视不够、安装手续烦琐、光伏电站前期投入成本高等多方面因素影响,比如在社区屋顶安装光伏发电设备必须征求所有住户及居委会等部门或个人的同意,严重制约了光伏能源开发进程,导致利用社区屋顶开发太阳能、风能等低碳能源进展缓慢。从技术和成本层面看,目前我国大部分低碳社区多引进国外成熟的技术,只有研发适合我国的技术系统才能更好地建设我国低碳社区[1]。低碳社区的建设,特别是开发使用低碳新能源还存在技术要求高、前期成本投入大、成本回收周期长等多方面的阻碍,亟须加强新能源技术、低碳技术创新,进一步降低技术成本,提高低碳新能源开发与使用的效率。

---

[1]  何明伦:《我国低碳社区建设问题分析及建议——基于集体行动理论的视角》,《城市开发》2016 年第 4 期。

## （三）社区垃圾分类不到位，环境污染问题较为严重

低碳社区不仅是指能耗低、碳排放少，还包括社区垃圾治理、污染治理等方面的环境整治。目前，许多社区都在进行垃圾分类管理，但因观念、制度、资金、人力等多方面问题，社区垃圾分类及其治理难以持续推进。比如，有的居民习惯将所有垃圾混装扔入垃圾桶，未能将有毒和无毒垃圾进行分类，不能将固体垃圾与其他厨余垃圾进行分类。垃圾乱扔乱放成为绿色低碳社区建设的重要难题。比如，有的社区设立的绿色标志的回收垃圾箱、黄色标志的不可回收垃圾箱形同虚设，难以实现分类投放。有的居民养宠物，对其宠物粪便不做及时处理，还有的社区广告、白色垃圾多，未能及时治理，严重影响社区环境。有的社区周边施工产生大量灰尘，生活垃圾未能有效治理导致异味散发，严重影响城市社区生活环境。有的社区废旧电池或部分有毒有害废品难以规范投放和管理，存在安全隐患，可能严重污染环境，影响居民身心健康。

## （四）社区绿化面积不达标，生态建设严重滞后

社区绿化是为社区居民营造绿色低碳的生活生态环境的重要内容，低碳社区建设离不开社区绿化及其生态建设，离不开社区生态碳汇能力提升。但有的社区在建设初期，绿化指标被开发商压减或者被建筑物占用，导致社区绿化面积严重不足，减少了社区生态空间，降低了居民社区生活品质。有的社区因资金或人力不到位，导致社区绿化后期服务与维护不及时，被居民或者社区内商家所占用，有的用作私家车停车点，有的被占用为私人宠物房或杂物间，严重制约了社区绿化与生态建设。在调研中发现，许多社区对生态环境建设不够重视，缺乏足够的资金和人力投入，未能对遭破坏的社区绿植、绿化设施等进行及时修复。此外，屋顶绿化、社区居民庭院绿化等建设滞后，居民参与度不高，也一定程度上制约了低碳社区建设。低碳社区建设是一项人人参与的系统工程，但社区居民参与积极性不高，未能形成低碳社区建设的共识，缺乏低碳认可和执行力。不少社区居民崇尚"高消费""享

乐至上""一次性消费""过度消费""奢侈型消费""炫耀型消费"等生活方式，难以树立绿色、低碳、生态的消费理念，导致社区绿化、生态建设、低碳发展等难以推进。

## 三 加快低碳社区建设实现"双碳"目标的路径选择

实现碳达峰碳中和目标，加快低碳社区建设是一项长期的系统工程，任重而道远。立足新发展阶段，坚持以习近平生态文明思想为指引，遵循"绿水青山就是金山银山"的发展理念，加快低碳社区建设，促进规划、政策、能源、技术、消费、环境等多个方面的低碳转型与高质量发展，加快构建社区人与自然和谐共生的低碳新格局，加快实现碳达峰碳中和目标，应选择以下几个方面的发展路径。

### （一）树立低碳社区理念，加强低碳顶层设计

面向低碳社区建设，倡导树立绿色低碳理念。思想或理念引导行为。构建低碳社区，首先要在思想理念上加快转变，树立低碳发展的意识和理念，鼓励积极参与，推动低碳社区建设与发展。应加大宣传力度，鼓励社区居民、物业、居委会、社区组织等各主体主动参与和紧密配合，完善低碳社区建设参与渠道，提供更多的低碳社区建设信息，完善低碳社区利益表达机制，鼓励居民更加积极、理性、主动参与低碳社区建设，进而有效引导其低碳生产生活行为。要强化有关政府职能部门的低碳意识，培育低碳价值观和低碳文化氛围，开展低碳社区宣传教育，完善低碳社区宣传教育制度，定期开展低碳社区建设的路演、专家报告、知识讲座等活动，营造低碳社区建设氛围。加快低碳社区建设的顶层设计与规划。完善低碳社区建设的顶层设计，从战略、规划、政策制度等层面赋予低碳社区建设丰富内容。

一是加快制定低碳社区建设的战略规划，加快编制低碳社区居民低碳生活行为指导手册，明确各类绿色低碳设施设备使用方式。对节能、节水、垃圾分类、低碳建设、低碳出行等发出倡议和规划指引，形成低碳社区建设

共识。

二是加强低碳社区建设的战略规划实施，选择条件成熟社区开展试点，形成经验再进行推广。低碳社区建设是一项系统工程，涉及居民观念、技术创新、能源转型、产业发展、社区环境等方面的因素，需要根据社区所在地的气候特征、地理条件、发展水平等情况，因地制宜进行低碳社区试点，确定低碳社区试点工作目标、建设重点，积极构建适合自身条件的低碳社区建设模式，抓住智慧城市、新农村建设、老旧小区改造、棚户区改造、社区有机更新等契机，推进低碳社区的统筹规划、科学设计和系统实施。

三是构建并完善低碳社区建设指标体系。主要是建立低碳社区评价标准和技术导则，对低碳社区建设制定建筑、环境、公共设施、交通路网等方面的评价指标体系，为低碳社区建设提供规划指导，并推动低碳社区规划落地（见表3）[①]。

四是完善低碳社区建设扶持政策，在社区绿化建设、社区屋顶光伏发电设备安装、低碳新能源开发使用、低碳交通、低碳家庭、低碳消费等方面加快制定规划和政策，加快形成有利于低碳社区建设的市场环境、产权制度、投融资体制、分配制度等政策机制，构建面向低碳社区建设的新型政绩考核体系，促进低碳社区建设。

**表3 城市既有低碳社区建设指标体系**

| 评价内容 | 主要评价指标 |
| --- | --- |
| 碳排放 | $CO_2$ 排放下降率 |
| 节能与绿色建筑 | 新建建筑绿色建筑达标率、既有居住建筑节能改造面积比例、既有公共建筑节能改造面积比例 |
| 交通系统 | 公交分担率、自行车租赁站点、电动车公共充电站、新能源汽车占比 |
| 能源系统 | 可再生能源替代率，能源分户计量率，可再生能源路灯占比，建筑屋顶太阳能光电、光热利用覆盖率 |
| 水资源利用 | 节水器具普及率、非传统水源利用率、社区雨水收集利用设施容量 |

① 宫玮：《推动绿色社区建设的思考与建议》，《绿色建筑》2020年第1期。

| 评价内容 | 主要评价指标 |
|---|---|
| 固体废弃物处理 | 生活垃圾分类收集率、生活垃圾资源化率、餐厨垃圾资源化率 |
| 环境绿化美化 | 绿地率 |
| 运营管理 | 社区碳排查、碳排放统计调查制度,碳排放管理体系,碳排放信息系统,引入第三方专业机构和企业数量 |
| 低碳生活 | 低碳宣传设施、低碳宣传教育活动、低碳家庭创建活动、公共食堂和配餐服务中心、旧物交换及回收利用设施、低碳设施适用制度与宣传展示标识、节电器具普及率、低碳生活指南 |

### (二)加快低碳技术创新,构建低碳能源结构

一是加强低碳技术创新,强化低碳社区建设应用。低碳技术创新是构建低碳社区的关键支撑,也是实现碳达峰碳中和目标的重要引擎。社区居民家庭生活中所需的水、电、热是构成城市能源消耗和产生环境污染的主要组成部分,如何应用新能源新材料等环保技术以实现社区居民生活方面的节能减排,加强技术创新、推进资源能源的可循环利用,使用更加节能减排的技术及其产品,是低碳社区建设要解决的主要问题。要加大低碳技术的创新力度,使低碳技术在社区的应用更加普遍、便捷、廉价。比如推广使用声控开关避免楼道等电灯 24 小时亮着;使用更加智能的电视机、电冰箱、洗衣机等,使其更加节能便利,避免过多的能源消耗。可以推广暖气按流量计费的制度,避免热量流失或浪费等,或者推广比燃气锅炉集中供暖更加低成本、低能耗的家用电热暖进行供暖。要制定政策,鼓励更多的大学、科研机构和相关企业开发低碳技术,加快构建社区低碳技术研发平台,加强各类先进的低碳技术在低碳社区得到推广和使用,使社区能够广泛采用低碳技术和低碳材料,依托低碳技术创新推动低碳社区建设。

二是鼓励安装光伏发电设备,加快社区能源低碳转型。国外许多低碳社区积极开发光能、风能等低碳新能源,推动社区传统能源替代,加快低碳能

源开发与使用。比如，英国贝丁顿零碳社区实施"贝丁顿能源发展"计划，提出构建"零能耗"社区。该社区建筑物的楼顶、外墙和楼板采用300毫米厚的超级绝热外层，采用自然通风系统减少通风能耗，充分利用新能源和可再生能源，社区的综合热电厂采用热电联产系统为社区居民提供生活用电和热水。德国弗莱堡及沃邦小区将低耗能、能源自给和利用太阳能等作为建房准则，被誉为德国可持续社区的标杆，当地市政府鼓励太阳能利用，推动可再生能源的开发。宁波市建筑屋顶安装分布式光伏发电工作全面推进，力争2025年底全市15%以上的建筑屋顶设置分布式光伏发电系统，90%以上新建建筑全面落实分布式光伏发电系统。借鉴国内外经验，实现碳达峰碳中和目标，我国低碳社区建设要重视光伏等新能源开发与应用，鼓励使用绿电，加快传统能源替代，减少对高碳能源的依赖。要提高能源使用效率，加快清洁能源的开发和利用，构建起以节能减排为核心的低碳能源系统、低碳技术创新体系和低碳产业体系[①]。加快创新和完善低碳社区政策，明确责权，鼓励物业公司、社会资本、社会企业以及居民个人在社区建筑物屋顶、空地等闲置空间建立分布式光伏发电站，创新光电、风电等新能源入网体制机制，提高绿色低碳能源的开发与利用水平，从根本上改变以化石能源为主导的传统能源结构。

## （三）强化垃圾分类与绿色基础设施建设，鼓励低碳消费和构建低碳环境

习近平总书记指出，实现碳达峰碳中和是一场广泛而深刻的经济社会系统性变革。实现"双碳"目标不仅涉及生产方式转变，也涉及生活方式尤其是消费方式的绿色化低碳化问题[②]。构建低碳社区应加强绿色基础设施建设，为社区居民生活、消费方式的低碳化转变提供保障条件，包括垃圾分类及其治理、选择低碳出行、开发绿色低碳产品等多个方面。比如利用社区空

---

① 尉峰：《碳排放特质分析与低碳社会的路径选择》，《学术交流》2012年第4期。
② 郭红燕、贾如：《碳中和目标下如何推动低碳消费》，《可持续发展经济导刊》2021年第5期。

地、闲置屋顶建设社区菜园、屋顶菜园等设施，为居民参与和享受田园生活提供基础条件，推动社区与自然环境的和谐共生。有条件的社区还可以为居民提供有机蔬菜超市、绿色商场等服务，为厨余垃圾处理提供实验场地，增加与社区人口规模相匹配的文体卫生、养老助残、便利店、垃圾收集点和停车场等便民设施。加快引导社区居民积极参与绿色低碳生活、消费，鼓励减少浪费、垃圾分类、绿色生活、绿色出行等，鼓励社区居民共同维护社区绿色低碳环境，培育低碳社区的文化氛围，让社区居民在低碳环境构建中拥有更多获得感和幸福感，还社区以宁静、和谐、美丽，实现人与自然和谐共生。

### （四）强化低碳建筑与绿化建设，打造低碳的美丽社区空间

低碳社区建设涉及建筑以及社区绿化建设等多个方面。一是要重视绿色低碳建筑建设，提升建筑绿色性能水平，改善社区生态环境。要加强土建装修一体化、装配式建筑、绿色建材等新技术在社区各类建筑物上的综合应用。在进行老旧小区更新、新建建筑物设计时，既要加强改造前诊断，了解居民需求，制定改造方案，完善适老化无障碍设施建设，也要充分彰显地域特色和历史文化传承，融入绿色低碳理念，体现绿色低碳建筑特色，避免"千城一面"。推动开展既有建筑绿色宜居综合改造，加强社区绿色基础设施建设。二是加强社区绿化建设，打造低碳的美丽社区空间。社区空间是社区居民生活、学习、休闲、娱乐的重要场所，建设低碳社区就是要推动社区绿化建设，实施见缝插绿、拆墙透绿、腾地造绿，最大限度增加绿化面积，加快营造生态宜居、绿色低碳的美丽社区。要结合社区地理空间，因地制宜进行园林绿化；加强海绵设施建设，打造花园式的社区生态环境；合理控制建设规模尺度，优化路网密度，方便绿色出行；构建良好的通风、采光、景观视线通廊，切实满足社区居民对美好社区生活的需求，提升社区居民的宜居感、幸福感、获得感。

## 参考文献

陈永亮、黄时进：《建设低碳社区的基本内涵及上海创建低碳社区的思路》，《上海节能》2014 年第 11 期。

王梓晨：《碳排放量化视角下的低碳社区规划思考》，《安徽建筑》2018 年第 1 期。

黄建、罗淑湘、史军、孙金颖：《低碳社区碳核算及减排路径研究》，《建筑技术》2019 年第 8 期。

何明伦：《我国低碳社区建设问题分析及建议——基于集体行动理论的视角》，《城市开发》2016 年第 4 期。

宫玮：《推动绿色社区建设的思考与建议》，《绿色建筑》2020 年第 1 期。

尉峰：《碳排放特质分析与低碳社会的路径选择》，《学术交流》2012 年第 4 期。

郭红燕、贾如：《碳中和目标下如何推动低碳消费》，《可持续发展经济导刊》2021 年第 5 期。

# B.7
# 北京数字化社区建设重点和发展方向研究

李　茂*

**摘　要：** 数字化社区建设是北京提高城市精细化管理水平的重点途径，是提升首都地区社区治理和服务能力的关键方式，也是北京建设全球数字经济标杆城市的重要把手。本文研究北京数字化社区建设的软硬件基础与配套政策，分析数字化社区建设进展，提出当前北京数字化社区建设还存在"数据烟囱"、应用程序冗余、共性设计不足、数据沉淀等问题。针对以上问题并结合北京建设全球数字经济标杆城市的战略目标，本文指出数字化社区建设的重点方向，即加强顶层设计、加强示范引领、开展数据挖掘、开展重点工程试点。建议以数字化社区建设推动数字产业创新，加快推进新科技应用并加强网络安全防范。

**关键词：** 数字化　社区治理　数字科技

## 一　引言

数字化社区是社区形态发展演进的一种全新模式。以社区为基本单元建构的数字平台发挥各种信息技术（如大数据、云储存、人工智能等）的特点与优势，聚集并整合不同类型的社区资源，实现政府、物业服务机构、业主居民和社会组织的对接交流与互动服务。数字化社区的核心就是改进完善

---

* 李茂，博士，北京市社会科学院市情所副研究员，主要研究方向为智慧社区等。

社区治理中各个主体之间的信息沟通渠道，转型升级主体间信息沟通方式，并在此基础上实现社区资源线上线下的整合。数字化社区建设是智慧社区和城市治理现代化的重要组成部分，对变革城市治理模式和加强基层社区建设具有重大的意义。党中央、国务院高度重视数字化社区建设工作，习近平总书记强调："运用大数据、云计算、区块链、人工智能等前沿技术推动城市管理手段、管理模式、管理理念创新，从数字化到智能化再到智慧化，让城市更聪明一些、更智慧一些，是推动城市治理体系和治理能力现代化的必由之路，前景广阔。"① 总书记的相关论述为我国数字化社区建设明确了价值意义，指明了方向路径。

各地政府纷纷将数字化社区建设提上了工作推进议程，结合当地实际制定出台具体实施方案，明确建设的重点领域。2020 年 6 月，四川省政府制定出台《"数字化社区"试点实施方案》，该方案要求在全省范围内择优启动省级数字化社区试点示范，数字化社区建设将以现代信息技术和商业模式充分应用为核心，构建开放包容的活力社区、智能高效的云上社区、共治共享的新邻社区，试点将主要围绕建设社区数字生活集成系统、推进数字生活新服务、提升社区餐饮服务能力、打造数字化民生菜场等 9 个方面展开②。2021 年 7 月，上海市政府推出《推进上海生活数字化转型　构建高品质数字生活行动方案（2021～2023 年）》。该行动方案提出，要打造"居住数空间、提升归属感"，并"以智慧物业建设为抓手，持续深化小区画像建设，通过社区主体、客体的数字化转型，优化资源配置，形成更多精准化、个性化的社区服务"，力争在 2023 年建成至少 50 个生活数字化转型标杆场景③。

① 王琦、王鹏、高蕾、商意盈、马剑、周科、周琳、向定杰：《让城市更聪明更智慧——习近平总书记浙江考察为推进城市治理体系和治理能力现代化提供重要遵循》，《杭州》2020年第 7 期。

② 《我省将开展"数字化社区"试点》，四川省人民政府官网：https：//www.sc.gov.cn/10462/10464/10797/2020/6/16/bef92d944bcf4084ae9c6321ff56d23d.shtml。

③ 《上海发布生活及经济数字化转型三年行动方案》，中央政府官网：http：//www.gov.cn/xinwen/2021-07/11/content_5624136.htm。

北京是中国互联网发展的高地，拥有良好的数字应用软硬件条件。近年来，北京市各级政府高度重视数字化社区建设工作。2021 年 8 月，《北京市关于加快建设全球数字经济标杆城市的实施方案》正式公布，其中提出了"数字化社区建设工程"。该实施方案提出，将以回天地区为试点，建设由基础底座、核心平台和应用场景构成的社区治理服务新形式，构建超大型城市社区数字化治理模式。打通市、区、乡镇（街道）三级数据通道，形成基层社区管理和公共服务的数据基础。2022 年 1 月，《北京市政府工作报告》中明确指出，"以推进智慧交通、智慧医疗、智慧城管等建设为示范，以开展数字化社区建设为试点，大力提升城市服务管理水平"。数字化社区建设是北京提高城市精细化管理水平的重要途径，是提升首都社区治理和服务能力的关键方式，也是北京建设全球数字经济标杆城市的重要抓手。结合实际情况，探索北京数字化社区建设进程中的建设重点和发展方向具有较强的理论探索意义和实践指导价值。

## 二　北京数字化社区建设现状

### （一）北京数字化社区建设的软硬件基础

北京处于全国数字经济发展的前沿，数字社会生态较好，拥有数字化社区建设的良好基础条件。2022 年 2 月，中国互联网络信息中心（CNNIC）发布的第 49 次《中国互联网络发展状况统计报告》显示，截至 2021 年 12 月，我国网民规模达 10.32 亿，互联网普及率达 73.0%，考虑到北京社会经济发展水平和互联网应用情况，北京互联网普及率高于全国平均水平。该统计报告中的数据还显示，全国 IPv4 地址数约为 3.5 亿个，北京占比达 25.4%；全国域名总数约为 3593 万个，北京占比达 15.8%，位居全国第一①。根据国

---

① 中国互联网络信息中心：《第 49 次〈中国互联网络发展状况统计报告〉》，2022 年 2 月 25 日。

家统计局发布的《中国统计年鉴 2021》，北京地区移动电话普及率为每百人 178.43 部，相当于每人拥有两个移动通信号码①。2022 年初，北京已开通 5G 基站 5.64 万个，实现五环内区域无缝覆盖，万人基站数居全国第一，率先实现 5G+8K 全产业链技术应用贯通②。不仅如此，北京还拥有众多的互联网龙头企业和数字经济专精特新中小企业，各类数字产品与服务层出不穷，相关领域专业技术人才总量位居全国第一。因此，北京数字化社区建设有着良好的软件条件和硬件基础。

### （二）北京数字化社区建设中的政策制度设计

北京社区信息化建设起步较早，早在 2004 年就初步建立起了以网站、服务热线为基础的社区网络服务系统。③"十二五"期间，北京市先后制定出台《智慧北京行动纲要》《北京市"十二五"时期社会建设信息化工作规划纲要》《北京市"十二五"期间社区信息化建设指导意见》《关于在北京市推进智慧社区建设的实施意见》《北京市智慧社区认定管理办法》等政策文件，基本明确了智慧社区建设的工作目标和重点任务，明确指出了社区信息化建设的基本途径和主要目标，提出要充分利用新一代信息技术，通过对各类与社区居民生活密切相关信息的自动感知、及时传送、及时发布和信息资源的整合共享，实现社区居民"吃、住、行、游、购、娱、健"生活七大要素的数字化、网络化、智能化、互动化和协同化，让"五化"成为居民工作、生活的主要方式。"十三五"期间，市级各层面专项规划对社区信息化建设提出了具体要求。例如，《北京市"十三五"时期民政事业发展规划》提出，"适应现代社会发展趋势，主动运用互联网、物联网等信息技术手段，推进智慧社区建设，打造集团化、智能化的社区服务网络，满足老百姓多元化的新型服务需求。"《北京市"十三五"时期

---

① 《各地上网数据发布！北京、上海人均俩手机号，这些行业"触网"活跃》，人民网：http：//finance. people. com. cn/n1/2021/1125/c1004-32291974. html。
② 《北京万人 5G 基站数全国第一》，http：//www. news. cn/2022-01/07/c_ 1128242943. htm。
③ 刘杰、彭宗政：《社区信息化理论与实务》，清华大学出版社，2005 年第 1 版，第 22 页。

社会治理规划》明确要求落实"网格化+智慧服务",将社区基本服务纳入网格化管理体系,并实现服务精准化、精细化、社会化、信息化和现代化。进入"十四五"时期,北京提出了更加明确具体的数字化社区建设目标。《北京市"十四五"时期智慧城市发展行动纲要》中提出,推进智慧平安小区行动计划,开展社区、楼宇安防系统智慧化改造,赋能社区管理。《北京市关于加快建设全球数字经济标杆城市的实施方案》更是对数字化社区提出了详细的要求。在该方案中,数字化社区建设工程成为全市六大标杆引领工程之一。该方案还明确了数字化社区建设工程的试点地区(回天地区)、建设基础(构建模式与数据通道)、主要目标(打造社区经济圈,实现社区智慧化与"产城人"一体化同步发展)等关键内容,为全市数字化社区建设指明了方向。

### (三)北京数字化社区建设实践

一是开展前期调研,摸排基本情况。2021年初,各数字化社区建设相关委办局和试点地区(市委社会工委、市民政局、市经信局、回天地区等)深入贯彻《北京市关于加快建设全球数字经济标杆城市的实施方案》要求,结合多年来北京智慧社区发展情况,选择一批重点社区和有代表性的社区开展系统调研,充分摸排社区数字化建设的现状和矛盾,收集了大量一手资料和数据,听取了社区管理工作者、社区居民、第三方组织的意见建议。通过系统调研,掌握了数字化社区建设的重点方向和矛盾突出领域,为下一步工作奠定了良好的基础。

二是制定工作方案,明确工作重点。结合前期调研基础,相关委办局制定了《北京市社区治理信息化建设工作方案》。该方案从工作背景、总体思路、组织保障、任务安排、工作要求等五个方面提出具体要求,明确提出要立足首都超大城市基层治理的规律特征,以融合、贯通数据资源为核心,以整合信息系统为手段,以拓展应用场景为路径,以满足需求为导向,加快推进"一库、两平台"(社区智慧化大数据库、社区服务管理平台和社区互动交流平台)建设。

表1  "一库、两平台"的核心功能和主要内容

| 库与平台 | 核心功能 | 主要内容 |
|---|---|---|
| 社区智慧化大数据库 | 社区数据赋能社区治理创新 | 以社区居民、社区资源、社区组织、社区日常管理为基础数据库,推动社区治理机制和服务模式创新 |
| 社区服务管理平台 | 整合各类社区信息提升社区治理能力 | 围绕社区党建、社区服务、社区治安、社区环境整治、社区防疫、文化教育、养生健康等场景驱动服务流程再造 |
| 社区互动交流平台 | 社区治理相关主体信息交流 | 建立社区治理各主体之间信息沟通交流平台,开发通知公告、吹哨报到、议事协商等信息互动项目 |

三是实施示范工程,开展"灯塔"社区建设。昌平的回天地区是北京数字化社区建设的"灯塔"之一。通过"雪亮工程"和回天"城市大脑"等示范工程建设,回天地区社区数字化程度进一步提高,居民生产生活方式得到有效改善,社区服务能力和服务水平稳步提升。通过"雪亮工程",回天地区已在2020年底实现了公共安全视频监控系统全覆盖,基本达到"全域覆盖、全网共享、全时可用、全程可控"目标,为回天地区落实治安防控、优化交通出行、创新城市管理、加强社会治理等做出了巨大贡献。回天"城市大脑"上线运行,在回天地区一镇六街128个社区推广使用。该项目积极引导市级数据资源和基础能力下沉,集约建设集感知、分析、预警、处置、服务、反馈、评价等应用于一体的区级"城市大脑"运行系统,围绕基层治理、社区管理、交通出行三个领域建设9个应用场景,打造大、中、小"三屏联动"体系和市、区、街、居"四级协同"机制,通过点上突破、以点带面,切实提升回天地区治理体系和治理能力现代化,并形成示范效应。

四是完善配套措施,实现优化迭代。目前,各委办局和相关单位在做好社区试点的基础上,积极完善配套措施和平台建设,通过政策修订和技术应用的迭代更新,实现数字化社区建设的动态优化。相关部门正在着力探索利用"三京"应用终端（"京通""京办""京智"三个智慧终端）和"七通一平"① 基础底座进一步提升数字化社区平台建设水平。与此同时，结合已有法律法规和政策条例，完善社区"一库、两平台"建设配套制度体系。

## （四）北京数字化社区建设中存在的问题

第一，"数据烟囱"始终难以消除。在数字化社区建设进程中，数据收集存储主体差异性较大，又分属于不同部门、不同层级，再加上总体设计和统筹协调力度不足，造成了显著的"数据烟囱"现象，社区内不同系统间的数据难以实现互动共享和协调处理。特别是一些涉及社区居民和业主机构隐私的数据受到国家法律法规的保护，数字化社区建设推进部门难以在这些数据的共享和安全之间实现一个有效的平衡。不仅如此，社区治理中各类主体都建有独立的数据信息系统，普遍希望能以本系统为中心，实现相关数据的协同整合，开放数据使用权限供其他系统使用的意愿不高。

第二，各类应用叠床架屋冗余严重。近年来，各类社区应用开发力度较大，市、区、乡镇（街道）三级都推广众多与社区生活相关的微信小程序、App 和客户端等，一些社区还根据临时任务（如社区防疫等）自建应用程序，但是这些应用相互之间不关联、不通用、不共享，造成堆积冗余现象。为了实现某个功能，社区居民需要下载注册不同 App，或者先后打开多个微信小程序和网页客户端，反复填写相同或相似信息，增加了使用者的学习适应时间，影响了社区居民的使用体验，给用户带来诸多不方便。值得指出的是，社区街道为了临时任务开发搭建的应用程序功能较为单一，结构设置较为简单，数据保护和系统维护力度不够，存在着一定的信息安全隐患。

第三，共性需求有待于聚焦集中。经过 70 多年的建设，北京形成了各具特色的社区。这些社区在规划建造、建成年代、管理体制、治理结构、业主构成、居民规模等方面存在着巨大的差异。因此，不同社区在数字化建设

---

① "七通一平"是指城市基本建设中前期工作的道路通、给水通、电通、排水通、热力通、电信通、燃气通及土地平整等的基础建设。

过程中所面临的问题、需求和建设重点不尽相同，具体建设路径和阶段性建设目标也不尽相同。目前，有待进一步深入调研与实践，凝聚最大共识、聚焦基本需求，找到社区数字化建设中的最大公约数，并尽可能满足不同群体的个性化需要。

第四，沉淀数据活化利用程度不高。经过 20 多年的信息化建设，社区在日常管理服务中保留沉淀了大量的人、地、事、物、组织的历史数据，具体表现为档案台账、专项工作资料和半结构化数据。这些数据拥有巨大的利用价值，可以用来改进完善社区治理方式，提高服务效能，是不可替代的社区数据资源。囿于种种原因，社区沉淀数据利用意愿不高，活化使用程度有限，大量历史数据还没有被结构化存储保存，面临着失效与丢失的风险。

## 三　北京数字化社区建设重点

北京市数字化社区建设整体上还处在起步发展阶段，应结合政策方针要求和北京实际情况确立今后一段时期建设的重点任务，加快全市社区数字化建设转型进度。

第一，开展顶层设计、强化统筹协调。目前暴露出来的"数据烟囱"、应用冗余等问题都与顶层设计不充分、统筹协调力有限等症结密切相关。为了更好地推进全市各类型社区的数字化建设升级工作，应成立由市领导牵头的全市社区治理信息化工作小组，统筹安排全市数字化社区建设工作，定期召开工作协调推进会议，制定数字化社区建设的计划时间表，严格按照计划路线推进实施；充分发挥沟通联络和协同工作功能，打通不同部门、不同层级的"信息壁垒"，在合法合规的条件下实现社区数据的共享、公用和共治；通过协商共同加强人、财、物供给保障，确保数字化社区建设力度按照计划顺利展开。

第二，加强示范引领，制定实施方案。城市副中心、回天地区是数字化社区建设的"灯塔"，应充分发挥"灯塔社区"的示范引领作用，建设一批"城市大脑"会客厅，集成展览展示、会客议事、互动体验、休闲学习等服务功能，打造社区党群交流窗口、社区居民共享服务平台、社区治理历史展示和志愿者服务中心，全方面、广角度、多层次地展现社区数字化建设升级后的成绩与效果，为数字化社区建设赢得良好的口碑和舆论环境。在已有实施方案的基础上，加快研究制定北京市数字化社区建设的工作方案，明确工作目标、工作标准、工作责权等关键内容，构建较为完整的数字化社区建设政策制度体系。

第三，聚焦基本需求、开展数据挖掘。北京社区总量巨大、内部差异显著，社区居民对数字化社区建设诉求不尽相同。因此，要加强调查研究和信息收集工作，聚焦社区居民需求，建立近一阶段数字化社区建设目标清单，重点解决居民普遍反映的数据采集种类繁多、信息冗余、重复填报、融合共享不够等问题。在政策法规运行的条件下，通过项目招标等方式选取数据挖掘的企业公司开展社区沉淀数据脱敏、存储处理和再使用等工作，建立沉淀数据库为社区保存宝贵资料数据，并提供社区资源历史分析、社区需求预测判断和改进社区服务效率等方案。

第四，建设重点工程，开展应用试点。从目前实际情况来看，社区智慧化系统平台有条件成为重点工程，并可在有条件的社区开展试点，积极收集反馈信息不断优化完善。该系统建成后不仅具备瞬时海量数据存储、传输和应用能力[1]，还要能够面对差异化需求提供不同的解决方案。在此基础上，该系统必须具备新模块快速拼接融入和不中断服务实现迭代优化等功能，以适应北京数字化社区建设中不断变化的外部环境和突发需求。同时，该系统还要具备操作效率高、使用逻辑清晰、交互界面简洁直观等特点，方便不同层次、不同年龄段的目标群体使用。

# 四 北京数字化社区发展方向

一是数字化社区建设有力推动数字产业创新。北京社区数字化建设升级改造将成为巨大的蓝海市场。以海量社区信息数据为基础要素，以差异化和

---

[1] 瞬时访问流量激增是特大城市网络应用必须面对的现实问题。例如：新冠肺炎疫情发生以来，多个省市的本土健康码先后出现系统崩溃等问题，系统瞬时访问压力剧增是健康码系统崩溃的主要原因之一。

个性化居民政务、商务、家务服务为基本需求，实施数据化、精细化、规范化治理的数字化社区将会创造一系列数字产品与服务需求，激发数字产业创新动力，联动养老、医疗、交通、能源等关联产业，为北京数字产业发展开辟新的空间，加快推进首都经济双循环和高质量发展。

二是数字化社区建设不断吸收融入新科技。数字化社区建设是一个开放系统，它需要持续吸收使用新科技，不断提升数字化应用水平和层次。近年来，"元宇宙"、数字孪生等新数字技术不断涌现，北京地区已有企业和机构开始探索应用场景，开发应用产品服务，开展应用试点，这将显著提升社区的数字技术应用层次。需要指出，全新科技融入社区治理与服务需要线上与线下同步进行，技术应用愿景和实际需求场景需要相互契合。如果某项技术只强调线上功能实现，不能实现线下落地应用，不能与传统需求对接，是很难真正融入数字化社区建设进程的。

三是数字化社区建设持续加强网络安全防范。随着北京数字化社区建设进程的深入，应高度重视网络安全风险，深刻理解网络安全对于数字化社区建设的重要意义。相关委办局和建设主体应明确数字化社区网络风险特点和隐患高发多发领域，还应该认识到数字化社区和传统网络安全风险存在显著差异，应当对其呈现出的规律进行深入的研究，并从首都安全稳定和国家网络安全的高度去构建设计具体的治理防范措施，平衡好创新应用与安全防范之间的关系。

## 参考文献

晓萍、张璇：《智慧社区的关键问题：内涵、维度与质量标准》，《上海行政学院学报》2017年第6期。

李云新、韩伊静：《国外智慧治理研究述评》，《电子政务》2017年第7期。

邵春霞：《数字空间中的社区共同体营造路径——基于城市社区业主微信群的考察》，《理论与改革》2022年第1期。

王欢欢、朱旭东：《"互联网+社区治理"模式的执行限度与优化路径》，《长白学刊》2021 年第 6 期。

吴旭红：《智慧社区建设何以可能？——基于整合性行动框架的分析》，《公共管理学报》2020 年第 4 期。

张聪丛、王娟、徐晓林、刘旭：《社区信息化治理形态研究——从数字社区到智慧社区》，《现代情报》2019 年第 5 期。

周红云：《社区治理共同体：互联网支撑下建设机理与治理模式创新》，《西南民族大学学报》（人文社会科学版）2021 年第 9 期。

周济南：《数字技术赋能城市社区合作治理：逻辑、困境及纾解路径》，《理论月刊》2021 年第 11 期。

朱琳、万远英、戴小文：《大数据时代的城市社区治理创新研究》，《长白学刊》2017 年第 6 期。

# B.8
# 城市更新与乡村振兴背景下
# 北京社会建设空间布局研究

穆松林*

**摘　要：** 在城市更新与乡村振兴双重背景下，本文以北京市 2020 年数据为基础，分析北京社会建设空间布局建设现状，主要如下。第一，引导人口在空间有序流动。目前核心区人口密度最高，要进一步引导人口在空间布局上优化，尤其是引导包括核心区在内的中心城区人口向其他重点区域有序流动。第二，促进教育资源空间均衡。在空间上存在各功能区数量不平衡、各区内部差异大等特征，应充分利用城市疏解和乡村建设腾退空间资源，优先用于新建、改扩建教育设施。第三，加速医疗资源均衡布局。空间上医疗资源尤其是优质医疗资源主要分布在核心区和中心城区，平原多点区域和生态涵养区优质医疗资源较为短缺。第四，强化社会组织空间治理功能。提升针对不用区域空间的服务供给专业化水平，重点区域空间如回天地区要补齐短板。第五，优化完善体育设施空间圈层布局。以提升全民健身功能为理念，关注"一老一小"特殊人群的需求，使体育设施更加多元化。

**关键词：** 城市更新　乡村振兴　社会建设　空间布局

---

\* 穆松林，博士，北京市社会科学院城市问题研究所副所长，副研究员，北京城市管理研究基地副主任兼秘书长，研究方向为城乡发展、生态文明建设、区域空间治理与土地利用等。

# 一　研究背景

　　党的十七大首次把社会建设与经济建设、政治建设、文化建设一起纳入中国特色社会主义总体布局。社会建设不仅是中国特色社会主义"五位一体"总体布局的重要组成部分，更是关乎国家长治久安、治国理政的重大任务。党的十八大以来，以习近平同志为核心的党中央高度重视社会建设，把人民群众关心的现实问题和对美好生活的追求作为奋斗目标，持续提升民生保障和改善水平、持续提升社会治理水平，推动中国特色社会主义社会建设进入新时代。随着当前我国进入新型城镇化高质量发展阶段，城市更新成为城市建设与城市治理的重要议题。城市更新更是被赋予新的功能，一方面是统筹了区域发展与社会治理，另一方面是实现了空间更新与社区治理创新的融合。全面推进乡村振兴需要持续巩固拓展脱贫攻坚成果，加大乡村社会建设力度。北京作为首都，应持续推进社会建设。本文以北京市 2020 年数据为基础，分析在城市更新与乡村振兴背景下北京社会建设空间布局建设现状，进而提出研究启示和建议。

# 二　北京社会建设空间布局分析

## （一）各区人口空间布局分析

　　北京市各区人口分布大致分为五类，第一类为朝阳和海淀区，常住人口数量最多；第二类为丰台、昌平、大兴和通州，副中心通州和平原新城逐渐成为常住人口较多区域；第三类为西城、房山和顺义；第四类为东城、石景山和密云；第五类是门头沟、平谷、延庆和怀柔。2020 年北京市各区人口密度空间分布为圈层分布，核心区的东城、西城人口密度最大，中心城区的朝阳、海淀、石景山、丰台相对较大，昌平、顺义、大兴和通州的人口密度居中，房山和平谷的人口密度相对较小（见表 1），生态涵养区的门头沟、

密云、怀柔、延庆人口密度相对较低。东城、西城和石景山无乡镇及行政村常住人口，乡镇及行政村常住人口分布较多的是通州、顺义、昌平、房山，其后是朝阳和大兴。

表1 2020年北京各区常住人口及密度

单位：万人，人/公里$^2$

| 各区 | 常住人口 | 常住人口密度 |
|---|---|---|
| 东城区 | 70.9 | 16937 |
| 西城区 | 110.6 | 21888 |
| 朝阳区 | 345.1 | 7583 |
| 丰台区 | 201.9 | 6602 |
| 石景山区 | 56.8 | 6736 |
| 海淀区 | 313.2 | 7271 |
| 门头沟区 | 39.3 | 271 |
| 房山区 | 131.3 | 660 |
| 通州区 | 184.0 | 2030 |
| 顺义区 | 132.4 | 1298 |
| 昌平区 | 226.9 | 1689 |
| 大兴区 | 199.4 | 1924 |
| 怀柔区 | 44.1 | 208 |
| 平谷区 | 45.7 | 481 |
| 密云区 | 52.8 | 237 |
| 延庆区 | 34.6 | 174 |

### （二）各区教育建设空间布局分析

北京各区普通中学数量朝阳、海淀最多；作为核心区的东城、西城因面积相对较小，数量在16个区中位居中等；门头沟、平谷、延庆和怀柔的数量相对较少。北京各区中昌平、房山小学数最多，其次是朝阳、海淀、通州、丰台、大兴；门头沟、延庆、怀柔相对数量较少。北京各区中幼儿园数相对较多的区是朝阳、海淀、昌平、通州；数量比较多的是丰台、房山、顺义和大兴；相对较少的是石景山、延庆、门头沟（见表2）。

表2　2020年北京各区学校数量

单位：所

| 各区 | 普通中学数量 | 小学数量 | 幼儿园数量 |
|---|---|---|---|
| 东城区 | 40 | 47 | 68 |
| 西城区 | 41 | 57 | 87 |
| 朝阳区 | 95 | 74 | 292 |
| 丰台区 | 48 | 74 | 145 |
| 石景山区 | 22 | 25 | 46 |
| 海淀区 | 82 | 87 | 201 |
| 门头沟区 | 17 | 23 | 42 |
| 房山区 | 50 | 108 | 127 |
| 通州区 | 43 | 82 | 227 |
| 顺义区 | 34 | 50 | 106 |
| 昌平区 | 57 | 93 | 160 |
| 大兴区 | 45 | 83 | 108 |
| 怀柔区 | 19 | 18 | 78 |
| 平谷区 | 19 | 46 | 90 |
| 密云区 | 24 | 39 | 75 |
| 延庆区 | 20 | 28 | 47 |

## （三）各区医疗建设空间布局分析

整体医疗机构布局相对集中。医疗机构较多的区是朝阳、海淀、昌平、顺义、大兴和房山，西城医疗机构也相对较多；门头沟、石景山和平谷的医疗卫生机构数量较少。朝阳、海淀、顺义、房山的社区卫生服务中心最多；丰台、大兴、昌平、平谷的社区卫生服务中心相对较多；密云、门头沟的社区卫生服务中心相对最少。各区每千常住人口医院床位数空间分布与医疗机构、社区卫生服务中心的空间分布差距较大；东城、西城的数量最多；朝阳、丰台、石景山和门头沟的数量相对较多；通州相对最少。

表3　2020年北京各区医疗机构情况

单位：个，张

| 各区 | 医疗卫生机构 | 社区卫生服务中心 | 每千常住人口医院床位数 |
|---|---|---|---|
| 东城区 | 548 | 65 | 14.18 |
| 西城区 | 699 | 99 | 15.60 |
| 朝阳区 | 1729 | 274 | 6.85 |
| 丰台区 | 548 | 178 | 6.31 |
| 石景山区 | 223 | 51 | 8.58 |
| 海淀区 | 1253 | 226 | 4.32 |
| 门头沟区 | 266 | 41 | 7.61 |
| 房山区 | 1047 | 227 | 4.93 |
| 通州区 | 599 | 89 | 2.26 |
| 顺义区 | 779 | 201 | 3.34 |
| 昌平区 | 1089 | 144 | 5.42 |
| 大兴区 | 779 | 144 | 3.81 |
| 怀柔区 | 479 | 69 | 4.62 |
| 平谷区 | 268 | 150 | 4.70 |
| 密云区 | 566 | 39 | 3.48 |
| 延庆区 | 326 | 72 | 3.24 |

### （四）各区社会组织空间布局分析

北京各区社会组织数量较多的区是朝阳、海淀；东城、西城、大兴相对较多；门头沟和延庆相对最少（见表4）。

表4　2020年北京各区社会组织数量

单位：个

| 各区 | 社会组织数量 |
|---|---|
| 东城区 | 699 |
| 西城区 | 701 |
| 朝阳区 | 1057 |
| 丰台区 | 493 |

| 各区 | 社会组织数量 |
|------|------------|
| 石景山区 | 318 |
| 海淀区 | 945 |
| 门头沟区 | 189 |
| 房山区 | 549 |
| 通州区 | 496 |
| 顺义区 | 401 |
| 昌平区 | 566 |
| 大兴区 | 620 |
| 怀柔区 | 484 |
| 平谷区 | 421 |
| 密云区 | 376 |
| 延庆区 | 253 |

## （五）各区体育场地空间布局分析

全市体育场地，各区中海淀、朝阳、昌平、顺义相对数量最多；西城、丰台、大兴和房山相对较多；石景山、门头沟相对最少（见表5）。

### 表5　2020年北京各区体育场地数量

单位：个

| 各区 | 体育场地数 |
|------|----------|
| 东城区 | 698 |
| 西城区 | 1058 |
| 朝阳区 | 2600 |
| 丰台区 | 1275 |
| 石景山区 | 213 |
| 海淀区 | 2399 |
| 门头沟区 | 464 |
| 房山区 | 1545 |
| 通州区 | 950 |
| 顺义区 | 2285 |

续表

| 各区 | 体育场地数 |
| --- | --- |
| 昌平区 | 2143 |
| 大兴区 | 1449 |
| 怀柔区 | 757 |
| 平谷区 | 794 |
| 密云区 | 770 |
| 延庆区 | 675 |

# 三　研究启示与建议

## （一）引导人口在空间有序流动

数据分析显示，北京市人口主要分布在中心主城区内，在空间布局上向外呈波动性递减趋势，在外围出现多个郊区次中心。目前核心区人口密度最高，要进一步引导人口在空间布局上优化，尤其是引导包括核心区在内的中心城区人口向其他重点区域有序流动。尤其是北京城市副中心、三城一区、北京自贸区等区域应进一步加大社会建设力度，为人口有序流动奠定基础。空间上，具体包括海淀中关村科学城、昌平未来科学城、怀柔科学城、亦庄经济开发区、顺义创新产业集群示范区、两大机场临空经济区和北京自贸区。同时通州、顺义、昌平、房山、朝阳和大兴乡镇及行政村常住人口较多，在乡村振兴的社会建设中要充分注意这一特征。

## （二）促进教育资源空间均衡

根据数据分析显示，幼儿园数量朝阳最多，小学数量房山最多，普通中学数量朝阳最多，在空间上存在各功能区数量不平衡、各区内部差异大等特征。在城市更新和乡村振兴中，应充分利用城市疏解和乡村建设腾退空间资源，优先用于新建、改扩建教育设施。加强优质教育资源各区间和区内统筹，在城市副中心、三城一区、大兴国际机场临空经济区等重点功能区和人才聚集区，优先增加优质教育设施。东城和西城教育设施需要统筹考虑，既要满足核心区的入学需求，又要考虑非首都功能疏解后的余量，在社会建设中发挥核心区优质教育资源引领带动作用，促进核心区内外教育质量均衡发展。在中心城区社会建设中着重补齐海淀山后、丰台河西等地区教育设施短板。加强重点功能区教育服务保障，加快填补昌平回天、房山长阳等人口密集地区教育设施缺口。乡村振兴要突出生态涵养区特点，建设美丽乡村教育设施。

（三）加速医疗资源均衡布局

数据分析显示，医疗卫生机构最多的是朝阳区，社区卫生服务中心最多的也是朝阳，每千常住人口医院床位数最多的是西城。空间上医疗资源尤其是优质医疗资源主要分布在核心区和中心城区，平原多点区域和生态涵养区优质医疗资源较为短缺。核心区每千人实有医院床位数较多，明显多于其他功能区，资源分布不均衡问题仍然凸显。核心区社会建设中，医疗资源既要满足居民看病需求，又要充分保障中央机关现实需要。通州副中心社会建设中，医疗设施要统筹考虑副中心和北三县等地区的服务保障。昌平、大兴、经济技术开发区等重点布局生物医药产业的区域，以及朝阳、怀柔等重点承接国际交往、国际会展活动的区域，社会建设中医疗设施除满足辖区居民看病需要外，还要承担起为全国和区域的疑难重症患者提供医疗服务的责任。生态涵养区医疗设施需要补齐短板，并适度承接与发展健康养老、康复护理、安宁疗护等部分服务。

（四）强化社会组织空间治理功能

数据分析显示，朝阳、海淀社会组织数量最多。从社会组织供需关系来看，其作用发挥主要是弥补政府功能的不足，不仅能在不同区域空间社会治理方面发挥主力军作用，还能提供多元化的服务，有利于推动就业和增收，在卫生、医疗、教育、文化和应急等方面提供公共品；服务"三农"，促进

城乡统筹和乡村张振兴；制定行业标准，提供咨询服务，根据现实问题建言献策。朝阳和海淀的社会组织发展一定要以功能定位为前提，提升针对不用区域空间的服务供给专业化水平；重点区域空间如回天地区要补齐短板，政府在社区社会组织备案、政府购买社会组织服务机制、社会企业认证扶持等方面提供支持，对维护社区环境秩序、物业服务、社区养老服务、社区青少年服务、社区文化服务、社区党建创新等领域的社会组织优先扶持。

### （五）优化完善体育设施空间圈层布局

数据分析显示，体育场地朝阳、海淀、昌平、顺义数量相对最多。全民健身是新时代发展国家战略，北京作为"双奥城市"，在城市更新和乡村振兴社会建设中应更加关注体育设施。以推动全民健身功能为理念，关注"一老一小"特殊人群的需求，使体育设施更加多元化。结合城市总规对于不同区域的功能定位，建设体育设施。在核心区城市更新中结合疏解腾退用地空间和老旧小区、平房区改造，增加公共体育设施供给。中心城区一方面要针对大型体育设施开展提质升级；另一方面要补齐短板，规划建设体育场地设施。城市副中心要填补设施功能空白，并根据功能定位围绕足球、冰雪项目、水上项目等运动项目开展特色体育设施建设。平原新城区域在完善体育设施的基础上，要在未来科学城、北京经济技术开发区、沙河高教园、良乡大学城等重点功能区和新市镇、特色小镇地区，规划建设体育设施。

**参考文献**

宋贵伦：《改革创新道路上的北京社会建设实践》，《前线》2018年第9期。

王玉龙、安百杰：《城市更新中的社会组织与空间权力平衡——基于美国核桃街历史街区改造的研究》，《东岳论丛》2021年第5期。

龚维斌：《乡村振兴需要加强社会建设》，《中国国情国力》2021年第4期。

# B.9
# 北京市老旧社区改造中的
# 公共空间建设研究

袁　蕾*

**摘　要：** 北京市的老旧社区通过综合整治大幅提高了安全和宜居水平，从而进入品质升级阶段，公共空间是社区功能完善、品质提升的关键环节。然而老旧社区的公共空间资源非常匮乏、规划布局不能适应居民现阶段要求、品质较低、利用率不高，并且由于缺乏有效的物业管理，后续维护不足。因此，本文提出了以需求为导向科学规划全龄融合的社区公共空间，立体化、集约化挖掘社区公共空间资源，提升社区公共空间的文化品质，推动公共空间的共建共治共享，加大政策支持力度等对策建议。

**关键词：** 老旧社区　公共空间　更新改造　北京市

随着城市的长期发展，很多社区建成使用时间超过 20 年，普遍存在着房屋使用功能差，市政设施老化失修，社区环境差、缺乏必要的服务设施和维护管理等问题。近年来，通过大范围的社区更新和棚户区改造，大量老旧社区已经展现出新的面貌，在安全整洁得以保障之后如何提升社区功能和品质成为老旧社区更新所面临的新课题。习近平总书记指出："无论是城市规划还是城市建设，无论是新城区建设还是老城区改造，都要坚持以人民为中

---

* 袁蕾，经济学博士，北京市社会科学院城市问题研究所副研究员，主要研究方向为城市发展战略与城乡统筹发展。

心，聚焦人民群众的需求，合理安排生产、生活、生态空间……""公共空间要扩大，公共空间要提质，让人民群众在这里有获得感，有幸福感"。可以说，公共空间是社区功能完善、品质提升的关键环节。因此，亟须聚焦北京老旧社区改造中公共空间发展面临的问题，探讨如何从公共空间建设入手完善老旧社区功能，提升老旧社区的品质。

## 一　北京老旧社区改造现状

老旧居住区指20世纪90年代以前建成并投入使用的住宅区。北京市老旧社区共有1582个，总建筑面积约5850万平方米。2003~2008年，为满足2008年北京奥运会以及经济社会发展的需要，北京市重要大街两侧的居民住房陆续实施了楼顶平改坡工程和外立面的整修美化。2012年，北京市出台了《北京市老旧小区综合整治工作实施意见》，对20世纪90年代以前建成的住宅进行抗震加固，同时通过加装保温层等措施降低建筑能耗，辅以环境改造整治。此后，又将建成时间在1990年以后但是抗震性能不足或者能耗未达到民用建筑节能标准50%以及存在危房且无改造责任单位的小区也逐步纳入改造范围。2016年制定《北京市2016年既有多层住宅增设电梯试点工作实施方案》，开始试点市财政补贴、居民共同出资进行老旧社区加装电梯的设施完善模式。2018年出台了《老旧小区综合整治工作方案（2018~2020年）》。"十二五"时期，北京市共完成约5500万平方米老旧小区综合整治。"十三五"时期，完成约2000万平方米老旧小区综合整治，完成老楼加装电梯1843部。2021年，北京市合计改造老旧小区共3715栋，总建筑面积约2045万平方米。规划到"十四五"末所有老旧社区基本完成更新改造。2035年，把所有老旧社区改造为结构安全、节能绿色、公共服务与市政配套设施齐全、拥有物业管理与长期管理服务机制、环境优美的宜居社区。

老旧社区更新改造后，住宅满足了北京市抗震防灾的要求，节能改造后冬季平均室温能够升高三度以上，门窗改造后达到了降噪防尘的目标，补齐公共服务与市政设施短板，拆除了违法建设，宜居水平得以大幅提高。架空线入地、补建停车设施、补齐小区服务短板、规范物业管理等各项工作，均取得良好效果。同时，及时梳理总结、大力宣传可复制可推广的成熟做法与成功案例。老旧小区共商、共建、共管的广泛共识逐步形成，为推动老旧小区改造迈上新台阶创造良好环境。

## 二 老旧社区公共空间建设面临的问题

尽管老旧社区更新取得了较大成效，但是由于各种原因，老旧社区普遍存在着公共空间缺失以及公共空间设施水平低、无法有效使用等问题，难以满足现代社会社区居民在邻里交际、休闲休憩和文化体育等层面的基础需求。

### （一）公共空间供给不足

老旧社区大多人口密集、空间狭小，社区内部交通设施是按照建设之时的需求来规划建设的，然而家用小汽车普及时代需要停车场和更宽的道路，供需不匹配造成了老旧社区小汽车占用公共活动空间甚至人行道的无序停放乱象。老旧社区一部分空间资源和原有配套设施已经闲置，但受制于土地和规划用途的规定限制，不能按照现有需求进行整合和改造再利用，造成了很多空间资源的浪费。比如有的小区内的锅炉房因环境保护要求而废弃不用，社区计划将其改造成立体停车场，但由于产权复杂、变更规划缺乏弹性以及利益划分难以协调等问题，该项目历时几年仍无法推进。社区基础设施年久失修，改造中补齐基础设施短板也占用了一些社区空间。多方面因素导致原有可使用的社区外部空间大面积丧失。

### （二）公共空间规划布局不合理

1958 年出台的《国家建设委员会、城市建设部关于城市规划几项控制指标的通知》是我国第一部城市规划设计定量类规定，但该规定没有社区

公共空间的指标。《城市居住区规划设计规范》（2002 年版）首次对居住区公共空间的规划设计做出规范导引。2018 年制定的《城市居住区规划设计标准》指出，应塑造舒适宜人的居住环境，统筹各功能，形成连续、完整的公共空间系统。老旧小区规划建设之时居民的生活水平、日常活动特征、需求与现在存在很大差异，相应地建设规划标准也完全不同，缺乏公共空间或者仅以绿地作为公共空间。从现在社区居民生活需求的视角来看，规划布局不合理。

从外面环境来看，一些老旧社区日渐被新建高层建筑包围，社区内部公共空间遮挡较严重，缺乏日照。高层建筑也改变了老旧社区的风环境，风速过快使居民产生不适感，风速过低则使得空气污浊。

### （三）公共空间品质和利用率不高

公共空间品质不佳这一问题在老旧小区中普遍存在，主要表现为基础设施缺失、公共空间破旧、维护缺失、缺少公共服务、缺少人性化设计等。公共空间设计过于简单，没有对社区居民年龄结构、生活方式、日常习惯等进行深入的调查，导致规划建设的公共空间不能满足居民活动的空间需求，也没有体现出区域整体深层的文化内涵，无法让社区居民在心理上产生归属感和安全感。缺乏座椅、无障碍设计等基础设施，老旧小区老年人居多，适合老年人群的全季节使用设施、栏杆抓杆等安全设施设计不足，另外还缺乏针对儿童的设计。由于品质不高，仅有的一些公共空间缺乏活力，少有机会使用。

### （四）缺乏有效的物业管理

老旧社区产权复杂，部分社区没有专业的物业管理公司，由其所在街道和房管部门提供必要的服务。街道提供老旧社区的保洁、绿化等服务，房管部门负责维护住房及相关设备设施。这种管理组织方式较为松散，难以提供专业高品质的物业服务。部分社区虽然引入了专业的物业管理服务，但是居民缴费意愿不强，而拖欠物业费又使得物业公司服务质量下降，对社区环境的维护不到位，最终形成恶性循环。

# 三　老旧社区公共空间建设的对策建议

## （一）以需求为导向科学规划全龄融合的社区公共空间

居民对城市社区的需求由低到高进行排序分别是安全性需求、无障碍性需求、安慰性需求、愉悦性需求、归属感需求与自我提升需求，增强社区的归属感是社区公共空间改造的最高目标。因此，要观察调研梳理社区居民的年龄结构、收入构成、受教育程度和生活习惯，设置具有针对性的公共活动空间，实现公共空间资源的均衡分布。不同年龄群体空间需求不同，社区公共空间的跨年龄融合需要优先安排弱势群体所需要的活动空间，包括老年人、儿童和残障人士。弱势群体对空间安全性和无障碍设施的需求具有一致性，儿童游戏空间可以融合设计，解决老年人看护儿童的问题。同时，注重建设不同人群互动交流的线性空间，实现社区公共空间的全龄融合与最大化利用。

## （二）集约利用立体空间资源

现有空间集约再利用。对老旧社区空间资源进行全面调研和梳理，整合零散分布的废弃或闲置小微空间，比如零散边角地带和拆违腾退空间等，统筹考虑社区居民需求、用地性质、空间大小和周围环境等因素，因地制宜加以改造再利用，打造灵活多样的公共空间，丰富居民生活体验。例如，把废弃水房、防护绿地等改造为社区公共活动用房或开放绿地空间，盘活现有空间资源。

老旧社区原有公共空间大多布置在地面层，但是地面空间资源严重匮乏，需要集约化、立体化利用空间，发掘地上、地面、浅层地下等空间资源，构建立体化的公共空间。近年来一些新建小区尝试规划建设了居住区立体公共空间。比如北京当代 MOMA 八栋楼宇之间都建设了空中连廊，将连廊设计成不同的活动空间。老旧社区可以立足现状，根据现有条件设计一些

连廊、平台、下沉广场、立体庭院、空中花园等，在垂直方向上创造更多空间面积，建设多种用途的公共空间。

除了充分利用社区内部的空间资源之外，还需要加强区域统筹，鼓励不同小区之间的公共空间分时利用，继续推动社区周边资源（比如单位、学校等）的共享共用，为居民提供更多的公共空间，实现社区与社会公共空间资源的联动发展。

### （三）提升社区公共空间的文化品质

老旧社区大多具有历史文化特色，保存了物质与非物质文化遗存，展示着城市独特的风貌，蕴含着城市发展变迁的集体记忆。老旧社区的地域空间特色是独特的、不可复制的，并在今天彰显着越来越突出的价值。因此，在老旧社区更新改造中需要注意塑造具有文化特色的公共空间，重视街区景观的整体性，融入社区地域特色，并在标识系统、城市家具、夜间照明等领域凸显社区文化，创造出具有鲜明特点和凝聚力的标识性公共空间，从而增强对居民的吸引力，提高公共空间的利用率。

举办丰富的社区文化活动。文化活动能够建立居民与社区的实时互动，可定期举办公益、文化、体育、科普等公共活动，形成事件和空间的记忆链接点，有效提高社区居民的参与感和归属感。

从提升社区场所体验的趣味性出发，进行小尺度的城市艺术家具微更新，将传统形式与新媒介技术结合，并侧重于多功能用途的细致设计，激发社区居民在公共空间活动的积极性；调研群众需求，根据居民夜间活动特点探索社区公共空间的夜间利用形式，增加公共空间的使用时间和利用率，从而提高社区活力。

### （四）多元参与，推动公共空间的共建共治共享

强化社区党建。老旧社区更新应建立基层协商治理的长效机制。充分发挥党员的先锋模范作用，将群众工作贯穿于老旧小区改造全过程。做到改造前问需于民，改造中问计于民，改造后问效于民，形成群众共享共治共建共

评的工作机制。

培育发展服务社区的社会组织。加强社区、社会组织及社会工作专业人才之间的互动，发挥社会组织专业优势，为小区居民提供志愿服务及团体活动，提升社区活力，不断增强小区居民归属感和凝聚力。鼓励社区用好改造补建设施，为社会组织活动提供场所。

引导社会资本参与老旧社区改造和运营服务，包括提供物业管理、养老、家政等服务，政府给予适当的税费减免等优惠措施，鼓励社会资本作为实施主体参与投资改造运营。鼓励市、区属国有企业承担投融资及存量资源统筹利用平台功能，用好社区配套用房、自行车棚、锅炉房等低效利用或闲置资源，补齐社区配套设施，以"平台+专业公司"模式推进改造实施。

## （五）加大政策支持力度

财政支持。通过公共财政、政府基金债券等多种渠道筹措改造资金。财政资金以改造项目资本金的形式直接注入相关平台公司，带动社会资金投入。落实老旧小区改造税费减免政策。盘活存量资源，发挥市场作用，积极引导社会资本进入老旧社区改造领域。建立健全政府、居民、产权单位、改造平台企业等多方共担的改造资金筹措机制。

金融支持。鼓励国开行等开发性银行、政策性银行、商业银行等金融机构在政策允许范围内给予长期低息贷款支持。利用商业银行机制灵活的特点，创新金融产品，为老旧小区改造实施主体及居民消费升级提供资金支持。引导各类金融机构以市场化的方式设立或参与投资老旧社区改造基金。支持社会资本开展类 REITs、ABS 等企业资产证券化业务。

促进存量资源集约高效利用。明确可利用存量资源类型与整合利用路径，完善规划土地支持政策。利用现状房屋补充社区综合服务设施或其他配套设施的，在确保结构安全、消防安全的基础上，可临时改变建筑使用功能，暂不改变规划性质、土地权属。对于基本公共服务设施严重缺失、改造条件确有困难的，适当放宽建筑密度、容积率等规划管控要求。

## 参考文献

赵之枫、巩冉冉：《老旧小区室外公共空间适老化改造研究——以北京松榆里社区为例》，《规划 60 年：成就与挑战——2016 中国城市规划年会论文集（06 城市设计与详细规划）》，2016。

公伟：《开放社区"导引下的老旧社区公共空间更新——以北京天通苑为例》，《城市发展研究》2019 年第 11 期。

吴斌、许剑峰：《老旧社区公共空间适老化调查研究》，《新常态：传承与变革——2015 中国城市规划年会论文集（16 住房建设规划）》，2015。

金云峰、周艳、吴钰宾：《上海老旧社区公共空间微更新路径探究》，《住宅科技》2019 年第 6 期。

侯晓蕾、苏春婷：《基于人民城市理念的老旧社区公共空间景观微更新——以北京市常营小微绿地参与式设计为例》，《园林》2021 年第 5 期。

马乂琳、潘明辉、张海明等：《老旧小区公共空间改造的问题及对策探讨——以成都市下涧槽社区为例》，《建筑经济》2021 年第 5 期。

王梦琪、李美艳、马腾：《老旧小区公共空间集约化改造设计研究——以北京市西城区大栅栏厂甸 11 号院为例》，《城市建筑》2021 年第 32 期。

赵璐、李杨：《冲突约束下老旧小区公共空间改造群决策研究》，《经济研究导刊》2022 年第 2 期。

惠晓曦、李静思、徐慧颖等：《社区公共场所的再生——北京一处老旧小区社区公共空间营造的探索与实践》，《城市规划：英文版》2021 年第 4 期。

刘辰阳、田宝江、刘忆瑶：《"空间正义"视角下老旧住区公共空间更新实施机制优化研究》2019 年第 12 期。

# 社区治理篇
## Community Governance

B.10

# 社区精细化治理的现状、问题及对策建议

包路林[*]

**摘　要：** 提升社区精细化治理水平是解决我国当前"人民日益增长的美
好生活需要和不平衡不充分的发展之间的矛盾"的关键所在。
"十三五"以来，我国社区治理取得了积极成果和明显成效，社
会治理相关法律法规制度建设稳步推进，社区服务内容不断丰
富。面对日益复杂多元的社区服务的需求，当前还存在社区服务
效能不高、治理体系不健全、智能化水平较低等问题，需要加强
整体统筹，以服务精细化为主要方向，加强社区公共服务供给，
推动社区治理向开放、联动、融合迈进。

**关键词：** 社区治理　精细化　社区服务

---

[*] 包路林，博士，北京市社会科学院城市问题研究所研究员，主要研究方向为城市治理、城市
发展等。

利民之事，丝发必兴。《中华人民共和国国民经济和社会发展第十四个五年规划和 2035 年远景目标纲要》提出，"十四五"时期，我国要"健全党组织领导的自治、法治、德治相结合的城乡基层社会治理体系，完善基层民主协商制度，建设人人有责、人人尽责、人人享有的社会治理共同体"。社区是社会治理的基本单元。经过"十三五"时期大力推进社区建设，尤其是 2020 年以来以社区为主的新冠肺炎疫情防控工作组织，我国社区治理能力得到显著提升。未来，社区治理体制发展将更加成熟定型，社区治理效能将更为精准全面，与城乡社区居民利益密切相关的社区医疗保健服务、养老服务、托幼服务、家政服务、公共文体服务、居住环境服务、社会保障与社会救助服务等将实现更加精细化的供给。

# 一　当前成就

根据民政部《2020 年民政事业发展统计公报》，截至 2020 年底，我国共有 8773 个街道、29968 个乡镇，11.3 万个城市社区、50.2 万个村集体。改革开放以来，我国社区治理的实践探索成绩斐然，尤其是城市社区治理成效更为突出，社区服务内容不断丰富，社区功能越发强大。特别是在 2020 年开始的新冠肺炎疫情防控中，社区作为防疫一线，经受了公共服务的巨大考验，同时也在应急医疗、智慧管理、治理体系构建等方面快速提升了整体水平。

## （一）社区治理的发展路径逐渐明确

自 2016 年社区治理工作被纳入《中华人民共和国国民经济和社会发展第十三个五年（2016～2020 年）规划纲要》以来，我国社区治理顶层设计进一步加强，为推动社区治理体制机制改革提供了良好的基础，主要体现在两个方面。一是被全面纳入国民经济和社会发展总体规划。"十三五"规划纲要部署推进完善城乡社区治理体制，"十四五"规划纲要要求全面激发基层社会治理活力。二是从国家层面部署社区治理工作。2017 年中共中央、国务院出台《关于加强和完善城乡社区治理的意见》，强调推进城乡社区服务均等化、智能化、多元化，提升城乡社区服务体系建设水平，为构建基层社会治理新格局指明了方向，对于社区治理、社区公共服务工作具有重要的里程碑意义。

## （二）党建引领为社区治理铸魂聚力

全国各地在社区治理工作中坚持把加强党建引领作为提升基层社会治理能力的根本路径，逐步构建起体系完整的社区党组织，成为社区治理的重要组织基础。例如，北京市坚持重心下移、力量下沉，深化具有首都特点的社会治理各领域基础性制度体系，充分发挥街道、乡镇和社区、村在基层治理中的基础性作用，强化主动治理，创新推进并持续深化党建引领"街乡吹哨、部门报到"改革，推动"接诉即办"向"未诉先办"转变。深圳市通过不断强化社区党委领导核心作用，统筹各类资源开展社区工作，为社区居民提供"定制化"服务，彰显了科学高效的社会治理效能。

## （三）社区治理法治基础不断夯实

法治建设是加强基层社区自治能力，推进政府、社会与广大人民群众良性互动、共同维护社会秩序的基础保障。通过将法治化动能注入社区，将很多社区问题发现和解决在基层层面，增强社区自治和法治能力。"十三五"以来，基层社区法治建设的"权力清单"逐步完善，初步构建了以法定职责、法律义务、法律授权与权力监督为主体的法治体系。乡村是法治建设相对落后的地区，为促进乡村法治基础建设，我国完善了村民委员会在选举和组织工作开展方面的实施办法，夯实了农村地区的基层法治基础。

## （四）社区服务人员和设施规模逐年扩大

根据《2020年民政事业发展统计公报》，截至2020年底，全国共有社区综合服务机构和设施51.1万个，是2010年的3.3倍。其中，社区服务指导中心503个、社区服务中心2.8万个、社区服务站42.1万个、社区专项

服务机构和设施 6.2 万个。城市社区综合服务设施覆盖率达到 100%，农村社区综合服务设施覆盖率为 65.7%，此外，还有社区养老服务机构和设施 29.1 万个，初步形成社区公共服务、志愿服务和便民利民服务衔接配套的城乡社区服务体系。截至 2020 年底，全国持证社会工作者共计 66.8 万人，其中助理社会工作师 50.7 万人、社会工作师 16.1 万人。

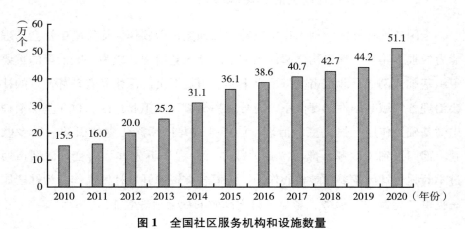

**图 1　全国社区服务机构和设施数量**

## 二　存在问题

社区治理，尤其是在社区公共服务治理精细化方面存在的短板不容忽视，这也是下一步提升治理能力和服务水平的重要改进方向。新冠肺炎疫情防控在全国范围内调动了大量社区专职和兼职力量参与社区防空工作，投入和消耗了大量的人力物力，同时也暴露出社区在应急反应、资源调度、系统性安排方面的很多问题。

### （一）社区服务效能有待进一步提高

当前社区服务市场化程度不够，社区基层组织行政化色彩比较浓，社区服务的标准、流程、机制还不健全，很难吸引市场主体提供更加个性化和多元化的服务。不同社区的物业服务水平也参差不齐，老旧小区物业覆盖率不高，因此社区服务的质量和效能都需要进一步提升。例如很多社区内有不少闲置空间或资源，如果加以合理利用，可以转化为社区服务设施，但不少社区服务设施闲置和服务设施不足的矛盾并存，居民活动空间、停车设施、养老托幼空间不足以及收费不合理等方面问题层出不穷。社区治理的整体性、协同性并不乐观，虽然多元主体都致力于社区治理，但很多工作都是各自为政，并未有效衔接，积极效能未充分发挥。

## （二）社区工作人员能力有待进一步提升

面对社区公共服务的多元性和复杂性，当前的社区工作人员的总体规模、能力水平和技术结构都不足以应对，需要大量扩充，引入更多的社会力量、市场主体、志愿者队伍充实完善，形成多元化的人员队伍。当前从事社区工作的人员主要是为数不多的街道和社区干部、之前的下岗失业人员以及少部分社会组织成员和志愿者。由于社区工作属于公益性工作，盈利能力不足，很难通过市场化机制吸引更多的服务人员，导致两个方面的问题。一方面，养老、托幼等很多服务面临市场上价格高昂但服务质量不够高的局面；另一方面，社区无法提供相应的服务，导致很多公共服务不平衡、不充分的矛盾更加突出。

## （三）社区多元共治局面尚未真正形成

当前我国的社区公共服务供给主体仍然以政府为主导，由街道办事处领导的社区提供公共服务，以政府、社会、市场为主体的多元共治结构还没有形成。政府作为社区公共服务的提供者，也是社区公共服务的生产者，权责过于集中且资源分配不足导致社区公共服务没有市场竞争。以街道、社区居委会管理人员为主的治理主体不具备应对社区方方面面庞杂服务需求的能力，亟需社会组织、经营性机构、志愿者组织和居民积极发动起来，全面投入社区治理。

### （四）社区数据信息统筹衔接不够

社区信息缺乏顶层设计和统筹协调，很多政府职能部门延伸到社区的信息网络平台互不兼容、信息资源不能共享、业务不能协同，形成了"信息孤岛"，社区需要重复采集、反复录入一些基础数据，居民办事需要在不同窗口重复提供材料，增加了巨大的工作量。各类有关社区治理的数据，例如人口信息数据、住宅信息数据、5~15分钟生活圈内的便民设施数据等还未能在社区层面汇总，面向居民的数据终端输出还不够顺畅。

此外，社区公共服务资金投入不足、社会组织无法有效参与基层治理、志愿者制度和队伍还没有形成等问题也比较突出。

## 三　措施与建议

进一步落实"党委领导、政府主导、社会协同、公众参与、法治保障"的社会治理体制，坚持"一核多元"，以共驻共享共治共建为目标，强化多元主体之间的利益关联，推动社区治理向开放、联动、融合迈进。

### （一）整体统筹，提升公共服务保障水平

整体上，我国的社区治理仍处于工作框架和管理平台的搭建和调整阶段，重点工作还是如何打通管理层与群众层的沟通渠道。虽然有大数据、信息化等可以从群众需求出发的技术手段支持，但社区工作整体来说仍出自一种自上而下的管理视角。因此，纵向上，权责应从"区—街道—社区—楼栋/单元"逐级下沉，精细到户；横向上，进一步细化服务供给部门和机构，从负责片区、负责受众类别等方面细化权责归属。

一是摸清社区公共服务需求。广大人民群众日益增长的美好生活的各种诉求和不满很多体现在生活居住的社区层面。自2014年全国12328热线开通以来，受话量不断攀升，2020年共受理有效话务量约2575万件，平均每天接通电话量7万多个。国家统计局制定了"全国城乡社区治理满意度调

查制度"，每年组织第三方开展全国社区治理满意度调查。群众诉求具有多元性和复杂性，有些还属于历史遗留的复杂问题。公共服务供给应在需求分析的基础上，实行一个社区一揽子措施，借助数字治理平台和人口普查结果，精细化识别各服务单元的差异化需求，制定有针对性的服务计划和措施。

二是提升公共服务的便捷化程度。加强各部门之间条块联动，创新社区公共服务提供模式，提高公共服务的"显微镜倍率"。推出"群众需求评价反馈机制"，通过"需求征集—精准供给—评价反馈"的运行机制，充分发挥基层自治组织和文化志愿者的力量，全方位整合区、街道、社区三级资源，提供"订单式""定制式"公共服务。积极规划实施社区商业布局，大力引进早餐店、菜市场、便利超市等社区服务业态，构建新城社区服务新体系，打造"24 小时不打烊"的社区药店、餐饮店、便利店，全面提升服务效率和便捷程度。

三是提升公共服务的智能化水平。加大对社区基础设施硬件及智能化、一站式综合服务设备的投入，逐步建立完整的社区服务信息系统，通过"市—区—街道—社区"多级联动的信息化末梢系统，构建以"人、地、物、事、组织"为数据元的基础数据库，实现快速接入外部资源与系统。进一步推广超大城市社区责任规划师制度，由专业技术人员指导社区服务，结合城市更新，以"社区规划师+社区微治理"的联动机制推动老旧社区智能化改造。充分利用疫情期间的人员排查信息，与人口普查数据相结合，形成社区基础人口数据库，挖掘数据价值，为社区不同类型人员养老、托幼、房屋租赁、文体活动等服务需求分析形成基础。

四是加强社区公共服务设施建设管理。着力改善人居环境，做好城乡社区绿化美化净化、垃圾分类处理、噪声污染治理和水资源再利用，把社区公共空间纳入"十五分钟生活圈"规划，建设"自行车廊道"、"绿道"、社区公园等，通过开展老旧小区改造、加装电梯、社区公交站增设等，加快社区综合服务设施建设。落实居民关心的"身边事"，以政府实事为牵引，实施建成区公厕品质提升改造。以人居环境治理和美丽乡村建设为契机，实施农村公厕达标改造。严控公厕建设改造成本，落实公厕长效管护机制。优化城市照明，推进路灯照明体制改革，构建统一监管、高效运行、全范围覆盖的路灯照明体系。深化"有路无灯"问题治理，督促各区专项整治，加快推进社区照明建设，巩固治理成果。强化供暖保障，推进老旧供热管网改造，开展投诉集中小区专项整改，不断提升服务意识和群众满意度。

### （二）精准施策，提高服务精细化水准

重点从社区安全、社区卫生、社区养老、社区托幼、社区救助和社区文体服务入手，面向老年人、儿童等重点服务人群，提高社区精细化服务水平，让居民能够在步行距离内就近享受社区的便利化服务，提升服务效能，努力打造邻里纽带关系紧密的亲情服务型社区。

一是社区安全服务。将安全放在首要位置，充分发挥近年来社区搭建的党群服务中心作用，以此为基层治理的重要支撑和载体，构建"社区发现、街镇呼叫、部门响应、协同整治"的社区平安管理机制。对接辖区公安、消防、医疗、应急机构，建设社区灾害预警系统和协调联络机制，逐步完善基层层面的安全和应急体系建设。

二是社区卫生服务。推动服务下沉社区，让居民享受到"家门口"的医保公共服务。将各类门诊和住院医疗费用报销、生育保险一次性定额报销、基本民生费用报销、异地就医备案受理、个人账户家庭关联绑定、社保卡密码维护、单位申领生育津贴等业务延伸至社区办理，推进跨社区办理业务。合理布局医院、社区卫生服务中心、卫生服务站，建立居民健康档案。各社区卫生服务中心与市级医院之间建立双向转诊关系，提供相应便利服务。

三是社区"一老一小"服务。社区公共服务主要针对的是社区的老年人、青少年、儿童等人群，以社区为主体的养老服务需要社区完善相关资源配备和保障机制，探索"智慧化养老"，满足绝大多数老年人就近养老、居家养老的需求。随着国家生育政策的调整，托幼服务成为社区公共服务的重要方面，建立起一套就近便利、收费合理、保障质量的社区就近托幼服务体

系至关重要。在空间、设施、人员、机制合理确定的基础上，应进一步扩充社区服务保障力度，为更多的托幼服务、亲子教育、儿童接送和托管服务、保健医疗服务等提供社区层面的解决方案。

四是社区救助服务。实行低保工作规范化管理及动态管理，实现"应保尽保"。建立自然灾害救助机制，研究建立统一的农村住房保险制度，居民投保自然灾害公共责任保险。针对外来人员、困难家庭、弱势群体、社区矫正人员等特殊人群，深入开展社区救助和关爱活动。

五是社区文体服务。营造魅力多元、闲适安逸的城镇社区文化场景。可以结合老旧小区改造、社区更新等，进一步改善社区的文化体育和娱乐空间，适当引入社区图书馆、社区美术馆、社区博物馆等多元文化活动空间，组织丰富多彩的全民阅读、传统文化节日活动、社区运动会等各种活动，增强居民的参与热情。建立健全社区绿地、公共空间、公共设施维护认领的机制。

## （三）明确结构，理顺服务主体

确定治理主体是明确权力和责任，提升社区服务效能的重要前提，社区治理主体包括政府、社会、居民等。面对日趋复杂的社区服务需求，需要发挥多元治理主体的优势，建立起多元共治的基础制度，理顺相互之间的关系，政府以兜底服务保障和引导、监督社区服务为主要职责，社会主体提供更多元化的专业服务，居民则从社区治理的受益者逐渐向参与者转变，形成多方共治的治理网络。

一是打造多方共治的治理网络。共治是提升社区精细化治理水平的主要手段，要体现人民城市人民建、人民城市人民管，构建各层级、各领域的共治体系，牢牢把握党建引领这一主线，形成全社会的共治体系。共治的核心在于调动社会力量参与社区治理，在当前以政府为主导的管理体制基础上引入网络化治理，在资源配置上逐步去行政化，推进社会化治理。引入专业力量支持执行层面是重要的共治手段，应推动建立议事协调机制，探索各类"小组"、"委员会"、"联席会议"等高层级议事协调机制。依照社区全责

清单，明确居委会、业委会、物业公司、居民以及社会组织、志愿者构成的社区服务治理网络，针对社会力量介入不足的问题，努力培养以养老、托幼、家政为主体的社会组织和市场化主体，探索"微利可持续"模式，打造"菜单式"服务，补齐社区公共服务短板。

二是发挥政府的引导作用。基层政府目前仍然是社区治理的"元治理"角色，我国现有的社区治理理论和实践中也强调党委领导、政府主导、多元协同共治的工作模式。应避免社区治理中政府缺位、越位和错位的问题，明确政府和社会主体之间的边界，做好多元共治的制度化设计，为社会主体提供参与社区治理的途径。以街道办事处、社区居委会为代表的部门应严格落实权责清单，联合业委会和物业企业共同组建社区治理主体，理顺三者关系，形成治理合力。基层政府应聚焦基本公共服务，确保兜底服务保障，将能够委托社会组织等机构完成的事宜尽量按照协商规则、合同规则委托出去，主要负责协调和监督工作。

三是引导社会力量参与社区治理。市场机制参与社区治理是自愿有效配置的组织支撑，应推行多层次开放格局，引入市场治理主体。充分发挥社会组织和社会企业等第三方的作用，引导他们积极参与基层治理，完善政府向社会组织购买服务机制。降低社会组织的准入门槛，实行登记制和备案制，给予其正当法人身份。对不符合法人登记条件的，政治上无不良倾向、有益社区发展的社会组织在街道办事处进行备案，将从前游离在体制外的社区社会组织纳入制度化、规范化管理。加大鼓励扶持，落实税收优惠政策，增加社区社会组织资金、场所、设施、人员培训方面的支持，优化社会组织内部治理。把社区社会组织服务、社区生活服务作为解决大学生就业、扶持就业困难人员的途径，给予一定的项目、办公场地、培训增能方面的扶持。

四是激发居民自治意识。鼓励建立群众参与制度，实现更广泛的社区动员。社区服务关系到每个居民的切身利益，应激发居民的社区主人翁意识，让居民为社区治理献计献策，贡献力量。居民全程参与社区内的决策事项，事前公示、事中参与研讨、事后决策公开，可以在有效协调各方利益的同时，起到多赢的治理效果。同时，进一步加强来自居民的志愿者服务队伍建设，综合运用实践养成、教育引导、品牌带动、舆论宣传等方式，积极培育志愿文化，形成弘扬志愿精神的生活场景和社会氛围，使志愿服务成为市民生活的习惯。有条件的社区可以成立更多的社区自组织，壮大社区服务人员的队伍。

### （四）完善机制，强化制度保障

从党建引领、法治治理、资金保障、监督机制四个维度完善机制，形成社区精细化治理的强有力保障，推进社区管理的民主化和规范化，着力构建区域统筹、条块协同、上下联动、共建共享的社区治理格局。

一是完善社区党建保障。逐步建立健全社区党组织，逐步调整和改进社区党组织架构，新建居住小区应及时成立社区党支部和党组织。充分发挥党的组织优势和制度优势，并使其进一步在社区发扬光大，转化为治理效能。基于多来城市治理网格化积累的模块划分基础，将社区进一步细分，按照网格、院落、楼宇配备基层党组织。加强社区内的商业楼宇、办公区域中的党组织保障，以单位或社区名义成立基层党组织，确保组织机构全覆盖。

二是筑牢社区治理法治基础。法治是现代社会的治理理念和价值。习近平总书记指出，改革和法治犹如鸟之两翼、车之两轮。社区治理应形成法治的完善、应用、监管、评价、反馈整体链条，进一步完善制度。重点完善居民代表会议制度、社区志愿服务和监督管理体系等，使社区治理有法可依、有章可循。充分利用信息化和网格化技术，寻求社会动员新措施，实现决策民主化、科学化，贴近居民生活需求。

三是建立多渠道投入保障机制。拓宽社区公共服务经费来源，吸引社会资本，通过慈善等方式筹集社区服务体系建设资金，促进社区和企业共建，共同提供社区服务。加强社区公共服务资金的专项管理。在社区设立专门账户，社区的工作经费和部门的专项经费直接下拨到社区，由社区统一管理，杜绝因经费管理层级过多产生挪用挤占、截留拖欠等问题。确保以政府为主体来源的公共服务资金逐年增长，确定稳定增长的机制。

四是完善公共服务的监督机制。首先，建立社区公共服务考评指标体系。推广北京市社区治理模式，依托全市整合的群众热线，建立以响应率、解决率、满意率为基础的"三率"考核指标，通过电话、短信、网络、智能回访等形式，让群众对诉求办理情况做出评价，针对群众反映较多的行业问题，设置"部门+行业"联合考评方式。推动行业主管部门发挥统筹协调、业务指导作用，在区级、镇街级层面推动建立考核办法，引导各地区、各部门围绕群众诉求补齐民生短板。其次，持续推进督查督办。市级、区级领导针对重点领域、重点问题、重点任务，采取召开月度例会、专班会、专题会以及现场调研等方式，对诉求办理进行督导和检查。市区两级党委、政府督查部门实行联动督办，特别是对群众关注、媒体反映的热点问题、普遍问题加大督办力度，每月跟进督办，直至问题解决。最后，以考评手段激发责任担当。加强对考评结果的公示和评比，将考评结果纳入政府部门、社会组织的绩效考核、党风廉政建设考核范畴。按照考评结果开展各地区社区公共服务的分类排序，既体现基层努力的成效，又激励基层自我对照、攻坚克难。还可将考评结果作为干部选拔使用、评先评优的重要参考，形成以解决群众实际问题为先的政绩导向，强化干部素质在一线锻炼、业绩成效在一线考评、选人用人在一线检验的用人导向。

## 参考文献

〔美〕戴维·奥斯本：《再造政府》，谭功荣、刘霞译，中国人民大学出版社，2010。

〔美〕罗伯特·J.桑普森：《伟大的美国城市：芝加哥和持久的邻里效应》，陈广渝、梁玉成译，社会科学文献出版社，2018。

何立军：《共建共治共享　谱写基层社会治理新篇章——"十三五"期间我国城乡社区治理取得历史性进展》，《中国民政》2020年第23期。

宋贵伦、丁元竹：《党建引领：吹哨之源与报到之本——北京城市治理创新实践研究》，《前线》2019年第4期。

谭日辉：《北京社区治理机制研究》，中国社会科学出版社，2018。

陈浩天：《政府民生治理：公共权力的合法性运作与演进谱系》，《湖北社会科学》2015年第8期。

吕慧敏：《社区公共服务的供给现状及对策研究》，《东方企业文化》2012年第19期。

# B.11
# 昆明城市社区治理现状调查研究

## ——基于呈贡5个城市社区的分析

张 慧 李芳娟 石 雷*

**摘 要：** 城市社区在不断的实践和探索中形成党建引领、多元共治等治理
特色，根据区域特色，积累了丰富的社区治理经验。但是在新时
代背景下，社区在居民参与、职权划分、业主委员会以及党员
"双报到""双报告"等治理中，存在不同程度的问题。本文基
于对呈贡区5个城市社区治理经验的调查研究，得出目前社区治
理的困难，认为可从居民参与、多元治理格局、业主委员会及数
字社区等几个方面进行社区治理创新。

**关键词：** 城市社区治理 党建引领 多元共治

城市社区治理是国家治理体系和治理能力现代化的重要领域，推进其有
效治理是实现国家治理体系和治理能力现代化的前提。在新时代背景下，各
类社区治理经验不断涌现，社区承担的各项功能不断加强，社区面临的治理
难题也日益增多。如社区内部人员结构复杂、人口流动频繁、服务要求专
业、利益需求多样等都对传统的城市社区治理提出了巨大挑战。只有深刻认
识当前城市社区的治理现状，才能把握新时代社区治理基本走向，制定相应
政策策略。

---

\* 张慧，博士，云南民族大学讲师，主要研究方向为城市社会学、社区研究；李芳娟、石雷，
云南民族大学硕士研究生，主要研究方向为发展社会学。

本研究选取呈贡区辖区内 5 个城市社区进行调研，并选取一定数量的居民进行走访，开展问卷调查，探索呈贡区城市社区的治理现状，了解居民对社区现有管理模式的态度及居民自身需求，并在此基础上探索适合呈贡城市社区发展的有效路径。

呈贡区位于滇池东岸，是云南省昆明市 5 个城区之一，辖区内有 6 个街道 29 个社区以及托管的 4 个街道 36 个社区。本次调查选取了碧潭、彩云、致远、营盘、毓和五个社区。调查回收有效问卷共计 767 份，其中致远社区 112 份、彩云社区 168 份、毓和社区 261 份、碧潭社区 100 份、营盘社区 126 份。调查对象中社区干部 17 人、居民群众 697 人、暂住人口 53 人；男女占比分别为 45.24%、54.76%；中共党员 590 人、民主党派 6 人、共青团员 36 人、群众 135 人；649 人是昆明本地人，118 人是外来人口；在社区居住 3~5 年的居民占 31.55%，居住 5~7 年的居民占 20.86%；汉族人数最多，达 637 人，占 83.07%；被调查对象文化水平相对较高，其中本科及研究生以上学历者 598 人，占总人数的 77.97%；被调查对象中党政机关和事业单位工作人员较多，占比为 65.06%。

# 一 呈贡区城市社区治理特征

## （一）碧潭社区开创多元化治理新格局

碧潭社区位于昆明市市级行政中心，成立于 2016 年，下辖 8 个住宅小区，共计 415 栋 10126 户，居住人口 23872 人，流动人口约 1710 人，辖区内有 4 家公共单位和 3 家物业管理公司，辖区总面积 2.27 平方公里。

### 1. 党建引领下搭建了社区治理大党委平台

社区大党委成立于 2018 年 3 月，随着在职党员"双报到""双报告"工作的启动，社区大党委扩大为 19 个成员单位。大党委通过统筹决策、协调推进、考核评议等协调机制，讨论决定社区重大事项，搭建了社区工作平台，强化了区域化党组织建设。

### 2. 多方参与中培育了社区治理的多元主体

社区居委会积极发挥主动作用。居委会不断加强辖区内机关企事业单位、其他社会力量和市场主体的协调联系，打造了以社区党支部为核心，社区自组织、小区物业、商圈等共同参与的基层治理架构。实行"园长"包保责任制，构建社区精细化网格管理模式。通过社区党委、楼栋长、居民代表等 15 个微信群及时向相关部门反馈意见建议。"双报到"党员日益参与社区建设[①]。有效整合社区市级、区级机关党支部 223 个，目前共计 2121 名"双报到""双报告"党员组成党员志愿队，党员的志愿服务以"点单、派单、亮单、核单"的方式逐步展开。一方面社区根据园区特点建立共驻共建微信群，相关负责人担任群主与党员进行日常沟通、互动，发布服务需求，党员根据实际情况在群内接龙报名。另一方面党员根据自身优势特长，积极参与社区自组织组建，加强机关党委组织和在职党员的双向互动、双向沟通。

社会组织发挥有利作用。社区以项目活动为依托，成功培育银发"春风"志愿队、青少年"守护星"志愿队。对已建队的自组织进行登记建档，对筹建中的自组织队伍进行线上线下宣传及对组织负责人进行定期培训。自 2018 年起，碧潭社区先后引进 3 家社区机构。2019 年入驻碧潭社区的云朵社工，以"洛小碧"微信平台为依托，结合线上线下活动，以社区氛围营造、平台搭建、自组织培育三个方面为主要内容开展社区活动。目前社区登记的自组织已有 23 支，涵盖了剪纸、舞蹈、合唱、民乐、工笔画等领域，参与居民近 500 人。

### 3. 立足需求，为居民提供多元化服务

为满足社区内老年人的需求，社区大党委成员单位经过多方协调，建设社区居家养老服务中心，开办老年大学，为社区老年人构建完善的养老服务机制，提高老年人生活质量。社区综合文化服务中心拥有健身活动室、未成年人活动室、培训室、图书室、电子娱乐室、妇女之家、心理咨询活动室等多个活动中心，可满足居民的基本文化需求，丰富居民精神文化生活。

---

① 陈思伊：《碧潭社区：党员"双报到"助推社区治理有成效》，《昆明日报》2020 年 8 月 20 日。

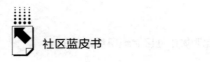

### （二）彩云社区"五社联动"满足居民多样需求

彩云社区位于昆明市呈贡区乌龙街道，成立于 2017 年 12 月，辖区范围 0.72 平方公里，辖区内三个住宅小区共计 35 栋 9381 户 13000 余人。彩云社区共有三个商业街区，驻区公共单位及企业 600 余家，是一个集休闲、商贸、居住于一体的综合性社区。

1. 社区居委会广泛动员深入基层

居委会积极改革社群活动服务站工作机制。推行全能社工，只留两名工作人员在大厅负责所有的业务办理，其余人员全部下沉网格，倾听、收集民意，上门服务。依托社区内新华书店、刘宇艺术、CGV 影城等企业场地打造了社区红色讲书场、社区七彩大学、社区红色影院等一批党群服务点。

借助大党委平台将各党组织纳入党口管理，实现党组织全覆盖、工作全覆盖。目前已经有 20 个党组织加入社区大党委，社区报到机关党组织 8 家。由社区牵头，将辖区内大部分没有党组织的企业联合起来，成立了商家联盟。成立小区党支部，负责收集居民意见、建议，领导小区业主委员会监督和协调物业公司，强化社区和物业公司党支部的交叉任职。

发挥社区党员先锋模范作用。目前辖区内党员有 1000 多人，其中"双报到"党员 489 人。通过开展党员"双报到"、争做合格党员等活动，党员参与消防通道清理、收集民情民意、向社区建言献策。通过党员模范作用，吸引了居民积极参与。

2. 社会组织积极协助

积极培育社区志愿者，在志愿者培育的基础上，有序培育社区自组织。社区自组织的培育途径主要是社区面向广大居民群众需求开展项目大赛，居民参与项目申报。社区和社工机构联合制定了一系列社区自组织管理办法。

3. 社区居民广泛参与

社区推出"信誉值"，吸引居民参与社区治理。居民只要注册成为彩云居民，就能够获得相应的信誉值。参加社区公益活动、为社区建言献策、帮助老人等可获得相应加分，但是如果违反社区居规民约，经社区核查属实后信誉值就会被扣分。信誉值的使用和商家的会员制挂钩，既可以用信用值在商家联盟中的商家进行消费抵扣，享受优惠，也可以作为辖区内学校就读资格的参照标准、学费减免的凭证。

4. 社会企业搭建平台

彩云社区充分利用社区内商圈资源，在积极探索社区与企业、企业与企业、企业与居民之间的合作服务机制的基础上成立以社区党组织为核心的爱心商家联盟，商家联盟从解决群众实际困难出发，从提升居民幸福感入手，为社区居民提供丰富又实惠的服务，同时各企业间实现资源互换、资源共享、互利共赢。为社区打造了"联盟"式治理模式，形成了居民及社区企业之间的良性互动。

5. 社区志愿者提升活力

彩云志愿者在社区中献智献力，承接、举办了敬老、抚幼、益智、科普、娱乐、爱国、安全等种类丰富、内容多样的社区活动，满足了社区各类群体的文化诉求，丰富了居民的日常生活，提升了社区的凝聚力。社区志愿者不仅在日常生活中为全体居民提供各种丰富的社区活动，也瞄准社区中的困难群体，积极开展入户关怀、上门服务。

## （三）致远社区党建引领下的共建互融

致远社区隶属于呈贡区吴家营街道，于 2018 年正式挂牌成立，辖区面积 4.3 平方公里，辖区总人口约 8 万人。社区靠近云南民大、云南师大、昆明理工等高校，其服务群体以高校、师生居民群体为重点。社区人口构成较为复杂，流动人口治理问题突出。

1. 以党支部为主导，建立了大党委组织体系

社区与驻区单位党组织、辖区企业党组织、驻地高校党组织 3 种类型党组织的 10 个支部成立了以驻区单位党支部为成员的社区大党委，搭建起相互沟通信息、交流经验、资源共享的平台。通过党建带群建的方式，充分整合工、青、妇、残等群团组织力量。引入华兴社工站，社工站开办社区油画班、瑜伽班、舞蹈班、手工班等社区公益学堂，举办"呈香公益节项目大

赛"、乒乓球比赛、"楼栋聚力"项目、"宝妈团队建设"项目、"美发加减法，慰老助残"项目，为高校学生团队及社区自组织团队提供了参与社会治理的平台。

**2. 以群众为核心的多元化服务模式**

社区拟定"五联三化"工作法。"五联"即"党建联建、教育联动、资源联享、公益联办、难题联解"。社区大党委通过确定11个支部的党建联络员沟通日常联动工作，每季度召开一次大党委联席会议共同商议大党委轮值活动、梳理大党委工作规范、汇总支部需求与资源、组织联盟活动，达成场地共用、平台共享、人才共育、资金共筹的资源共享共识，发挥各自优势。"三化"即通过联席会议共建制度，推进大党委工作常态化；通过各支部阵地共享，促成大党委工作互通化；通过各单位人才共用，推动社区治理多元化。

**3. 以需求为取向的校地共建模式**

精准对接居民需求。社区利用社区官方微信号、小区楼栋群、微信公众号等多种渠道，广泛收集居民群众需求。目前社区官方微信号好友接近3000人，社区大大小小的居民群达40余个，依托官方微信号及微信群，在收集居民需求的基础上，将社区医保、养老保险、生育证办理等常规服务办理事项通过微信公众号推文及宣传册的方式普及于居民。将一些非常规性的问题及需求通过举办民主协商议事会协商决定。

**4. 明确区域高校需求**

结合社区管辖范围内高校和教职工小区资源，依托社区大党委平台，以党组织引领为根基，分别与昆明理工大学马克思主义学院研究生党支部签订"手拉手协议"，与云南民大社会学院挂牌"云南民族大学社会学院教工党支部共建基地""社会学院学生党支部志愿服务点"，形成一支部一特色的共建模式。如：云南民族大学社会学院本科生协助致远社区居委会进行入户调查，并将最终的结果转化为数据，为社区开展治理提供参考。学生参与社区活动的方式有两种，一种是入户调查，另一种是为居民举办"打跳"、太极、剪纸、亲子娱乐等适合不同年龄群体的娱乐活动，吸引居民积极参与，营造和谐、积极向上的社区氛围。加深居民对社区的了解，深化居民融合。

### （四）营盘社区网格化管理成效显著

营盘社区为呈贡区雨花街道下辖社区，2017 年社区正式挂牌成立，辖区内总户数 13938 户，居住 4 万人，常住人口约 3400 人，流动人口多达 17000 人，社区周边有企业、学校、幼儿园共计 170 余家单位。社区现有工作人员 16 名、专职专选副主任 5 名、党支部党员 41 名。社区为民服务站设立社区文化走廊、书画摄影交流中心、棋牌交流中心、文明讲堂等 26 个高性能活动区域；为儿童设立专门的娱乐室和文艺室；为妇女组建刺绣、手工品兴趣小组；为老年人成立居家养老服务中心，提供爱心养老助餐。

#### 1. 网格化管理深入居民

社区建立"片长"工作制，将辖区内两个居住小区 41 栋居民楼、4 个别墅区划分成 10 个"责任田"，社区工作人员担任"片长"，每人负责 6~7 栋住宅楼约 1200 户居民，具体负责信息录入（更新）和精准管控，上门入户、文化宣传，听取群众对社区（物业）管理服务的意见建议，组织调节居民家庭（邻里）纠纷等管理服务工作。在每栋单元楼中选聘居民志愿者为楼栋长，协助"片长"开展上门入户工作。

#### 2. 党建引领下多方联动治理模式

营盘社区在党建引领下发动资源群策群力开展"联系、联动、共防"建设工作，形成"党建工作联做、精神文明联创、公益事业联办、公共资源联享、社会治理联抓、服务难题联解"的多方联动社区治理模式。社区大党委于 2018 年揭牌成立，形成以党组织组团式服务基层，在职党员志愿服务基层党建参与社区治理的新路径、新方法。如：社区通过召开联席扩大会议，积极梳理社区资源、需求、问题，落实社区大党委资源共享、需求互补、问题共解的工作机制。

#### 3. 落实社区党员"双报到"工作

目前营盘社区已报到市级机关 41 家、在职党员 65 人，区级机关 16 家、在职党员 22 人。"双报到"党员为社区做了许多实事，如：参与社区开展的"一针一线绣党旗，一心一意跟党走"献礼建党百年活动、"同绘中国

情、共筑营盘美"百米墙绘活动、庆祝中国共产党成立100周年"美丽营盘，汇聚民心"文艺会演活动。

4. 协调社会各方参与

在党建引领下整合社区社会机构（人员）资源，发挥社区民警、物业管家、党员志愿者、大学生志愿者、各级"双报到"党员作用，组建了由派出所专业化指导训练、物业公司及社区共同管理的社区巡防队，并由社区提供装备，针对小区内部漫滩经营、占用消防通道停车、不文明养狗、乱扔垃圾及小区安全防范等形成了一支联合工作队伍。

5. 社区的自组织、志愿者服务积极参与

社区志愿者人数达到493人，组建10多支志愿者队伍，志愿者主要有学生志愿者和社区志愿者。通过网格化管理，以点带面，以一个志愿者带动一栋楼居民参与或者带动一个片区居民参与，形成环形治理模式。社区还通过志愿者工作建立了跨境治理工作群，为流动人口与跨境人口的管理工作提供了很大便利。

## （五）毓和社区"三位一体"共建共享促和谐

毓和社区位于吴家营街道大学城片区，社区居委会于2017年挂牌成立。管辖面积为2.17平方公里，所辖范围周边有云南师大、昆明理工、云南民大等多家公共单位。街区有商户870多家，住户众多、人口密集、商业发达，辖区总人口达48000多人。社区现配备19名工作人员，其中社区居委会委员5名，主任、副主任各1名，普通委员3名。

1. 党建引领助推社区治理工作开展

社区党支部与辖区内的吴家营信用合作社等单位组建了大党委，以党建联盟为载体，联合开展"不忘初心，牢记使命"主题教育实践活动，通过设立为民服务窗口、自助服务区等改造社区党群服务中心。以党员"双报到""双报告"工作为契机。发挥党员特长精准施策，建立政策理论宣讲、法律法规政策咨询、文化文艺服务、医疗健康咨询、爱国卫生等志愿服务队。立足社区"双报到"党员的"三共融合"，建立社区党员储备人才资源库，打造校地共建合作基地；组建党史宣讲团队，推进党史学习教育，根据居民需要形成"群众点单，党员接单"的服务模式。党支部与物管的协同治理：针对小区内居民缺少文体活动的实际，在社区党支部的倡导组织下，与小区物管共同开办了小区老年大学，开办老年健身操、太极拳、文娱表演课程，参加人数达上百人；在小区内开办了"四点半课堂"，在适龄儿童中开展亲子教育，增进父母和孩子的情感交流。

2. "三位一体"延伸基层治理的各个层面

一是推进楼道治理。社区通过开展为期 30 天的入户调查征集社情民意，充分了解工作积极热情并愿意加入社区治理队伍的部分居民，成功完成 18 名楼栋长选拔工作。将楼栋长工作与网格化工作相结合，建立 10 个网格区域，以社区专职工作者与社区党员负责人为"苑长"，协助社区楼栋长开展为民服务工作，共同参与小区的安保、环境卫生、交通秩序维护等工作，保持小区整洁优美、井然有序。

二是成立商业联盟联合体。社区将 870 多家商业网点联合起来成立商业联盟联合体，充分发挥联合体的平台作用，积极配合街道城管抓好平时的环境卫生"门前三包"和车辆乱停乱放工作，形成自我管理、自我约束的自治机制，确保整个街区整洁干净、道路通畅。

三是推进自组织协调参与。为整合社区资源，充分调动辖区居民主动性，社区先后成立了俏夕阳志愿队、我有我 YOUNG 志愿队、七色花志愿队、读书人志愿队、周六亲子环保志愿队等社区自组织。启动自组织资金池，完善资金申请、审批流程；联合云朵社工站开展社区自组织骨干成员团建培训活动。

## 二　社区治理过程中存在的问题

### （一）居民的社区参与程度不高

表 1 所示为居民社区参与意识的交叉分析表。被调查对象中有 90.87%

的人是业主，9.13%为租客。从业主对社区工作人员都的熟悉程度可知，只有5.88%的业主表示对社区工作人员都很熟悉，而表示对社区工作人员都不认识的业主达到了35.87%。受访租客中有31.43%的人表示对社区工作人员都很熟悉，而24.29%的租客则表示对社区工作人员都不认识。从业主参与社区协商的程度可知，有72.88%的人表示没参加过社区协商，而租客中则有61.43%的人表示没参加过社区协商。

表1　居民社区参与意识的交叉分析

| X/Y | 都很熟悉 | 部分熟悉 | 个别熟悉 | 都不认识 | 小计 |
|---|---|---|---|---|---|
| 租客 | 22 人(31.43%) | 13 人(18.57%) | 18 人(25.71%) | 17 人(24.29%) | 70 人 |
| 业主 | 41 人(5.88%) | 167 人(23.96%) | 239 人(34.29%) | 250 人(35.87%) | 697 人 |

| X/Y | 参加过社区协商 | | 没参加过社区协商 | | 小计 |
|---|---|---|---|---|---|
| 租客 | 27 人(38.57%) | | 43 人(61.43%) | | 70 人 |
| 业主 | 189 人(27.12%) | | 508 人(72.88%) | | 697 人 |

注：括号外为人数，括号内为占比。

从与社区负责人的访谈中可知：社区组织的活动总会有人参加，只是参加的人有多少而已。热衷于参加活动的居民每次活动都会参加。一些不愿参与社区活动的居民表示，"我们没什么事情要麻烦社区，居委会入户访谈，我们配合就可以了，居委会平时也不找我们"。也有居民表示因为有其他事，没时间参与社区活动。

此外居民对社区信息的了解还不足。据调查可知，居民了解社区活动的主要方式是社区宣传栏及微信群，关注社区公众号的主要是31~50岁的中年人，老年人获取信息的方式主要是社区服务窗口和口口相传。可见老年人存在比较严重的数字鸿沟问题，在新冠肺炎疫情发展形势尚未完全明朗的当下，这一问题给疫情防控和社区管理所带来的负面影响不得不引起重视（见图1）。

## （二）基层社区的应有作用发挥不够

### 1. 社区工作负担重且烦琐

从对几个社区的调查中可知，几乎每个社区的人员构成是书记、副书

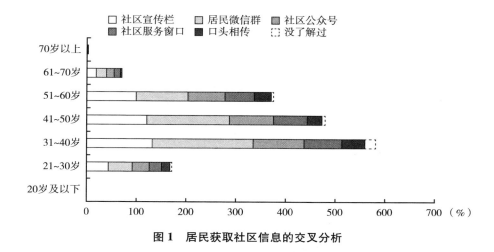

**图1 居民获取社区信息的交叉分析**

记、主任、委员及工作人员，且社区共有十多名工作人员，但是每个社区的居委会要设立计生、妇联、民政服务、党群服务等基本服务窗口，社区工作任务与工作人员数量严重不匹配。另外，社区的日常工作需要花费大量的人手、时间、精力来录入信息和整理材料，这就导致社区要想实现精准化、精细化服务还是存在一定的难度。

在与社区书记访谈时，当问到"社区在实际运行中面临什么难题"时，社区书记们都表示"上级部门给的担子还是比较重的"，"社区是政府政策落实落地的最后一站，但繁重的任务与专职人员不足之间存在很大矛盾，社区既要落实很多科室的具体工作，还要忙于自己的内部事务。"

2. 基层社区权责模糊不清，不利于开展相关工作

目前社区居委会与政府相关部门之间还存在属地划分不明确、权责不清的问题。一些管理事务因为归属原则产生矛盾，成为各职能部门相互推诿的借口。社区职责确定未突破原有的空间范围，社区在介入一些事项时缺乏一定的权力认可，使得一些工作处理起来较为被动，在办事过程中存在一定的风险。如对于车辆乱停乱放问题，社区向城管以及街道反映，但有时会得不到明确的答复，或者相关部门相互推诿，不愿正视相关问题。在权责不清的情况下，社区工作人员在处理这些问题的时候较为困难。

### （三）党员"双报到""双报告"亟须深入推进

对于"双报到"党员对社区治理的作用，调查显示，有18%的居民表示党员对社区建设发挥了很大的作用，有44%的居民表示党员对社区发展发挥了一定的作用，但也有7%的居民表示没有发挥作用。此外，还有13%的居民表示不了解党员对社区发展是否发挥作用（见图2）。

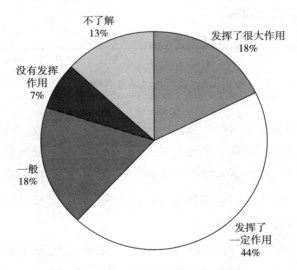

**图2 "双报到"党员对社区治理的作用**

在职党员开展"双报到""双报告"活动，是切实打通为群众服务的"最后一公里"的重要举措。目前，很多社区对党员发布的服务事项以环境整治为主，活动内容单一；社区对"双报到"党员的工作要求依然停留在完成政治任务的状态。双方没有切实将实际需求和党员自身优势结合起来（见图3）。

从社区居民的服务需求来看，居民希望党员的"双报到"活动能提供多样化的服务，如普法教育、政策宣传、环境整治、协商议事、法律援助和纠纷调解等（见图4）。同时严格落实"双报到"服务次数和服务时长，促进志愿服务的常态化。有65.71%的党员表示自己愿意主动参与社区"双报到"工作。

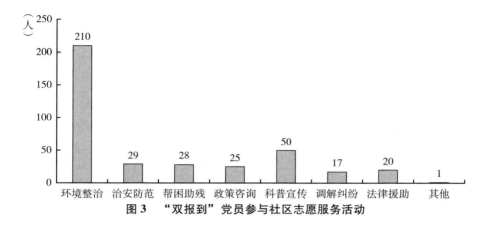

图 3 "双报到"党员参与社区志愿服务活动

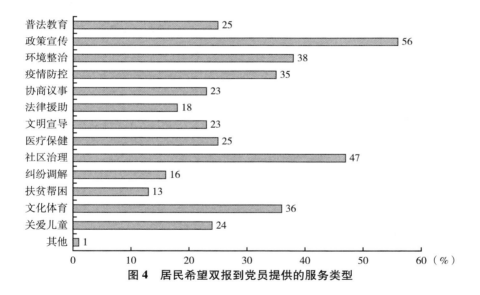

图 4 居民希望双报到党员提供的服务类型

目前社区开展志愿服务活动已有 88 次，参与人次达到 4670 人次，在 "双报到""双报告"工作中，社区积极开展了与疫情防控、创文创卫、党建服务、卫生服务、健康咨询、业务指导、法律宣讲、政策宣传等相关的活动，活动类型相对丰富。在对居民的走访中也了解到，党员"双报到"服务在社区中影响力很大。

访谈对象 A（女，"双报到"党员负责人）

社区的"双报到""双报告"工作我还是很喜欢参与的，作为一名体育老师，我每天都坚持锻炼，参加这个活动，我不仅可以在学校发挥自己的专长，而且可以为社区体育类比赛、日常活动出谋划策，挺有成就感的。

访谈对象 B（男，社区"双报到"党员）

### （四）业主委员会有待进一步组建和发挥作用

业主委员会也是基层治理体系中最重要的组成部分，是社区治理的"三驾马车"之一，也是社区自主治理的核心和标志。业主委员会（简称"业委会"）在维护社区居民权益、完善基层社区自治等方面发挥着重要作用，但其在运作方面存在成立难、运作难、发展难的问题。目前呈贡区大部分小区没有业委会，或者业委会工作陷入瘫痪，能够成立起来且还保持正常运作的业委会不是太多。在被问到小区是否有业主委员会时，有 30.12% 的居民表示不清楚。而在被问到业主委员会是否能满足居民诉求问题时，大部分居民表示不清楚，只知道社区有业主委员会，但是对于业主委员会是什么、做了什么没有任何了解。

## 三 社区治理对策及建议

### （一）提高城市居民的参与意识和综合能力

#### 1. 培育居民参与社区治理的意识和综合能力

依据社区的网格化管理模式，定期走访了解民情民意，积极呼吁居民对社区的治理建言献策。通过培训提高居民参与的综合能力，其中包括政治知识、法律知识。组织开展线上线下公益讲座、培训会，邀请专家、学者或社区居民，为居民讲解社区居委会的作用、性质和相关法律法规，使居民了解参与社区治理的程序、途径、平台。居民也需要提高自身的语言文字素养和表述能力，更好地表达自身的诉求。

2. 尽可能地挖掘社区能人资源

不仅要发掘社区的在职党员、退休人员，更要发掘社区的青年学生，充分整合社区资源，发挥居民专业技能，开展政治、经济、文化、环境、公共设施、医疗保健、养老服务、专业指导等活动，丰富社区的文化活动类型。搭建多维度、多角度的沟通治理平台，丰富沟通机制，营造良好的社区氛围。

## （二）打造社区治理多元化模式

### 1. 强化基层党组织的引领作用

通过促进基层党组织建设及创新，激发社区治理活力。完善社区党组织体系。构建"党组织—楼组代表"的党建体系，一方面建成"社区党委—网格党支部—楼栋党小组"的社区党组织纵向体系，形成全域统筹、多方联动、领域融合的社区党建新格局。另一方面构建以社区党组织为引领，社区居委会、物业公司、业委会和社区自组织为代表的联动机制，强化责任联动、制度联动。严格落实在职党员的"双报到""双报告"服务制度。

### 2. 增强社区居委会的自治能力

强化社区居委会的柔性调处作用。居委会作为社区治理中积极的行动者和治理工作的协调者，要运用多样化的技术去解决包括自身在内的多元治理主体的参与难题，从而促成个体利益表达、集体利益协调与社区共同利益实现。面对刚性压力，当自身无法完成或较难完成任务，或者当上级的任务与部分居民利益发生冲突而遭到抵制时，居委会就必须通过软化刚性压力的办法，确保能够在双向责任和自身能力范围内完成工作任务。强化社会协同，要主动协同社会各类共生力量，如物管、小区民警、小区商圈以及驻区单位，缓解居委会的治理压力。加强社区工作者队伍的素质建设，建立健全合理的职业资格认证制度，提高社区工作人员的福利水平。

### 3. 充分发挥社会组织的协同作用

要强化社会组织参与社区治理的主体地位，明确社会组织的定位和职责，强化社会组织对政府和市场失效的弥补作用，加快制定一套完善的社会

组织运行机制。不断提高社会组织的自主性，制定和完善社会组织人才引进、培育、资金支持的政策措施，提高社会组织购买公共服务的能力。引进在纠纷调解、公益慈善、防灾减灾、文体娱乐、邻里互助、居民融入等领域有较强业务能力的社会组织，增进社会组织在社区治理中与政府和市场的协同。

### 4. 科学定位政府在社区治理中的角色

重新界定政府职能，使政府把工作重点放在统筹社区公共资源、监督社区社会组织发展、为居民提供良好的公共服务上来。通过出台相关法律法规规定居委会的职责任务，厘清街道办事处与社区的权责边界，明确社区与外部社会的关系以及不同治理主体之间的职责分工，加强对社区治理的政策支持、财力物力保障和能力建设指导。

### （三）积极支持社区业主委员会落地落实

加强党组织的全面领导，推荐符合条件的党员业主或在居委会中任职的业主按法定程序参选业主委员会委员。推进"近邻党建""红色业委会"建设，推进社区业委会的规范化法治化建设，完善业主委员会管理机制，开设小区公共收益资金账户，严格规范小区公共收益资金管理，引进第三方监督机构，依照业委会的职责权限加强对业主委员以及组成成员管理服务行为的监督和评价。

### （四）依托数据平台，推进社区治理的数字化

信息化是推进社区治理创新的最新成果。推进智慧社区建设，是将"互联网+"、网格与社区服务治理深度融合，能够充分利用社区综合信息服务平台将社区内的数字资源、网络资源、信息资源充分整合在一起，提升社区管理的现代化水平，从而形成服务便捷、设施智能、环境宜居、管理精细的智慧社区。通过综合运用云计算、物联网技术，优化社区基础设施，逐步形成社区智能化的综合服务平台。打造智慧化的人才库、资金库、资源库和项目库。加强智慧社区建设的专业人员和管理人员的培养，通过强化智慧产

业专业人才培养，吸引更多优秀人才投身智慧社区建设。

　　总之，呈贡区自步入城市化轨道以来，城市社区发展速度、规模、效能都超过了以往。城市社区发展受到政府和基层的高度重视，但不难看出，城市社区治理过程中存在居民参与度不高、基层社区作用发挥不充分、社区管理权责不清、相关政策未能完全落实等问题，当然也存在着呈贡本身地域性、阶段性、本土化的特征，这决定了呈贡区城市社区的治理不能照搬省外其他社区的经验和模式，而是应该在借鉴的基础上更多地结合本土化特征，循序渐进地推进，讲好自己的社区故事、做好社区治理的本土化工作。

## 参考文献

　　陈荣卓、肖丹丹：《从网格化管理到网络化治理——城市社区网格化管理的实践、发展与走向》，《社会主义研究》2015 年第 4 期。

　　李威利：《党建引领的城市社区治理体系：上海经验》，《重庆社会科学》2017 年第 10 期。

　　陆军、丁凡琳：《多元主体的城市社区治理能力评价——方法、框架与指标体系》，《中共中央党校（国家行政学院）学报》2019 年第 3 期。

　　徐增阳、张磊：《公共服务精准化：城市社区治理机制创新》，《华中师范大学学报》（人文社会科学版）2019 年第 4 期。

　　夏晓丽：《公民参与、城市社区治理与民主价值》，《重庆社会科学》2014 年第 2 期。

　　董幼鸿：《精细化治理与特大城市社区疫情防控机制建设——以上海基层社区疫情防控为例》，《社会科学辑刊》2020 年第 3 期。

　　吴光芸：《利益相关者合作逻辑下的我国城市社区治理结构》，《城市发展研究》2007 年第 1 期。

　　陈燕、郭彩琴：《中国城市社区治理：困境、成因及对策》，《苏州大学学报》（哲学社会科学版）2016 年第 6 期。

　　王轲：《中国城市社区治理创新的特征、动因及趋势》，《城市问题》2019 年第 3 期。

# B.12
# 杭州数字化改革推动社区治理转型的研究

梁 娟*

**摘　要：** 数字技术为破解基层社会治理难题提供了新思路新方法。近年来，我国各地探索数字化改革驱动基层治理体制机制转型，推动基层社会组织形态的变革。本文以杭州市为例，研究地方政府通过数字化改革推动社区治理转型的路径，研究发现地方政府不断加强党建统领全域治理的顶层设计，系统构建县乡一体基层智治格局，重塑社区治理机制，数字赋能为社区减负增效，驱动社区共治和片区治理一体化。同时，地方探索也积累了诸如构建有温度有情怀的社区整体智治格局，赋能基层减负增效，以共建共治共享激活社会细胞活力、改善治理生态等经验。这些做法和经验对其他地方有一定的借鉴意义。

**关键词：** 数字化改革　社区治理　整体智治

## 一　研究背景与问题的提出

在信息技术高速发展的新时代，我国的信息技术发展与基层治理正在走向深度融合，技术治理进入全新发展阶段。在政府治理领域，技术治理以"智治"促"善治"的形式，推动政府的治理模式创新和政务服务精细化、精准化，然而，基层治理实践中仍存在的诸如指挥传递滞后、部门联动不

---

* 梁娟，杭州市改革研究与促进中心副主任。

足、信息协同较差、政社互动不足等问题阻碍治理效能的提升。随着改革向纵深推进以及治理重心下沉，基层政府正在不断深化数字化转型的进程。

科学技术正在成为重塑基层社会治理的基础性力量，统筹推进城市经济、生活、治理全面数字化转型，聚焦学有所教、住有所居、病有所医等12大领域，实现人民群众生命生活全周期管理，显著提升社区治理效能。2021年中央网络安全和信息化委员会印发的《"十四五"国家信息化规划》中提出，到2025年，数字中国建设取得决定性进展，数字政府建设水平全面提升，数字民生保障能力显著增强，数字化发展环境日臻完善。全国各地数字赋能基层政府推动社区治理实践如火如荼，在打通线上指挥、线下治理壁垒，创新数字治理体制机制等方面取到多项成果。

在大数据技术为基层疫情防控赋能中，城乡社区作为社会治理的基本单元凭借其基础性和覆盖性的优势，在基层防控新冠疫情的过程中展现出极强的整合力、动员力、执行力，打通了政策落地"最后一公里"，缓解了基层政府治理压力，推动社区从治理的末梢转变为治理的前哨①。社区通过网络信息平台与地方疫情防控主管部门建立实时联系，主动将基层的疫情信息实时上传到系统，为我国全面开展的疫情防控战，提供了来自基层领域最为及时、真实、全面的信息支撑。同时，鉴于新冠病毒极强的传染性，疫情期间，我国社会运行转换为一种严密的隔离状态，常态化的社会交往与互动难以开展，而信息技术的注入则将一系列线下的互动转换至线上，并维系着隔离期社区生活的良性运行。

在当前数字化改革的大背景下，中央和地方各级政府以数字技术为抓手，以人民群众的需求为靶向，致力于探索提高群众获得感和幸福感的有效途径。在技术不断更迭的同时，人民群众的需求也日益呈现出个性化、多样化等特征，民众的需求水平逐步提高，不仅考验着政府工作效能，也从需求侧对数字技术的发展和体制机制的变革提出了新希望和新要求。与此同时，

---

① 张勇杰：《多层次整合：基层社会治理中党组织的行动逻辑探析——以北京市党建引领"街乡吹哨、部门报到"改革为例》，《社会主义研究》2019年第6期。

基层干部人数有限、社区服务压力增大、配套资源有限等现实问题，也给数字化改革推动社区治理转型带来了一定的挑战，倒逼数字技术发展和体制机制创新①，以破解发展难题，缓解供给和需求两端不平衡的问题，满足当前人民群众日益增长的对美好生活的向往和需要，为"数字浙江"的建设和发展提供有益的"杭州经验"。

数字技术的进步为"数字浙江"的建设提供了有力的技术支持，而浙江省在数字化改革道路上的持续探索，助力浙江在数字化转型和发展的道路上行稳致远。从"最多跑一次"改革、数字化转型，到数字化改革，浙江省着眼群众关切和人民需要，不断探索为基层减负增效、提升服务效率和服务质量的路径。《中共杭州市委关于制定杭州市国民经济和社会发展第十四个五年规划和二〇三五年远景目标的建议》中更是提到要运用数字赋能等技术手段，牢牢抓住数字化改革的新机遇，着力破解发展难题，探索和优化社区治理转型的新路径与新方法。"民呼我为"等一系列改革创新举措的实施，有效提升了人民群众的获得感和幸福感。数字化发展和改革之路，杭州始终秉持走在前列、落到实处的理念。

在数字化改革不断深入浙江大地的当下，数字技术如何着眼于人民群众最关切的问题，回应最真切的民生？政府又当如何以数字化改革为牵引，推动社区治理的转型？基于此，本文以杭州市为例，探索数字化改革推动社区治理转型的有效路径和有益经验，为数字赋能社区治理在浙江省、全国的推广和应用提供"杭州样板"。

## 二　数字化改革推动社区治理转型的杭州探索

城市数字化转型，落脚点是老百姓的福祉。杭州市各级政府广泛听取民意，着力解决人民群众最关心最急切的问题，重点打造、着力推进数字平台

---

① 刘飞、王欣亮：《政府数字化转型与地方治理绩效：治理环境作用下的异质性分析》，《中国行政管理》2021 年第 11 期。

建设，集体攻关难点痛点，在数字化改革推动社区治理转型方面取得多项实质性进展，建设多种应用场景和应用程序，探索和积累了丰富的社区治理建设经验，形成线上线下联动协调管理，进一步完善体制机制建设。这些特色经验主要体现在以下几个方面。

## （一）以系统观全局观推进顶层设计

### 1.党建统领全域治理

党的十九届四中全会指出，社会治理是国家治理的重要方面，要加快推进市域社会治理现代化。在数字化改革推动社区治理实践中，党建引领在政治整合和资源整合上发挥着党组织的整合功能和制度优势。一方面，除整合政府力量外，党组织实现对社会组织、党员志愿者队伍、两新组织、物业企业等力量的一体统筹，推动多元主体共同参与基层治理服务。另一方面。党组织运用系统的组织优势和政治优势，实现跨区域、跨层级联动协调，激活可共享的社会资源，提高社会运行效率。自 2019 年被批准为第一批全国市域社会治理现代化建设试点城市以来，杭州市围绕"数智杭州·宜居天堂"建设目标，以数字化改革撬动各领域各方面改革，逐步探索出一批较为典型先进的数字化改革案例。

### 2."数智杭州"推动基层治理"一件事"

"数智杭州"建设是贯彻落实浙江省数字化改革的总抓手，"数智杭州"平台是杭州落实数字化"152"工作体系的工作台，也是杭州各地各部门推进数字化改革的协同平台。该工作台依托"浙政钉"省市县乡村组织体系，聚焦好用管用，集成 5 个系统门户和 X 个应用场景，全面展示数字化改革的核心业务，让治理更高效、人民生活更美好。基层治理"一件事"集成改革充分运用系统思维，集成多项基层治理改革的管理理念和方法，从单个具体事项出发，围绕行政审批的前端、日常监管服务的中端和行政处罚的末端整体推动场景化细分改造，实现审批、监管、服务、执法等闭环治理。

### 3.科学规范乡镇（街道）属地管理

近年来，杭州聚焦体制改革，构建县乡矩阵管理模式，致力于构建科学

有序的属地管理新秩序。在体制机制革新的过程中，当地注重权责界面，以"一件事"重塑处置流程。发挥县级权力清单国家试点先发优势，明确属地管理责任"两张清单"。以镇街属地管理事项责任清单为基础，重点聚焦矛盾纠纷化解、综合执法等领域，梳理出一批跨领域、跨层级、跨部门的"一件事"高频事项，明确各环节的部门职责、工作规范等要素，推动治理事项上下联动、内外协同、运转高效。如农村违建处置"一件事"标准化执法指引，让执法的主体更协同、过程更规范、效能更强劲。

4.县乡一体、条抓块统改革推动条块协同

2020年以来，杭州市多地聚焦多跨协同建平台，推进整体智治。一是推进治理空间一体智联。通过制定和实施相关实施方案，持续推进"智安小区"建设，不断探索向农村、开放式小区推广延伸的有效路径，夯实智治系统全域覆盖基础。二是实现治理主体一网协同。坚持系统思维，综合设置不同的功能模块，加强数据互联、业务协同，纵向贯通各部门、镇街、村社，横向联通区协同办公系统、公安人口信息管理系统、综合治理"四平台"等数字化平台，立体整合市场、社会、政府三方主体资源。三是推动治理动态一屏掌控。以实时掌握全区社会治理要素动态信息为重点，在"数据动态"模块，建立个人信息、基层组织、治理事件三大类数据库，在强化疫情防控的同时提升了基层治理的精准度。

（二）系统构建县乡一体基层智治格局

2021年，富阳区以数字化改革为统领，紧紧围绕"县乡一体、条抓块统"和"大综合一体化"行政执法改革要求，线上打造"富春智联"应用平台，线下推动基层治理制度重塑、综合执法力量下沉、群众需求处置流程再造，推进行政资源配置方式和效率变革。

一是开发建设"民呼必应"应用场景，构建"1+2+4"顶层架构。"1"即一个"民呼必应"数字驾驶舱，作为应用场景的数据和指挥中心，主要实现对全区治理服务态势的实时掌控。"2"即服务端和治理端两端，其中，服务端为应用场景入口，主要面向居民群众、"两代表一委员"、网格员等用户，集成"12345"市民热线、"数字政协"等民意反映渠道；治理端为应用场景的工作后台，按部门、镇街、村社、小区四级分层定制操作界面和权限。"4"即数据动态、智慧管理、掌上服务、先锋力量四大功能模块，着力通过数字化应用，让各级基层党组织更好统筹联动市场、社会、政府三方资源力量，共同参与治理服务。

二是以"基层治理服务一件事"为导向，梳理核心任务。梳理出群众需求发现、基础数据管理、流转处置平台、群众评价关联、分析预警智控等5项一级任务，并拆解成为用户使用界面、群众身份认定、需求类型填报等14项二级任务和46项三级任务。同时，重点针对流转处置建设平台，明确小区物业（网格）、村（社区）、乡镇（街道）、区级部门四级所有65个区级机关党组织、24个乡镇（街道）党（工）委、335个村（社区）基层党组织和78家小区物业服务企业的协同关系，并为后期市场、社会主体的特色模块和服务接入，预留数据接口和流程入口。

三是汇集分析要素数据，为基层治理提供数据支撑。在"浙里办""浙政钉"两大重要政务服务平台基础上，融合支付宝、微信小程序等大众社交应用，针对"富春智联"平台的要素数据、"民呼必应"应用场景的事件流量，深入挖掘数据背后的基层治理需求和内在规律，为研究决策、配置资源、精准治理提供有力支撑。如运用人脸识别、轨迹追踪、数据匹配等方式，实现60岁以上老人3天未出门、外来人员频繁进出小区、健康码红码人员进入社区辖区等30类重点事项智能预警，提升了基层治理的精准度；再如采用重点词抓取等方式，实现对群众提交的事项自动判读，匹配权力清单智能推送。

四是推动制度重塑，为基层智治提供机制保障。为提升群众诉求响应、处置效率，做到快应、快办、快答，以镇街权力清单、多跨事项"一件事"联动机制为依托，赋予镇街向部门、基层站所直接派单的权力，配套推行首问负责制、即时响应制和限时办结制，确保群众诉求3小时内必响应、7天以内必反馈。开发完善办理事项群众评价打分功能，健全考评体系，将群众评价结果与单位、个人考核相挂钩，发挥考核指挥引导作用。

截至 2021 年底，"富春智联"应用平台已覆盖居民群众 60.8 万余人，实现对全区 1300 余个党组织、1.1 万余名党员干部的实时指挥，累计解决民生难题 10.3 万余件，日均办件量 800 件左右。

### （三）构建基层治理数字化模式

西湖区三墩镇坚持"条抓块统、整体智治"理念，通过机制重塑、流程再造、数字赋能，逐步探索出"1+6+X"的基层治理数字化模式。"1"指在依托基层治理四平台和市、区两级城市大脑数据中枢，构建基层一体化智治平台。"6"指在全省数字化改革"1+5+2"工作体系的总体部署下，结合三墩镇实际，开发了"智慧党建、智慧平安、智慧防控、智慧经济、智慧民生、智慧执法"等 6 个应用模块。"X"指立足需求打造 13 个应用场景，实现"服务企业、服务群众、服务基层"功能。为破解镇域基层治理普遍存在的"指挥传递滞后""部门联动不足""信息协同较差"等问题，三墩镇坚持"条抓块统"理念，实现了"跨层级联动、跨事权联处、跨部门协同"三大机制重塑，推动指挥调度、矛调应急、闭环管理、研判会商等流程再造①。

为破解信息层层下达、传递滞后问题，三墩镇各部门统一开通"浙政钉"APP 端、配持对讲机及交通工具，由公安、行政执法、交警、市场监管、应急队伍牵头组建综合治理大队，建立"135"快速响应机制，做到"一屏指挥、快速响应"，实现了"一支队伍管处置"。为破解条线各自为政、处置力量不足等难题，三墩镇梳理了辖区应急处置、平安巡检、交通治理等 6 大类 20 余项非执法类事项，梳理执法类事项 50 余项，打破了原有的执法边界，由相应的执法人员综合联动处置，实现了"一张清单管全责"；并通过对跨部门条线信息的归集，破除之前"多头下达，重复执行"弊端；同时设置视频点验在线率、事件上报率、事件处置率、平安巡检率、联合执

---

① 徐林：《全域数治：基层社会治理的新方向——杭州市三墩镇的实践与启示》，《国家治理》2021 年第 17 期。

法参与率等考核指标，以强化事件处置的闭环化、标准化与数字化，实现了"一套标准管考核"。为破解基层治理人手不足、资源分散、信息共享难、执法联动难等问题，三墩镇通过一体化智治平台，推动实现案源数据协同、事件流转协同、"手脚"联动协同、执法矛调协同，打造"基层执法真减负"场景，实现统一调度指挥、非执法事项快速处置和执法事项联处，改变了过去网格员为应付考核指标"只报自己能解决的问题"的现象，在为基层减负同时，极大提升了基层问题发现概率和处置效率。该模式实施半年后，当地信访量同比下降了 25%。

## （四）数据赋能基层社区减负增效

基层减负是提升基层治理能力的重要环节。习近平总书记多次强调指出，要"防止各条线多头重复向基层派任务、要表格"，"把干部从一些无谓的事务中解脱出来"。杭州市上城区针对"报表多"这一基层反映强烈的问题，以基层表单智能填报为切入口，探索建设"一表通"应用场景，通过系统构建各类表单数据底库，实现报表自动填充生成，大幅减轻社区工作人员报表填报负担。当前基层表单填报主要存在三大问题：一是多头报，街道、社区两级填报的各类表单较为繁杂，不同条线的填报系统不同，多头录入情况普遍。二是重复报，不同条线同一时间和同一条线不同时间催报的报表存在大量的重复字段，耗费基层社工大量时间填报相同数据。三是更新难，基层工作所需各类数据分散，数据共享协同及实时更新较为困难。为解决多头报、重复报、更新难等现实问题，上城区研究构建"一表通"应用场景，通过系统构建表单数据底库，实现数据实时在线、系统智能联动、表单自动生成，撬动区—街—社三级职能关系优化，引发信息采集、报送、处理、考核等工作方式方法的一系列变革，切实减轻基层负担，促进基层治理体系重构、治理机制创新。[①]

数字技术与制度创新耦合，用数据归集共享撬动流程再造、制度重塑。

---

① 毛勇：《上城全面推广"一表通"应用场景》，《杭州》2021 年第 12 期。

"一表通"应用场景初步实现基层业务报表"填报一个口、数据一张网、管理一条线",为破解"报表多"难题、助推基层减负提供了可借鉴的新路径。一是重塑表单填报机制。同步建立的报表准入审核机制真正从源头上控制了基层报表增量。二是优化社区服务方式。社工服务居民由被动发现、事后处理转变为系统及时提醒、主动服务。三是再造基层考核流程。社工或网格员使用"一表通"进行走访录入,实现工作数据实时留痕。系统通过精准设定评价算法,一键抽取社工工作数据,一键导出每位社工考核分数,实时展现社区、社工排名情况,实现考核从线下到线上、从定性到定量、从结果到过程的转变。四是提升数据治理水平。通过归纳制定要素标签标准、数据汇集标准、地址库标准、录入格式标准、报表生成标准,使数据进一步标准化,解决部分系统数据不准确的问题,真正做到数据质量就是工作质量。目前,"一表通"已经上线了19个部门的76张报表,每周可以为每名社工节约7个小时填表时间,让社工有更多时间服务社区居民。

## (五)技术驱动社区共治

自2017年开始,杭州市拱墅区小河街道探索政府智慧治理的路径,是我国较早、较为广泛地将数字技术应用于基层治理的城区街道。2018年小河街道"城市眼·云共治"1.0正式上线,成为首个接入杭州市"城市大脑"的街道层面治理模式。2019年以街道体制改革设定的机构为框架,探索"围墙外"向"围墙内"、"城市管理"向"社会治理"的基层治理数字化逻辑。2020年,"城市眼·云共治·小河网驿"正式上线,入选2020年全国政法智能化建设智慧治理优秀创新案例。2021年,拱墅区"城市眼·云共治"模式在全市层面复制推广。2022年,拱墅区"城市眼·云共治"运行中心成立。针对上述问题,拱墅区从数据治理切入,通过"六统一"做实公共数据底座,发挥区平台承上启下的作用,做优做强智慧大脑和一体化指挥体系,整合力量做实场景做强"手脚",切实提高基层执行力。

一是主抓数据治理,以"六统一"夯实公共数字底座,发挥区平台承上启下的作用。在"城市眼·云共治"3.0系统上,推动物联感知平台、智能决策辅助平台、区街社穿透式数字驾驶舱、智能运算平台、指挥调度平台、事件处置中心的"六统一",打通城市大脑、"四平台"等全域底层数据,归集2万余个视频感知设备、8.6亿条数据,实现"一屏统览、一屏统管",夯实公共数据底座,提升全域数字服务能力。迭代升级"城市眼·云共治",上承"152"工作体系,从省一体化数字资源超市、市城市大脑申请调度数据;向下赋能、指挥和调度"四平台",并将"四平台"数据回流到区平台和市城市大脑,实现数据能上能下。

二是做强一体化指挥体系。将数字驾驶舱整合入"四平台"系统,汇聚人房企事等基础数据信息,推动街道"四平台"和驾驶舱融合,实现"四平台"的基础数据推送共享和数字驾驶舱的任务指令下达相结合,开发建设"消息中心""一键指挥"等功能,实现区、街、社区驾驶舱的三级联动指挥处置。对接1个区级、18个街道级、77个社区级驾驶舱,实现事件报送、人员走访巡查数据的录入端口整合、数据互通共享,为基层减负增效。

三是整合力量做实场景,切实提高基层执行力。深入推行全域综合行政执法体制改革,建立区—街—社三级联动架构,形成圈层联动的综合处置体系。推出"网格e盾"应用场景,以网格安全隐患治理综合集成改革"一件事"为突破,实现巡查"一键式定位"、内容"一键式问答"、事件"一键式转换",实现事件数据和业务流程的标准化,切实提升网格智辅能力。建立"红茶议事会",成立"物业联盟""工地联盟""酒吧联盟",因地制宜构建自治靠前的社会参与机制,切实增强了基层的执行力。

## (六)创建未来社区,推动片区治理一体化

杭州市滨江区"缤纷未来社区"建设项目,贯彻数字化改革理念,以"缤纷管家"为抓手,以"缤纷执法"为治理手段,以"缤纷掌柜"为牵引,以"缤纷数智"为平台,以"缤纷服务"为载体,以产城人融合为目标,围绕未来邻里、教育、健康、创业、建筑、交通、低碳、服务、治理等九大场景,设置以需求为导向的全生命周期生活功能配套,打造区域一体化数字治理的全景数智社区,提升居民的获得感、幸福感、满意度。目前

"缤纷未来社区"共覆盖5个拆迁安置小区5435套住宅。

一是建立"缤纷管家",构建一体化物业管理服务。缤纷管家主要解决管理主体多问题,打破红线隔阂,由一体化物业管理单位统筹整个区块的道路市政、环境卫生、秩序维护以及小区管理等相关工作。滨江区通过"浙政钉"治理端、"浙里办"服务端形成共治机制,以"自治、共治、法治"为实施理念,推动社区共同体意识的形成,打造"人人有责、人人尽责、人人享有"的责任共同体。

二是推动"一支队伍管执法"。"缤纷执法"主要对标执法主体多的问题,根据"一支队伍管执法"的工作思路,设置一体化缤纷综合执法站,整合公安、城管、交警、市监、消防等执法力量,通过五勤合一、五指成拳,实现执法效果最优化,为建设辖区社会治理责任共同体助力赋能。

三是建立"缤纷掌柜",实现一体化运营。缤纷掌柜主要解决业态问题多等问题。滨江区明确缤纷未来社区一体化运营模式,由一家单位统筹区域内的公益性、微利性和商业性空间,以高品质业态和高质量服务构建美好生活共同体。

四是搭建"缤纷数智"平台,实现数字治理。缤纷数智着力解决数据平台多等问题,与数字化改革专班共同研究、制定一体化社区数字平台建设方案,并纳入"两掌"体系,实现资源共享、数据共通、治理共赢的共建共享共治新格局。

五是创新缤纷服务,集成社区服务资源。为解决居民投诉多的问题,滨江区整合三个社区的办公空间和工作力量,打通条块工作,设置统一的"一滨办"窗口和党群服务中心、公共服务站,提供全天候、全方位的社区服务。以居民需求为导向,提供公益性的养老、托幼、运动、卫生等全生命周期服务。街道整合所有配套用房资源,对标浙江省未来社区"三化九场景"要求,以统筹、集约、共享为理念,打造连贯开放的公共空间,打造居民不出社区就能实现买菜、吃饭、娱乐、看病等基本服务需求场景。结合周边小区居民的实际需求,将初级自发模式的杂乱、老旧临街商业进行专业商业运营托管,提升商业业态的品质和可持续运营能力。

## 三 数字化改革推动社区治理转型的杭州经验

地方政府的数字化改革为提升基层治理水平进行了积极探索和有益实践。数字化改革具有整体推进、集中攻关的积极特征，杭州在以数字化改革推动社区治理转型中，积累了不少经验。

### （一）坚持党建统领、人民中心，走有温度有情怀的社区整体智治之路

牢固树立"一切工作到支部"的理念，加强和改进街道党工委、社区党组织对社区各类组织和各项工作的领导，确保党的路线方针政策在社区全面贯彻落实；坚持以人民为中心，提升做好群众工作、化解各类矛盾、促进和谐稳定、加强社区治理的能力水平，协助完善居民公约、自治章程，明确居民责任，充分发挥人民在社区治理中的主体作用；健全党组织领导下的居民自治机制、民主协商机制、群团带动机制、社会参与机制，引领社区其他各类组织和社区居民形成共驻、共建、共商、共治、共享的社区治理体系，充分发挥群团组织联系群众的桥梁纽带作用；实行民情问题受理流转办理、评分反馈回访、高频事件复盘等闭环机制，实现群众"真诉说"心声，干部"真着急"做事，构建线上线下融合一体的治理机制，加强"社工+居民""居民+居民"互动，打造居民自治网络版，推动"单边行政管理"向"多方协商治理"转变，建设形成更具科技感、生活感、温度感的未来社区。

### （二）坚持系统思维，以数字化改革推动社区治理体制机制创新

坚持系统观念抓改革，围绕权责、职能、指挥和运行等工作体系形成全面联动的改革效应，持续推动干部下沉、资源下倾、职权下放；充分整合以高新技术产业为重点的辖区各类资源，利用现有党组织、行政组织、群团组织的组织体系、组织力量，加强对"两新"组织等社会各界的动员统筹。

迭代升级基层治理平台，稳步拓展平台功能，采取分步走的办法，将原有的综治工作、市场监管、综合执法、便民服务四个平台调整为综治工作、监管执法、应急管理、公共服务四个平台，增设党政综合业务模块，发挥其在基层治理中的主干功能和枢纽作用；依托数字平台，整合全周期管理数据，打通上级数据库，避免重复建设，实现多数据穿透融合，多场景落地应用；做强县乡一体指挥体系，利用好县级矛调中心，做强乡镇（街道）综合指挥室，健全三级流转处理机制，推动完善平战结合的运作模式；落实跟踪督办机制，建立健全"统一调度、责权明晰、上下贯通、高效联动"的社会治理综合指挥机制。

（三）形成一套数据赋能基层减负增效、持续提升社区治理能力的工作方法

聚焦报表多、系统多、数据杂等问题，试点开发"一表通"应用场景，提取关键字段建立数据池，并按照报送频次、复用程度，由社区一并采集、一次录入，补全字段空缺，流入数据基池，实现多头调用、多次复用，有效革除传统数据"有去无回""只报不存"的弊端；打通表单链路，重塑基层统计报表工作流程，变"部门发出需求—街道任务分发—社区手工录入—街道统一汇集"的流程为"部门数据需求—高频数据平台一键生成—空缺数据社区补充"，有效厘清基层社区基本盘，为实现精准决策和高效治理提供强大的数据支撑；汇聚基层治理平台等多平台数据，对居民信息进行全要素归集、立体化画像，通过智能研判形成重点人群走访清单，自动生成走访计划，助力社区工作者科学统筹时间，更好地响应居民诉求，办好民生实事；搭建"民生直达"平台，依托跨领域、跨部门、跨层级、跨流程的多跨协同，高效整合民政、残联、人社、教育、卫健等多个部门的民生政策，持续释放社区工作力量，提升公共服务效率①。

---

① 李中文、方敏、窦皓：《数字化护航　民生添保障（扎实推进共同富裕）》，《人民日报》2022年1月13日，第2版。

### （四）走出一条以共建共治共享激活社会活力、改善治理生态之路

按照党群服务、居民活动、居民议事、邻里之家等"4+N"功能布局建设社区服务综合体、高架公共连廊、底层架空邻里空间等，着力打造成社区居民的共享空间、社区服务的载体阵地、社区共治的基础平台。充分运用现代信息技术创新民主协商方式，拓宽各方有序参与渠道，打造"云端上的协商之区"，围绕破解社区治理难事，合理创建社区数字化应用场景。充分利用高新企业集聚优势，有效整合企业人才资源、产业资源，实现优势互补、共建共促，依托互联网平台，试点打造社区"治理社群"，建立并不断完善社群运营机制，形成育人尚治生态，推动社群裂变。探索设立社区"共治基金"，通过居委会兴办便民利民的服务事业、动员社区居民及驻社共建利益相关方捐赠支持、申请政府购买服务资金等形式，拓宽社区治理资金筹集渠道，打造共建共治共享的治理生态。

## 四　数字化改革推动社区治理转型的启示

在数字化改革之路上，杭州行稳致远，一步一个脚印着力推进数字化改革，形成了具有杭州特色的路径和方法，具有较强的普适价值和经验启示。深入推进数字化改革，让数字技术与社会机制相结合，能够有效提升基层的治理效率，让智治真正深入社区治理，也能够为社区治理提供更多新思路和新方法，为全国基层治理转型提供"杭州样板"。

### （一）坚持系统思维，构建上下贯通与横向集成的基层整体智治体系

为形成更具整体性的基层智治系统，各方力量应合作打造一个上下贯通、横向集成的整体智治体系。一是自上而下与自下而上相结合，同步整合后端部门职能和前端用户反馈，前端高位引领，后端自上而下重新梳理部门职能，再造服务供给流程，整合服务供给能力。同时，基于需求入口的全面

整合，自下而上收集相关流程使用者的反馈意见，并根据反馈优化治理流程，真正落实"以人民为中心"的发展思想，为整体智治体系的形成提供更多可能的路径。二是在镇街层面重塑条块关系，优化组织管理机制，实现全周期治理，打造一个中枢平台，坚持政府即平台的理念，并畅通各条纽带，进一步规范数字治理相关平台在跨层级、跨部门、跨主体上的开源性，同时也在镇街层面重塑条块关系，通过汇总需求信息，实行统一任务分配，进而较为有效地实现"县乡一体、条抓块统"的目标，构建起一个协同高效的整体智治体系。三是着眼于群众需求的整合，进一步发挥人大、政协的社情民意集聚和沟通协调功能。将治理平台接入人大、政协的相关系统，充分激发人大代表、政协委员的社情民意集聚和沟通协调功能，推动相关政策的完善，形成代表、委员、社工和社会组织等多元主体分工合作的新格局，既为党委、政府分流爆炸式增长的基层治理需求，也从法理上推进国家治理和社会治理的良性运行。

## （二）以数字化改革重塑社区治理模式

当前，数字化已经逐步下沉到基层治理的各个环节，要加快推进社区治理新模式的形成，就要进一步推进数字化改革与传统政府治理机制的竞争与融合。在数字化改革进程中，数字化并不能完全取代传统社会治理机制，只有将数字技术和社会机制有机融合，才能实现有效治理。在数字时代，基层治理需求显著增加，基层政府与民众的信息交互量亦然。数字化通道与传统交互渠道形成一定的竞争关系。因此，需要在充分发掘数字化手段能力的同时，主动探寻数字化手段的边界和底线，在注重开发利用数字技术的同时，同样关注传统机制的退出或加强。面对不同的基层治理情况，应赋予基层决定数字化运用程度和边界的权力，通过考核机制重塑，引导基层更好地根据实际情况开发数字化应用，以数字技术为媒介，助力社区重塑治理模式，推动协同高效的治理新模式的形成。同时，融合传统治理机制和相关的法治建设，实现数字化手段和传统机制在社区治理中的有效融合，也通过自上而下授权、自下而上探索，形成数字时代法治建设的浙江经验。

## （三）加快场景开发，切实为基层减负增效，持续提升基层整体治理能力

为了更好地回应社会需求，杭州充分融入并激发社会力量，给基层行政权力减负，为基层治理增效。各地在推进数字化改革进程中存在不断扩大政府权责边界的情况，这在短期内可能产生一定效果，但也会带来资源配置效率低下、基层不堪重负等问题。一种更为可持续的方式，应该是坚持政府即平台的逻辑，充分调动各领域社会力量的参与，并激发它们回应公共事务治理需求的动机，共同开展基层治理、社会治理。同时，加快场景开发，针对不同的应用场景开发多跨协同的平台和系统，从人民群众最关心的问题出发，着力提升基层治理的整体性和协同性，让数字化改革兼顾温度和效度，让数字化改革真正惠及全体人民。

## 参考文献

张勇杰：《多层次整合：基层社会治理中党组织的行动逻辑探析——以北京市党建引领"街乡吹哨、部门报到"改革为例》，《社会主义研究》2019 年第 6 期。

刘飞、王欣亮：《政府数字化转型与地方治理绩效：治理环境作用下的异质性分析》，《中国行政管理》2021 年第 11 期。

徐林：《全域数治：基层社会治理的新方向——杭州市三墩镇的实践与启示》，《国家治理》2021 年第 17 期。

毛勇：《上城全面推广"一表通"应用场景》，《杭州》2021 年第 12 期。

王悠：《"城市眼·云共治·小河网驿"构建基层治理数字驾驶舱》，《杭州》2020 年第 12 期。

# B.13
# 从"热闹型"参与到"价值型"参与

——北京市"公益二代人"培养与政府支持体系 2.0 版

**摘　要：** 以"朝阳群众"为代表的首都老一代社区参与积极分子随着年
龄的增长逐步退出社区参与的舞台，当前迫切需要在社区中寻找
"公益二代人"。由于人群的代际差异，这不仅意味着寻找一个
新的群体，更意味着参与性质从"热闹型参与"到"价值型参
与"的转变；这进一步要求，地方政府的整个社区参与支持体
系必须升级到 2.0 版本。为此，需要围绕社区参与设计和服务内
容两个层面的专业化，以党建统筹下各个维度的打通、整合为思
路，重塑社区参与的整个支持体系。

**关键词：** 社区参与　公益二代人　"热闹型"参与　"价值型"参与

## 一　"朝阳群众"的退出与"热闹型"参与的危机

近年来，北京市社区参与和社区治理取得了明显进展，如老旧小区改造
大范围展开，垃圾分类深入推进，社区社会组织普遍成立，物管会、业委会
在街道、社区党组织领导下迅速成立并开始发挥作用，面向社区参与和社区
治理的社会服务机构持续成长并发挥越来越重要的作用，等等。但也有一些

---

* 刘阳，博士，北京市社会科学院社会学研究所助理研究员，主要研究方向为社区、社会发展
与社会政策等。

客观的长期变化趋势需要研判并加以及时应对，其中最主要的，就是长期以来作为社区参与主体的老年积极分子群体正在逐渐退场。

　　社区参与积极分子全国大部分大中城市都有，但北京尤为突出，近年来以"朝阳群众""西城大妈"的名号名扬全国。这些老年积极分子成长在新中国成立以后的火红年代，尤其是北京作为首都，有大量的机关事业单位、国有工矿企业，保留了较强的计划经济时期的意识形态、人际互动传统。这些干部职工退休以后，意识、习惯上仍保留对党和政府很强烈的忠诚感，而社区党委、居委会在基层就代表党和政府，所以老年积极分子很容易接受社区"两委"的动员。另一方面，对于这些老年积极分子而言，退休之后也没有太多的休闲娱乐活动，因为那一代人节俭习惯早已养成，能省就省，需要花钱的事都尽量避免。对他们而言，参加社区活动一定意义上也是消磨退休时光、开展社区内社交、继续获得社会认可的有效方式。

　　这批与共和国同龄甚至年龄更大的老人，曾经是首都社区动员的一大优势。社区"两委"可以用简单的动员技术、少量的经济成本，把他们"团结"在自己周围，完成一些社区公共性服务，如治安巡逻、环境维护、节庆文体活动、为老助老等，这个群体同时也是贯彻上级一些工作要求（如活动站岗、抗击疫情、垃圾分类桶前值守）、向上级展示自身社会动员能力的依靠力量。但这种社区参与从动员技术到活动内容，都相对简单。我们可以称之为"热闹型"参与，其特点是人数多、场面大，内容连续性、积累性和专业性低。

　　近几年，很多基层社区工作者已经感觉到情况正在变化。与共和国同龄或者年龄更大的那群老人已经70多岁甚至80多岁了，他们中多数人已经没有体力去参加社区组织的活动，甚至有些人已经过世了。而新近退休的老人已经是完全不同的一代人。他们1960年代前后出生，其青年时代已经赶上改革开放，思想受到商品经济、市场经济大潮的影响，相比上一代人，他们自我意识更强，同时消费观念也更新了。"我又不缺退休工资，儿女经济上也不用我操心（儿女基本上都是独生子女了），我为什么不多玩一玩？"、"我去看看祖国的大好河山，我也要到国外去看一看"、"我这大半辈子奉献

给国家、奉献给社会了，这都老了，还不为自己活一段吗？"这些是调研中发现的他们比较多的心态。

这就是社区群众的代际差异问题，同一代人往往有共同的社会心理特征和价值偏好，而不同代人之间就可能显现出差异，在中国这种时代转换迅速的社会中更是如此。正是在这个背景下，北京东城区民政局提出了"公益二代人"（简称"二代人"）的概念，寻找新的社区公益参与群体，把老一代积极分子逐渐退场后留下的空缺补上。

## 二 "价值型"参与和项目的专业性

谁才是"二代人"？社区里面有好几个备选群体。一个群体是刚退休的老人，但是他们除了自己的旅游娱乐生活，有的时候还要帮子女带孩子、接送孩子上学。另一个群体是目前比较受关注的青少年，但他们也有自己的问题，在教育"双减"政策落实前，课业负担很重，小学生天天都写作业写到十一二点，假期又得上培训班、辅导班。还有中青年女性，工作很忙，经常加班，下了班还得陪孩子，然后真有一点空闲，可以刷刷剧、健健身，进行各种时尚消费。中青年男性群体也忙，工作经常加班，实在有点时间了，要健身锻炼，还要玩游戏。也就是说，这些潜在的"二代人"群体都很忙，他们的时间都有去处，这跟此前的老一代积极分子是不太一样的。从促进社区参与的角度来说，要动员这些群体，实际上是在他们既有的时间表中抢夺时间。

### （一）"公益二代人"需要的是"价值型"参与

引入经济学中的"机会成本"概念，有助于深入理解这个问题。我们的时间和其他资源可用于很多不同活动，用于其中某种活动，同时也就失去了用于其他活动的机会。用于其他活动能获取的收益，就是我选择用于当前这种活动的机会成本。对于当前社区中"公益二代人"各个备选群体而言，他们如果将时间用于参加社区活动，就不能干别的：不管是陪孩子，还是打游戏、锻炼，对他来说都是有收益、有价值的。按照这个逻辑，要吸引"二代人"群体参加社区组织的活动，前提是这些活动对他们而言也具有价值，而且比他们原本打算从事的活动价值更高。这就是不同于此前"热闹型"参与的"价值型"参与。

那么，什么样的社区参与是有价值的呢？根据笔者的调研经验，可以初步概括为三类。第一类是解决居民生活、社区治理中的问题。比如通过参与小区停车自治活动，把停车的问题解决了，就不用每天想着早点下班回来占车位；小区楼道以前脏乱差，通过大家的参与实现了楼门美化，且能长期保持，住着感到舒心了，邻里关系也好了。这就是通过解决问题带来的价值，此前的"热闹型"参与往往做不到这一点。

第二类价值是带来体验。体验又分两个层次。第一个层次是活动过程能带来愉悦感，比如踢一场球，身心舒畅，或者带着孩子参加一场烘焙活动，孩子玩得开心，自己也身心放松；第二个层次是在活动的过程中可能没那么舒服，但活动过后，发现或感觉自己更强大或者更美好了、更自信了、身心更和谐了。我们调研发现，有些刚退休的女性居民，对传统的广场舞没兴趣，但如果某个社区的舞蹈队有专业的舞蹈教练，每次进行形体训练、学习专业的舞蹈动作，大家都爱去。这就是一种专业性带来的体验感。

第三类就是形成投资。这是价值这个词比较狭义的含义：现在进行投入，将来能够获得产出。孩子去参加课外的学科类或者非学科类培训，就是父母为孩子的未来投资。孩子参加社区活动，如果能产生类似参加课外培训的投资效果，对家庭的吸引力就会非常强。如笔者调研的某个社区，有一名专业足球教练，可以给孩子做足球训练，家长都很愿意把孩子送过去。有的家长有其他专业特长，愿意在社区里提供服务，但是有一个前提条件，那就是他家的孩子必须在足球队里一直练下去，如果说哪天孩子被淘汰或者足球队解散了，那他的专业服务也就中止了。这种家长的思维方式在新一代居民中是一种典型：我家孩子参加社区组织的训练活动，是孩子得到了投资、得到了价值，那么我就愿意用我的专业能力做出关联性的付出。

在当前教育"双减"的背景下，孩子的社区参与时间会逐步宽裕，而孩子是大多数中青年居民家庭的中心，围绕孩子多设计体验价值、投资价值高的社区参与项目，并提供充足的空间和资源，显然将是未来社区参与项目最大的生长点。

（二）项目专业性的两个维度

那么，如何才能促使社区参与从"热闹型"向"价值型"转变呢？可以分为项目组织和活动内容两个层次来看。首先，社区参与项目的组织设计要科学，要有专业性，这样才能有效调动参与积极性，增强问题解决的针对性、精准性和活动效果的积累性；其次，服务内容要有专业性，这样才能提高解决问题的质量和效率，或者在体验和投资的意义上带来价值。

1. 项目设计的专业性

目前北京市各区都建立了社区社会组织支持性平台，区级有，理论上街道层级也都有。但基本的做法，不论是区级还是街道级，就是聘请一个或若干个第三方"支持性"社会组织，对社区社会组织进行培训，或者组织、训练它们申报社区公益项目。这种支持方式在初期当然是有用的，但是我们调研发现，现在社工和社区社会组织带头人都觉得这样做已经不够了。平台"支持性"组织开展的培训，往往是一般性的理念和技能，而现在社区社会组织需要那种真正管用的、能解决问题的技术。

这些技术可以分为两个层面。一个是通用型的，如怎么挖掘、培养居民领袖，怎么开会协商，还有诸如如何处理项目财务、怎么写项目书。这些通用型技术培训目前街道级、区级平台第三方组织可能已经在做了，剩下的问题只是如何逐步提高。另一个是专用型技术。社区社会组织申请项目是为了做事、把事做成，而不同类型的事有其自身的规律，做好它需要不同的技术。就拿北京这两年力推的垃圾分类来说，如何促成居民养成分类习惯？很多项目都开始运用"21天打卡"方式，这就是运用了具有心理学专业知识的技术。再比如社区社会组织经常会开展的书画培训活动，简单地说就是请老师上几次课，但专业的老师就会根据技能培养的阶段性，用不同的方式去教。社区社会组织具体分多少类或怎么分，这是见仁见智的事情。但至少可以确定，社区社会组织应该分为很多类型，不同类型有不同特点、不同的活动内容和任务，促进它们完成任务的技巧自然也是不一样的。

调研中，有少数街道已经开始超越用一两个第三方"支持性"社会组织覆盖所有社区社会组织的做法了。它们开始给每个社区，按照其社区社会组织发展的重点方向，单独配备不同专长的专业社会组织或专家进行培训和督导。这是一个值得关注的正确方向。

2. 服务内容的专业性

除了项目设计上的专业性，还有服务内容上的专业性，这对于我们说的创造体验价值与投资价值尤其重要。回到刚才的例子，潜在的"二代公益人"不愿意去参加广场舞活动，但愿意参加比较高端的舞蹈培训。其中核心区别在于，学习广场舞，大家平时爱唱歌爱跳舞，看看视频就可以学会，但比较专业的舞蹈需要有专业老师来指导和训练。再比如足球，有专业教练指导的足球，跟大家平时玩的踢球完全不是一个概念。专业性的指导和训练能带来较高的体验价值或投资价值，但另一方面，这种服务也是高成本的，因为这种服务是高知识密度、高技能密度，同时又是高时间消耗的，需要较长时间的面对面、手把手传授和反复纠错。

## 三　政府培育支持机制如何升级到2.0版

我们看到，社区参与活动只有具备专业性才能给"公益二代人"群体带来价值，才能争取到他们参加这些活动的时间；而专业性需要更精准的技术性支持，也需要更高的成本投入，这些是目前的支持体系和投入机制难以完成的任务。因此，"公益二代人"的挖掘与培养，不仅是寻找一个新的参与群体，更是社区参与性质从"热闹型"向"价值型"的转变，进而要求政府培育支持机制同步升级到 2.0 版。

### （一）党建统筹下的整合、打通是基本思路

为了实现社区社会组织活动两个层面的专业性，一个方面是要有专业性

的培训和针对性的督导，另一个方面是要能够运作专业性的服务资源。后者对政府现行支持体系的挑战更大。从资金管理的便捷性、灵活性和有效性，到街道内社会建设部门与党群部门之间的协调联动，再到相关商业性专业服务资源的引入利用，以及相关专业性居民人才资源的激励利用，都需要对当前的政府支持体系进行实质性的调整、升级。区级乃至市级应从构建国内大循环发展格局、打造高品质生活、实现社会主义现代化强国建设的历史高度①，以及支持基层党组织承担领导基层社会治理基本职责的党章要求的政治高度②，认准目标路径，聚集足够的政治能量，通过党建引领统筹，协调不同部门、不同层面，打通各个环节③。

从本研究的主题来看，需要四个维度的整合与"打通"：区、街两级相关支持部门之间的纵向整合，区、街两级相关部门之间的横向整合，政府、市场与公益三大部门之间的整合，以及市级人才志愿服务政策与社区参与促进之间的高位整合。

### （二）纵向整合：提升督导专业性

现在北京支持社区社会组织的模式是，区级请一个或几个第三方"支持性"社会组织，给社区社会组织做通用型辅导；街道一级也请一个或几个第三方"支持性"社会组织，给社区社会组织做通用型辅导。只做通用型辅导，局限性很大，而且区、街两级存在重复建设。结合调研发现，我们认为，区

---

① 对于国内大循环，一般仅仅理解为经济层面的循环、物质产品、商业服务的循环；然而高品质生活并不只有物质产品和商业，发展到一定阶段，社会、文化层面的产出和消费同样重要，甚至对人们的生活品质更重要，所以国内大循环不仅仅是物质产品和商业的循环，更应该是物质产品、社会产品、文化产品之间的循环，商业服务、公共服务和公益服务之间的循环。

② 中共十九大修改的党章，对基层党组织基本职责做了新的规定，在原先"领导本地区经济社会发展"职责之外，新增一条"领导本地区基层社会治理"。

③ 如果从历史的宏观视角看新中国成立以来的政府运行体系，改革开放前可能是重政治整合、轻具体规则刚性约束的。改革开放以来通过强调量化考核、问责，强调党的各种纪律，逐步实现了具体规则刚性化，但各部门之间有效整合受到了一定程度的影响。今后应该在党委的统筹下，通盘考虑各部门之内和部门之间的具体规则，在系统优化规则的基础上，实现规则刚性与政治整合的科学统一，既要保证规则的刚性，也要保证在这些规则之下确实能"跑通"、能把该办的事相对高效地办成。

级应该建立一个专家库或者专业社会组织库，明确每个专家、每个专业组织所擅长哪些领域，然后街道和社区根据社区社会组织发展的需要，从库里找组织、找专家来进行专用型技术层面的辅导和督导。这样就是区级和街道一级的打通。有的街道已经开始这样做，但不是每个街道级平台都在专业领域内有足够广泛的专家、社会组织资源，也不是每个街道都有必要的鉴别能力，因此，政府才应建立一个资源平台。购买督导服务的资金应主要由街道和社区支付，这样它们才能认真进行选择，使资源库得以在使用中优化迭代。区级平台可根据督导效果进行一定程度的补助。

建立这样的督导专业资源库，不仅能避免社区社会组织简单重复，较快速地向专业化累积性方向发展，从而提高对"公益二代人"的吸引力，也有助于整个公益社会组织发展生态的改善。当前这些专业社会组织的发展状态也不太好：它们的运转主要依靠承接政府采购项目，但近几年政府购买服务的资金总量在下降，项目工作量大、项目周期短且专业方向随机，很不利于社会组织在少数专业方向上深耕发展。在这种情况下，新建立的督导专业资源库可以使入库的社会组织通过给大量社区社会组织提供督导获得业务锻炼和资金支持，从而坚持自己的专业方向，良性发展下去。

建立专业资源库近期即可发挥作用，长远来看，还应在公益社会组织生态圈中发展"产业链"：少部分具备研发能力、项目执行能力也过硬的精英社会组织结合落地区实际开发社区参与项目，大量的一般社会组织和社区社会组织负责实际落地执行，同时由精英社会组织开展督导。如此，就将这些精英社会组织的优势充分发挥出来了，而且社会参与项目也在研发—执行—反馈的循环中不断优化、深化，好的项目可以加速推广，同时做执行的一般社会组织和社区社会组织也从专业化的执行和督导中获得了快速成长[1]。这样，整个公益社会组织生态会迅速发展，同时，吸引"二代公益人"参与的项目也会大量涌现。

---

[1]　刘阳：《从泛项目化到有组织的项目化——关于培育孵化平台推进社会组织参与社会治理的思考》，微信公众号"公益慈善学园"，2019 年 8 月 14 日。

### （三）横向整合：打破行政部门分割状态

横向整合主要有两个层面。第一个层面是街道内部相关主管部门间的整合。现在实际工作中经常出现的一个问题是，街道社会建设办公室特别是社区社会组织"支持性"服务平台的工作，受到街道主管副主任和街道主要领导人事变动的很大影响。新换的街道领导有时候了解不了这块工作，导致社区参与的停滞与倒退。这种基层政策上的波动，对将来"公益二代人"群体参与的影响，要比对传统的老积极分子参与的影响大得多。因为前者在活动组织上更复杂，对资源投入的要求也更高，更容易受到基层政策的影响。同时"二代人"群体本来对基层干部的信任度相较于老积极分子群体就较低，参与积极性比较脆弱，更容易被政策波动破坏。

怎么解决这个问题？一个可行的办法就是加强街道领导班子对这部分工作的了解。比如让街道社区社会组织"支持性"服务平台负责人能够在书记办公会或者主任办公会上定期进行直接工作汇报，让整个街道的领导都能对这项事业有所了解。将来换主管领导，如果新领导是街道内的，他自然了解这项工作，如果是外调来的，班子里的其他领导了解，也有助于他较快地了解。党的十九大报告和新党章将领导基层治理作为街道社区党组织的两大主要职责之一，社区社会组织培育有理由成为街道的重点工作。

另一个街道内部部门之间的整合问题，就是两个主管部门之间的协同。在北京，街道中的社会建设办与党群办的职责都与社区居民参与有关，且两个部门分别有条线上的经费，分别为每个社区公益金 10 万～15 万元和基层党组织服务群众经费 40 万元。从调研的情况看，目前大多数街道这两个条线在居民参与动员上是分别运行的，资金分散，而且运行成本上升，综合效果打折扣。社会建设办和党群办在社区居民参与动员上应该加强联合联动。可以成立一个联合小组，由街道工委书记挂名组长，两个部门的主管领导轮流当执行组长，有与社区参与相关的事情大家一起做，相关工作业绩两个部门分头表述。既然领导本地区社会治理是党章规定的基本职责，街道工委书记任联合小组组长也顺理成章。

第二个层面的部门分割问题涉及社区参与经费的使用规则。在当前"从严治党"的大背景下，社区参与资金的使用问题比资金总额问题更直接地影响社区参与工作的开展。当前街道预算资金中用于促进社区参与的部分，与其他用于日常办公的部分，使用规则和审计规则是相似的。财政、审计部门从保证财政资金安全运行的角度进行管理，不怎么会照顾社会参与领域在资金使用上的特点。这就造成了一方面党委和政府鼓励居民参与，另一方面财政、审计等部门客观上对参与起到了阻碍作用。

如何缓解这方面的问题？单纯放松资金管理确实有纵容腐败的风险，而一旦腐败大范围渗入，更不利于社区参与的发展。我们认为，可以通过改革资金运行方式，起到"放管结合"的效果。区财政将资金打包给街道平台，后者借鉴基金会的资金管理方式来运行，以区别于机关的行政事业经费的管理和审计方式，这是"放管结合"中"放"的一面。在对街道平台促进社区参与的成效上，要进行专业的、科学的评估，这又是"管"的一面。对于绩效有问题的街道平台，通过压缩来年资金投放量等方式来惩戒。北京市有的中心城区推动街道社区社会组织"支持性"平台法人化时间很长了，但大多数街道的积极性始终不高，因为它们觉得是不是法人化，在实际工作中没有什么区别，在管理上还是采用行政事业性经费的方式和标准。如果将有法人资格的街道平台资金管理基金会化，必然能激励街道平台的迅速法人化、正规化。

### （四）内外整合：经营性专业社会服务资源进社区

如果说以上关于纵向整合、横向整合讨论的是政府体系内为了搭建2.0版政府服务支撑体系如何"跑通"的问题，那么为了给社区参与注入必要的专业性服务资源，还有必要讨论政府、市场与公益三大部门之间的整合问题。以青少年的非学科培训为例。青少年社区参与最大的障碍就是他们课余时间一般要参加课业辅导班和非学科培训。对于前者，国家已经开始大力整顿，但后者可能会有较长时间的市场需求。有没有可能把大部分非学科培训拉到街道、社区里面来？

　　我们首先从理论上分析青少年非学科培训进社区的可行性。从家长角度看，这有多方面的好处。第一是降低了家长的选择成本，社区直接拉来一个优质培训机构，比家长自己去甄别市场上鱼目混杂的机构、花很多的时间精力去比对挑选，省时省力。其二，降低接送、陪伴成本。让孩子去上市面上的培训班，家长得接送，花不少时间，如果社区里就开了，去接送这个时间就省下来了。其三，市面上的培训，收费是市场价格，其中包括获客成本、成班规模不确定带来的风险成本，而拉到社区里来，省去这些成本，就可以让利给家长。其四，对青少年来说，关系亲密的小伙伴对成长很重要，如果他去参加社会上的培训，由于来参加培训的都是不同社区、不同街道的孩子，他们就只能在这个课上见面，上完课又各回各家了，就不容易形成伙伴的关系；相反，如果同一个社区的小朋友又在同一个社区中参加培训，更有可能成为关系亲密的伙伴，同时孩子的父母也可能因为共同参加培训而相互熟识，发展成较好的邻居关系。其五，孩子学的才艺需要课后训练，也需要展示展演，这些环节社区都是可以提供空间和舞台的。

　　同样，对培训企业来说，能够在社区中开展非学科培训是它们求之不得的。尤其是当前政府对非学科培训进行了限价，靠提高价格获取利润的路走不通了。通过与街道、社区合作，获得大量、稳定的生源，不仅能极大地降低获客成本，而且能获得规模效益，是它们最优选择。

　　既然供需双方都受益，此事在理论上就是可行的。但实践上的风险在哪？我们调研时跟街道领导探讨，主要是担心商业性培训机构进社区后，会不会借着培训的机会进行过度的商业推广，还有就是顾虑社区干部会被居民怀疑跟这些商业性机构有什么经济上的关联。其实这个问题是可以解决的。可以由街道一级或若干街道联合对培训机构进行统一的甄选和对接，而不是由社区自己出面联系这些商业性的组织。这样做有两方面的好处，首先，街道一级或街道联合体对接商业培训机构更有谈判地位，不仅可以谈到更低的价格，而且可以要求对方承诺不得进行过度的商业宣传，如果违约就加入黑名单，这样对培训机构是一个很大的威慑。其次，这样也消除了社区领导跟这些机构有经济关联的嫌疑。

在商业性培训机构进入社区的基础上，机构和家长都因为社区的中介作用得到了益处，可以要求双方都给社区提供公益性服务。从理论上看，在政府、市场、社会这三方中，这其实就是政府与市场之间的协作，产生了对社会有益的社区平台。同时，我们可以在这种协作中加入公益性社会组织。参加街道、社区非学科培训的孩子和家长，还只是接受服务，并没有参与公益，还只是潜在的"公益二代人"。社会组织可以负责探索，怎么样借助这样一个平台，在潜在的"公益二代人"群体中发掘培养社区公益的真正参与者，让这些公益潜能被发掘出来的孩子、家长，甚至这些商业性机构，如何更有效、更专业性地参与社区公益。换言之，公益性社会组织可以在这个平台基础上去探索和研究新型社区公益项目，就可能开创有专业性的、有价值感的社区参与新局面。

## （五）高位整合：发挥居民专业人才的作用

为社区社会组织提供专业性服务资源，除了上面讨论的商业性培训机构外，还有一个可供开发的巨大资源池，就是在社区内或街道辖区内居住的专业性人才。作为首都，北京所拥有的社区参与人力人才资源，以前是"朝阳群众"，今后可能就是首都作为文化中心、科技中心，所拥有的各种类型的专业人才。不论多高端的人才，他必然居住在某个小区、某个社区、某个街道。

但调动这个庞大人才群体的积极性，需要市级层面进行志愿服务，乃至人才政策层面的改革调整。我们认为，可以借鉴深圳曾经运行很好的义工服务与市民待遇挂钩的志愿服务激励思路。深圳经过认证的义工，不仅可以享受各种生活服务上的便利和优惠，其社会服务时长也可以折算成积分落户的一部分分数。这种将志愿服务与服务者在城市生活中的权益进行挂钩的思路，可供我们借鉴。

可以设想建立一个不同于现有的大众型志愿服务及积分回馈体系的专业型社区志愿服务体系。对于街道、社区聘请的有专业技术证书的专门人才，或者虽然没有证书，但专业才能确实突出、确实为社区所需的人才，可以通

过街道或者区级有关部门进行认定，吸收为专业型社区志愿者，为社区居民提供专业服务。这些专业志愿者是催生、动员"二代公益人"的种子，特别宝贵、特别重要，不能像对老一代社区积极分子那样，象征性地发点日常生活用品，这种回馈方式只对"初代公益人"有用。需要给予能够打动他们的回馈，比如，优先看病挂号、优先购车摇号、优先分配政策性住房，跟单位联动，优先评优选先、优先入党提职等，可能最有含金量的是积分落户加分。换言之，城市生活中优质的东西以促进社区公益、社会公益的方式分配，从而推动整个城市迈向更加优质的生活。这在一定意义上也可以看作"内循环"——城市社会公益的"内循环"，也可以看作超大城市市域社会治理的重要组成部分。

当然，这样的设计也要考虑实施中的风险。最主要的风险在于，这么高含金量的回馈内容，会不会诱导基层腐败和滥用？某个专业人才跟街道或者社区的领导关系好，没做这个服务，街道社区就给积分，导致积分贬值，破坏社区公益的信用。这种情况是必须避免的，可以进行严格的设计，比如把所有的社区专业服务都录像并上传专门网络系统，政府有关部门随时可以抽查，或者当有的居民有异议，也可以组织专家根据视频内容进行服务专业性复审。在互联网时代，只要充分利用技术手段并严格设计相关程序，是可以防止对专业社区服务回馈的滥用的。只要防住了滥用，就可以将回馈的含金量提得较高，从而更有效地引导、激励居民专业人才为社区提供专业的志愿服务，为"公益二代人"的发掘培养创造更大的空间。

以"朝阳群众"为代表的首都老一代社区参与积极分子随着年龄的增长逐步退出社区参与的舞台，当前迫切需要在社区中寻找"公益二代人"。但新一代居民的代际特征要求政府和社区提供更有价值的参与机会。这对参与设计和服务内容的专业性要求大大提高，地方政府的整个社区参与支持体系需要升级到 2.0 版本。这个升级通过党建统筹打通而完成，大致可分为三个逻辑步骤（见图1）。首先，通过内外整合与高位整合，吸纳青少年非学科培训机构、居民中的专业人才等专业性的服务资源提供服务，吸引和凝聚青少年及其家长等潜在"公益二代人"群体。其次，通过内外整合与横向整合，通过专业社会组织的公益研发、街道部门工作整合与政府资金支持机制改革，将潜在"公益二代人"群体部分转化为真正的"公益二代人"。最后，经过纵向整合与横向整合的组合，向"公益二代人"提供专业督导资源和相应资金支持等，为"公益二代人"提供服务社区的舞台。需要说明的是，这只是逻辑步骤，实际操作可以从第三步开始，步步逆推，逐步加大创新与统筹整合力度。

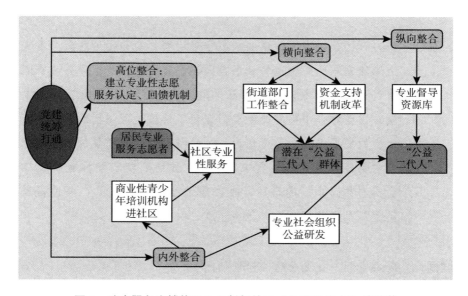

**图1　政府服务支撑体系 2.0 版与社区"公益二代人"的培养**

注：社区中"公益二代人"的培养分三个阶段，分别为三个双侧圆角矩形中的三个群体；在党建统筹打通（椭圆）总思路下，通过四大维度整合机制（四圆角矩形），围绕每个阶段、每个群体形成若干服务支持机制（矩形），共同构成支撑体系 2.0 版。

# B.14
# 公共空间营造与社区治理创新

## ——基于上海市东明路街道社区花园建设实践的分析

金 桥*

**摘 要：** 城市社区公共空间营造实践蕴含着治理创新的理论意义。本文以
上海浦东东明路街道的社区花园建设为案例，介绍了公共空间营
造过程中不同主体的角色与作用，概括了其主要成效与基本经
验，进而结合中央有关要求，探讨了社区治理创新的理论意涵与
未来的发展方向。分析认为，公共空间营造所倡导的参与理念符
合"共建共治共享"要求，多元主体协商参与架构有助于"社
会治理共同体"的形成，其实践过程也可以体现"全过程人民
民主"的基本原则。

**关键词：** 公共空间 社区营造 治理创新

## 一 政策背景与理论意义

党的十九大报告提出，要打造共建共治共享的社会治理格局，加强社区
治理体系建设，推动社会治理重心向基层下移，实现政府治理、社会调节和
居民自治的良性互动。党的十九届四中全会要求构建基层社会治理新格局，
完善群众参与基层社会治理的制度化渠道，健全党组织领导的自治、法治、

---

* 金桥，上海大学社会学院副教授、上海大学人文社科处副处长，研究方向为社区治理与社会
参与。

德治相结合的城乡基层治理体系，建设人人有责、人人尽责、人人享有的社会治理共同体。2021年4月28日印发的《中共中央国务院关于加强基层治理体系和治理能力现代化建设的意见》指出，加强基层治理体系和治理能力现代化建设，要以增进人民福祉为出发点和落脚点，以加强基层党组织建设、增强基层党组织政治功能和组织力为关键，以加强基层政权建设和健全基层群众自治制度为重点，以改革创新和制度建设、能力建设为抓手，建立健全基层治理体制机制，推动政府治理同社会调节、居民自治良性互动，提高基层治理社会化、法治化、智能化、专业化水平。在此背景下，全国城乡各地涌现出诸多基层治理创新的实践探索。

2019年11月，习近平总书记在上海杨浦区滨江公共空间和长宁区虹桥街道古北市民中心考察时，分别提出了"人民城市人民建、人民城市为人民"重要理念和"全过程人民民主"重要思想。2020年6月，上海市委十一届九次全会提出要把握人民城市的主体力量，促进人人有序参与治理，既要畅通渠道平台、完善协商民主、加强基层治理，更好保障人民群众有序参与，又要坚持党建引领，更好发挥基层党组织在推动共治自治中的组织领导作用，更好强化街镇、社区在基层治理中的基础性作用，共同推进社区"微治理"，激活城市治理的"神经末梢"。2020年11月，上海市民政局发布《关于落实"人民城市"理念加强参与式社区规划的指导意见》，要求以共同参与、共同治理社区美好家园为引领，以"参与式社区规划"为着力点，统筹社区规划师专业力量和社区自治共治力量，推进社区空间治理，打造共建共治共享的社区生活共同体。由此，上海城市社区空间更新实践所蕴含的治理创新意涵在政策话语中得到更大程度的重视和挖掘。

自芝加哥学派兴起以来，地域空间一直被视为社区分析的基本要素之一。空间不是地理空间、物理空间的单一存在，还要阐释其社会意义，既包括空间特征对社区行为的影响，也包括社区其他要素变迁对于空间特征的影响。在城市社会学不同发展阶段的学者看来，城市的空间结构或者是产业发展与人口流动的自然结果，或者是资本、政府与社会力量斗争、博弈的体现。同样源自欧美的社区营造运动强调以自治的方式解决社区问题，并在这

一实践过程中重视对社区共同体意识的重塑。社区营造的实践形式丰富多样，但在国内城区的典型体现以推动社区空间"微更新""微改造"为主，因而其与社区治理创新的关联值得更多关注。以下将以上海市东明路街道近年来推动"社区花园"建设实践为例，分析其中不同行动主体的角色与作为，概括其特点与经验，反思所存在的问题，并结合相关政策讨论此种公共空间营造对于社区治理创新的意义。

## 二 上海市东明路街道社区花园建设实践

东明路街道位于上海市浦东新区，街道成立于1999年12月，为浦东最年轻的街道，在上海城市发展过程中承担了大量动迁安置任务。街道辖区面积5.95平方公里，由凌兆新村和三林城两大区域组成，辖38个居民区、73个住宅小区。街道实有人口总数12.74万，其中户籍人口7.4万、外来人口3.2万。作为上海市首个中心城区园林街道，东明路街道积极贯彻"人民城市"重要理念，紧紧围绕"宜居东明、人民社区"建设目标，以社区花园建设为抓手，有效融合社区规划与社区自治共治，努力提升居民群众的获得感、幸福感。

### （一）社区花园建设动力：赓续传统与理念转变

东明路街道拥有自身的植绿护绿传统，近年来的社区花园建设实践是这一传统的体现与延续。2016年，东明路街道被评为"上海市园林街镇"，这是上海第一个位于中心城区的花园街镇，园林绿化由此成为街道的一项特色优势工作。此后，结合浦东新区于2018年启动的"缤纷社区建设三年行动计划"，街道引入"社区花园"理念，推动社区花园建设实践，不断巩固园林街镇创建成果。2019年，"心怡乐园""幸福园"两个口袋公园分别被评为新区缤纷社区优秀小微项目一等奖、优秀自治项目一等奖。2020年，在不同居民区推动建成10个迷你社区花园。2021年，街道一方面把新建和改造15个居民区社区花园列入实事项目，一方面引入专业社会组织推动参与式社区规划，致力于把"宜居东明、人民社区"三年社区更新行动规划落到实处。目前，街道有 2 个单位创建成为市级以上绿化单位，13 个小区建成上海市园林式小区，16 个小区创建成为浦东新区绿色社区。

更为重要的是，社区花园建设历程体现了街道在园林绿化工作方面从"管理"到"治理"的理念转变。此前，巩固园林街镇创建成果主要是街道管理办与市容绿化部门的职责，二者在居民区开展了大量的补绿工作，但居民爱绿护绿意识薄弱和老旧小区物业对绿化养护管理不到位，经常导致绿化补了又毁，补绿成效大打折扣。而社区花园建设的核心理念是自治参与，将花园视为社区公共空间，吸引各种社会力量共同参与建设，尤其是致力于促进居民自组织的培育和发展，体现了自治、共治的建设思路。2019 年开始，街道将社区花园项目与自治办的"特治金"项目相结合，在各居民区普遍推行护绿项目。2021 年，街道在社区党群服务中心创建"居民区治理创新实验室"，目前设立了"微治理""微智慧""微基建"三大类 20 多个项目，其中包含十多个小区的花园建设项目，通过社区花园建设积极推进党组织领导下的居民区治理机制创新成为街道的主动追求。

### （二）社区花园建设实践：党政主导下的自治共治

#### 1. 街道：引领与支持

在街道层面，街道党委、办事处多年来对社区花园建设一直比较重视，结合上海市、浦东新区要求持续推进相关工作，将之作为居民区治理创新的重要抓手。2019 年以来，街道将社区花园建设列为年度重点工作或实事项目，引入专业社会组织，党建办协调不同部门形成合力，管理办提供专业绿化建设团队和绿化管养相关技术指导，自治办以绿化特治金项目给予资助，宣传部门强化舆论宣传，构成了对社区花园建设的强有力支持。

以社区花园的专业队伍建设为例，街道持续打造多样化、协同化、专业化的社区规划师队伍，切实为推动社区花园建设和参与式社区规划工作提供专业支撑。在街道层面，将来自街道管理办、自治办、团工委等与社区规划有着密切联系的内设机构青年干部组织起来，建立青年社区规划和社区花园

小组。在居民区层面，深度挖掘具有专业背景的本土青年社区规划师，建立社区规划师先锋队。同时，通过居委推荐、居民主动申请双向结合的方式，建立居民区内部的社区规划小队和儿童参与的小小规划师队伍。通过层层发动，形成了从街道到居民区再到具体小区的社区规划师人员梯队，并明确社区规划师队伍体系内的各自职责。青年社区规划和社区花园小组发挥指导推动作用，采取"手把手""点对点"方式精准指导各自联系居民区的社区规划工作。社区规划师先锋队发挥核心带动作用，作为街道与社区居民之间的沟通媒介，确保社区规划工作既深入贯彻街道意图又真实反映居民意愿，同时对居民社区规划小队开展日常培训辅导。居民社区规划小队发挥广泛发动作用，进一步向周围其他居民传递参与式理念，形成人人广泛参与社区规划的氛围。

2. 组织：指导与培育

社区花园建设具有专业性、社会性的双重特点，保障其效果既需要专业社会组织的有力指导，又需要社区自组织的良好运行。在街道支持下，来自同济大学和专业社会组织（四叶草堂）的专家团队也在指导社区花园建设、培训本土社区规划师、培育社区营造氛围等方面发挥了积极作用。上海四叶草堂青少年自然体验服务中心多年来致力于社区花园建设实践，倡导公众参与的自治理念，在东明路街道主要是通过团队培训赋能来推动社区自主设计、营造、维护社区花园。街道联合同济大学挂牌成立社区花园与社区营造实验中心实训基地，并与四叶草堂合作，2020年培训了15位志愿者，2021年进一步设计定制版"参与式社区规划"系列课程，采取专题讲授、小组研讨、案例设计等多种方式，全面提升街道干部、本土规划师和普通居民的规划能力水平，助力社区花园建设。

尽管有街道和社会组织的积极支持，但社区花园项目的实施主体仍是居民及其自组织，首先是具有专业知识的规划或设计达人、有一技之长的志愿者骨干等社区能人。一方面，多个居民区重视挖掘自身的能人资源，设计专业出身的居民董小姐、李女士成为各自小区花园建设的核心，凌十二居民区的多位老年志愿者均在花园景观营造中各展所长。另一方面，街道通过一系列培训活动，积极培养专业人才，推动本土社区规划师全覆盖。以花园维护、绿化养护为职责的常态化志愿者团队是各居民区社区花园建设能否成功与持续的关键。街道自 2019 年开始的社区花园建设实践带动了一批居民区自治团队的成立，各支团队在党组织的引领下，整合规划能人、志愿者骨干和居民的力量，成为社区花园建设与维护的主力军。金色雅筑小区以亲子家庭为纽带组建了年轻的护绿队，凌十二居民区已组建起 20 多人的能人队伍和 80 多人的志愿者队伍，构建起了花园维护的长效机制。

3. 社区：整合与参与

在基层社区层面，街道多个居民区党组织围绕社区花园建设，积极发挥对多方主体的整合、协调作用，构建起纵向联动、横向联合的治理框架，为社区花园项目的有序推进提供了组织保障。在新月一、凌十二、金色雅苑等居民区，党组织协调居委会、物业公司、业委会多次召开联席会议，发挥"三驾马车"作用，向上联系街道管理办、自治办等部门，向下联系业务骨干、志愿者和普通居民，整合资源，形成合力，有效推动了社区花园建设。

社区花园建设的初心是满足居民的美好生活需求，其成效也需要由居民来检验，更重要的是通过建设过程带动广大居民对于社区公共事务的关注与参与。东明路街道在推进社区花园建设的过程中，努力使社区自治共治更有秩序、更具活力。一是坚持全过程参与。如社区花园项目工程涉及前期的设计论证，建设过程中的垃圾清运、景观布置，后期的日常养护等诸多事项。街道联合居委会以及专业团队利用"三会"等居民议事机制，围绕社区花园为什么建、怎么建、建完以后如何维护等问题，全过程广泛听取社区意见建议，确保更好满足居民多样化需求。二是坚持全年龄段参与。社区花园建设实践带动了一批居民区自治团队的成立，各支团队在党组织的引领下，整合规划能人、志愿者骨干和居民的力量，成为社区花园建设与维护的主力军。街道结合儿童友好社区建设，创建"明日之城"小小社区规划师工作坊，推动社区儿童深度参与社区规划和社区花园建设。同时也有效带动了更多的家庭投入社区花园的建设，广泛覆盖不同年龄段，共同打造社区公共空间。

### （三）社区花园建设的成效与经验

#### 1. 社区花园建设的积极效果

东明路街道的社区花园建设实践取得了显著成效，主要体现在四个方面。

一是变"荒地"为"花园"，更好满足居民美好生活需求。社区花园建设最直观的效果是美化了社区环境，更好地满足了居民对于美好生活环境的普遍需求。进入新时代，随着全面建成小康社会和生活水平的不断提高，居民对于美好生活的需求也日益增长，社区花园项目很好地迎合了居民在居住环境改善方面的需求，因而广受欢迎，具有推广的意义。东明路街道是一个以居民区为主的街道，老旧小区的绿地面积小，本地动迁小区存在毁绿种菜现象，商品房小区的绿化维护则缺少居民的关注。通过社区花园建设，街道已有十多个小区将原来的"荒地"或"菜地"开发为绿色景观，办起了家门口的"花博会"，为社区增光添彩，有效改善了社区环境，提高了居民的获得感、幸福感。

二是由"旁观"到"参与"，进一步激发居民社区自治活力。社区花园建设更重要的效果是激发了自治活力，在党建引领、政府支持的条件下，更多的社区能人、志愿者和居民参与到建设过程中，更多的自治团队得以建立，并成为花园后期维护的主力军。人民城市建设离不开人民群众的广泛参与，人民社区建设同样要求居民积极关注、参与社区事务。

三是从"单干"到"共建"，有助于完善党组织领导下的社区治理体系。社区花园建设更深层次的效果是在党建引领下推动了社会多元力量对于社区建设的参与，有助于完善党组织领导下政府、市场、社会、居民等各方主体协商合作的社区治理体系。

四是化"陌生"为"熟悉"，通过营造地域生活共同体夯实社区治理基础。社区花园建设最为根本的效果是促进邻里交往，增进社区团结，积累社区社会资本，打造更为熟悉的社区共同体，不仅为社区有效治理打下坚实基础，而且有效降低了政府管理成本。社区花园建设绝非单一的更新改造项目，更重要的是在建设实施过程中通过居民的参与、各方的互动不断增进信任、凝聚共识、形成合力，最终提升居民的集体效能感与社区凝聚力，使互不来往的陌生空间变成其乐融融的和谐社区。在此基础上，无论是居民自治，还是社区共治，都将事半功倍、如鱼得水，从而大大提升社区治理效能。从凌十二居民区的"彩之韵"志愿者团队到金色雅筑的妈妈群，都很好地体现了支持治理的良好效果。

2. 社区花园建设的实践经验

东明路街道之所以能够在推动社区花园建设方面取得积极成效，主要有赖于以下四方面的原则与做法，即其可资借鉴的实践经验。

一是以需求凝聚共识。东明路街道的社区花园建设之所以能够持续推进并取得良好效果，不仅仅是因为政府的推动，关键在于不同层面的不同主体围绕社区花园建设寻找到了共同的需求结合点，从而凝聚了共识，形成了同心同行的局面。街道有创新社会治理、改进公共服务的总体目标，有巩固园林街镇建设成果、推动居民自治的具体任务需求；社区党组织、居委会需要履行上传下达的基本职责，围绕街道中心工作和居民普遍需求，找到"上下同欲"的结合点，促进上下联动；居民则有追求美好生活、改善居住环境的基本需要。社区花园项目具有成本低、易操作、成效直观的特点，可以将不同层级的各类需求勾连起来，构成了项目实施的内在动力。

二是以党建整合力量。社区花园建设是以党建引领自治共治的实践过程，诸多主体参与其中，党组织则是整合各类主体力量的领导核心。在东明路街道，党组织的领导作用主要包括：①街道、居民区两级党组织对辖区内政府机构、企事业单位、社会组织、社区组织的资源力量进行整合，积极构建居民区党组织领导的"1+2+3+N"社区治理体系，形成推动社区花园建设的合力；②居民区党组织有意识地挖掘对于规划设计有一定专长的能人，以骨干带动团队，促进居民自治；③发挥社区党员的先锋模范作用，推动其积极参与志愿服务、诉求表达、协商合作。党组织对各类主体力量的有效整合为社区花园建设项目的实施提供了组织保障。

三是以项目保障成效。东明路街道的社区花园建设都是以项目的方式加

以推进的，项目化运作是保障社区花园建设效果的重要机制。无论是缤纷社区建设项目、特治金项目还是当前的"三微"项目，都需要按照项目化运作的要求执行从申请、设计到实施、评估的一系列流程，以契约和程序的方式对项目各方行为进行监督，从而为项目取得预期成效提供了制度保障。社区花园项目的实施主体是本土"社区规划师"与志愿者团队，项目实施的一个关键是周边居民的全过程关注和参与，包括对设计方案出谋划策、为志愿者的劳动喝彩点赞、对花园建设过程的围观和"挑刺"等，事实上构成了对项目的外围支持和全面监督，以充分的自治参与保障了项目效果。

四是以特色推动创新。社区花园建设项目虽小，其中却蕴含了巨大的创意空间，可以结合社区特征因地制宜地进行创作，不仅最终呈现的花园景观各具特色，而且花园建设路径及其所依赖的自治共治方式也可以探索创新。在街道建成的社区花园中，新月一居民区的"心怡乐园"强调多功能融合，凌五居民区的"心境花园"突出"可漫步"理念，而金色雅筑、红枫苑、翠竹苑、安居苑、盛源、凌三、凌八、凌十一、凌十二等居民区的 Mini 花园都能结合社区自身资源、人口特征和居民需求进行设计。在项目实施方式上，老小区着重发挥老年志愿者团队的作用，商品房小区则通过"小手拉大手"吸引亲子家庭积极参与，体现出居民区治理创新的不同路径。

# 三　总结与反思

前述内容从背景、做法、效果、经验等方面介绍了上海市浦东新区东明路街道近年来推动社区花园建设的实践状况，以下将结合习近平总书记讲话和中央有关文件精神，对以社区花园建设为代表的公共空间营造实践中的社会治理创新意涵进行分析，并针对实践中依然存在的某些问题提出进一步的完善思路。

## （一）公共空间营造实践中的治理创新意涵

一是在治理理念上，公共空间营造倡导人人有序参与治理，体现了

"共建共治共享"理念与"人民城市人民建"思想。东明路街道依托社区花园建设和社区空间改造，有效激发了人民群众的主人翁精神和居民自治活力，使人民群众成为社区建设发展的积极参与者、最大受益者、最终评判者。在党建引领、政府支持的条件下，越来越多的居民从"旁观"到"参与"，诸多社区能人、志愿者和居民参与到建设过程中，更多的自治团队得以建立，并成为花园后期维护的主力军。人民城市建设离不开人民群众的广泛参与，人民社区建设同样要求居民积极关注、参与社区事务。东明路街道的社区花园建设等"微更新"项目与自治金相结合，项目实施主体是居民及其自组织团队，从规划、设计到施工、管理的整个实施过程均坚持自下而上的自治原则和开放包容的协商原则，社区空间改造由此成为具有公共性的社区事务。建成后的社区花园并非"禁地"，而是可进入、可漫步的公共空间，进一步提升了居民的参与积极性。

二是从治理主体的角度来看，公共空间营造实践提供了多元主体参与的社会空间，有助于构建基层社会治理共同体。东明路街道推动社区花园建设的实践也是积极构建基层社会治理共同体的过程。中央提出要坚持"共建共治共享"原则，加强社区治理体系建设，发挥社会组织作用，实现政府治理和社会调节、居民自治良性互动，构建人人有责、人人尽责、人人享有的基层治理共同体。推动参与式社区规划有助于在党建引领下推动社会多元力量参与社区建设，有助于完善党组织领导下政府、市场、社会、居民等各方主体协商合作的社区治理体系。东明路街道在街道、居民区两个层面的党组织引领下，整合了街道不同部门机构（党建办、管理办、自治办、绿容所等）、居民区"三驾马车"（居委会、业委会、物业公司）、社会组织（四叶草堂）、居民志愿组织以及共建单位等各方资源力量，积极构建居民区党组织领导的"1+2+3+N"社区治理体系，围绕社区花园建设和公共空间改造等项目构建起党建引领、多元参与的社区治理架构，为社区协商共治提供了组织保障。

三是就治理实践而言，公共空间营造过程蕴含了民意吸取、民主协商、公民参与等要素，体现了全过程人民民主原则。社区花园建设过程还是民主

协商、民主决策、民主管理、民主监督等全过程人民民主各个环节的生动体现，居民区"三会"、议事会、居代会、党建联席会议等各种制度平台在其中发挥了积极作用。在民主决策环节，无论是社区花园建设还是架空层等公共空间改造，都经过了民主酝酿、协商、决策的一系列程序，真实反映了人民意愿、维护了人民权益、增进了人民福祉。在民主管理环节，从 2019 年的缤纷社区建设项目到 2021 年的"三微"建设项目，都需要按照项目化运作的要求执行从申请、设计到实施、评估的系列流程，以契约和程序的方式对项目各方行为进行监督，从而为项目取得预期成效提供了制度保障。在民主监督环节，各类建设项目实施的一个关键是周边居民的全过程关注与参与，包括对设计方案出谋划策、为志愿者的劳动喝彩点赞、对花园建设过程的围观和"挑刺"等，事实上构成了对项目的外围支持和全面监督，以充分的自治参与保障项目效果。

（二）对问题的反思与进一步的努力方向

针对东明路街道社区花园建设案例的调研也发现了一些问题，比如街道较为依赖行政力量推动花园建设、不同居民区党组织的整合协调能力差别较大、不同社区花园项目运作的制度化规范化程度有异、老小区志愿者队伍年纪偏大、更多依靠熟人关系组织团队推进项目等。此类问题不仅直接影响公共空间营造的实际效果，也将使其对于社区治理创新的积极意义大打折扣。就此而言，有必要从以下三方面持续努力，以进一步提升公共空间营造的直接成效，并通过公共空间营造持续推动城市社区治理创新。

一是进一步强化党组织领导作用。健全基层治理党的领导体制，强化街道党组织对辖区内政府机构、企事业单位、社会组织、社区组织的政治领导、统筹协调、资源整合与组织动员能力，持续完善居民区党组织领导的自治共治相结合的社区治理体系。做实街居不同层面的区域化党建工作，充分发挥党建联席会议、党员代表会议、社区代表会议、社区委员会等共治平台作用，协调各方力量，凝聚区域共识，形成发展合力。进一步发挥社区党员、在职党员的先锋模范作用，以党员带群众，推动群众积极参与公益志愿服务、居民诉求表达、社区协商合作、建设项目实施。

二是进一步完善规范化操作流程。在居民区层面，通过召开楼组会议、党员议事会、居民区联席会议等，在充分吸取居民意见的基础上形成初步的社区空间更新改造项目，由社区规划师给予专业指导。修改完善后的规划项目经业主代表会议、居民代表会议表决通过。每年年底前各居民区形成相对完备的项目清单，并在次年年初的社区代表会议上进行讨论，由街道党组织统筹决定给予何种形式的支持。按照项目化运作的要求对社区空间改造项目加强全过程管理，保障项目建设质量，在项目结束后对实施效果进行评议、对经费使用进行审计，以居民为主体建立项目运维长效机制。

三是进一步提高居民参与水平。以居委会为主体，构建线上线下结合、"楼组—块区—小区—社区"不同层级联动的群众需求收集机制，动态收集整理居民需求意见，及时把握社区共同需求。在社区空间更新改造项目的立项、实施、评估各环节，通过各类平台及时发布相关信息，切实保障居民的知情权。在社区空间改造项目实施过程中，通过议事会广泛听取居民需求意见，通过听证会及时关注利益相关者的不同诉求，运用协调会积极协调各类主体之间的矛盾，通过评议会全面评估项目实施效果，努力做到利益相关者充分关注、积极分子骨干参与。

# B.15
# 城市基层社区柔性治理
# 路径探索

## ——以苏州工业园区金鸡湖街道"浸润式工作法"为例

郝佳洁 刘家熠 王靖 邹广荣*

**摘 要：** 苏州市工业园区金鸡湖街道长期致力于探索社区治理实践路径，并在实践中逐渐形成了浸润式工作法的柔性治理模式。浸润式工作法的使用过程主要分为两大阶段。第一阶段为动员，金鸡湖街道广泛发展兴趣社团，开展社区教育项目，善用居民个人角色规范等以唤醒居民自治意识；第二阶段为赋权增能，金鸡湖街道采用多种方式保障居民的需求表达，推动专业力量参与社区治理，完善志愿团队管理等以巩固居民社区参与、培养居民自治能力。金鸡湖街道的浸润式工作法在实践之中展现出了精准治理、合作治理、情感治理、文化治理的内在逻辑和治理优势，能够为我国城市基层社区平衡各参与主体，调动社区居民、社会组织等参与积极性提供借鉴经验。

**关键词：** 社区 柔性治理 创新治理 浸润式工作方法

---

\* 郝佳洁，中国社会科学院大学 2022 级硕士研究生，主要研究方向为社会治理、团体社会工作；刘家熠，北京科技大学社会工作专业本科生，主要研究方向为社区治理；通讯作者王靖，北京科技大学学生工作部（处）国家助学贷款办公室主任，讲师，主要研究方向为大学生思想政治教育、社会治理；邹广荣，苏州工业园区金鸡湖街道办事处改革创新局副主任，主要研究方向为社区治理、社会工作行政。

## 一 问题提出及研究介绍

苏州工业园区金鸡湖街道长期致力于社区柔性治理的探索，经过不断的实践和经验积累，形成了灵活的工作模式。本研究意在以金鸡湖街道为例，全面梳理分析当地社区治理实践中形成的柔性治理新路径"浸润式工作法"。

苏州工业园区金鸡湖街道行政区域面积45平方公里，人口27.7万，共有56个社区居委会。苏州工业园区金鸡湖街道工作委员会是园区管委会直属的基层行政管理机构，由园区社会管理局负责日常管理，建立了"街道办事处—社区工作站（民众联络所）—社区居委会"三级服务管理体系。

本研究选择金鸡湖街道作为研究对象，采用个案研究法和访谈法，通过与社工委干部的访谈，研读当地治理案例记录，分析当地社区治理的成功经验，提炼总结出浸润式工作法。

浸润式工作法要求：深入挖掘居民需求，以柔性方式动员居民参与到解决社区实际问题的情景中，在其中渗透先进观念，在潜移默化中调整居民行为，解决社区问题，并提高居民自治意识，培养居民自治能力。该方法参考了罗斯曼社区工作地区发展模式和赋权增能理论。工作法有双重目标：一是解决社区实际问题；二是在解决社区实际问题的过程中，培养居民自治能力，从而预防和解决将来可能出现的社区问题，与罗斯曼社区工作地区发展模式的任务目标和过程目标相对应。双重目标在实践中充分激发居民主体自觉，赋权与增能的理念自然融入其中。

## 二 浸润式工作法的柔性技术

浸润式工作法扎根于金鸡湖街道的治理实际，通过柔性治理技术唤醒居民自治意识和培养居民自主解决社区问题的能力。在实际目的层面，可将工作法的使用过程分为两个阶段：第一阶段是动员居民形成稳定的参与社区治

理的意愿；第二阶段是赋权增能，即保证居民能够充分表达需求和拥有解决
问题的能力。

## （一）动员——"让居民愿意参与"

自治实际控制感、社区社会资本、人格倾向、自治态度、自治认知，对
居民参与社区自治动力的影响由强到弱。金鸡湖社区引导社区兴趣社团发
展，促进社区及居民形成"熟人网络"，增加居民的社区社会资本，同时寻
找治理契机。优质的社区课程既发挥了宣传社区治理成果和最新政策的平台
作用，也增强了居民对社区的认同感和归属感，进而增强对社区公共事务的
关心程度，改善自治态度，同时建立起对专业社会组织的信任感。此外，浸
润式工作法还考虑到，居民在社区生活中，仍然受到"居民"之外的社会
角色的约束，并尝试合理地借助这些约束力量让居民参与社区治理。

### 1. 兴趣社团：增加社会资本，浮现治理契机

金鸡湖街道的 523 个兴趣社团涵盖文化、体育、摄影等类型。这些兴趣
社团通常由有着相同兴趣爱好的居民自发成立，以兴趣为基础连接。居民在
社团活动中积累的社会资本也成为其参与社区治理时可利用的资源，强化其
参与社区治理时的社会支持网络，增强其参与信心。

由于兴趣社团的多元发展和社区资源的有限性，彼此之间难免出现争夺
社区资源的情况，加之社团内个人需求的多样化，内部的团结与秩序也会不
时受到挑战。因此，兴趣社团要追求稳定和发展，必然要考虑社团内部管理
和不同社团之间的相处规则，这是社区工作者引导兴趣社团成员参与社区公
共事务治理的契机。

中海社区居民组成的一支广场舞队和一支交谊舞队争抢广场舞场地，各
自调高音乐音量，吵得不可开交，甚至升级为轻微的肢体冲突。附近居民不
堪其扰。中海社区党支部牵头，邀请包括两支舞队在内的各方，就此问题面
对面交流。最后两队握手言和，达成了场地使用的友好协议。

两队就社区公共资源的使用产生冲突，社团的日常活动和未来发展受
阻，也给社区其他居民带来困扰。在社团建立的熟人关系增加了社团成员参

与冲突解决的底气。社区党支部化问题为机会，邀请兴趣社团成员参与到社区冲突解决方案的制定中，在解决冲突的过程中，社团成员学习了议事规则，强化了规则意识和协商意识。

## 2. 教育课程：宣传成果政策，凝聚居民共识

社区教育是提高社区成员素质和生活质量以及实现社区发展的一种教育活动，社区教育营造的集体学习环境为宣传社区治理成果和最新政策提供了天然优势。社区教育通过知识教育、兴趣教育、文体娱乐活动等，提供公共交流空间，增进居民的沟通交往，促进社区成员相互了解、相互扶持，营造"同一个社区"的氛围，为化解社区内矛盾提供交流平台，有利于提高社区凝聚力。

金鸡湖街道于 2019 年 3 月成立了湖东联合大学社区教育品牌，提供了覆盖各个年龄段居民的课程，包括社会科学、身心健康、生活娱乐、文化艺术、职业技能各方面。迄今已开展课程 200 余门，惠及上万居民。

湖东联大在每门课前设置"课前三分钟"，展示社区工作成果，宣讲最新政策和有关知识，包括垃圾分类、反诈骗、疫苗接种等。

"课前三分钟"虽短，却是对课程平台的充分利用，集中、有效地抓住了居民注意力，让居民看见社区工作者的工作成效和所在社区的进步，同时促进居民理解政策，将政策沉淀到社区实践之中。

疫情期间家长和孩子朝夕相处，对于许多家庭来说亲子沟通成为难题。双湖湾社区邀请维爱心理咨询服务中心为家长们开设线上心理健康教育课程，引导家长倾听孩子心声，与小朋友们正确沟通，营造和谐家庭氛围。同时在课程中还举办社区学生家长座谈会，以供互相交流。

课程从居民关心的亲子沟通问题出发，彰显对居民日常生活的关怀，增加了社区的人文温度。居民在学习的同时，也与他人分享信息，展示思想，这种精神层面的邻里相助，增强了居民对社区的认同感。

玲东社区两支舞蹈队在舞蹈房使用上发生冲突，事情发展近一年，两个社团领袖的对话全靠队员传递，误会不断加深。社区基于两队居民对苏州文化的喜爱，邀请她们参加吴韵传承青少年服务中心开设的人文苏州、心理交

流等课程，两团领袖在上课现场对彼此有了一些了解，关系逐渐破冰。不久，两个社团就舞蹈房的使用也在不断的磨合中达成共识。

社区将治理元素融入社区教育中，潜移默化解决冲突，实现柔性治理。课程为社团之间化解矛盾提供了良好的资源与平台，助其成为具有独特活力与精神风貌的社区代表性社团，增强社区吸引力，营造和谐融洽的氛围。

3. 居民个人：善用角色规范，增强参与意愿

社区居民是有着多元角色和复杂社会网络的统一体。金鸡湖社区利用居民不同社会角色的约束作用，增强居民参与社区治理的动力。社会角色对应的显性或隐性规范对个人行为有约束与激励作用，善用角色规范可帮助居民调整行为，有利于整治社区风气，解决社区问题。

需要注意，若利用的社会角色处于如"领导与下属"等有较强威权色彩的关系中，居民很可能会压制自身合理诉求，不敢表达对社区政策和工作的意见建议，导致个人权利受到损害。因此，借助社会角色的约束作用时应当考虑角色所处的社会关系是否足够柔和。居民因为受到社会角色的约束，对社区政策和活动表达出的认同一开始往往不是发自内心的，但是随着不断地参与和了解，可能会发自内心地认同和支持，也可能会对此感到失望，约束失灵。角色约束有效性有赖于政策与活动本身的正确性、合理性，正确合理与否则要看是否从居民的切身利益出发，是否解决了居民真正关心的问题。这就要求社区精准识别、把握居民需求，以居民关心的问题为导向，开展工作。

星公元社区志愿者带领社区儿童将废弃的纸箱做成了各种精致的生活用品，号召他们将家里的垃圾变废为宝；组织静脉产业园亲子参访活动，让家长和孩子们学习了解垃圾焚烧的过程与垃圾焚烧发电的原理，并鼓励全家一起日常践行垃圾分类。

社区通过鼓励儿童个体参与环保教育活动，降低社区成年居民的抵触性，从而带动家长与家庭整体。社区中的大量成年居民有着"长辈"这一社会角色，这要求他们在未成年的子女或孙辈面前树立榜样形象，维护适当的家长权威，不遵循环保生活方式会对榜样形象和家长权威有损，故而他们

必须要求自己在实践中践行环保理念。

此外，"中国共产党党员"这一社会角色在社区治理中有着特殊意义。金鸡湖街道各社区基于自身实际，形成特色党建品牌，通过组织社区党员骨干，牵头协调社工、物业管家、居民小组长、业主代表、社区辅警、社区党员等多元主体，紧密对接社区内部、外部各类资源，促进居民诉求的解决、社区事务的处理、社区协商的开展以及社区文化的繁荣。

为做好疫情防控工作，都市花园社区面向辖区内全体党员及居民群众招募防疫志愿者，协助社区开展相关防疫活动。倡议书发出的短短半个小时内，22名党员志愿者陆续扫码进群，加入都市社区抗疫志愿者大队，并在群内积极响应，表示会随时待命、听从指挥。在他们的带动下，54名网格员自愿加入抗疫志愿者大队，与社区一同构筑起疫情防控安全线。

苏州新冠肺炎疫情发生以来，金鸡湖街道党工委迅速进入状态，建立高效指挥中枢，构建快速战斗单元，筑牢联防联控防线。街道党工委充分发挥党组织战斗堡垒和党员先锋模范作用，有序组织全体党群志愿者联合作战，全面筑牢分工明确、衔接有序、高效运转、执行有力的基层战斗堡垒，累计调集各级机关志愿者13142人次、社会志愿者31070人次。

在新冠肺炎疫情的极端环境下，角色自觉促使党员志愿者冲锋在抗疫一线，唤起其他居民的社区责任感，参与到抗疫志愿服务中。在遵循角色规范的过程中，党员进一步强化了对"为人民服务"这一核心角色内涵的认知，深入践行"为人民服务"的宗旨。新时代背景下，党员发挥的先锋模范作用，既维护了社区党组织权威，彰显了基层党组织战斗堡垒作用，又带动了其他居民参与社区治理。

## （二）赋权增能——"让居民有效参与"

居民在参与意愿得到激发后，面临的是参与机会获得和参与能力培养的问题。充分利用参与机会，提高参与能力是保护其参与意愿的必要条件。为居民赋权增能，一是让居民的多样需求通过多种方式，得以充分表达；二是提供社会工作等专业力量的支持；三是志愿服务团队帮助巩固参与效果。

## 1. 居民需求多样表达

有效的社区治理必须对居民的需求有着通透的认识。社区工作者只有深入居民，调查分析，才能把握居民需求，实现精准治理。但一方面居民囿于个人视角，可能无法充分地认清自身需求；另一方面，居民可能出于不愿得罪人、不愿管事等原因，不敢或不愿说出自身真实需求，这就需要社区工作者收集、分析、判断居民的真实需求。

在挖掘居民真实需求时，针对不同的情况，金鸡湖社区工作者采用了三种方式。

一是通过社区中的不良现象，反推背后的深层次居民需求。街道原有不少老年居民沉迷于打扑克牌、麻将，甚至有了赌博倾向，社区工作者从中透视到老年居民的业余生活娱乐需求和社交需求，将不良现象整治转化为丰富老年居民的业余生活和提供社交平台，在湖东联大中推出符合老年人身心特点的"模特""烘焙""歌舞表演"等课程，让老年居民找到了更多有益身心的活动方式，也拓展了社交空间。二是在社区里进行入户拜访、问卷调查，直接从正面了解居民需求。三是在已反映的居民需求的基础上，通过开展文艺类、议事类活动，融洽邻里关系，增强社区归属感，让居民愿意"张开嘴"讨论"身边事"，更充分地表达自身需求，在问题解决过程中反映需求变化。以上两种往往共同出现。

枫情水岸社区在楼道建设调查的基础上，组织40户130余位居民开展楼道活动。在破冰活动后，居民进行议事，议题由每个单元的特性问题逐步向整个社区居民共同关心的议题转变。大家表明自身诉求，寻求最大公约数，相继解决了小区舞蹈房的使用与管理和"楼道堆物"问题，促进社区公共空间的和谐有序使用和环境维护，也为后来的居民议事会打下基础。

上述案例中，传统的由少数表达意愿强的个人影响对话和会谈方式的状况得到改变，有效的、平等的、建设性的对话让参与的居民尤其是其中的年轻居民耳目一新，也让居民对社区的工作有了新的认识与看法，在参与过程中加深了对社区的了解和热爱，对社区的关心和归属感也不断升温。

2. 专业力量全程伴随

党的十九大报告明确提出提高社会治理社会化、法治化、智能化和专业化水平，打造共建共治共享的社会治理格局。不管是"让居民愿意参与"还是"让居民能够参与"，都需要链接资源，获取专业力量支持。专业力量包括社会工作者、社会组织，以及具体问题涉及的专业领域的支持。

首先，社会工作者是社区的服务提供者，也是助人自助理念的传递者。社区工作者聚焦提高社区居民解决问题的能力，挖掘社区力量解决社区问题，鼓励居民参与到社区治理中来，重视居民之间的互助与合作。部分社区工作者有社会工作教育背景，这时社区工作者和社会工作者的角色重合，也有一部分社会工作者以社区公益社会组织成员的身份出现，二者角色同样重合。

其次，社会组织是指公民自发成立的不同于政府组织、企业组织形态的非营利性、民间性组织，其在社区治理中具有促进沟通、利用资源、调解矛盾以及满足需求等多种功能，常见的有家庭服务中心、心理咨询服务中心等。金鸡湖街道注册的社区社会组织有 96 个，备案的社区社会组织有 815 个。社会组织服务范围涵盖专业社工、公益慈善、婚恋交友、青少年服务、文化艺术、身心健康、环境保护、为老服务、家庭服务、女性服务、法律服务等领域。

最后，具体问题涉及的专业领域的支持，如金鸡湖街道就停车位划分、公共场所使用等涉及法律的问题请律师答疑，就小区流浪猫喂养问题征询宠物医院专家的意见。

在解决具体事件时，这三种专业力量通常会共同发挥作用。

在解决两支舞蹈队争夺广场舞场地进而扰民的冲突中，中海社区举办多方座谈会。乐享家家庭服务中心介绍了罗伯特议事规则，取得各方的一致认同，服务中心的社工通过专业的方式给予相对中立的观点。该社区的常驻律师也就涉及的法律问题给予专业建议。

社会组织派出服务人员，社会工作者带领居民学习、运用议事规则，营造融洽的座谈会氛围，提高沟通效率。律师让冲突当事方明确责任归属，从

法律角度给出解决办法，调整当事方行为。

在帮助居民建立自主治理机制和平台时，通常是社会工作者和社会组织发挥力量。

枫情水岸小区经过萤火虫公益服务中心的引导、业委会和居委会的协商讨论，建设"社区茶馆"（社区议事厅），并投票选举成立了委员会，带领社区居民每月定期召开社区议事会议，商讨社区日常问题以及开展联谊活动。后期又制定了议事厅使用管理制度，由委员们轮值做好日常维护和管理。

社区议事厅的设立让居民有了反映问题、商议问题、解决问题的平台，居民也从一开始的观察者转变为参与者再成为后来的倡导者和监督者，成为社区协商的好帮手。在整个过程中，从成立社区议事会到成立委员会，再到建立日常管理制度，社会组织都会进行指导和鼓励，也逐渐降低居民的依赖性，培养其独立解决问题的能力。

在组织和发展社区志愿服务团队时，也以社会工作者和社会组织力量为主。

湖东智善社区服务中心充分发挥组织专业性、教师资源广泛的优势，开展志愿经验分享、增能培训等十余次活动，累计服务250人次，提升银龄志愿者们的服务积极性和志愿服务技巧，为后续志愿服务的开展奠定基础。

社会工作和社会组织力量可围绕沟通技巧、团队管理、调解技巧、服务提升和素质拓展等开展志愿者增能培训，培养稳定团队，最终形成自治自管的长效的机制。

3.志愿团队巩固参与

在浸润式工作法中，居民在议事会里起的是"决策者"作用，而决策的执行则需要居民自己作为"志愿者"来完成。

金鸡湖街道的社区志愿服务发展时间久，水平较高。金鸡湖街道依托新时代文明实践所，推出新时代文明实践志愿服务项目清单，落地100项文明实践志愿服务项目。金鸡湖街道通过划分长期和短期社区志愿服务团队，明晰功能，有效调动，提高效率，保障志愿者团队的稳定和人员的充足。长期团队中，一类针对特定项目，一类不限项目，有志愿服务需求就投入其中；短期团队都有特定主题，完成即可解散，或者尝试转化成长期团队。

当地的社区志愿服务活动可分为四类。一是宣传号召，即宣传国家政策法规、社区工作，增强其他居民的认同，如邻瑞社区"高空抛物治理团队"向居民宣传有关高空抛物的法律法规、网络新闻报道、法律责任及严重后果。二是日常管理，包括社区基础设施管理监督、社区运营管理等。例如星公元社区的环境美化队，在社区基础设施管理中，志愿者们严格按照管理制度对社区低碳设施设备进行日常维护，同时对社区生活垃圾的分拣、雨水循环利用等工作进行日常监督巡逻。三是相互帮助，发挥个人时间、职业、阅历等优势，为其他居民分享经验，解决困难。例如东湖大郡社区组织老年抱抱团，让低龄老人以志愿者的身份，结对帮扶社区内空巢、独居、高龄老人，为他们提供心理慰藉、陪伴助聊及送餐上门等服务。四是意见代表，收集汇总居民意见，向政府、社区居委会、社会组织反映，寻求帮助，协助解决问题，或者直接代表其他居民参与沟通协商。例如中海社区乐龄抱抱团服务队对星汇生活广场道路狭窄、电瓶车乱停的情况进行调查，再由中海社区党支部牵头，邀请各方召开联席工作会议，初步商定了改造方案。会后乐龄抱抱团还联系到星汇生活广场开发商，协调解决了周边居民电瓶车一部分无处停放的尴尬。

志愿服务能动员社区居民共同参与基层社区治理事务和社区问题的解决过程，从而解决具体问题，即达到罗斯曼社会工作地区发展模式中的任务目标。在此过程中，提高居民处理社会事务的社会参与度，进而实现提高基层居民的社区自治能力、完善社区自治体系的目标，即"过程目标"。如果说前文的动员阶段，居民仍然对参与社区治理认知模糊或以负面认知为主，那么在之后的学习阶段里，在自身需求得到充分理解、治理参与得到专业力量支持后，居民会形成对社区治理的正向认知。而志愿服务，则巩固和发展着正向认知，形成"开放、参与、互助、融合"的社区精神，促进居民长久参与。

## 三　浸润式工作法的深层逻辑与治理优势

在基层社区这一充满人情味的环境中，浸润式工作法不同于以强制力来单方面推行政策、化解矛盾、整治不良现象的刚性治理模式，其坚持人本主义，强调多元主体共同治理，以非强制性手段处理公共事务，以构建社会治理共同体为最终目标。柔性治理方法赋权于治理主体，以平等公开的工作方法避免对抗性的管理与被管理关系；以社区内的情感联系将居民的日常生活与治理活动建立联系；提供了顺畅的各方联动机制，让多元主体可参与、有收获、被认同，形成了对居民自治"有信任""有期待"的共识和氛围，营造社区治理文化，增强了基层社区的自主性和自我调适能力。

### （一）以人为本，精准治理

在构成社区的要素中，最活跃、最具生命力的要素是人，人民群众是社区治理的根基，也是社区治理能否充分发挥力量的前提。社区的功能和牢固治理的目的归根结底是满足社区居民的需要。社区治理与每位社区成员息息相关。社区工作者不应完全以消极的眼光去看待居民群体中的不良现象，而应跳出问题障碍的视角，思考不良现象背后的深层需求，继而针对性地开展工作。

坚持以人为本，社区治理要做到与民共建、促民自治。社区工作者要有"牵线搭桥"的意识，将居民在日常生活中关心的事和作为"社会人"的特点与社区建设建立起良性关联。金鸡湖街道中积极参与社区治理的大多是老年人，年轻人对于社区活动和事务的参与度不高、年轻居民之间缺乏有效的沟通平台。社区工作者将治理重心下移，以社区热点民生问题为契机，调动社区各群体参与社区生活。社区工作者链接资源，增能群众，为居民发挥主人翁作用提供专业支持，实现居民向志愿者角色意识和行动的双层转化，增强社区内发展的向心力和凝聚力。这使得社区治理更加深入居民生活的方方面面，引导其建构起社区居民自治的意义体系，让每一位居民在社区生活中参与治理，在参与治理中成长。

浸润式工作法的精准之处在于和居民保持有效的沟通，洞悉居民需求，保持对特定问题的长效动态关注。社区工作人员走群众路线，始终与居民在同一频道，通过一线调研采访了解居民日常生活中所遇到的困惑和问题，分析问题隐含的需求，紧贴居民诉求，并以深层次分析为导向，找准症结，精准解决问题。此外，社区为居民搭建了表达诉求、建言献策的平台，通过开展居民喜爱的活动打消居民顾虑，建立居民对平台的信任，增长其表达愿望和表达勇气，实现社区治理由静态治理走向动态治理。

浸润式工作法将精力都投入社区精细化治理中，直面居民的呼声，洞悉社区存在的问题，通过浸润式工作法长效、柔和、灵活的工作特性，精确治理社区问题，提升社区治理的水平。

## （二）人际互助，情感治理

在政治生活中，情感与关系的社会行动是无法完全被利益与权力还原的，在中国，"关系"、人情仍然是治理基层社区的关键性力量。情感治理是基层社区治理中不可或缺的治理观念，由中国特有的文化及环境决定。在以往借助行政力量治理的过程中，往往需要动用大量人力物力财力来解决社区矛盾，推行新政策，维护社区治理成果；而浸润式工作法可以更好地调动、分配个人与群体的人际网络资源，降低治理投入成本，提高社区治理效率。

在一个群体中，个人与群体的情感是相互影响的。个人情感会影响群体，在浸润式工作法的实践中，居民受到社会角色约束，参与治理活动时，也带动了个人所处群体里的其他人。如，对兴趣社团的领袖加以引导，使其带动社团内其他成员参与社区建设；注重发挥党员的带头作用，鼓励党员用自身治理热情感染更多居民。群体的情感也会影响个人。兴趣社团、社区教育中形成的临时学习集体，其集体参与热情也会带动相对消极的个人。如，社区志愿服务团队践行"开放、参与、互助、融合"的社区精神，志愿者因身在其中而充满自我效能感和社区归属感，团队也将社区的服务理念依托

志愿者传递给更多年龄层次的居民。浸润式工作法为社区各群体间产生与发展情感联系创造了良好的环境，社区工作者以平等自然的姿态面向居民，用柔和的治理方式，契合居民内心诉求，借助居民的力量和资源，减小治理中的抗力，以循序渐进、和风细雨的方式推进，减少监管成本的投入。

浸润式工作法也注重利用社区居民、家庭成员之间的联结。金鸡湖街道开展"垃圾分类""银龄互助"等多种社区志愿服务项目，完成任岗履职、志愿培训等团队建设，形成核心项目团队；发动社区内部力量，以青带老、以老带青，凝聚居民之间的情感联系，拓展和增强社区内部人际网络的广度和强度，打造社区自助、互助模式。浸润式工作法统筹居民力量，不仅分担了基层社区工作人员的管理压力，也在各环节中降低了治理的成本，真正实现低成本、可持续的治理效果。

社区治理的高成本往往制约着社区的发展速度，进一步降低社区治理成本是当下社区治理发展亟须解决的问题。浸润式工作法在社区工作方面具备低成本、高回报的治理成效，提升了社区资源的配置效率，驱动社区平稳发展。

### （三）多元参与，合作治理

面对居民个性化、群体异质化、需求多样化的现状，浸润式工作法赋权于社区居民，融洽干群，以党建引领社区资源，促进基层治理单位、社会组织和居民等多元主体民主协商、合作治理，形成资源共享、优势互补、相互促进的良好局面；在社区发展中建立长效的多元参与制度和组织，加快形成社区多元主体之间互联、互动、互补的治理新格局，实现地区发展中多层次的过程目标。

"国之有民，犹水之有舟，停则以安，扰则以危"。浸润式工作法重新定位了基层单位与居民之间"管"与"理"的关系。通过微调基层单位与居民的站位，让群众成为基层治理的主体之一，合理发挥两者在社区治理中天然的参与和维护职能；同时打造干群平等沟通的平台，在更平等和充分的沟通中融洽干群关系，形成合理有效的应对机制。

在社区的平台中，构建社区干部、党员、居民、业主、物业、社会组织等多元主体共同参与的社区治理格局，需要形成以政府为主导、以社会组织为载体、以社会工作专业人才为支撑的有效机制。浸润式工作法重视党建引领社区工作，促进各方资源的整合和优化，打造社区党建平台，充分发挥基层党组织的战斗堡垒作用和党员的先锋模范作用，深入挖掘热心居民，培育领袖和社团力量，提高各主体参与度。工作法引入、运用社会组织的力量，发挥其优势，推进各方主体协商共谈合作治理。在社区事务中，社会既能提供社区所需服务，也能组织、引导、协调与统筹各方主体。专业组织与社会工作专业人才的介入充分且全面地兼顾全部的问题相关方，润滑社区与居民的关系，带动相关方参与并表达诉求与想法。社会组织在实地考察的基础上，利用专业的议事方法，带动各方在民主协商的过程中充分表达和互相理解，让所有参与者都感受到了参与、沟通和尊重，在多方共同的努力中化解矛盾与问题，同时也促进广大居民深入了解社区处理问题的机制，有利于社区今后高效协商议事，提升居民参与积极性。此外，社会专业组织为居民提供专业培训，提高居民的参与意识，培养居民的治理技巧，达到增能效果。

浸润式工作法中，党建引领，基层治理职能部门迅速联动，以透明、公开、积极的议事机制赋权居民，多元主体通过民主协商合作处理社区公共事务，不断优化治理模式，以沟通促了解，以沟通促和谐，充分保护好居民参与社区建设的积极性。应不断总结本社区独有的专业社区工作方法，努力形成主体广泛、内容丰富、程序科学、制度健全的社区协商新局面。

## （四）人文纽带，文化治理

社区硬件设施让多数居民选择在此居住，社区的文化影响力则在无形中让居民愿意融入此地，扎根在此。社区治理效果的持久，不仅需要外加手段的约束，更需要培养居民内在主动性和自觉性。在浸润式工作法中，文化既是治理手段也是治理目的，居民是社区文化的使用者，也是治理文化的共同创造者。

浸润式工作法以文化为资源，构建社区交流平台，通过柔和有效的手段，层层渗透，在精神层面、道德层面引导居民做出改变。社区为居民提供丰富的异质性文化活动，居民可以广泛参与社区社团，发展个人兴趣爱好，在社团中娱乐交友，在提高个人素养的同时，无形中积累了一定的社区社会资本。社区也以居民共有的人文背景为纽带，开展以人文传承为主题的社区文化服务，将社区团体紧密联系在一起，打造具有独特活力与精神风貌的社区代表性社团，增强社区吸引力，营造和谐融洽的氛围。社区工作者和专业机构借助社区教育活动，改善居民自治认知和自治态度，融洽居民关系，与居民建立信任。丰富的服务活动有助于凝聚社区居民力量，营造社区文化氛围，增强居民自治动力。社区志愿团队是社区服务的重要力量，志愿者们在志愿服务中践行和传播着"开放、参与、互助、融合"的社区精神，凝聚共同精神，继而内化于心，外化于行，带动整个社区风气的改善，社区治理质的飞跃。

浸润式工作法为社区居民搭建了居民议事会等平台。在居委会的组织和帮助下，居民与各方主体达成共识，共同制定社区公约和社区议事规范与原则，并设立行之有效的奖惩机制，如议事会等平台的搭建，为社区治理的开展提供了可以依托的物质基础。应建设社区治理的制度文化，在参与中促进社区内民主与法治意识的传播，从而达到维护治理效果、稳定治理成效的长期目的。

社区治理需要一套运转精良的机制，浸润式工作法以文化为引线，编织社区发展新思路，激发社区居民的内源动力。长期来看，浸润式工作法可加强社区文化阵地建设，能凭借更少的工作成本，达到作用面更广、受众更多的效果。

# 四　总结与建议

浸润式工作法主张社区以合作的态度，在社会组织、社会工作和社区志愿服务的协助下，发展"四社联动"乃至"五社联动"，以润物无声的方式动员居民参与社区治理，在社区治理情境中增强居民自治意识，培养居民自治能力，以实现社区治理人人参与、人人尽力、人人共享，推动形成共商共建共享的社会治理格局。浸润式工作法基于金鸡湖街道的社区治理经验凝练而来，体现了罗斯曼社会工作地区发展模式中的过程目标与结果目标，以及赋权增能的视角和理论。浸润式工作法的柔性技术在动员层面，聚焦提高居民参与社区治理的意愿，从兴趣社团、教育课程、居民个人角色规范三方面入手；在赋权增能层面，注重多样表达居民需求，专业力量充分介入，并以志愿团队巩固居民参与，体现了精准治理、合作治理、情感治理、文化治理的内在逻辑。

浸润式工作法能够为我国城市基层社区平衡各参与主体，调动社区居民、社会组织等的参与积极性提供借鉴。工作法要在他处落地，需要支持专业力量介入社区，发掘社区教育作为社区治理平台的价值，同时发挥党员先锋模范作用。

## （一）支持专业力量介入社区

2017 年，民政部专门印发了《关于大力培育发展社区社会组织的意见》，明确了社区社会组织在源头治理、协助提升社区矛盾预防化解能力中的作用。2021 年十三届全国人大四次会议政府工作报告提出"夯实基层社会治理基础，健全城乡社区治理和服务体系，推进市域社会治理现代化试点。大力发展社会工作，支持社会组织、人道救助、志愿服务、公益慈善发展"。社会工作者、社会组织，以及具体领域专业人士的参与对提升社区居民参与意愿和参与能力有着正向作用，但由于居民对社区治理缺乏信心、对专业力量认识不足，导致以上力量（特别是社会工作者、社会组织）在介入社区事务时受困。

要化解这一困境，基层政府应主动承认自身在社区治理中的局限，了解社会组织和社会工作的服务理念、运行模式、服务方式，制定社会组织介入社区治理的审核标准，例如可针对特定社区问题共同设计方案，进行实验，检验社会组织和社会工作者的服务能力，进而建立起信任关系。之后，政府应积极配合社会组织和社会工作者进驻社区，借助居民关心的社区活动

（例如社区教育活动）来给社会组织和社会工作者融入社区提供帮助；要不断加强不同社区组织间的交流与合作，建立协同工作模式，以增强社区社会组织韧性。此外，基层政府可以转变体制内相关职能科室的功能，通过招聘社会工作人才进入体制内开展服务。

### （二）利用社区教育平台价值

社区教育不仅能提高居民素质，更能为社区治理提供良好平台。其平台作用包括：宣传社区工作成效和传播政策；改善邻里关系，提高邻里互助程度；融洽社区冲突当事人的紧张氛围，在润物无声中化解矛盾；增强居民对提供课程的专业力量的信任感。

社区以教育课程为平台，既帮助了专业力量进入社区，又使居民获得优质教育资源，实现"双赢"；打造了"政府牵头、社会参与、居民成长"的社区教育共同体，连接了社区内的学校、机构、社会组织、个人，营造了"人人可参与、事事可学习、处处受教育"的氛围；实现了居民的不断成长进步，实现了社区治理的自然参与，推动了社区教育融入社区治理的深入发展。

### （三）发挥党员先锋模范作用

增强居民参与意愿，需要示范和带动。社区在为居民赋权增能时，一开始往往也需要少数有影响力、有责任心、识大体、顾大局的居民的支持。在大多数居民对共同治理还处于怀疑和观望状态时，这些少数的存在作为"领头雁"发挥着桥梁和引领作用，帮助其他居民和社区工作者互通意见，带头支持社区治理工作。党员带头参与社区治理，为社区服务、表达诉求，会增强其他居民参与的信心，带动形成共建共治共享的平等氛围。这也是提升社区党组织影响力、号召力和凝聚力以及巩固党的全面领导地位社会基础的重要举措。

处理社区冲突时，引导党员增强主体自觉，率先破冰，主动沟通。志愿服务中，摸清党员个体专业特长、服务意向等主客观情况，制定服务清单，提高服务精准度，更好彰显党员带头作用。社区教育活动中，鼓励党员积极参与，勇于分享，影响身边居民。

## 参考文献

王加利：《以柔性理念构建社会治理共同体》，《学习时报》2020 年第 7 期。

王欣亮、任弢：《我国社区治理问题研究回顾与展望》，《理论导刊》2017 年第 7 期。

王永益：《社区公共精神培育与社区和谐善治：基于社会资本的视角》，《学海》2013 年第 4 期。

张翼：《全面建成小康社会视野下的社区转型与社区治理效能改进》，《社会学研究》2020 年第 6 期。

张雷、张平：《提升社区治理中居民参与自治的动力研究》，《天津行政学院学报》2015 年第 3 期。

# 社区养老篇

Community Care for the Elderly

# B.16
# 北京市社区老年餐桌运营现状
# 及对策建议

李金娟*

**摘　要：** 就餐问题是老年生活照顾需求的首要问题，尤其是空巢老人、高龄老人对于社区食堂的需求更为强烈。北京市作为较早进入老龄化阶段的大都市，针对老年人"吃饭难"的问题，近年来陆续出台一系列政策，以提升老年生活福利水平并取得一定成效。文章基于北京市社区老年餐这一议题，从供应现状、存在问题等方面进行了深入分析，并就优化顶层设计、创新老年餐供给方式、处理好老年餐桌的公益性和营利性关系等方面提出对策建议，以期推动首都为老服务水平高质量发展。

**关键词：** 社区养老　老年餐桌　对策

---

* 李金娟，北京市社会科学院社会学研究所助理研究员，主要研究方向为福利社会学、文化社会学等。

随着人口老龄化进程的加快、高龄人口数量的增加，老年人对于生活照顾、医疗康养尤其是养老助餐的需求日渐增长。基于此，北京市近年来聚焦老年人就餐需求，不断提升社区居家养老服务福利水平，老年人"吃饭难"的问题有所缓解。2021年出台的《"十四五"国家老龄事业发展和养老服务体系规划》第十条提出要"构建城乡老年助餐服务体系"，"建立老年人助餐服务网络"，对社区老年食堂助餐功能和模式提出新要求。《北京市"十四五"时期老龄事业发展规划》也进一步强调未来要大力完善街道、社区就近养老服务网络，对涵盖社区老年餐桌等内容的就近养老服务设施进行了规划设计。这对于北京市今后进一步优化老年人就餐、送餐、助餐工作，基于全市老龄化发展情况建立具有首都特色的社会化养老助餐服务体系具有方向性指导意义。本文立足北京市社区老年餐桌运营状况及优化路径提升等进行探讨，以期推动首都养老服务保障水平高质量发展。

# 一　北京市老龄化发展状况及老年人对社区养老餐的需求

## （一）老龄人口规模庞大，高龄化特征凸显

根据第七次全国人口普查数据，截至2020年底，北京市常住人口中60岁及以上人口占全市常住总人口的19.6%，高于全国18.7%的平均水平。与此同时，家庭小型化持续加剧，北京市家庭规模仅为2.31人/户，低于全国平均水平。此外，根据相关年份《北京市老龄事业发展报告》统计数据，北京市70岁及以上户籍人口由2016年的149.2万增长至2020年的162万，年均增长3.2万人；80岁及以上老年人口2016年至2020年增加3.8万人，年均增长将近1万人，增幅明显。与此同时，随着北京市社会经济发展，居民健康水平逐步提升，北京市户籍居民平均预期寿命不断增加。如图1所示，2020年北京市户籍居民预期平均寿命已达82.43岁，较之2016年增长了0.4岁。可以预见，家庭规模小型化趋势下人口高龄化导致的空巢独居老

人、失能半失能老人的照顾问题迫切需要得到解决。相对于健康低龄老人而言，高龄老人一日三餐如何解决的问题尤为重要，也是困扰老人及其家庭照料者的主要因素之一。

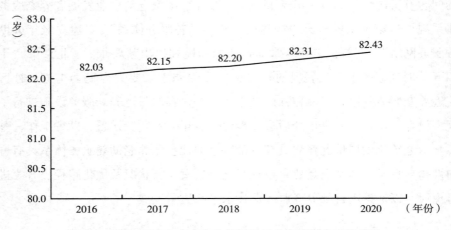

**图1　2016~2020年北京市户籍居民平均期望寿命变化趋势**

数据来源：2017~2021年《北京市卫生健康事业发展统计公报》。

## （二）老年人对社区老年餐的需求有增无减

笔者认为，在社区建立老年食堂一是可以满足老年人的餐饮需求，缓解老龄化带来的影响；二是可以重塑老年邻里之间的社会交往关系网络，提升老年人的获得感、幸福感。笔者在调研中也发现，社区老年餐桌之所以受到老年人欢迎，一是由于老年人就餐需求较为迫切，二是老年人可以在就餐时和同伴互动交流，符合老年人的日常生活习惯和时间安排。2017年，一项基于北京市1000名老人的用餐需求调查数据表明，有60%的老人对于老年餐桌有需求[1]；而其余40%的老人则主要有两个方面的顾虑，一方面是饭菜质量以及对于健康的影响，另一方面则是老年餐价格与养老金水平的关系。

---

① 孙亚舒：《北京市社区老年餐桌服务的需求研究》，首都经济贸易大学年硕士学位论文，2017。

另据 2018 年的相关统计数据，北京市当年养老服务机构累计开展居家服务 208 万次，其中开展次数最多的为养老助餐服务，占到总服务次数的 47.1%①。此后，老年人对于社区老年餐的需求总体上有增无减。2021 年，北京市委市政府创新"接诉即办"工作方式，基于民生大数据将社区老年人"吃饭难"等居家养老保障问题纳入"每月一题"工作机制。可以预测，如果社区老年餐桌质量能够提升且价格适中，将会有更多老年人选择在老年食堂就餐。

## 二　北京社区老年餐供给现状及特征

### （一）社区老年餐供给体系初步搭建

老年餐桌是北京市 2008 年确定的"9064"养老服务模式中社区居家养老服务包含的一项重要内容。十多年来，北京市已初步搭建起社区老年餐供给体系，一定程度上缓解了老年人"吃饭难"问题。

一是启动阶段（2009~2014 年）。以"9064"养老服务模式构建为指引，北京市最早于 2009 年启动关于老年（助残）餐桌的试点建设工作，并对全市范围内开展试点工作的单位进行奖励。2012 年以来，北京市尝试在城乡社区以政府补贴等方式激活企业资源，面向老年人提供助餐配餐和送餐服务。同时，要求驻区单位食堂也要向老年人开放，包区、包片解决老人就餐问题。

二是试点推进阶段（2015~2016 年）。2015 年开始，北京市开始改变社区老年餐桌的建设标准和准则，将从市级层面推进老年餐桌建设改为试点进行。以 2015 年《北京市居家养老服务条例》为遵循，北京市养老助餐工作开始逐步规范化，并在东城、西城、朝阳、海淀等 8 个区开展养老助餐服务

---

① 北京市老龄工作委员会办公室、北京市老龄协会：《北京市老龄事业发展报告（2018）》，2019。

体系试点建设工作。

三是建立全市层面的社区就近用餐模式阶段（2016 年至今）。2016 年 5 月 18 日，北京市民政局出台《北京市支持居家养老服务发展十条政策》，涵盖老年人的就餐问题。同年 10 月，北京市人民政府办公厅印发的《关于贯彻落实〈北京市居家养老服务条例〉的实施意见》提出要"推进助餐服务全覆盖"。为满足老年人日益增长的高质量的助餐需求，探索符合本市特点的助餐配餐服务模式，结合北京实际，2019 年 1 月 4 日，北京市老龄办转发《北京市民政局北京市财政局等关于进一步加强老年人助餐配餐服务工作的意见》，对工作目标、布局标准、助餐模式、送餐服务、监管机制、补贴制度及保障措施等进行了规定。例如，对城乡社区老年餐桌服务半径、服务老年人口数量等进行了具体规定。通过对已备案的老年餐集中配送中心、社区（村）食堂、老年餐桌等养老助餐服务单位给予运营补贴，初步建立起市级层面的老年餐配送供给模式。根据相关数据①，2020 年全市共有老年餐桌 1686 家，已建立养老服务驿站 1000 多家，依托驿站，助餐点位实现了新增"加速度"。值得一提的是，2021 年，民政部、市场监管总局联合印发《关于强化养老服务领域食品安全管理的意见》，对于养老服务机构等老年餐供给主体责任有了明确规定，并首次将社区老年餐桌、老年食堂等纳入监管范围。如此，社区老年餐首次有了相应的法律法规保障。

## （二）老年餐供给主体逐渐多元化

2019 年以来，北京市不断创新老年助餐服务模式，拓展了原有"老年食堂"概念，从更高层面、多元化视角来构建全市老年人助餐服务体系。具体而言，北京市从困扰社区老年人的"吃饭难"破题，不断拓展养老助餐服务体系供给主体，基于"政府+企业+社会慈善组织+个人"的多方参与模式，为让老年人在家门口吃上"暖心饭"、提升老年人生活满意度进行了

---

① 北京市老龄工作委员会办公室、北京市老龄协会：《北京市老龄事业发展报告（2020）》白皮书，2021。

积极尝试。

一是依托养老机构和企事业单位运营的食堂，主要面向附近社区老年居民发挥辐射功能。一方面，通过养老照料中心、餐饮企业服务商向区域内老年人提供助餐服务。另一方面，依托在京高校等事业单位的食堂向周围社区老年人提供助餐服务。以中国人民公安大学内部食堂为例，面向周围 5 个社区 7000 多位老人，推出 1 元早餐和免费粥以及低于 15 元的一荤一素午餐，充分发挥了街道辖区内单位的优势。此类服务商运营型或单位制食堂受限于所处地理位置、区域经济发展状况，受惠群体较为有限，其优势主要体现在食材选购、制作流程的规模化、规范化。

二是依托社区养老驿站的老年食堂配餐中心。解决老年人吃饭问题，是驿站的主要功能之一。当前北京市着重打造以社区养老驿站为抓手的老年人"家门口"养老助餐服务网络，老年人可选择到社区养老服务驿站就餐或让有条件的驿站提供送餐服务。社区养老驿站开设助餐服务的优势主要在于驿站能够根据老年人特殊需求进行老年膳食营养搭配并为老年人制定个性化菜单。但是社区养老驿站往往由于人员配备、运输费用等成本考虑在送餐、配餐服务上有所滞后。

三是农村社区以村集体为主导的老年幸福餐桌。农村老年幸福餐桌是2018 年以来北京市为提升农村养老服务质量而进行的创新探索实践。以位于生态涵养区的延庆为例，2018 年以来，延庆区民政局陆续出台"一免两补"政策（免场地、提供建设补贴和运营补贴）、"一涨一增"政策（提高老人中晚餐补贴标准至 5 元；增加餐桌运营交通工具一次性补贴，最高 1 万元），截至 2021 年 7 月，延庆区已建立 113 家老年幸福餐桌，遍布全区 15个乡镇，覆盖 2.1 万名农村老年人，一定程度上提升了农村老年人生活满意度。

总体来看，目前承担大部分养老助餐职能的，还是位于老年人"身边"的养老驿站、照料中心。

### （三）"互联网+"助力数字送餐

数字经济社会发展时代背景下，"互联网+"不断重构老年人的生活。

随着老年人的触媒习惯开始养成，"互联网+"成为新时代老年养老生活不可或缺的部分。智能化、数字化也成为北京市老年助餐服务体系的新特征和新趋向。北京作为现代化大都市，于2021年3月11日在西城区3个街道6家社区养老服务驿站开启本市首轮养老助餐数字化试点工作，覆盖老年人总体规模超过万人。老人信息由"饿了么"专用订餐平台核实之后便可进入线上点餐模式，有需要的老人在"饿了么"App打开"父母模式"，在注册后可以享受5元的在线点餐优惠。

## 三 社区老年食堂存在的问题

### （一）政策有待细化

2009年以来，北京市面向社区老年居民的老年餐桌经历了从无到有、从大面积铺开建设到试点发展的阶段过程。社区老年餐的服务宗旨在于整合政府、社区、公益组织、市场四方力量，基于社区老年人用餐需求，为社区老年食堂的发展提供可持续支撑。在此过程中，虽然对于养老助餐的供给主体、发展模式乃至老年膳食搭配等不断出台新的政策规定，但是我们看到，一方面，当前北京市养老助餐服务政策更聚焦在市级层面，忽略了政策执行过程中不同区域之间的经济社会特征差异性、不同群体老年人身心健康水平以及个性化需求与共性需求之间的平衡机制。另一方面，考虑到老年人就餐需求服务的多样性以及老年人群特殊性，还缺乏更细致的政策细则，例如在老年膳食品质标准、规范服务流程等方面还有待进一步根据老年人的需求进行优化。

### （二）服务与需求不匹配

服务主体层面，老年食堂工作人员数量少、年轻群体占比不多，且营养师配备不足。由于老年人往往有糖尿病、高血压、痛风等多种慢性病，当前服务主体层面对于老年餐的类别（普食、软食、半流食、流食）甄选及营养搭配的管理模式还比较粗放，一方面容易产生膳食营养搭配不均衡问题，另一方面对于不同身体状况老年人的特殊需求无法精准对焦，远远不能满足老年人的多样化、个性化需求。

服务供给形式层面，目前来看，社区层面以社区养老驿站供给为主。按照社区养老驿站定位，大多数社区养老驿站在成立初开通了老年餐服务；但基于人力费用、运输时间等送餐成本的现实考量，老年人如需就餐，大多只能选择堂食，对于卧病在床的失能半失能老人而言，迫切需要的送餐上门服务可望而不可即。作为社区养老服务驿站补充的其他助餐形式，如上文分析的养老机构服务商、高校事业单位等食堂提供的老年助餐等，一般也仅提供现场就餐服务。

服务保障层面，关于老年餐生产风险、递送链条、质量监管等方面的监管评估还不到位。老年人作为特殊群体，对于膳食品质、种类的要求相异于其他年龄段人群。因此对于老年膳食各项标准的规定应该更加精细化。但我们看到，尽管2019年西城区已发布《老年餐桌等级划分与评定》，对设备设施、膳食品质、服务质量有了量化标准，然而市级层面还缺乏相应的规划设计，没有在市域层面形成一套监管评估机制。

### （三）城乡发展区域不均衡

笔者调研中发现，北京城市核心区的养老助餐点普遍养老助餐设施较好，智能化特征嵌入较为明显，有的甚至配备了智能炒菜机，并有智能养老助餐平台可以按照老人年龄、用餐时间、用餐习惯等精准掌握老人需求，为其提供个性化定制服务。这是由于北京市城市核心区各级各类资源丰富、辖区内行政单位及央属市属企事业单位配套支撑条件较好，街道发展服务商有着强烈的地缘优势，有利于养老助餐服务的全面铺开。相较之下，位于北京城市五环至六环的城乡接合部以及远郊区由于不具备城市核心区域的地缘优势和资源配备，虽然养老助餐需求的呼声高，但受到各种因素制约，在养老助餐普适化服务上依然举步维艰。由于配套的建设和运营资金保障不到位等，远郊区的老年餐桌发展极为缓慢。

## 四 对策建议

社区老年助餐关涉老年人"舌尖上的幸福",是提升老年人幸福感的重要一环。如何破解老年餐的"最后一公里",需要依靠政府、社区养老驿站、社会餐饮企业、社会大众等各方力量的共同参与。笔者认为,应从以下层面着手解决。

### (一)优化顶层设计

首先,以首都城市功能定位为基准,政府层面对老年食堂的发展进行宏观规划、细致引导和科学监督,包括:优化城乡养老资源配置,统筹老年餐集中配送中心和养老助餐点布局,完善养老助餐服务网络;明晰城市社区老年餐桌以及农村幸福驿站老年食堂的经营权和管理权;建立针对养老助餐不同运营主体的考核评价监督机制,当好老年餐的"守门人",让老人吃得放心。

其次,加大政策优惠力度,降低社区老年餐运营成本。老年助餐、配餐、送餐是一套完整的服务流程,是满足高质量老年生活的基本要素。对于参与社区层面老年餐生产、配送的企事业单位,按照服务对象覆盖面给予一定补贴优惠,让其能够不断扩大服务半径,形成社区老年餐可持续发展的社会化机制;对于以老年餐运营为主要服务内容之一的社区养老驿站,要从食材选购、配送运输等方面降低其运营成本;等等。

最后,加快社区智慧养老平台建设,精准对接助餐服务需求,打造线上线下融合发展的助餐服务网络,实现多部门联合的全过程监管,提高助餐服务质量及效率。

### (二)创新老年餐供给方式,满足老年人多元化需求

首先,整合优势资源,形成政府、企业、社会组织及社区四方合力和联动机制,为社区老年食堂的可持续发展提供支持。一方面,充分发挥养老照料中心、单位企业餐饮资源面向周围社区老人的辐射优势,在保障机构、单

位食堂基本运营的前提下扩大社区老年人受惠覆盖面，为社区老年人在家门口即可享受老年餐提供便利。另一方面，由于老年人身心方面的特殊性，有必要基于老年人健康大数据由公益组织针对老年人的健康状况进行评估检测，同时为老人提供健康咨询服务。具体而言，可同步提供送餐服务与家政、健康管理服务，鼓励社会企业参与送餐；针对宣传类公益组织和资源提供者，增加它们的社会资本，给予精神激励，提升老年助餐参与动力。试点发展一批专门聚焦老年营养餐服务供给的餐饮企业，对周边的老人进行信息采集，为他们建立营养档案，从而有针对性地提供餐饮服务；以老年营养餐配餐技术标准为基准设计不同类型老人需要的老年餐，以保证老人获得均衡的营养。

其次，社区层面的养老助餐大多以社区养老驿站为依托，而养老驿站的运营除了政府补贴之外，还需要建立起常态化的老年消费机制，即除了日托、全托等营利性服务之外，老年餐的可持续供给同样需要一定的需求流量。因此不仅要从水、电、气等方面给予社区养老驿站优惠，还要从财政上建立社区老年食堂的专向运营资金库，在人力、物力上建立起持续的保障机制，在形成一定规模之后提升社区养老驿站老年助餐的品质，吸引更多老年人在驿站获得多元化的老年助餐服务。

最后，借鉴国外社区老年餐运营模式。例如日本有着成熟的养老餐及护理食品体系，涵盖高龄者食育、营养管理、餐品设计、制作技术、配送体系等方面。"中央厨房+社区配送"的模式已较为成熟，开发出养老餐、老年便当、特殊用餐（透析餐）等主要产品，使用先进生产制作技术、急速冷冻技术及配送技术等。日本在菜品设计、生产制作以及配送体系等方面的经验都值得我们借鉴。

### （三）处理好老年餐桌的公益性和营利性关系

街道、社区、村镇应根据自身的财务状况和资源禀赋做出因地制宜的调整，构建多元的盈利模式和激励机制，打造兼顾公益性和营利性的"社会复合主体"，避免出现菜品质量和服务水准下降的现象，保障老年食堂可持

续发展。盈利模式层面，社区老年食堂自身应主动去向社会筹集资金，在逐步形成多元化资金筹集平台的基础上提升自身品质和造血能力，为社区老年食堂的可持续发展提供稳定的资金。此外要把监督工作与老年人的反馈联系起来，扩展老年人对助餐服务投诉建议的渠道，及时掌握助餐服务中存在的不足及与老年人需求脱轨的地方，并对老年人的建议进行分析，及时采纳那些合理的意见。激励机制层面，应激发员工积极性，保证服务队伍的稳定性。

**参考文献**

穆光宗、朱泓霏：《中国式养老：城市社区居家养老研究》，《浙江工商大学学报》2019 年第 3 期。

陆飞杰：《老龄化社会背景下社会养老服务现状调查——评〈城市养老服务多维度调查与研究〉》，《科技管理研究》2021 年第 11 期。

北京市老龄工作委员会办公室、北京市老龄协会：《北京市老龄事业发展报告（2020）》，2021。

# B.17
# 北京市老年友好型社区评价指标研究

曲嘉瑶*

**摘　要：** 本文基于 2020 年北京市 150 个社区的问卷调查数据，分析四类社区在居室环境、楼体和社区环境、为老服务环境、文化参与环境、科技助老环境五个环境维度指标的建设情况及满意度情况。发现未经改造的街坊型老社区（胡同）在居室环境维度问题最多；保障房社区在楼体和社区环境、社区为老服务环境两个维度需要改造的问题较多；单位家属院在文化参与环境方面的不适老问题较多；四类社区在科技助老环境方面建设情况相似。本文通过分析明确了重点建设领域，可为创建示范性老年友好型社区提供借鉴。

**关键词：** 社区类型　老年友好型社区　老龄化

## 一　引言

社区居家养老是我国老年人主要的养老模式，"就地养老"的理念在政策制定和学术研究中被广泛认可。相比其他年龄群体，老年人退休后留在自己家中和社区中的时间更长，从住房到社区的居住环境与老人生活联系最密切。社区环境具有多维性，既包括住房设施及社区老年服务设施等硬件环境，又包括社区服务、社区支持等软件环境。

---

\* 曲嘉瑶，博士，北京市社会科学院城市问题研究所副研究员，主要研究方向为老龄社会学、老年友好环境、老龄公共政策。

为了营造有利于老年人生活的社区环境，积极应对人口老龄化的挑战，我国开始推进老年友好型社区建设。国家先后出台多项政策文件引导社区养老从碎片化服务供给走向整合性的老年友好型社区建设。先后出台了《关于推进老年宜居环境建设的指导意见》《国家积极应对人口老龄化中长期规划》《关于开展示范性全国老年友好型社区创建工作的通知》等重要指导性文件，为老年友好型社区的建设提供了良好的政策基础。老年友好型社区建设的实践也在各地陆续开展。作为首善之区，北京市于2021年印发了《北京市卫生健康委员会、北京市老龄工作委员会办公室关于开展2021年全国示范性老年友好型社区创建工作的通知》，明确要求全市做好全国示范性老年友好型社区创建和申报工作。

在研究领域，近年来有关老年友好型社区的成果日益增加，但仍存在一定的不足。研究对象上，社区的异质性强，存在平房社区、商品房社区、保障房社区等不同类型，且不同类型社区的居住环境建设状况不同，应注意分类研究。研究方法上，相关研究多为描述型的定性研究，采用数据来推导和支撑研究结论的定量研究还较少。研究内容上，评估类研究较少，由于老年群体是老年友好型社区的主要使用者，老年群体的感受和评价是重中之重，更应关注老年群体对于社区的真实评价。鉴于此，本文拟通过实证研究，深入考察北京市不同类型社区的居住环境现状及老年人的满意度，以筛选出综合得分较低的指标名单，最终形成不同类别社区差异化的老年友好型社区评价指标，为推进首都老年友好型社区建设实践提供科学依据。

## 二　研究设计

### （一）数据及样本

北京市老年友好型社区专项问卷调查于2020年8月开展，全面考察了社区以内软硬件环境的客观情况及老年人的主观评价。共发放问卷700份，回收660份，问卷回收率为94.3%。

## （二）社区类型

本次研究调查了 150 个社区，社区分布在东城、西城、朝阳、海淀、石景山五个区。调查社区的建设情况差异明显，以老旧社区为主，半数以上的社区建成年代较早，为 20 世纪 50 年代至 80 年代，基础设施陈旧，是老年友好型社区建设的低洼区。因此，调查数据能较全面地反映出北京市社区环境中存在的不适老问题。

社区类型不同，社区建设现状也不同，老年人对社区环境的需求特点也有所差异。针对不同社区类型制定合理的评价指标体系是诊断社区问题和制定差异化老年友好型社区建设路径的重要前置条件。基于以上考虑，调查涵盖了多样化的社区类型，如表 1 所示。样本中，居住在单位家属院的样本最多（31.5%），其次是住在未经改造的街坊型老社区（胡同）的样本（25.7%）；住在保障房社区和普通商品房小区的样本占比相近（21.8%、20.1%）。去除重要回答缺失样本，得到 568 个样本。另外，由于别墅区或高级住宅区，村改居、村居合并或"城中村"两种类型的社区所抽取样本非常少，因此暂不分析这两种类型的社区，只分析保障房社区、单位家属院、普通商品房小区、未经改造的街坊型老社区（胡同）区四类社区，样本量共 563 人。

表 1　社区类型

单位：人，%

| 社区类型 | 数量 | 比例 |
|---|---|---|
| 保障房社区 | 124 | 21.8 |
| 别墅区或高级住宅区 | 4 | 0.7 |
| 单位家属院 | 179 | 31.5 |
| 普通商品房小区 | 114 | 20.1 |
| 未经改造的街坊型老社区（胡同） | 146 | 25.7 |
| 村改居、村居合并或"城中村" | 1 | 0.2 |
| 总　计 | 568 | 100.0 |

# 三 分析结果

基于已有的评价指标体系结合专家咨询意见，确定了北京市老年友好型社区的五个评价维度：居室环境、楼体及社区环境、为老服务环境、文化参与环境及科技助老环境，每个维度下设具体指标。采用描述法和交叉分析法，来分析不同社区类型每个评价指标的有无和满意度情况。满意度选项分为4个等级，其中"非常满意"计4分，"满意"计3分代表，"不满意"计2分，"非常不满意"计1分。将四个满意度应答比例分别乘以对应的满意度得分，再乘以有该项指标的比例，最后得到综合得分。综合得分越低，说明老年人对该项指标的需求等级就越高，3级为最高需求等级，1级为最低。最后，将需求等级在1级以上（即综合得分较低，老年人需求程度较高）的指标作为最终评价指标，分社区类型列出。

## （一）保障房社区

### 1. 居室环境

保障房社区的居室环境评价。从综合得分来看，室内灯光照度指标综合得分最高，为1.66分，其次是蹲改坐处理指标，为1.62分；综合得分最低的一项指标为紧急呼叫装置，为0.21分。综合得分越低，表明老年人的需求度越大，需求等级就越高。安装扶手、紧急呼叫装置等指标需求等级较高，对于老年人日常生活和居室安全至关重要。而轮椅通行、轮椅转向、蹲改坐处理等指标需求等级较低。另外，虽然室内灯光指标的覆盖面最高，但是老年人对灯光照度的满意率最低，因此需调高需求等级。

### 2. 楼体和社区环境

保障房社区楼体和社区环境评价情况。从综合得分来看，最高的一项指标为楼梯台阶安全性，为2.31分；其次为社区照明，为2.19分。综合得分最低的一项指标为楼梯间休息座椅，得分为0.05分；其次为无电梯楼的爬楼设施（0.18分）、公共厕所（0.87分）和电梯（0.98分）。可见，老年人普遍对无爬楼设施和电梯不满意。随着年纪逐渐增大,老年人行动越来越不便,应完善电梯和爬楼设施,方便老年人出行。

### 3. 为老服务环境

保障房社区为老服务环境评价情况。综合得分最高的一项指标为生活服务圈,为2.45分;其次为医疗机构可达性,综合得分为2.36分,表明社区周边生活服务设施较为齐全,基本能够满足老年人日常生活所需,同时老年在步行范围内可以达到社区卫生服务中心或者等级医院。综合得分最低的一项指标为健康管理服务,为0.71分;疾病风险筛查和慢病管理、喘息服务,综合得分也较低,分别为0.77分和0.78分。

### 4. 文化参与环境

保障房社区文化参与环境的评价情况。综合得分最高的一项指标为社区老年志愿组织,为2.01分;其次为社区老年文体组织,为1.14分。社区老年志愿组织的覆盖率达到了70.65%,为促进老年人社会参与、发挥余热提供了很好的平台。综合得分最低的一项指标为公共法律服务室,为1.14分;其次为《老年人权益保障法》普及和积极老龄观,分别为1.22分和1.35分。保障房社区应加强社区老年人法制教育,进一步增强老年人依法维护合法权益意识,形成保障老年人合法权益的良好氛围。

### 5. 科技助老环境

保障房社区科技助老环境评价情况。综合得分最高的一项指标为社区微信群/公众号,为2.25分;智能化产品使用满意度最低,为0.84分,指标的最高分与最低分相差较大。保障房社区的助老科技类指标得分较高,被访者使用手机、微信群等产品进行信息交流比较普遍,但智能产品的应用尚未普及。实地调研发现,老年人使用较多的为智能腕表、小夜灯等功能较为单一的智能产品,智能床垫、人体红外感应器、烟感报警器等产品应用较少。

### 6. 最终评价指标

保障房社区最终的评价指标如表2所示。居室环境评价指标中,共有8项需求等级为2级和3级的指标。其中,安装扶手、紧急呼叫装置两项需求

等级最高，在社区建设时需要着重加强。地面防滑处理、地面高差处理、起夜感应灯、室内灯光照度、升降式晾衣竿、防撞处理六项需求等级也比较高，是值得关注的居室指标。

楼体和社区环境评价指标中，共有 10 项需求等级在 2 级和 3 级的指标。其中，电梯、无电梯楼的爬楼设施、楼梯间休息座椅、公共厕所四项指标需求等级最高，是保障房社区楼体和社区环境的短板。另外 6 项指标需求等级也比较高，应该优先建设。

为老服务环境中，共筛选出 12 项需求等级较高的指标。其中，疾病风险筛查和慢病管理、康复辅助器具、生活照料服务、老年大学、医护服务、健康管理服务、喘息服务 6 项指标综合得分最低，是保障房社区为老服务中的短板。

文化参与环境中，5 项指标需求等级较高。积极老龄观、《老年人权益保障法》普及、公共法律服务室三项是老年人需求最迫切的方面。老年防诈骗和社区老年协会相关工作也有待加强。

科技助老环境中，智能化产品使用和教老年人使用手机服务 2 项需求等级较高，说明目前相关服务覆盖率较低、满意度较低，是最应加强的两项。

表 2　保障房社区评价指标

| 环境维度 | 评价指标 |
|---|---|
| 居室环境 | 安装扶手、紧急呼叫装置、地面防滑处理、地面高差处理、起夜感应灯、室内灯光照度、升降式晾衣竿、防撞处理 |
| 楼体和社区环境 | 电梯、无电梯楼的爬楼设施、楼梯间休息座椅、公共厕所、楼梯间照明、无障碍坡道、楼层标识、社区道路平整安全、人车分离、活动与休息空间 |
| 为老服务环境 | 疾病风险筛查和慢病管理、康复辅助器具、生活照料服务、老年大学、医护服务、健康管理服务、喘息服务、时间银行、救助服务、就医/急救的绿色通道、应急预案中适老化内容、专业照护服务、安全协助服务 |
| 文化参与环境 | 积极老龄观、《老年人权益保障法》普及、公共法律服务室、老年防诈骗、社区老年协会 |
| 科技助老环境 | 智能化产品使用、教老年人使用手机服务 |

## （二）单位家属院

### 1. 居室环境

单位家属院居室环境评价情况。从总体上看，单位家属院的老年人居室环境指标得分状况不理想，综合得分普遍在 1 分以下。其中，蹲改坐处理指标综合得分最高，为 1.97 分，其次是室内灯光照度指标，为 1.68 分。综合得分最低的一项指标为防撞处理，为 0.37 分；紧急呼叫装置指标得分也较低，为 0.53 分，最高分和最低分相差较大。另外，室内灯光照度指标覆盖率最高，但老年人满意率最低，因此调高需求等级。安装扶手指标的比例较低，综合得分也较低，将该项需求等级调高。

### 2. 楼体和社区环境

单位家属院楼体和社区环境的评价情况。综合得分最高的一项指标为社区照明，为 2.61 分；其次为楼梯扶手的完整性和楼梯台阶安全性，分别为 2.19 分和 2.13 分。综合得分最低的一项指标为楼梯间休息座椅，为 0.024 分，其次为无电梯楼的爬楼设施（0.18 分）、电梯（0.57 分）和无障碍坡道（0.58 分）。单位家属院社区少有设置楼梯间休息座椅和爬楼设施的，给上下楼造成很大不便。另外，人车分离指标与公共厕所指标得分也比较低，在 0.8 分左右，也是老年人需求等级比较高的指标。

### 3. 为老服务环境

单位家属院为老服务环境得分情况如下。综合得分最高的一项指标为免费体检服务，为 2.60 分；其次为生活圈可达性、养老服务设施可达性、健康宣传和医疗机构可达性，分别为 2.45 分、2.32 分、2.27 分和 2.24 分。表明单位家属院的养老服务、医疗服务和生活服务设施等都较为齐全，可以很好能够满足老年人日常生活所需和医疗服务所需。

综合得分最低的一项指标为老年大学，为 0.76 分；其次为时间银行，为 0.78 分。与其他社区相比，六助服务指标[①]的得分（0.9 分）比较低。总

---

① "六助服务"指助餐、助医、助洁、助浴、助乐、助急服务。下同。

体来看，单位家属院的为老服务环境质量较好，但是老年教育较为欠缺，喘息服务、健康管理和医护服务得分均比较低，需要改善和提升。

### 4. 文化参与环境

单位家属院的文化参与环境评价情况。其中，综合得分最高的一项指标为社区老年志愿组织，为 1.99 分；其次为老年防诈骗，为 1.89 分。综合得分最低的一项指标为公共法律服务室，为 0.73 分，其次为社区老年协会和《老年人权益保障法》普及，分别为 1.28 分和 1.48 分。应加强家属院社区公共法律服务，推动社区老年协会建设，加强《老年人权益保障法》的宣传与教育。因公共法律服务室及社区老年协会得分比其他社区明显低，故调高需求等级。《老年人权益保障法》普及与积极老龄观教育比其他社区分数高，故调低需求等级。

### 5. 科技助老环境

单位家属院社区科技助老环境的评价情况，总体来看，该维度得分较高，社区科技助老服务相对较为完善。其中，综合得分最高的一项指标为社区微信群/公众号，达 2.07 分。智能化产品使用的综合得分最低，为 1.27 分。

### 6. 最终评价指标

单位家属院社区最终的评价指标如表3所示。居室环境评价指标中，共筛选出 8 项需求等级在 2 级和 3 级的指标。其中，安装扶手、紧急呼叫装置两项需求等级最高，在老年友好型社区建设时需要重点加强。地面防滑处理、地面高差处理、起夜感应灯、室内灯光照度、升降式晾衣竿、防撞处理6 项需求等级也比较高，是值得关注的居室指标。

楼体和社区环境评价指标中，共筛选出 9 项需求等级在 2 级和 3 级的指标。其中，电梯、无电梯楼的爬楼设施、楼梯间休息座椅、无障碍坡道、人车分离和公共厕所6 项指标需求等级最高，是保障房社区楼体和社区环境的短板。另外三项指标需求等级也比较高，应该优先建设。与其他社区相比，单位房社区的无障碍坡道、人车分离两项指标综合得分更低，需要引起充分的重视。

为老服务环境中，共筛选出 11 项需求等级较高的指标。其中，六助服务、医护服务、健康管理服务、喘息服务四项指标综合得分最低，另外 7 项需求程度也比较高，是单位家属院为老服务中的短板。与保障房社区相比，六助服务指标得分较低，说明单位家属院在养老服务方面亟待加强。

文化参与环境中，5 项指标需求等级较高。社区老年协会、公共法律服务室是老年人需求最迫切的方面。积极老龄观、《老年人权益保障法》普及、老年防诈骗也有待加强。与其他社区相比，社区老年协会、公共法律服务室的得分更低，单位家属院应注意公共法律服务的普及，并推动社区老年协会建设。

科技助老环境中，与其他社区类似，智能化产品使用和教老年人使用手机服务 2 项服务目前覆盖率较低、满意度较低，应予以加强。

表 3    单位家属院评价指标

| 环境维度 | 评价指标 |
| --- | --- |
| 居室环境 | 安装扶手、紧急呼叫装置、地面防滑处理、地面高差处理、起夜感应灯、室内灯光照度、升降式晾衣竿、防撞处理 |
| 楼体和社区环境 | 电梯、无电梯楼的爬楼设施、楼梯间休息座椅、无障碍坡道、公共厕所、人车分离、楼梯间照明、楼层标识、社区道路平整安全 |
| 为老服务环境 | 六助服务、医护服务、健康管理服务、喘息服务、疾病风险筛查和慢病管理、康复辅助器具、生活照料服务、老年大学、时间银行、专业照护服务、安全协助服务 |
| 文化参与环境 | 社区老年协会、公共法律服务室、积极老龄观、《老年人权益保障法》普及、老年防诈骗 |
| 科技助老环境 | 智能化产品使用、教老年人使用手机服务 |

## （三）普通商品房小区

### 1. 居室环境

普通商品房社区环境评价情况。其中，蹲改坐处理指标的综合得分最

高，为 2.16 分。综合得分最低的一项指标为安装扶手，为 0.33 分，其次是紧急呼叫装置（0.47 分）、地面高差处理（0.64 分）和防撞处理（0.72 分），指标的最高分和最低分差异较大。各指标的得分情况与其他社区情况比较一致。

2. 楼体和社区环境

普通商品房小区楼体和社区环境评价情况。综合得分最高的一项指标为社区照明，为 2.67 分，其次为楼梯台阶安全性（2.38 分）、楼梯扶手的完整性（2.37 分）、楼层标识（2.26 分）和应急可达性（2.24 分）。综合得分最低的一项指标为楼梯间休息座椅，为 0.16 分，其次为无电梯楼的爬楼设施（0.18 分）和公共厕所（0.36 分）。普通商品房小区的居民通常经济条件较好，其楼体和社区环境相较于保障房社区和单位家属院而言，设施更加完善，适老化程度更高，尤其是电梯和扶手的覆盖率较高。

3. 为老服务环境

普通商品房小区为老服务环境评价情况。综合得分最高的一项指标为生活圈可达性，为 2.95 分；综合得分最低的一项指标为六助服务，为 0.76 分。此外，除了养老服务设施、生活圈、医疗机构以及免费体检等服务外，其他服务的覆盖率较低，应增加六助服务、生活照料服务和医护服务等方面的供给。

4. 文化参与环境

普通商品房小区的文化参与环境评价情况。其中，综合得分最高的一项指标为社区老年志愿组织，为 2.20 分；其次为积极老龄观和社区老年文体组织，综合得分分别为 2.18 分和 2.16 分。综合得分最低的一项指标为《老年人权益保障法》普及，为 1.09 分，需要进一步加强《老年人权益保障法》的宣传与教育。与其他社区比，敬老孝老文化宣传的普及率略低，因此应调高需求等级。

5. 科技助老环境

普通商品房小区社区科技助老环境整体得分较高，表明社区科技助老服务相对较为完善。其中，综合得分最高的一项指标为社区微信群/公众号，为 2.44 分。智能化产品使用的普及率及满意度最低，综合得分为 1.13 分，因此需求等级最高。

### 6. 最终评价指标

普通商品房社区最终选择的重点评价指标如表 4 所示。居室环境评价指标中，共筛选出 8 项需求等级在 2 级和 3 级的指标，与其他社区基本一致。其中，安装扶手、紧急呼叫装置两项需求等级最高，在老年友好型社区建设时需要着重加强。地面防滑处理、地面高差处理、起夜感应灯、室内灯光照度、升降式晾衣竿、防撞处理 6 项需求等级也比较高，是值得关注的居室指标。

楼体和社区环境评价指标中，共筛选出 8 项需求等级在 2 级和 3 级的指标。其中，无电梯楼的爬楼设施、楼梯间休息座椅和公共厕所 3 项指标需求等级最高，是商品房社区楼体和社区环境的短板。另外 5 项指标需求等级也比较高，应该优先建设。与保障房社区和单位房社区相比，商品房社区的电梯、无障碍坡道、人车分离等综合得分更高，因此需求等级设为 2 级。

为老服务环境中，共筛选出 11 项需求等级较高的指标。其中，六助服务、医护服务、生活照料服务 3 项综合得分最低，另外 8 项需求程度也比较高，是单位房社区为老服务中的短板。与其他社区相比，六助服务和生活照料服务得分更低，说明商品房社区的养老服务和照料服务亟待加强。

文化参与环境中，4 项指标需求等级较高。《老年人权益保障法》普及是综合得分最低的一项。敬老孝老文化、公共法律服务室、社区老年协会 3 项也有待加强。与其他社区不同的是，《老年人权益保障法》普及和敬老孝老文化得分更低，结合社区为老服务环境来看，应着重加强商品房社区的老龄文化宣传。

科技助老环境中，与其他社区类似，智能化产品使用和教老年人使用手机服务两项需求等级较高，说明相关服务目前覆盖率较低、满意度较低，应予以加强。

表 4    普通商品房小区评价指标

| 环境维度 | 评价指标 |
|---|---|
| 居室环境 | 安装扶手、紧急呼叫装置、地面防滑处理、地面高差处理、起夜感应灯、室内灯光照度、升降式晾衣竿、防撞处理 |
| 楼体和社区环境 | 无电梯楼的爬楼设施、楼梯间休息座椅、公共厕所、电梯、楼梯间照明、无障碍坡道、人车分离、活动与休息空间 |
| 为老服务环境 | 六助服务、生活照料服务、医护服务、疾病风险筛查和慢病管理、康复辅助器具、老年大学、健康管理服务、喘息服务、时间银行、专业照护服务、安全协助服务 |
| 文化参与环境 | 《老年人权益保障法》普及、敬老孝老文化、公共法律服务室、社区老年协会 |
| 科技助老环境 | 智能化产品使用、教老年人使用手机服务 |

## （四）未经改造的街坊型老社区（胡同）

### 1. 居室环境

未经改造的街坊型老社区（胡同）居室环境评价情况。与其他社区相比，老社区的居室环境得分较低。其中室内灯光照度指标的综合得分最高，为 1.62 分，其次是蹲改坐处理，综合得分为 1.60 分。而其他居室环境的建设指标得分都较低，尤其是紧急呼叫装置（0.31 分）、防撞处理（0.37 分）和安装扶手（0.47 分），老年人的室内适老环境亟需改善。未经改造的街坊型老社区在蹲改坐、轮椅通行和轮椅回转三项的覆盖率明显更低，综合得分也更低，表明老年人的需求程度较高，因此需求等级定为最高级3 级。

### 2. 楼体和社区环境

未经改造的街坊型老社区（胡同）楼体和社区环境得分。其中，综合得分最高的一项指标为社区照明，为 2.32 分，其次为楼梯扶手的完整性（1.91 分）和楼梯台阶安全性（1.88 分）；综合得分最低的一项指标为楼梯间休息座椅，为 0.12 分，爬楼设施（0.14 分）、电梯（0.73 分）和无障碍坡道（0.94 分）等指标的得分较低。可见，该社区的公共厕所、活动与休息空间覆盖率较高，但无障碍坡道等适老化设施较为欠缺。

### 3. 为老服务环境

未经改造的街坊型老社区（胡同）为老服务环境得分。其中，综合得分最高的一项指标为医疗机构可达性，为 2.28 分；其次是生活圈可达性和免费体检服务，均为 2.27 分。综合得分最低的一项指标为时间银行，为 0.60 分，需求等级最高。与其他社区对比，老年大学、康复辅助器具和健康管理服务 3 项指标的覆盖率较高，综合得分也较高，因此调低需求等级。

### 4. 文化参与环境

未经改造的街坊型老社区（胡同）的文化参与环境评价情况。其中，综合得分最高的一项指标为社区老年志愿组织，为 1.99 分，综合得分最低的一项指标为社区老年协会，为 1.20 分。与其他社区对比，街坊型老社区在老年防诈骗、积极老龄观、公共法律服务室、社区老年文体组织四个指标的覆盖率较高，因此调低需求等级。

### 5. 科技助老环境

未经改造的街坊型老社区科技（胡同）助老环境得分。其中，综合得分最高的一项指标为社区微信群/公众号，为 1.98 分。智能化产品使用综合得分最低，为 1.28 分，需求等级较高。

### 6. 最终评价指标

表5 是未经改造的街坊型老社区（胡同）最终的评价指标。居室环境评价指标中，共筛选出 11 项需求等级在 2 级和 3 级的指标。其中，轮椅通行、轮椅回转、安装扶手、紧急呼叫装置 4 项需求等级为最高，在老年友好社区建设时需要着重加强。蹲改坐处理、地面防滑处理、地面高差处理、起夜感应灯、室内灯光照度、升降式晾衣竿、防撞处理 7 项需求等级也比较高，值得关注。居室部分指标与其他社区相比存在较大差异，主要是由于老社区中存在许多平房，住房面积狭小、设施简陋，在轮椅容纳与通行、蹲厕等方面基础较差，因此老年人改造需求比较强烈。

楼体和社区环境评价指标中，共筛选出 9 项需求等级在 2 级和 3 级的指标。其中，无障碍坡道、电梯、无电梯楼的爬楼设施和楼梯间休息座椅4项指标需求等级最高，是社区的短板。另外5项指标需求等级也比较高，应该优先建设。与其他社区相比，未经改造的街坊型老社区（胡同）的无障碍坡道综合得分更高，需求等级更高，说明社区公共部位的无障碍设施亟需改造。

为老服务环境中，共筛选出10项需求等级较高的指标。其中，六助服务综合得分最低，是未经改造的街坊型老社区（胡同）为老服务的短板，说明老龄服务亟待加强。生活照料服务、疾病风险筛查和慢病管理、老年大学、健康管理服务、喘息服务、时间银行、专业照护服务、医护服务、安全协助服务9项需求等级也比较高，应予以重点关注。

文化参与环境中，社区老年协会和《老年人权益保障法》普及2项需求等级较高，表明在老年互助组织和老年人权益保护方面应着重加强建设。与其他社区不同，社区老年文体组织和公共法律服务室两项的综合得分较高，可见，这两部分活动开展得较好，所以需求等级最低，因此没有进入主要评价指标。

科技助老环境中，与其他社区类似，智能化产品使用和教老年人使用手机服务2项需求等级较高，说明相关服务目前覆盖率较低、满意度较低，应予以加强。

表5　未经改造的街坊型老社区（胡同）评价指标

| 环境维度 | 评价指标 |
| --- | --- |
| 居室环境 | 轮椅通行、轮椅回转、安装扶手、紧急呼叫装置、蹲改坐处理、地面防滑处理、地面高差处理、起夜感应灯、室内灯光照度、升降式晾衣竿、防撞处理 |
| 楼体和社区环境 | 无障碍坡道、电梯、无电梯楼的爬楼设施、楼梯间休息座椅、公共厕所、楼梯间照明、社区道路平整安全性、人车分离、活动与休息空间 |
| 为老服务环境 | 六助服务、生活照料服务、疾病风险筛查和慢病管理、老年大学、健康管理服务、喘息服务、时间银行、专业照护服务、医护服务、安全协助服务 |
| 文化参与环境 | 社区老年协会、《老年人权益保障法》普及 |
| 科技助老环境 | 智能化产品使用、教老年人使用手机服务 |

# 四 结论及启示

对比四类社区的老年友好型社区评价指标发现，各社区既有共性指标，又有个性指标。其中，科技助老环境和居室环境两个维度的共性指标较多，个性指标较少，说明各类社区在这两个环境方面建设情况相似，老年人需求差异不大。而其余三个维度的个性指标较多，这提示我们，北京市四类社区的建设基础迥异，老年友好型社区建设应因地制宜（见表6）。

**表6 四类社区评价指标对比**

| 环境维度 | 共性指标 | 个性指标 |
|---|---|---|
| 居室环境 | 安装扶手、紧急呼叫装置、地面防滑处理、地面高差处理、起夜感应灯、室内灯光照度、升降式晾衣竿、防撞处理 | 未经改造的街坊型老社区（胡同）：蹲改坐处理、轮椅通行、轮椅回转 |
| 楼体和社区环境 | 无障碍坡道、电梯、无电梯楼的爬楼设施、楼梯间休息座椅、公共厕所、楼梯间照明、人车分离 | 保障房社区、单位家属院：楼层标识；保障房社区、普通商品房小区、未经改造的街坊型老社区（胡同）：活动与休息空间<br>保障房社区、单位家属院社区、未经改造的街坊型老社区（胡同）：社区道路平整安全性 |
| 为老服务环境 | 生活照料服务、疾病风险筛查和慢病管理、老年大学、健康管理服务、喘息服务、时间银行、专业照护服务、医护服务、安全协助服务 | 单位家属院、未经改造的街坊型老社区（胡同）、普通商品房小区：六助服务<br>保障房社区、单位家属院、普通商品房小区：康复辅助器具<br>保障房社区：救助服务、就医/急救的绿色通道、应急预案中适老化内容 |
| 文化参与环境 | 社区老年协会、《老年人权益保障法》普及 | 单位家属院：敬老孝老文化<br>保障房社区、单位家属院、普通商品房小区：公共法律服务室<br>保障房社区、单位家属院：积极老龄观<br>保障房社区、单位家属院：老年防诈骗 |
| 科技助老环境 | 智能化产品使用、教老年人使用手机服务 | — |

从居室环境指标的对比情况来看，个性指标全出自未经改造的街坊型老社区（胡同），反映出该类社区在蹲厕改造以及室内无障碍通行方面仍存在明显短板，在居家适老化改造时应予以重视。

从楼体和社区环境指标的对比情况来看，保障房社区涉及的个性指标有三个，最多，反映出保障房社区的室外硬件环境短板最多，在楼层标识、活动与休息空间、道路的无障碍建设方面应予以加强；单位家属院与未经改造的街坊型老社区（胡同）涉及的个性指标各有两个，社区硬件设施的适老化改造也应得到重视；普通商品房小区涉及指标最少，反映出老年友好水平较高，只需加强活动与休息空间建设。

从为老服务环境指标的对比情况来看，保障房社区涉及的个性指标最多，达到四项，表明在为老服务方面亟需加强，具体包括：救助服务、就医/急救的绿色通道、应急预案中适老化以及康复辅助器具；单位家属院小区和普通商品房小区也涉及两项个性指标；未经改造的街坊型老社区（胡同）涉及的个性指标最少，体现出为老服务方面发展较好。

从文化参与环境指标的对比情况来看，单位家属院涉的个性指标最多，达到四项，表明老龄文化环境建设方面亟需加强，具体包括：敬老孝老文化、积极老龄观、公共法律服务室与老年防诈骗；保障房社区的个性指标为三项，需加强文化环境建设；普通商品房小区及未经改造的街坊型老社区（胡同）涉及的个性指标较少或没有个性指标，说明老龄文化建设情况相对较好。

## 参考文献

丁志宏、姜向群：《城市老人住房状况及其满意度研究：以北京市海淀区为例》，《北京社会科学》2014 年第 1 期。

Phillips D. R., Siu O. L., Yeh AGO, et al. "Factors Influencing Older Persons' Residential Satisfaction in Big and Densely Populated Cities in Asia: A Case Study in Hong Kong", *Ageing International*, 2004（29）.

陆伟、林文洁：《我国城市老年人居住环境现状与问题初探》，《大连理工大学学报》（社会科学版）1999 年第 4 期。

易成栋、丁志宏、黄友琴：《中国城市老年人居住环境的动态变化及空间差异：基于中国城乡老年人口追踪调查数据的分析》，《城市发展研究》2016 年第 12 期。

# B.18
# 杭州智慧社区养老进展、问题和对策研究

朱海龙　徐心一　徐文姣　丁小洋　方泽南　郑思雨*

**摘　要：** 本文以杭州为例，具体阐述智慧社区养老服务模式的现实路径。杭州市从地区需求和地方能力出发，智慧社区养老建设在扩大网络基础设施建设规模、加大智慧社区建设力度、探求数字赋能杭州智慧社区养老生活模式等方面取得一定成果。通过杭州市智慧养老服务政策推动服务落地，"社区智治在线"助力服务，升级优化市级"互联网+养老"平台等方式探索数字赋能杭州智慧社区养老生活模式。同时杭州市智慧社区养老服务存在以下问题：第一，缺少统一的规范，标准化与制度化水平不高；第二，智能技术欠发展；第三，智慧养老复合型人才非常匮乏；第四，社区养老服务供需错配、适应性差。针对上述问题，本文提出实施养老服务数智化改革、开拓农村养老服务新途径、促进养老产业新业态和创新杭州市社会协同参与机制、培养杭州市本土的专业养老服务人才、强化杭州市政府养老职责与监管意识等具体策略。

**关键词：** 社区养老　智慧养老　杭州

## 一　杭州市老龄化概况

近五年来，杭州市老龄化趋势呈现三大特点。

---

* 朱海龙，杭州师范大学公共管理学院教授，博士生导师，主要研究方向主要为网络社会（智慧社会）社会政策劳动与社会保障；徐心一，杭州师范大学本科生；徐文姣、丁小洋、方泽南、郑思雨，杭州师范大学研究生。

一是人口老龄化发展迅速。目前，杭州市尚未进入深度老龄化社会，但老龄化程度正在加剧。据第七次人口普查数据，杭州市 60 岁以上常住人口为 201 万，其中 65 岁及以上总人口 139 万，占总人口的比例为 11.7%。和第六次全国人口普查数据相比，10 年间，杭州市 60 岁及以上人口的比重、65 岁及以上人口的比重上升，分别上升 3.5 个、2.6 个百分点。据数据预测，2025 年，杭州市 60 岁以上老人将会达到 240 万，占总人口比例为 27.1%。具体而言，杭州市淳安县、建德市、桐庐县、临安区、拱墅区、富阳区六个区县 65 岁及以上老年人口占比已经超过了 14%，率先进入了深度老龄化社会。

二是人口高龄化趋势明显。80 岁及以上老年人口总数由 2014 年底的 23.77 万人，增长到 2018 年底的 27.93 万人。五年来，80 岁及以上高龄老人增长 4.16 万人。

三是失能、半失能老年人口比重继续加大。杭州市失能老人有 3.14 万人，半失能老年人有 6.92 万人。失能老年人口数居前三位的是桐庐县、淳安县、萧山区，分别是 0.55 万人、0.46 万人、0.38 万人。半失能老年人口数居前三位的是淳安县、江干区、萧山区，分别是 0.87 万人、0.85 万人、0.76 万人。

## 二　杭州市智慧社区养老发展成果

国家发改委、民政部和全国老龄办联合下发的《关于进一步做好养老服务业发展有关工作的通知》中明确提到："加快发展现代养老服务业，应紧密跟随信息化前沿，大力运用互联网、大数据、云计算、物联网等现代信息技术手段，探索并创新养老服务模式，在实现产业标准化的过程中实现产业的信息化。"近年来，杭州市智慧社区养老取得一定发展。

### （一）网络基础设施建设规模取得新进展

2019 年 5 月 27 日，《浙江省互联网发展报告 2018》（以下简称报告）在杭州发布。报告显示，2018 年，浙江省网络基础设施建设取得新进展。浙江网民规模和互联网普及率都高于全国平均水平。截至 2018 年底，浙江省网民规模

达到4543.7万人，比2017年增加约587.7万人，互联网普及率为79.2%，比全国互联网普及率高19.6个百分点。其中，手机已成为浙江人上网不可或缺的工具，浙江省手机网民不断增加。数据显示，截至2018年底，浙江省手机网民规模达到4498.3万人，占全省网民总数的比例超过99.0%，手机网民规模比2017年增加约593.7万人。手机网民的不断增加得益于4G网络的普及，这同时也对5G网络提出了新要求。2018年，浙江省加快推进5G等下一代通信网络建设进程。截至上年底，杭州试验区5G试验基站达500余个，试验区总覆盖面积100平方公里以上，网络平均下载速率超过900Mbps、峰值速率超过1Gbps。

在信息技术创新方面浙江省同样取得了新突破，以云计算、大数据、物联网、人工智能为代表的网络基础信息技术实现快速发展；以边缘计算、区块链为代表的前沿热点信息技术实现了创新发展。浙江省现建有国家级创新基地共28家，其中学科国家重点实验室11家。报告显示，2018年，浙江深入实施数字经济"一号工程"，积极推进数字产业化和产业数字化。全省数字经济核心产业实现增加值5547.7亿元，同比增长13.1%，对全省GDP的贡献率达到17.5%，数字经济总量规模位居全国第四。

此外，互联网正不断推进浙江省政府治理体系和治理能力的现代化。得益于网络信息技术能力的快速提升，浙江"最多跑一次"改革向纵深发展。报告显示，截至2018年底，浙江政务服务网注册用户数超过2021万。全省公共数据平台共享数据调用量累计达1.8亿次，是2017年总量的14倍。下一步，浙江将以"三服务"为具体抓手，做大做强网上正能量，完善网络综合治理体系建设，巩固强化网络安全"铜墙铁壁"，加速推进数字经济"一号工程"，努力让互联网这个最大变量成为实现高水平全面建成小康社会的最大增量。

### （二）智慧社区建设力度加大

近年来，随着科技发展的不断进步，智慧城市成为未来城市发展的主要方向，而智慧社区作为智慧城市最重要的组成部分之一也在如火如荼的建设中。据IDC发布的报告，得益于智能家居和智慧城市的快速发展以及宏观经济变化，中国智慧园区建设将逐步进入快速发展期，2019年数字化投资超过 1600 亿元，未来三年将持续增长近 20%。有行业内人士表示，接入社交、移动、大数据和云技术的"物联网+互联网+平台"，实现智慧运营服务、科学管理和优质用户体验，是新时代园区的必然发展方向。在科技赋能的情况下，智慧社区成为丰富的有待挖掘的商机市场。

"十三五"规划提出，"建设以居家为基础，社区为依托，机构为补充的多层次养老服务体系"。其中，智慧社区养老模式是一种新发展起来的模式。简单来说，智慧社区养老就是利用先进的技术手段在社区建立智慧养老服务信息平台，为居家老人提供全方位、智能化、系统化的养老服务，让老人享受便捷和舒适的晚年生活。

由此可见，通过互联网与养老服务相结合的智慧化养老服务来开发并完善中国的养老服务市场是非常紧迫的任务。"互联网+"养老服务产业改革不仅是现阶段智慧城市建设的重要组成部分，也是提升社会养老服务水平、促进养老服务产业转型升级的关键举措。

而智慧社区养老服务体系就是以云计算数据中心为平台，以社区为依托，通过物联网、移动互联网、云计算、大数据、传感器、广电网等技术把老年人、社区、企业和政府机构的资源整合到数据中心，采集老年人信息、分析老年人需求、提供老年人服务、监督服务质量、汇集服务反馈，形成线上线下互动的、专业化的衣食住行、医疗、保健、康复、社交等方面的数字化服务。

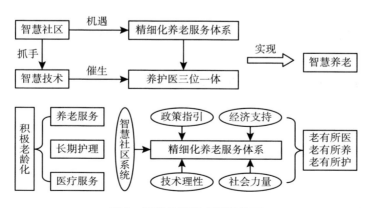

**图1 智慧社区养老服务体系**

（三）数字赋能杭州智慧社区养老生活

2021年4月15日，杭州市发改委组织召开"数字生活·未来社区"主题论坛。自2019年浙江省委省政府启动未来社区建设以来，杭州市共有11个项目纳入省级未来社区试点，数量位居全省首位，项目类型涵盖改造更新类、规划新建类和全域类。目前，首批试点已全部开工建设，第二批试点正在加快推进。未来社区是数字社会改革成果最终落地惠民的关键载体之一。按照省委"数字赋能、整体智治、高效协同"的要求，将围绕"三化九场景"，用数字孪生的理念，形成数字社会基本功能单元系统，打造社区数字生活新空间。

提升、完善城乡一体的智慧社区统一平台，突破部门、行业壁垒，从社区居民的实际需求出发，实现社区政务服务、公共服务、社会服务全人群覆盖、全口径集成、全区域通办及全过程监管。通过加强社区基础服务设施和便民服务终端的智能化建设，完善社区综合治理机制，加强联合管理队伍建设，构建社区智能化、规范化的综合管理终端。通过整合各级政府部门、企事业单位、社会组织团体、社区周边商业的各类便民服务，构建社区智慧化、个性化的便民服务终端。在统一社区管理流程和服务规范的同时突出每个社区特色，让居民享受到全方位、更高效的社区服务，将智慧城市建设成果落地到社区，将各类服务搬到百姓家门口，打通群众服务"最后一公里"，使高品质、社区化、数智化、国际化的省会城市现代养老服务形象充分彰显。

1. 杭州市智慧养老服务政策推动智慧养老服务落地

近年来，杭州市十分重视养老服务体系建设，并在国家政策的指导之下陆续制定了《杭州市老龄事业发展"十三五"规划》（杭老字〔2016〕6号）、《杭州市社会发展（基本公共服务均等化）"十三五"规划》（杭政办函〔2017〕26号）、《杭州市智慧养老呼叫综合服务监管考核办法（试行）》（杭民发〔2016〕310号）等地方政策，以便更好地开展智慧社区养老工作。

当前，正在全力打造全国数字经济第一城的杭州，以全国智慧健康养老示范基地建设为契机，先后出台了城市数据大脑规划、"互联网+养老"服务工作实施方案等，将现代技术引入社区养老服务的各个领域环节，充分发挥现代技术对养老服务提质增效的支撑作用，从顶层设计上不断丰富智慧社区养老内涵，致力于建成覆盖城乡、全民共享的智慧民生服务体系。

2020年，"建设镇街级示范型居家养老服务中心30家，新增机构养老床位2000张，开展1070户经济困难、高龄、失能失智、独居老年人家庭适老化改造"这三项民生工程被列入杭州市政府十大民生实事项目中，助力杭州市智慧社区养老模式的发展。除此之外，杭州还引入专业化评估按需定制，实行一户一策的测评，通过数字化手段评估各家各户的不同状况，因户而异进行改造，不仅包括浴室安全、行走安全等便利措施，还包括智能检测的安装跟进。在施工完成后，为每户家庭生成专属二维码，扫一扫不仅可以看到前后对比，有什么其他问题还可以随时跟进。

杭州市搭建起杭州养老服务网络，通过信息化系统提供更全面的、系统的、联动的、有特色的养老服务新方法，打造无围墙养老院。不仅在横向打通社保、医保等各个部门，纵向也从下至上完成镇乡县市省的信息系统对接。各类信息系统通过"城市养老云"实现功能整合、数据交换、信息共享，形成"1+X"立体发展格局。除此之外，养老服务系统还包括"互联网+助餐"服务、智慧养老地图等一系列老年人关注度高、需求强烈的服务。

总的来说，杭州市坚持"以人为本"的发展理念，紧紧围绕着老年人的需求对养老服务体系进行改进，以解决养老服务"痛点"为主攻方向，让老年人共享互联网发展成果。随着杭州市"互联网+养老"服务平台上线，基于城市大脑数字治理的养老服务驾驶舱正不断联结各个应用场景，为老年人提供了许多个性化、精细化服务。

2. "社区智治在线"助力社区为老服务

杭州市从城市大脑社区应用场景开发入手，出台基层治理重大创新举措，成功上线"社区智治在线"。刷刷脸就能进社区；动动手指就能预约服务；办理老年证、申请高龄补贴居民不用操心，符合条件系统会提示网格员上门服务；80 岁以上老人 48 小时没出门，系统会自动发出警告提醒网格员注意……"社区智治在线"的上线，把一件件居民的操心事变成政府的分内事，把一项项约束性条款变成一个个不同条件下的服务项……"社区智治在线"的推出，标志着"生活品质之城"杭州的居民正享有更高的生活品质，还标志着杭州社区治理实现从经验判断型向数据分析型的转变，社区养老服务实现从被动应对向主动提供的转变。针对业主、租客、物业、运维公司、派出所、街道等六大对象的实际需求，智慧云平台还增加了地址门牌二维码快速定位、一键报警、孤寡老人预警、特殊人员管控等民生服务增值功能，切实方便居民便捷应用，提高服务质量。智慧云平台还设有燃气监测系统、消防检测监测系统和消防通道监测系统，可以随时随地查看燃气设备、消防设备的运行情况，确保老年人发生意外时，能第一时间发现并报送云平台。到期主动提醒功能最受居民欢迎，比如，达到办理老年证条件和符合领取高龄津贴条件的居民，其姓名在"社区智治在线"系统里会自动提示，社工、网格员看到后第一时间联系居民办理，实现了"零次跑"加速度。老年助餐方面，通过"中央厨房+中心食堂+助餐点""互联网+配送餐"等模式，推进老年人助餐服务有效覆盖，建成老年食堂（助餐点）1600 余家①。

### 3. 市级"互联网+养老"平台升级优化

全天候为 15 万低收入高龄及失能老年人提供"一键呼救"等三大类 13 小项服务，创建老年食堂无接触取餐"刷脸吃饭"、智能养老管家、养老地图等智慧应用场景。打造养老服务线上 APP 商城"点单式"服务，养老服务补贴打入老年人社保卡（市民卡）养老服务专户，在全国率先创设全市通用的养老电子货币"重阳分"，可用于居家养老上门服务、养老机构床位费、护理费等支付，打破了原来的区域壁垒，形成全市统一的养老服务市场。

---

① 参见《杭州市养老服务业发展"十四五"规划》（索引号：002489524/2021-262708）。

# 三　杭州市智慧社区养老服务存在的问题

## （一）尚缺少统一的规范，标准化与制度化水平不高

总的来看，各地操作标准不一，缺乏统一性，智慧养老难以管控。由于缺乏统一的标准与操作规范，智慧养老模式实践过程中出现了鱼目混珠、良莠不齐的现象，智慧养老模式仍需加强完善。所以，目前智慧养老最迫切需要解决的问题是缺乏统一的技术标准和规范。

区域内部存在明显差异。在一些城市老旧社区和偏远农村，社区养老资源不足，再让这些社区承担"医老""护老"的责任，资源越发捉襟见肘，心余力绌。且在这些地区，养老事业往往行政化色彩浓厚，配套设施滞后，无障碍设施、休闲空间缺乏，适老性公共环境建设亟待规划提升。城乡社区对养护医结合的认识不够清晰，发展愿景模糊，管理方式粗放。社区签约医生、护理人员也缺乏，社会力量参与薄弱，与医院联系较少，缺乏长期日间照料和康复护理人员，激励机制缺乏，居民信任度、满意度不高。

## （二）智能技术欠发展

当前，我国养老服务产业在信息数据处理、整合和应用方面比较落后，政府、社区及养老服务机构难以充分利用有效数据采集信息，难以实现服务与需求的无缝对接。且采取的模式比较传统，以呼叫中心模式为主，模式相对简单，只能借助呼叫器接入智慧养老平台，难以针对日常监测数据深度分析养老服务需求。

科技的双刃剑性质，导致了智慧养老产品设计方面的问题。老年人的知识水平与生活习惯使得他们对于智能设备的了解以及使用能力十分有限。而目前，一些智慧养老产品缺少针对老年群体的人性化设计，例如产品按键密集、操作复杂、非常容易误操作。还有一些智能终端设备，操作界面显示字

体太小、操作复杂、触屏感应太灵敏，使得老年人不会用、不想用，达不到智慧养老使老年人生活更加便捷舒适的初衷。

### （三）智慧养老复合型人才非常匮乏

养老服务队伍的素质有待提高，规模亟须扩大。养老服务人员缺乏统一培养，群众对于养老服务人员的社会地位认同度普遍不高，导致智慧养老复合型人才非常匮乏。有专业、有知识、有能力的人才往往不会从事这方面的工作，从业人员多是下岗失业再就业人员，从而有着服务意识较低、服务质量有待提升的问题。且人员极度缺乏，没有办法很好地关照到所有的老人、所有的方面。

### （四）社区养老服务供需错配、适应性差

从"需求响应"视角来看，供给侧对老人养老服务需求响应不足导致了供需错配问题，而养老服务市场缺陷性失灵，供给侧对老人多元化养老需求响应难度大、流程繁杂、处理统一，从而缺乏针对性，没有办法很好地满足老年人的需求。当前，养老服务供需错配问题严重。智慧社区养老中的许多服务，都是按部就班完成的，在物质上到位了，但是对于老年人在精神上的陪伴需求缺乏关注。虽然开发了一些针对老年人的聊天、交友平台，但由于现实性不强，使用人数不多，仍缺少更深入的人文关怀，未能起到精神慰藉的作用。

## 五　应对策略

### （一）实施养老服务数智化改革

#### 1. 搭建全市"互联网+"养老服务新平台

"互联网+"养老服务新平台以方便、快捷、共享为特征，以大数据为基础，为全市老年人提供新型养老服务。通过跨领域、跨行业、跨部门的三

跨式服务输送体系为有需求的老年人提供高效的智慧养老服务。全面推进养老服务系统协同、数据协同、业务协同和政策协同，根据"全省统建、市县补充"要求，开展新一轮市、区（县、市）智慧养老服务平台/系统的迭代和新建，全面对接"浙里养"平台，实现与"城市大脑"对接，按照标准接口要求积极创建地方个性化应用模块。

2. 推进数字化养老应用

集成养老服务数据、业务协同、分析预警的可视化展示平台，提高应对人口老龄化的全局把控、政策分析和预判能力。全面推进养老服务数字政务、数字养老和数字监管，以智慧养老项目和场景应用为导向，不断提高养老服务智能化水平。到 2022 年，每个县（市、区）至少建设 1 家示范智慧养老院，到 2025 年至少建设 2 家。积极推进智慧服务适老化，加强智慧技术无障碍建设，降低老年人使用数字技术的门槛，保留线下服务途径，方便老年人获取养老服务和老年福利。积极开展老年人智慧产品使用培训，让老年人共享智慧城市新生活。

3. 打造数智养老新高地

发挥杭州 5G、大数据、物联网、智能制造及高新开发区集聚等优势，加快智慧养老技术、设备及应用场景的研发，通过发布《智慧养老产品指导性目录》《智慧养老应用场景指导性目录》《智慧康养产品指导性目录》，加强与高新企业技术和产品对接，引导企业研发康复训练及康复促进辅具、健康监测产品、养老监护装置、家庭服务机器人、可穿戴智能老年服装服饰等产品。扩大适老化智能终端产品供给，贴紧老年人需求特点，加强技术创新，不断提高老年智能产品用品的智能化、适老化、实用性和大众性，促进智能技术有效推广应用，助推杭州数字经济发展。

## （二）开拓农村养老服务新途径

1. 完善农村居民社会保障体系

要进一步完善杭州市农村居民养老保险社会体系，统筹城乡规划，划清政府、企业、个人责任，不断扩大养老保障覆盖面，扩充养老基金社会来

源。加强养老保险社会宣传，提升社会养老保障在养老服务中的地位，加强资金利用管理，督促有关部门提升具体实施的责任意识。

**2. 建好农村养老服务主阵地**

深化农村居家养老服务设施布局改造和功能拓展，完善农村三级服务网络，充分发挥敬老院、社区照护中心/居家养老服务中心作为区域养老服务中心的作用，提供专业综合住养照护和社区居家服务。健全留守老人关爱机制，进一步完善家庭尽责、基层主导、社会协同、全民行动、政府支持保障的农村留守老年人关爱服务工作机制，加强常态化关爱巡访。

**3. 探索多元农村助老模式**

鼓励老年人自愿开展抱团养老、邻里互助等互助式养老；发挥农村乡贤作用，筹建敬老孝亲慈善基金，在偏远山区老年人聚集的村落建一批互助颐养点。创新农村互助养老机制，打造互助养老大生态。因地制宜探索服务供给新机制，鼓励在老年助餐、居家服务、空巢关爱等项目中实行有偿邻里照顾、家属照顾。

### （三）促进养老产业新业态和创新杭州市社会协同参与机制

**1. 大力发展智慧健康产业**

发展老年人生活辅助、生活护理、康复训练及健康促进辅具等老年用品产业，依托现有健康/医药小镇、产业园区，建设康复辅具园区，搭建康复辅具展示、租赁、回收洗消、技术和标准研发产业链。到 2025 年，建成市级康复辅具与老年用品展示中心、康复辅具适配服务平台和一个区域性康复辅具洗消中心。

在城市规划、土地出让、保障性住房建设中，鼓励建设全龄社区、终身住宅、多代居住宅和连续照护社区，让老年人融入社会，打造年轻人和老年人共同生活、代际融合的家庭、社区和社会场景。推进养老服务和全域旅游、特色小镇、美丽乡村规划建设相融合，面向长三角发展宜居宜养宜游康养新业态。鼓励发展国际化养老机构和养老社区（项目性，非行政社区），增亮杭州国际化大都市底色，展示老年福利建设制度优势。

### 2. 打造养老服务新模式

创新养老机制体制，构建多元化养老服务新格局。在充分发挥社会公办养老服务机构的兜底作用的基础上，不断激发出各种民办养老服务机构的活力。统筹城乡发展，搭建出普惠的富裕养老新模式，统一城乡的养老机构标准和门槛，提升社会资源利用效率，使更多的改革创新成果更好服务全市城乡人民，推动养老服务模式的革新转型。

### 3. 扩大可及型养老服务供给

发展面向广大老年人及家庭的价格可负担、服务可及的养老服务。鼓励社会力量投资兴建养老机构，积极争取国家发改委城企联动普惠养老项目试点，探索地方性城企联动普惠养老项目试点，扩大普惠性服务供给。鼓励家政服务企业和物业服务企业参与养老服务供给，创建小型养老服务设施和平台，探索"物业+养老服务"。

### 4. 健全为老志愿服务机制

加快发展全市养老服务"时间银行"，以居家养老服务机构为支撑，整合社区多元服务资源，探索建立时间银行公益基金会或公益基金，构建形成运行机制完善、标准统一规范、全域通存通兑的长效可持续服务体系。重点培育社会工作类、公益慈善类、第三方中介类及枢纽型机构，整合各类社会资源，提供个性化、补充性公益助老和慈善服务。加大力度培养社区为老服务志愿者队伍，为老年人提供便利可及、针对性强的服务。到2022年，全市培育5个以上枢纽型组织、10个以上影响力较大的为老志愿服务组织。

## （四）培养杭州市本土的专业养老服务人才

### 1. 加快培养养老服务专业人才的培养

在杭州市高校开设养老相关专业的基础上，社会养老服务机构要与高校频繁互动，构建养老机构与高校合作共同培养老服务专业人才的局面。发挥各类养老服务机构在培育养老人才中的积极作用，优化现有的养老服务专业人才队伍，坚持开放式的人才观念，设置多种人才引进机制，逐步完善培育养老服务人才的科学体系。同时，也要因地制宜，从具体实际出发将行业中

的一线专家、教授纳入养老人才培育体系，为从业人员培训养老知识技能和理论方法。

2. 加强全员分类分级培训

继续推进学历教育、非学历教育、继续教育、实习实训"四位一体"的养老从业人员教育体系，建立养老服务行业全员培训机制，优化养老护理人员队伍结构，建立不同岗位和对象的培训体系，完善市、县（市、区）二级培训机制。搭建国内国外两大培训平台，深化推进政校合作、校企合作，加强国际合作；鼓励创建养老服务领军人物工作室，发挥其在创新、个性化项目中的引领和示范作用。实施全市养老护理人员职业技能认定，推动技能等级认定规范化发展，探索构建具有杭州特色的护理员职业技能评价认定体系。将康复和急救知识、技能纳入护理技能培训中，将康复知识技能作为养老护理员、家庭照护者必训内容，使三级以上养老护理员均掌握功能康复技能。2025 年，全市具备养老护理技能等级认定资格的机构达 4 家，每万名老年人拥有持证养老护理员达到 25 人，高级和技师级护理员占到护理员总数的 20%。

3. 促进队伍"三化"发展

增强职业吸引力，推进养老服务队伍年轻化、专业化、职业化（"三化"）发展。建立一线专业照护人员指导工资，鼓励养老服务机构探索职业技能与服务价格、绩效工资等挂钩奖励制度和与职业技能等级、工作年限挂钩的技能和岗位收入制度，增强养老护理员职业吸引力。扩大入职奖补政策惠及面，放开专业限制，吸引更多年轻大中专学生进入。依托各级养老护理员技能竞赛，结合新时代工匠培育工程，挖掘、培养、树立养老护理领军人才，加大激励力度。鼓励养老服务企业集团化、连锁化发展，为年轻人提供职业晋升发展空间。鼓励体制内的社会福利机构院长（副院长）职业化发展，探索建立岗位绩效考核机制。弘扬照护文化，加强护理员的社会褒奖，实施好现有各类褒奖政策。鼓励实施养老项目社工工作机制，逐步实现社区助老员年轻化、专业化发展，并逐步转型为养老顾问。

### （五）强化杭州市政府养老职责与监管意识

**1. 在供给链部分, 构建良性市场竞争机制, 完善供应管理制度**

构建良性市场竞争机制其实就是构建智慧社区养老服务承包商之间的良性竞争机制, 根据实际需要构建良性竞争市场的准入机制、过程机制。构建过程机制就是对投标、定价、监管评估等过程环节构建机制。构建的流程与准入机制类似, 需要指出的是, 这里的构建准入机制与过程机制, 只是指政府购买智慧社区一般养老服务时的准入机制、过程机制。

**2. 强化养老服务综合监管制度**

建立综合监管、专业监管、信用监管、行业自律互为支撑的全方位监管体系。实现不同职能部门之间监管信息联动、互通, 推动联合监管、联合执法、联合惩治的部门协同监管机制; 建立养老服务品质第三方认证工作机制, 加强"互联网+监管""数字+监管"创新应用, 发挥行业协会作用。建立监管结果与星级评定、补贴、政府购买服务以及行业准入退出等挂钩的联动机制。

**3. 健全养老服务质量综合评估制度**

建立以养老服务标准为依据的质量提升长效机制, 加强对养老服务评估、培训等第三方中介机构等政府购买服务工作的评估监管, 建立养老机构疫情防控常态化运行规范。贯彻实施《养老机构等级划分与评定》国家标准和实施指南, 全面开展新的养老机构等级评定工作, 切实提高养老机构服务质量。到2025年, 符合《养老机构服务安全基本规范》强制性国家标准的养老机构达到100%。建立养老服务质量日常监测指标体系和动态监测评价机制, 建立评估、检测结果公开制度。建立全市统一、可查询、可统计的养老护理员信息管理系统, 加大对养老护理服务质量和服务过程的监管力度。

**4. 明确各自权责**

政府作为购买者与服务承包商或生产者之间的关系从本质上说是契约合同关系。为了避免治理链出现利益寻租风险, 应完善购买智慧社区养老服务

合同制度，明确各自权利与义务、改进规范治理指标体系。明确各自权利与义务是指明确政府作为购买方与服务承包商或生产方之间的权利与义务，具体来说可以通过契约合同的形式来明确。

## 参考文献

徐兰、李亮：《互联网+智慧养老：基于O2O理念下的社区居家养老服务模式》，《中国老年学杂志》2021年第12期。

张博：《政府购买智慧社区养老服务的风险及治理——基于智慧社区养老服务链的视角》，《中国矿业大学学报》（社会科学版）2021年第6期。

冯春梅：《新型社区居家养老服务的影响因素分析》，《统计与决策》2018年第20期。

闫志俊：《"互联网+"背景下智慧养老服务模式》，《中国老年学杂志》2018年第17期。

郝丽、张伟健：《基于大数据的"医疗-养老-保险"一体化智慧社区养老模式构建》，《中国老年学杂志》2017年第1期。

陈莉、卢芹、乔菁菁：《智慧社区养老服务体系构建研究》，《人口学刊》2016年第3期。

# B.19
# 智慧社区养老服务模式的探索与研究

刘 姝 李墨洋*

**摘 要：** 伴随我国人口老龄进程的不断加快，传统养老的方式对于人力、物力、财力的要求都较高，也不足以完全覆盖老年群体的需求。但在信息化飞速发展的背景下，"互联网+养老"渗透到社区养老之中，智慧社区养老模式应运而生，这也是迎接老龄化挑战的重要方式。本文通过梳理社区养老服务由传统模式转型为"互联网+"的智慧型社区养老模式的过程，梳理了智慧社区养老的智慧平台信息技术支持不足、医疗资源不够丰富、产品研发不够人性化、人才体系不完善等问题，提出提高智慧社区养老服务的科技化水平、强化医养结合程度、规范体制机制，明晰养老护理人才的发展路径、提高信息透明度，共同推进智慧社区养老的服务模式不断发展。

**关键词：** 老龄化 社区养老 智慧养老

## 一 智慧社区养老服务的兴起

根据第七次全国人口普查数据，2020年我国人口已达到14.1亿人，其中60周岁及以上的老年人已达2.64亿人，占比为18.7%。我国人口基数大，也提前进入了老龄化社会，这是对社会保障的一次考验。我国传统的养

---

\* 刘姝，北京社会管理职业学院讲师，研究方向为社区养老、社区护理；李墨洋，首都医科大学马克思主义学院讲师，研究方向为公共政策。

老模式主要是居家养老、机构养老和社区养老三种，但面对"未富先老""未备先老"的问题，这几种养老模式还是无法做到覆盖所有老年人医疗照护、生活起居、文体活动、紧急救援这些需求，需要寻找到一条路径，可以用少量的人力物力提供基数较大的老年人口照料服务。

伴随着网络信息化的发展，"互联网+"的行动计划浮出水面，这种信息化时代的到来恰好给了智慧养老发展的契机，同时《智慧健康养老产业发展行动计划（2017~2020年）》的出台和实施，为社区居家养老服务智能化发展提供了政策基础。开发智慧社区养老服务体系，实际上是将信息技术运用到了养老领域，既可以配置较少的人力资源，又可以满足老年人对于居家、社区等传统养老模式的需求，使老年群体能够便捷、周全地享受到医疗、生活等多元化的服务。智慧社区居家养老服务模式的发展需要不断探索、不断前进，这是我国各级政府、每一位公民责无旁贷的任务。

## 二 智慧社区养老服务模式概述

### （一）智慧社区养老服务的概念

#### 1. 智慧养老

智慧养老是基于传感网系统与信息平台，为老年群体提供实时、快捷、高效、低成本的物联化、互联化、智能化的养老服务，主要包括智慧助老、智慧用老和智慧孝老三个方面内容，可以在很大程度上帮助老年人提高生活质量。左美云指出，智慧养老是利用互联网、物联网、移动计算等现代科学技术，为老年人的基本安全提供保障，并提供生活起居、健康医疗、娱乐休闲、学习分享等各方面的服务和管理。其作用就是在提升老年人生活质量的同时，利用好老年人的智慧经验，使科技智慧与老年人相互呼应，让老年人过得更幸福、更有尊严、更有价值[1]。

---

[1] 左美云：《智慧养老的内涵、模式与机遇》，《中国公共安全》2014年第10期。

智慧养老的优势主要体现为对于人力、物力、财力的消耗减少，无论采用哪一种方式养老，都可以将智慧养老作为一种载体，与传统养老的几种形式进行有机结合，利用信息化技术、可移动穿戴设备、AI 技术等，对老年人的健康情况、生活照料情况、文娱活动等形成联动监测，并在触发异常与报警时进行及时救助，在一定程度上满足了老年人的需求，对于服务提供者来说成本收益情况也较为可观，充分提高了养老服务效能。智慧养老的出现满足了老年人对于健康、文娱与科技感的追求，老年人既能够与目前社会中的"互联网+"一起进步，又能够在智慧养老服务中积极、从容地面对晚年生活，不断实现自我价值。

2. 智慧社区养老

智慧社区养老是将传统养老模式和现代养老理念相结合的产物。传统养老模式即为家庭养老和机构养老，这两种形式并不能完全满足老年人群对于养老的需求，因此社区养老应运而生，彰显出两种传统模式的优点。近几年来，伴随着互联网、物联网等信息技术的发展，智慧养老的出现进一步推动了社区养老，让老年人在所熟悉的社区环境中得到专业化的照护服务，出现智慧社区养老的新型模式。

智慧社区养老以互联网、传感器、AI 智能技术、可穿戴移动终端设备等技术为支撑，覆盖社区养老群体，对老年群的医疗健康、生活起居、文娱休闲、紧急救援等需求进行综合分析，综合处理中心根据需求为老年人配置相应资源，择优为老年人安排养老服务。这种服务模式更加智能、高效、与时俱进，并且可以根据个人情况进行针对性定制，因此极受欢迎。但是这种模式目前只能在信息技术基础较好的城镇大力推广，而在信息技术并不发达的农村，信息化技术保障不够全面，医疗资源、社区资源匮乏，这种模式发展受到阻滞。本文所阐述的智慧社区养老即为城市地区智慧社区养老。

（二）智慧社区养老服务的发展现状

随着老龄化问题日益严重，养老服务业承受着巨大的压力。自 2010 年起，为使我国社区养老朝着高质量、高效化方向发展，让社区老年人能够得到个

性化、精准化的养老服务，我国各个城市逐步开始引入智慧社区养老服务模式，将信息化技术手段融入传统的社区养老模式，不断丰富养老服务的内容和模式，并且根据地域政策及发展做出动态调整，呈现可持续发展态势。

北京于2013年开始搭建集合老年人健康安全监测、家政服务、医疗保健、紧急救援、精神慰藉五大模块的智慧养老综合服务信息平台。这一平台主要有以下优势：一是将社区的健康档案转化为电子健康档案，以前的信息不对等情况有所缓解；二是在分析老年人健康状况和需求时，从老年人健康电子档案信息所导出的数据可以帮助社区、政府职能部门做决策；三是智慧养老综合服务信息平台的出现缩减了人力成本，大大提升了工作效率，也使社区资源得到了高效化、合理化应用。虽然智慧社区养老在落地后可以带来很多便利，但也存在一定弊端。首先是在推广方面，智慧社区养老服务模式受到信息化开发与完善不足的限制，在偏远地区无法开展，即使在北京市也无法做到全面推行，只能选择个别社区进行试点；其次是服务内容局限于基本生活照料和简单的健康服务，没有完全覆盖老年人的需求，对于精神慰藉、紧急救助模块涉及的服务供给不足；最后是监管力度不够，职能部门或第三方监管机构应将试点工作落到实处，并将后期的系统维护、问题反馈、整改措施等联动起来，实现可持续发展。

上海市目前的社区养老服务形成了以活跃老人居家自我照料为主体、以失能老人社区机构照护和依赖性老人社区助老服务为辅助的社区居家养老格局①。上海市大力发展智慧养老产品，如智能血压计、体温计、智能手环、定时提醒药盒、健康监测穿戴设备等，也利用了大数据、云科技等建立了"上海市养老服务平台"。在健康监测方面，推广App，携带可移动监测设备，可以满足老年人对健康监测、网上问诊、网上购物、健康宣教等需求；在精神慰藉方面以微信群的建立为主，拍摄沟通软件、支付软件、交通软件的教学小视频，方便老年人学习与运用新生事物；在紧急救助方面，开通

---

① 穆光宗、朱泓霏：《中国式养老：城市社区居家养老研究》，《浙江工商大学学报》2019年第3期。

"一键通""24 小时"等一键报警服务，对于空巢老年人潜在危险可控可防；在日常起居方面，为老年人提供公共运动场、社区文化活动中心等场所，也会定期开展唱跳类、插花、摄影等课程。

云南昆明的盛高大成社区，将医养结合与智慧社区相结合，构建了智慧服务云平台。该平台协同云南省第一人民医院新昆华医院，收集患者的健康资料，通过新昆华医院专家团队和智能化设备等，给患者提供个性化医疗服务。医生能通过智能手环等设备问诊，即使远离患者也可以及时了解其情况及诉求，还可以通过这个平台，解决病人的心理问题等[①]。这种医养结合的智慧社区养老服务的认可度非常高，将治疗、康复、保健等形成链条，充分有效地利用医疗资源，为老年人的健康保驾护航。

### （三）智慧社区养老服务模式

#### 1. "互联网+"智慧社区养老服务模式

"互联网+"智慧社区养老服务平台是运用信息技术原理，通过基础信息收集、需求服务处理、服务措施提供这三个环节形成的服务链。基础信息收集主要包括两部分内容。云平台建立的前期准备阶段，录入社区老年人群体的基础数据，如健康状况、照护需求、精神需求等内容，还需要与附近医疗、社保、政府职能部门形成联动，做到信息互通、数据真实；后期只需要补充后加入社区的服务人群数据，以及拓展服务项目。需求服务处理是老年人通过终端服务器或者一些健康监测的可穿戴设备将异常情况或服务需求提交到信息平台中心，数据平台会把老年人群的需求汇总处理，结合可以提供的服务及空闲时间进行相关人员任务调配。服务措施提供是关键环节，可以提供线上诊疗、线下护理等医疗服务，购物、家政、送餐等生活服务，棋社、插花、合唱等文娱活动。这种服务模式能够比较直观地反馈需求与提供服务，对老年人来说也是一种定制化服务。

#### 2. "医疗—养老—保险"一体化智慧社区养老模式

"医疗—养老—保险"一体化智慧社区养老服务，是在智慧社区养老服

---

① 张博：《"互联网+"视域下智慧社区养老服务模式》，《当代经济管理》2019 年第 6 期。

务的基础上整合医养结合资源、养老保险形成的，是对养老模式的一种创新与扩充。比如社区可以使用周边的一些社区医院或者相关医疗资源，对老年人常见的一些慢性病进行健康宣教、义诊等活动；也可以与周边的健康管理团队形成联动，收集整理社区内老年人的健康状况，并建立健康档案，将老年人的健康状况向医生进行汇报并不断跟进，成为老年人和医生之间的纽带，更好地保障老年人的健康。初期，这种智慧养老模式的收费及受众人群比较少，在后续的不断摸索与创新过程中，增加了一些政府购买服务，减轻了社区老年人的经济负担。社区得到政府补贴，也能调动社区工作人员积极性，形成一种良性循环。目前的一些社保、养老保险、商业保险也开始渗入智慧社区养老服务，既可以减轻老年人的经济负担，又可以对老年人身心健康状况进行全方位的监测与干预、治疗。

## 三 智慧社区养老服务模式的需求及挑战

### （一）智慧养老服务产品研发投入不足，老年人使用智能产品难度较大

从传统养老过渡到智慧养老，不仅需要一套完善的信息化服务系统，还需要更多智能化水平高、操作简单、准确性高的智慧养老服务产品。但是目前的一些产品操作较为复杂，异常报警的准确性不够，因此，对于这些智能产品的研发还需要进一步加强。

虽然现在人们对智能产品的接受度在不断提高，一些智能产品的使用率也在提升，但是对于高龄老年人来说，这部分群体更需要社区的照料，但是他们对于线上的操作、App 的使用存很大困扰，甚至会前往社区寻求人工帮助，这不但失去了线上提供养老服务的意义，也增加了社区工作人员帮助老年人使用智能系统的工作负担，非但没有节约人力资源，反而增加了工作量。

### （二）智慧社区医疗资源不够丰富，线上问诊监管机制不够完善

要支持智慧社区养老服务的发展，就要积极应对老年人对于医疗资源的

需求。目前社区的医疗资源远远达不到预设的标准。尤其是医疗设备配置不足、运转机制与智慧社区衔接不通畅，使得社区医疗卫生资源不仅无法满足社区老年人的需求，也无法为智慧社区养老提供助力。对社区医疗的重视程度不足、工作人员薪资待遇水平不高，导致一部分工作人员医疗素质不达标、专业技能不精湛、对智慧医疗服务配合度不够，医护人员缺口也较大，无法完全覆盖智慧医疗服务领域。

### （三）智慧社区养老服务平台信息技术支持不足，各种系统不兼容

智慧社区养老服务平台的重要框架为信息技术综合平台，该平台需要匹配自己研发的智慧养老、助老终端设备，每个系统在开发的过程中都有其侧重的模块，有偏向医疗护理的，有偏向生活起居的，也有偏向就紧急救援、安全防范的，如果老年人选择不同的终端设备，每种设备所匹配的系统又不一致，老年人对于社区信息平台系统的选择就会产生一定困惑。对于大多数老年人来说，这种情况有两种弊端：一是老年人对于智能手机或者智能终端服务产品的使用并不感兴趣，因此会出现忘记充电、忘记开机等情况，经常出现虚惊一场的情况；二是有一些老年人存在流动性，有时在自己家中，有时在子女家中，如果各个系统不能兼容，也会影响移动终端产品的使用。

在系统开发方面，国内还在不同系统、不同试点的起步阶段，这对于流动性老年人异地探亲、异地就医等情况会产生信息不对等、不能进行同步更新、无法追踪到老年人健康状况的实时数据等问题，从而无法了解老年人真实的健康状况。现在我国智慧养老服务平台发展呈现碎片化，甚至同一个市都没有统一的服务平台。服务平台不统一，不论是对平台的监管，还是对老年人使用都产生一定障碍。另外，各平台数据也没有互通，这样无法进行大规模的健康数据监测分析，医院想要获取老年人日常健康监测数据也比较麻烦①。

---

① 王惠燕：《"互联网+"背景下精准化养老服务的发展现状及对策研究——以哈尔滨市智慧社区建设为例》，《上海城市管理》2021年第1期。

### （四）智慧社区养老服务人才体系不够完善

养老服务专业人才队伍的培养与建设是完善智慧社区养老服务体系的关键。现有的养老服务人员大部分没有接受过专业的养老服务教育，只能为老年人提供基本的低层次的服务，无法提供老年人特殊的医疗保健、康复护理及心理慰藉等较高层次的服务，严重制约了社区智慧养老服务的精准化发展①。

经过对北京、上海等城市的养老机构进行访谈了解到，即使是一些星级较高的养老机构也很难找到高学历、高素质的养老服务业相关工作人员。大部分一线工作人员还是一些"40后""50后"人员，这些从业人员没有经过专业的学历教育，并且接受新鲜事物、对新政策解读的能力也较低，这也导致从业人员准入门槛低、稳定性差、离职率高。并且社会对这个职业的认可程度不高，工作人员社会地位低、工资水平低，因此流动性大。专业人才之所以缺乏与素质不高，一方面是因为我国没有专门的养老服务人才教育体系，更没有本科教育，专门培训养老服务人员的机构少，加上缺乏相关规定、监督和评估机制不健全、对养老服务上岗人员没有专业上的硬性要求，服务人员无证上岗现象普遍存在②；另一方面是因为社区机构为了追求效益，对薪资待遇进行调控，基层人员职业晋升路径不明晰，从业人员对于多点执业、多劳多得热情大大减低，他们不能积极投入智慧社区养老服务中。

## 四　智慧社区养老服务的意见和对策

### （一）提高智慧社区养老服务的科技化水平

智慧社区养老服务平台需要记录老年人的健康档案、服务需求、居家安

---

① 李和伟、傅文第、邸维鹏等：《中医养老人才培养策略研究》，《成人教育》2016年第12期。
② 余舟：《日本介护服务为何在中国遭遇"水土不服"——基于日本介护服务理念的分析》，《现代日本经济》2020年第1期。

全等状况，因此智慧养老服务信息平台的建设尤为重要。从统筹调控方面来看，应该由政府职能部门主导，带动社区协同发展。除了老年人医疗健康、生活起居、紧急援助、文娱活动的服务供给之外，还可以带动一些周边企业加入，政府职能部门可通过发放补贴扩大服务商来源，企业也可以获得政府补贴，但是需要接受政府控价，为符合条件的老年人提供养老服务。从移动终端设备或者 App 的设计来看，如果使用人群是老年人，应该做到字体大、操作步骤简单、保护老年人的隐私信息等。从产品及信息系统的研发来看，应将信息系统做到统一化，兼容产品和系统，这样能够将一些碎片化资源进行整合，并且能够做到可持续发展，不但有利于系统的开发、深度的企业融合，而且能够不断应用互联网技术，深入智慧养老的各个领域，加快平台建设，加快智慧社区养老发展的进程。

## （二）强化智慧社区养老服务的医养结合程度

社区是服务老年人生活的最近生活圈，对于一些常见的慢病来说，社区医院就是片区老年人最近的就医地点。因此，社区医院或者片区内的医院就是智慧社区养老服务模式的重要依托。一是要加强对于社区医院的监督管理，提升社区工作人员的专业技能和素质。二是社区医院要增加老年人常见的慢病诊室，鼓励高等级综合医院与社区医院结对子，开展医护人员帮扶、轮岗。

还应该强化落实近几年提出的"医养结合"理念。很多养老机构依附于一些医院的建设，成为颇有特色的医养结合机构。智慧社区养老服务，也需要融入"医养结合"特色，由政府主导社区医院或者综合医院提供辅助，主要满足老年人对于医疗的需求。医院可以通过异常数据来了解老年人的健康状况，给出合理化建议，如更改药物剂量、紧急救助等。社区日常对于老年人健康状况的记录也可以在老年人就医时为医生提供依据。"医养结合"机构中的医护人员还可以通过终端设备进行线上线下的慢性疾病健康宣教，帮助老年人进行健康自检、疾病预防等，为老年人的健康提出专业化建议。

### （三）明晰养老护理人才的发展路径

人才培养是各行各业得以持续发展的重要环节。我国养老服务专业人才的教育工作起步晚，智慧养老服务处于初级阶段，存在服务人员少、技术水平不高等问题。良好的养老服务需要专业的护理人员，然而，我国成熟而又完整的人才培养体系尚未建立①，因此应建立专业化的人才培养体系。我国开设老年服务与管理专业较晚，直到近两年才开设本科教育，养老护理人才对口的就业率很低。由于养老护理人员缺口较大，为鼓励养老护理员就业，民政部于2017年取消了职业能力等级考试，但这并不意味着降低入职门槛，而是应增加行业的不同能力培训，并且对于已经从业的人员，也应该开展定期培训。

对于养老护理人才的培养不能停留在专业对口教育层面上，还要制定激励政策，对于有养老服务热情的护理人员提高待遇，工资与工龄、职称相挂钩，基于满意度等评价进行奖金奖励，使从业人员能够提供优质的护理服务。在社会地位上应该通过媒体、舆论等方式告诉人们老龄化社会的到来，养老护理从业人员对老龄化社会的重要贡献，应该尊重养老护理人员。让养老护理人员找到明晰的晋升途径，对于表现突出的应给予物质和精神双重奖励。

在人才培养中，逐步推出复合型人才的培养方案，如现在高职院校中提倡考1+X技能证书，既懂得老年护理服务的专业知识，又具备康复、心理、营养学等相关知识的复合型人才是未来发展的趋势。

### （四）规范智慧社区养老服务的体制机制

只有增加相应的管理规范，提供法律法规保障，并让渡更多的监督权给社会公众，才能让智慧社区养老服务组织实现发展。第一，可以选派代表，

---

① 张雷、韩永乐：《当前我国智慧养老的主要模式、存在问题与对策》，《社会保障研究》2017年第2期。

建立社区养老服务委员会，对该社区的服务模式、资金使用、主要决策做出监督，必要时可以采取无记名投票、召开智慧社区养老服务组织会议等方式，给予更多意见与建议。第二，智慧社区养老服务体系的服务人员也应该周期性地将老年人的状况与开展的工作向家庭代表进行汇报，广泛征求他们的意见，调动家属的积极性，提高社区的服务质量。第三，可以建立第三方监管制度。政府是责任主体，也是购买服务方，政府拨付资金来解决老年人的养老问题，因此也应该有相关的技术和行业服务人员对社区进行监管，保证信息公开透明，保障老年人的权益。因此建立相应的体制机制不是在给智慧社区养老服务加码或者进行服务限制，而是对老年人负责，保障这种模式良好地发展下去。

### （五）提高智慧社区养老服务信息的透明度

很多老年人并不清楚自己所处的社区有智慧社区养老服务，也不清楚自己如何获取这些服务，更不知道自己接受服务后应享受的权益与保障，因此，提高智慧社区养老服务信息的透明度就非常重要。首先，应该加强信息公开，便于老年人及其子女可以方便地查明信息。其次，可以利用新媒体、社区宣传栏、派发传单等方式进行养老服务信息的普及与宣传，提高社区老年人的知晓率。最后，可以通过社区义诊、推广智能终端或 App 等形式对老年人提供一些咨询服务，并定期公开社区服务信息，让服务对象进行评价，告知并保障老年群体及家属的知情权和监督权，使他们清楚智慧社区所做的工作并自愿参与。

## 五　小结

智慧社区养老是对我国传统养老模式的改革与创新，在信息化的时代背景中应运而生。虽然在发展的过程中受到各种因素的制约，但是这种创新模式既可以继承传统养老模式的优点，又可以有效降低养老成本，为解决我国养老难、老龄人口基数大、工作人员配置不充裕等问题提出了新的解决思

路。应在不断的探索与实践过程中，优化系统模式、提升服务水平、合理配置资源，为我国老年人群提供更加科学化、系统化、专业化的养老服务。

**参考文献**

穆光宗、朱泓霏：《中国式养老：城市社区居家养老研究》，《浙江工商大学学报》2019 年第 3 期。

张博：《"互联网+"视域下智慧社区养老服务模式》，《当代经济管理》2019 年第 6 期。

王惠燕：《"互联网+"背景下精准化养老服务的发展现状及对策研究——以哈尔滨市智慧社区建设为例》，《上海城市管理》2021 年第 1 期。

李和伟、傅文第、邸维鹏等：《中医养老人才培养策略研究》，《成人教育》2016 年第 12 期。

余舟：《日本介护服务为何在中国遭遇"水土不服"——基于日本介护服务理念的分析》，《现代日本经济》2020 年第 1 期。

张雷、韩永乐：《当前我国智慧养老的主要模式、存在问题与对策》，《社会保障研究》2017 年第 2 期。

# 社区物业及服务篇

## Community Property and Community Service

**B.20**

# 社区业主委员会运行现状、问题及对策研究

张菊枝　李砚忠*

**摘　要：** 业主委员会作为拥有住房产权的社区业主们的权益代表机构，近些年数量在全国范围内迅速增长，在社区治理过程中发挥的作用得以凸显。业委会在实际运行中主要受到各自发展阶段和内外部环境等多种因素的影响，业委会运行面临的主要问题有核查公共收益难、业委会成员行动力和专业性不足以及业主缺乏有效参与。业委会有效开展工作需要社区居委会、基层政府等社区治理主体提供政策、资源、信息等相关支持，也需要广大业主的信任和支持。业委会只有与其他社区管理主体通力合作、协商共建，才能持续地促进社区的良性发展。或许在未来业委会能够成为撬动城市基层社会治理"最后一公里"的一个重要支点。

* 张菊枝，博士，北京城市学院副教授，研究方向为社区治理、社会工作服务；李砚忠，博士（后），北京城市学院副教授，研究方向为城市管理、社区治理。

**关键词：** 业委会　社区治理　基层治理

随着我国住房商品化制度的改革推进，中国城市社区经历了从社区服务、社区建设到社区治理的不同阶段①。业主委员会（简称"业委会"）作为拥有住房产权的社区业主的权益代表机构，从 1991 年成立第一家②到现在，从最初的社区自治"先声"③ 到如今成为社区多元治理中不可或缺的重要主体，其功能发挥的制度化与规范化水平得到不断提升。业委会经历了从最初的"业主维权组织"到如今社区治理不可缺少的重要主体的蜕变，这得益于我国法律法规制度的不断健全和完善，得益于我国国家治理体系和治理能力现代化的战略要求。近年来，业委会的组织数量在全国范围内迅速增长，其在社区治理过程中发挥的作用得以凸显。本文拟对当前社区业委会的运行进行多案例的现状描述和比较分析，以期为推动业委会更好地发挥功能、促进社区和谐有序发展提供有价值的经验借鉴和参考。

## 一　业委会在社区治理体系中的功能定位

从 1991 年在中国深圳成立的第一家真正意义上的业主委员会至今已有30 余年。学界对业委会及其功能定位的讨论经久不衰。纵观其研究历程，对业委会的功能定位主要有以下三种观点。一是将业委会视为业主维权的工具性组织④。在很长时间内，业委会成为引发社区冲突、挑战基层政治秩序

---

① 夏建中：《从社区服务到社区建设、再到社区治理——我国社区发展的三个阶段》，《甘肃社会科学》2019 年第 6 期。

② 1991 年，深圳天景花园物业管理公司为平息业主与物业公司之间的电费纠纷，成立了中国内地第一个业主管理委员会，并在深圳市民政部门注册为社团法人。

③ 夏建中：《中国公民社会的先声——以业主委员会为例》，《文史哲》2003 年第 3 期。

④ 张磊：《业主维权运动：产生原因及动员机制——对北京市几个小区个案的考查》，《社会学研究》2005 年第 6 期。

的代名词，基层政府、物业公司等主体，甚至出现"谈之色变"的状态。二是将业委会视为维护自身合法居住权并追求社会公正的新型社会组织，是培育居民公共意识的载体，是一种新型社会力量的代表[①]。三是将业委会视作社区权力结构中的一极，促进了基层社区管理的多元化发展，其功能的发挥甚至外溢到城市治理，但是因为业委会内部治理能力不足，参与社区治理的能力受限，进而对整个城市治理的贡献有限[②]。同时，学界对业委会在整个发展变迁过程中，影响其发挥积极功能的因素进行了一系列探讨，很多学者指出要想推动业委会真正发挥积极作用是有条件的，这在很大程度上要依赖政府自身在制度上的创新和支持，甚至取决于国家在权力维续和权力让渡上的权衡和取舍[③]。也有学者基于中国社会文化背景指出业委会推动的业主维权基本上属于道义经济学意义上对生存权的要求，其所诉求的权利是国家认可的、旨在增进国家统一和繁荣的手段，民众对行使自身权利的诉求很可能是对国家权力的强化而不是挑战[④]。也就是说，对业委会功能定位的认识先后经历了从"对基层政治秩序的挑战"、"培育社会力量的代表"到"国家权力的强化"的过程。

与之相伴随的就是针对业委会及物业管理相关法律法规制度的不断完善。2003 年国务院颁布《物业管理条例》，首次在国家层面明确了业主大会及业主委员会的职能；2007 年，全国人大表决通过《物权法》；之后我国在不断实践的基础上对相关法律体系进一步优化，其中涉及"物权"的纲领性法律《民法典》，在《物权法》的基础之上进行了细化和修正，并于2021 年 1 月 1 日起施行。此外，在先行先试的基础上，新修订的《物业管理条例》于 2018 年 3 月实施。此后，北京市、重庆市、福建省等部分省份

---

① 郭于华、沈原：《居住的政治——B 市业主维权与社区建设的实证研究》，《开放时代》2012 年第 2 期。
② 吴晓林、谢伊云：《房权意识何以外溢到城市治理？——中国城市社区业主委员会治理功能的实证分析》，《江汉论坛》2018 年第 1 期。
③ 徐琴：《转型社会的权力再分配——对城市业主维权困境的解读》，《学海》2007 年第 2 期。
④ 陈鹏：《当代中国城市业主的法权抗争——关于业主维权活动的一个分析框架》，《社会学研究》2010 年第 1 期。

出台了新版的地方性物业管理条例，为促进物业管理的规范化、保障业委会等业主自治组织的合法权益提供了制度保障。

根据相关法律规定，业主委员会作为业主大会的执行机构，是经业主大会选举产生并经房地产行政主管部门登记，在物业管理活动中代表和维护全体业主合法权益的组织，是在一个物业管理区域中长期存在的、代表业主行使业主自治管理权的机构，是业主自我管理、自我教育、自我服务，实行业主集体事务的民主制度，办理本辖区涉及物业管理的公共事务和公益事业的社会性自治组织。换言之，业主委员会是一个针对物业管理区域内的相关物权的权益保障执行机构。"以人民为中心"是我国进入高质量发展阶段的重要指导思想。社区是基层基础，城市治理的"最后一公里"在社区，只有基础坚固，国家大厦才能稳固。2017 年出台的《中共中央、国务院关于加强和完善城乡社区治理的意见》明确指出要改进社区服务管理，建立健全社区党组织、社区居委会、业主委员会和物业服务企业意识协调机制，探索完善业主委员会的职能，依法保护业主的合法权益。事关居住权的物业管理事务成为考验基层治理水平的重要事务。

以北京市为例，做好物业管理这个"关键小事"，对于北京宜居之都建设具有指标性意义，是推动社会治理和服务重心向基层下移，促进社区服务精细化发展的重要抓手。北京市新版的物业管理条例于 2020 年 5 月 1 日正式实施，明确将物业管理纳入社区治理体系，新规的亮点主要体现在破解业委会成立难，规定"不具备成立业主大会条件的"、"具备成立业主大会条件，但确有困难未成立的"、"业主大会成立后未能选举产生业主委员会的"等情况，可以组建"物业管理委员会"（以下简称"物管会"），推动符合条件的物业管理区域成立业主大会，选举产生业主委员会。① 2021 年 5 月，全市各街道累计成立物管会约 5600 个、业委会近 2000 个，业委会、物管会组建率从 11.9% 增长至 90.1%，物业服务覆盖率从 64.1% 增加至 93.7%，党组织覆盖率从 25.2% 增加到 98.1%，党建

---

① 《北京 5 月起实施物业管理新规》，《工人日报》2020 年 5 月 7 日。

引领下的社区治理体系初步形成。可见，在物业管理区域内推动成立业主委员会成为趋势和必然，业委会已成为党建引领的社区治理体系的重要主体之一。

## 二　社区业委会案例的选取方法及其基本情况

业委会作为业主自治组织，受益于现在政策的强势推动，其数量迅猛增长，但是其运行及作用发挥情况如何，还需进一步的深入剖析。笔者运用实地调研、深度访谈以及查阅文献资料等方法，收集了十余个业委会运行的基本情况。笔者根据业委会从筹备、成立到实际开展工作的过程将其运行阶段划分为筹备阶段、起步阶段、初期阶段、中期阶段四个阶段，所选案例暂不涉及"被撤销"或者"被取缔"等阶段，根据业委会实际运行的活跃程度将其运行状态划分为低效状态及活跃状态两种情况，以便比较分析业委会实际运行状况及其影响因素。

这些案例涉及北京市、成都市、长沙市及无锡市，涉及的小区从房龄不到 10 年的商品房社区到房龄 24 年的老旧社区。第一届业委会成立的时间最早在 2000 年，还有的社区业委会正在筹备阶段或者刚刚处于成立后的起步阶段，也有的业委会经历了一次及以上的换届选举。业委会正在推进的工作与其所处的阶段密切相关，对于刚刚成立起步的业委会而言，当前正在推进的工作包括备案、办公场所商讨、确立公维基金等基本事宜；对于初期阶段的业委会而言，开始推进一些社区房屋修缮维护的紧急事宜，如房屋墙皮掉落漏水、充电柜安装等；对于中期活跃阶段的业委会而言，则逐渐探索形成了一套完整的物业管理新型模式，如采用业主自治自管的物业服务模式、聘请新的物业公司、持续优化物业服务合同并监督物业服务合同的落地执行情况、使用公共收益持续优化完善社区环境设施等。当然，也存在个别业委会处于低效运行状态，其发挥作用的情况并不明显。

**表 1    社区业委会案例的基本情况**

| 城市 | 社区 | 社区类型 | 房龄 | 成立时间 | 运行现状 | 正在推进的主要工作 | 资料来源 |
|---|---|---|---|---|---|---|---|
| 北京 | 朝阳区H社区 | 老旧社区 | 20年 | 待成立 | 筹备阶段 | 业主大会筹备、组织、表决 | 深度访谈 |
| 北京 | 昌平区R社区(3305户) | 拆迁安置房、保障性住房、商品房组成的混合社区 | 9年 | 2022年 | 起步阶段 | 备案,办公场所商讨,内部分工,办卡开户,确认公共维修基金 | 实地调研 |
| 北京 | 昌平区F社区(约3000户) | 经济适用房社区 | 20年 | 2020年第二届换届选举新成立 | 初期低效阶段 | 修改物业服务合同,清算公共收益,房屋大面积漏水维修 | 深度访谈 |
| 北京 | 昌平区B社区(约3000户) | 商品房社区 | 20年 | 2021年 | 初期活跃阶段 | 充电柜安装,修改物业服务合同,老旧小区改造,确认公共维修基金,清算公共收益 | 深度访谈 |
| 北京 | 海淀区S社区(974户) | 商品房社区 | 24年 | 2005年,已换届至第六届 | 中期活跃状态 | 常态化疫情防控,增加停车位,安装摄像头,建立公众号 | 深度访谈+文献资料 |
| 北京 | 朝阳区C社区(392户) | 商住两用社区 | 20年 | 2004年,已换届至第五届 | 中期活跃阶段 | 自主选聘了新物业,业委会与物业公司形成了良好的互利共赢关系 | 文献资料 |
| 北京 | 海淀区p社区(148户) | 商品房社区 | 18年 | 2006年,已换届第四届 | 中期活跃阶段 | 业委会设立社区服务中心,自聘物业人员管理,开展业主自治 | 实地调研+文献资料 |
| 北京 | 海淀区S社区(972户) | 商品坊社区 | 24年 | 2000年,已换届至第四届 | 中期活跃阶段 | 业主组织齐全,如业委会、业主代表大会、业主监事会等;完善物业服务合同 | 文献资料 |
| 成都 | 武侯区J社区(707户) | 商品房社区 | 14年 | 2018年 | 初期活跃阶段 | 墙体脱落、消防设施年久失修、部分电梯损坏及超负荷运行,维修费用高昂 | 深度访谈+文献资料 |

| 城市 | 社区 | 社区类型 | 房龄 | 成立时间 | 运行现状 | 正在推进的主要工作 | 资料来源 |
|---|---|---|---|---|---|---|---|
| 长沙 | 雨花区J社区（2384户） | 商品房社区 | 9年 | 2019年 | 中期活跃阶段 | 党建引领下的多方共治，协调解决物业治理中的疑难杂症 | 文献资料 |
| 无锡 | 滨湖区X社区（1969户） | 商品房社区 | 15年 | 2020年第三届业委会 | 中期活跃阶段 | 高效使用社区公共收益，20余项社区更新或修缮得以顺利推进 | 文献资料 |

## 三　社区业委会的运行现状分析

事实上，业委会的运行会受到内部治理结构、成员治理能力、外部支持情况等多重因素的影响，如业委会成员多数是兼职，时间精力有限；物业管理知识欠缺；业委会所依赖的业主群体参与社区公共事务的意识和动力不足；对于业委会履职的种种法律制度的限制和规定等[①]。这些因素导致业委会在实际运行过程中往往是困难重重的。一份调查数据显示，实际运行且发挥作用的业委会比例很低，如长沙市有500多家业委会，但真正发挥作用的不到100家，即使是在业委会成立率高达85%的上海，正常运转的业委会也仅占12%，并且大部分业委会的治理作用发挥得不理想，一项全国性的问卷调查结果表明，运行良好的业委会仅占15%[②]。可见，即使破解了"业委会成立难"的瓶颈，业委会的良好运行也是需要不断实践摸索的重大课题。当然有些业委会走在了前列，探索出了一些可供参考借鉴的经验和模式。

---

① 吴晓林、谢伊云：《房权意识何以外溢到城市治理？——中国城市社区业主委员会治理功能的实证分析》，《江汉论坛》2018年第1期。

② 吴晓林、谢伊云：《房权意识何以外溢到城市治理？——中国城市社区业主委员会治理功能的实证分析》，《江汉论坛》2018年第1期。

### （一）推动成立业委会的过程及原因分析

根据法律规定，业委会的成立需要经过复杂且严苛的程序，从申请、组建筹备组、招募确定业委会候选人，到制定表决规则、议事规则、管理规约等系列文件，再到召开业主大会或业主代表大会，只有达到"双过半"的标准①，才能选出业委会成员②。其中最为关键的是得到过半数业主的投票选举支持。除了少数具有社区公共精神、知晓物业管理知识的业主主动支持业委会选举，对于大多数业主而言，其最直观的原因则是业主权益受损而引发的社区问题凸显，如社区基础设施薄弱且年久失修、院内环境卫生、综合治安等问题，甚至要到这些问题已经严重到一定程度危及业主的日常生活，选举业委会的意识才会更加强烈。当然，随着业主物权意识的不断提高，业主主动参与业委会选举的情况也在不断增多。

在现实中，推动成立业委会的原因主要有以下三种情况。一是社区业主面临严重的权益受损情况，业主迅速动员、选举成立业委会。如北京市海淀区 P 社区的物业突然"撤离"造成社区垃圾成山、无人管理，仅利用 38 天时间就成立了业委会。二是少数业主精英面临社区权益受损时的积极推动，这也是大多数业委会成立的主要方式。三是社区居委会以及街道办事处的主动推动。如长沙市雨花区 J 社区是由小区党支部书记牵头成立业委会筹备组，发动有时间有意愿有能力的人参加业委会选举，在社区和街道物业办全力指导推动下终于成立了业委会。再如北京市昌平区 R 社区居委会积极推动成立业委会，并聘请第三方评估公司来承接一些业主投票的事务性工作，究其原因，主要是来自社区物业服务问题的压力，以及由此带来的"接诉即办"考评的压力，正如该社区书记说道："2021 年全年三分之二的接诉即办问题跟物业服务相关，居委会的大部分工作变成了督促物业服务公司完善

---

① "双过半"的标准是指本物业区域内推选出的业主（代表）人数达到全部物业区域应设定的业主（代表）人数的半数以上，且该半数以上业主（代表）所代表的面占全部物业区域总面积的半数以上，本物业管理区域内业主委员会成员（业主代表）选举成功。

② 杨俊芬、郝霆：《业主委员会指导手册》，金砖国际物业管理研究院（内部资料）。

服务……"随着物业管理制度的逐渐完善，对于业主和社区物业服务公司而言，对物业服务的定位和职责的认识越来越明确，其主要职责是为社区提供物业服务，而非"管理"，由此造成的结果则是从显性的"物业侵权"发展到隐形的"物业不作为"，也就是物业服务的质量与其承诺不匹配、偷工减料、交差应付，缺乏主动服务的意识。因此，不论是少数业主的积极推动还是社区居委会等社区管理主体的主动推动，"成立业委会"已经成为一个基本共识。

### （二）业委会开展工作的情况分析

虽然在制度上和业主的集体动员上，业委会成立难的问题得到了一定程度地缓解，然而，业委会成立后开展工作的情况则是更具有挑战性的。

如北京市昌平区 R 社区成立后面临的首要问题是办公用房确定，由于该社区是一个拆迁安置房和商品房混合的社区，对于一些办公用房权属问题缺乏明确规定，以及存在部分公共设施被少数人占据的历史遗留问题。而办公用房的落实问题关系到开立银行对公账户、注册各种服务主体资格等相关工作，办公用房无法落实也就意味着业委会工作难以启动。

再如刚刚换届成立的北京市昌平区 F 社区业委会与物业公司就公共收益及物业服务问题的协商议事陷入中断，一是由于外部因素的制约，物业公司被其他物业服务公司收购，社区居委会基于社区人数管辖的要求将进行拆分；二是业委会对物业公司提供的财务报表存疑，同时物业拒绝移交一定比例的公共收益，致使业委会和物业公司的沟通中断；三是政府部门出于多种因素的考虑拒绝业委会组织召开业主大会商讨物业服务问题的申请。

再如成都市武侯区的 J 社区业委会工作的推进也是步履维艰。据了解，该社区存在着电梯、监控、消防、外墙等大量安全隐患问题。该社区共有电梯 22 台，其中 10 台完全损坏，另外 12 台由于超负荷运行，存在一定安全隐患。社区除极少数单元是双电梯运行，大部分单元都是单电梯运行，这种情况已经持续 5 年以上，电梯问题已然成为全社区业主的一块"心病"。再加上该社区还面临着墙体脱落、消防设施年久失修已破烂不堪等问题，该社

区公共设施的维修已经到了刻不容缓的地步。于是，该社区业委会通过正规招投标程序选出一家消防维修公司，但该施工计划是按照现行的高标准重建社区消防系统，总价300余万的住宅专项维修资金引发了很多业主质疑，因为仅此一项维修就将花费社区一半以上的住宅专项维修资金。再加上该业委会开展工作时喜欢"我行我素"，与社区居委会关系也比较紧张，虽然其努力推动相关基础设施维修改造的工作，但由于工作经验和能力不足，进展异常艰难和缓慢。

此外，也有部分业委会在积极推动相关工作，并取得一定成效。如北京市昌平区B社区业委会处于初期活跃阶段，各项工作步入正轨，通过开设业委会公众号及时公布业委会相关工作事项，并开展系列宣传倡导工作；通过举办"业主接待日"广纳民意，及时了解社区物业多方面的问题，架起物业与业主沟通的桥梁。

再比如无锡市X社区①业主委员会成立后，首先制定了一套公开、透明、规范的运作规则，包括公章，财务章、法人章参照企业管理三人分管；财务报表按季度公开，公共收益严格按照小区管理规约走流程，如果超标均有审计审核；所有事项均由业委会商议，表决通过后方能实施。此外，让业委会引以为傲的是，小到补充荷花，修剪树枝，修缮公共区域的栏杆、木栈道，更新各楼栋门的锁具、闭门器，大到瘫痪的监控全部更新，小区大门换新，给每个门厅重新贴砖美化、更新地下车库采光井，小区大大小小近20个项目得到了更新或修缮，没动用一分钱的公共维修资金，全部使用公共收益。

再比如长沙市雨花区J社区②的主要做法就是小区党建全覆盖，推动成立小区党支部，由小区党支部推动成立业委会筹备组、业委会、监委会，并发动群众建立志愿者队伍，搭建多方联动的治理框架，共同参与小区治理，促进小区物业服务质量提升。

---

① 《无锡滨湖：小区业委会得寸进尺为业主谋福利》，《学习强国-无锡学习平台》2022年2月10日。
② 《湖南长沙：党建赋能　促物业管理大提升》，《学习强国》2021年6月26日。

可见，业委会在实际运行中的工作情况受到各自所处的发展阶段、所在社区环境以及内外部环境等多种因素的影响。一般而言，业委会在完成选举备案后开展的工作依次有完善业委会内部职能分工和设施建设，与开发商、前期物业完成社区各项规划与工程设施相关资料的交接，核查和清算社区公共收益，与物业公司商讨重新签订物业服务合同（特殊情况下会重新选聘新的物业公司，业委会与新物业签订新的物业服务合同），监督物业服务公司履行职能，以及就社区建筑物及其附属设施的维护修缮等重大工作商讨决议和执行等。此外，业委会日常工作的复杂难易程度还与其所采用的具体物业管理模式（包干制、酬金制、信托制）密切相关。

## 四　社区业委会运行存在的主要问题

随着业委会及物业管理相关法规制度的完善，以及业委会工作的不断落实，"公开透明"已经成为业委会工作的一个普遍共识，包括物业服务预算、决算的公开，业委会日常工作、年度工作计划和年度工作情况的公开等。同时，信息技术手段也为业委会日常工作公开化提供了便利，如开设公众号、建立业主微信群、各种投票小程序等。现阶段由政策强势推动成立的业委会，相比之前由少数社区精英以维权抗争为目的推动成立的业委会，会受到更多的政策监管和约束，其抗争性弱一些，对社会安全稳定的威胁会小一些；其成员基于个人关系网络而产生排斥大众参与的寡头统治和准派系政治①的可能性会大大减弱。当前，业委会运行面临的主要问题是如何在政策的监管和约束下有效监督物业服务、有效决策社区重大事项、有效参与社区治理。

### （一）核查社区公共收益难上加难

什么是社区公共收益？简言之，就是社区的"家底儿"。业委会作为一

---

① 石发勇：《业主委员会、准派系政治与基层治理——以一个上海街区为例》，《社会学研究》2010 年第 3 期。

个针对物业管理区域内的相关物权的权益保障执行机构，其所负责监管的是社区业主的公共财产及其收益，这是社区建筑物及其附属设施良好运行的物质保障。根据《民法典》规定，业主对建筑物内的住宅、经营性用房等专有部分享有所有权；对专有部分以外的共有部分享有共有和共同管理的权利；建设单位、物业服务企业或者其他管理人等利用业主的共有部分产生的收入，在扣除合理成本之后，属于业主共有。不少地方的社区公共收益是一笔糊涂账，账目公布不规范或鲜有公布，资金管理混乱，有的甚至异化为物业的"小金库"或者作为物业亏损的补贴等。在调研中发现，大多公布账目的物业服务公司其年度预决算结果是"亏损"。类似上述由于账目不清或权益受损而产生的纠纷事件时有发生，如北京市昌平区 F 社区业委会对物业提供的财务账目提出质疑，致使其与物业服务公司的后续谈判中断。再比如诸多社区的地下停车库的收益归属问题等。

### （二）业委会成员行动力和专业性不足

业委会成员多数是兼职的，是不计报酬的，是来自各行各业的具有公益心的人员。这样的身份难以对业委会成员的行为形成外在约束力，业委会成员更多的是靠自我约束，自我约束的长效性和有效性难以保证。如成都市武侯区 J 社区业委会部分成员在工作上存在分歧，经常以在业委会工作没有物质报酬和忙于工作为由，对业委会的相关工作不太上心，在工作时总想走"捷径"，导致业委会其他成员的工作热情也受到影响，更不愿意花费大量时间召开业主大会。

业委会作为一个业主自治组织，代表着业主权益，虽然有着明确的法律地位和工作职责，但是业委会成员对自身的法律地位、工作职责与工作流程认识不清，导致具体执行工作中，不仅步履维艰，而且经常会"费力不讨好"、"做事也不对、不做事也不对"。因此，对于业委会的具体工作，仅凭公益心、爱心和热情是不够的，还需要有较为专业的业务知识和工作技巧。

### （三）业主不信任缺乏有效参与

业主多元化的物业服务需求形成了多样化物业服务评价标准，同时，由于物业管理知识的缺乏，业主容易"想当然"地对物业、业委会产生质疑，形成对立。在实地调研过程中，业委会最头疼的事是如何获得业主的支持和认可。如成都市武侯区J社区原有的电瓶车停车棚归开发商所有，因近期开发商会收回此区域，业委会考虑到电瓶车安全使用问题，在考察社区实际情况后，经意见征集计划将一块公共区域改建成停车棚，然而此区域周边有几位业主不希望在此建设停车棚，曾多次拨打"市长热线"投诉，此工作计划只好暂时搁置。此外，该社区业主对巨额住宅专项维修资金的使用提出质疑，业主微信群里已经闹成"一团乱麻"，部分业主还多次拨打"市长热线"投诉问题，这已经严重影响到业委会正常推进工作。再如北京市昌平区R社区因墙皮脱落需要使用公共维修基金，征求业主意见时，业主表示："之前其他楼的墙皮脱落（作者注：在房屋维修期内）也没用这个基金，我不懂我也不愿意签字，没过几年墙皮就脱落肯定是房屋质量的问题，反正我不同意，过几天总有办法，有人去修好。"可见，业主的参与多是事后的投诉举报、网络混战，或者拒不履行责任义务，这不仅阻碍业委会工作的正常推进，也影响着社区和谐稳定，这也是基层政府最不愿意看到的结果。

## 五　推动业委会有效开展工作的
## 对策建议

业委会在社区治理中拥有明确的法律地位，发挥着重要的桥梁和纽带作用。业委会有效开展工作一方面离不开社区居委会、基层政府等社区治理主体的政策、资源、信息等相关支持；另一方面也离不开广大业主的信任和支持。

## （一）推进业委会权益保障及物业管理相关制度政策的落地

业委会能够有效发挥作用的基础是对社区公共财产的维护，这是法律赋予的权利和责任。然而，事实上，部分社区由于前期缺乏管理和监督，社区公共财产账目不清、权属不清，尤其是对于刚刚起步的业委会而言，清算公共财产和收益成为最为艰难的工作。根据《民法典》规定，业主对建筑物内的住宅、经营性用房等专有部分享有所有权；对专有部分以外的共有部分享有共有和共同管理的权利；建设单位、物业服务企业或者其他管理人等利用业主的共有部分产生的收入，在扣除合理成本之后，属于业主共有。也就是说，占用社区属于业主共用的道路、绿地或者其他场地作为停放车辆的车位产生的收益，公共区域内租赁摊位租金、入场费和成利费等收益，公共区域的电梯间、户外等广告收益都属于社区公共收益。因此，推进社区公共财产和公共收益相关政策制度的落地，能够进一步加大对侵占社区公共财产或者拒不履行交接程序行为的监管和处罚力度，真正"还产于民"，让保障业主共同财产的业主自治组织得以顺利运行。

## （二）持续推进业委会专业化能力建设

业委会专业化能力建设是保障业委会有效开展工作的关键。业委会的专业化能力首先体现为要坚守业委会这一业主自治组织的初心，要坚定服务信念，要坚持自治性和公益性的基本特征，不能沦为少数人瓜分社区业主共同财产的工具，如个别业委会成员因侵占公共收益被法律制裁的案例并不鲜见。在实际运行中，可以通过街道办事处、社区党委以及社区居委会引领和把握业委会开展相关工作的政策方向；或者充分发挥党建引领的重要作用，尤其是在推动社区难题化解过程中，有效动员业主中的党员干部发挥积极带头作用，这对于突破僵局和瓶颈非常重要。其次，业委会的专业化能力体现为业委会要具备处理社区公共事务的专业知识、方法和技巧，如能够科学判断居民与物业间矛盾的深层次原因，能够意识到业主大会召开的重要性和必要性，具备快速启动召开业主大会的能力，具备获取广大业主支持的工作技巧，以及增强业委会内部规章制度的规范性等。召开业主大会是一个很复杂的事情，流程多且复杂，致使社区众多重大公共事项没有办法决策，针对这种难题，可以形成业主代表大会，这是一种比较快捷的业主大会。业主代表是要通过选举产生的，最好按照一定规律划分小组，代表人数控制在30~50人为宜。每一次进行重大决策的时候，可以组织召开业主代表大会。这种模式在有些社区已经取得了不错的效果，如北京市海淀区S社区。

## （三）搭建业主与社区治理主体交流和对话平台

业主是社区发展的重要主体，社区良性发展离不开广大业主的支持和信任。但业主缺乏相关物业服务知识、认识不全面，可能导致认识"以偏概全"。同时，业主对有关信息的不了解、不清楚也会影响到社区各项公共事务的决策和执行。因此，搭建广大业主与社区治理主体交流和对话的平台至关重要，可以通过开设"业主大讲堂"向业主普及物业管理法律法规相关知识，明确其自身的权利和义务，解释业主相关质疑或问题；还可以搭建业主与社区治理其他主体的沟通对话平台，如建立微信群、开展业主接待日活动等，广泛收集业主的意见和建议，同时要保障业主的意见和建议能够得到及时有效的回应。通过这些举措，一方面可以使业主能够明确自身权利与义务，更加理性参与社区事务；另一方面业主和其他社区主体的关系也将随着沟通的深入更加融洽与和谐，有利于社区公共事务共同决策。

社区的良性发展需要一个过程，业委会作为社区发展的主体之一，只有与其他社区管理主体通力合作、协商共建，才能推动社区问题有效解决，才能持续地促进社区良性发展。社区的一些复杂突出难题不是一朝一夕形成的，业委会开展工作也需要对其制约因素进行深度剖析、逐个化解，只有这样才能最终取得理想效果，一味追求立竿见影是不可持续也是行不通的。在具体工作过程中，要不断加强对相关法律法规知识的认知和学习、与社区各种治理主体建立相互信任关系以及畅通沟通协商渠道，这对于业委会进一步高效推进工作至关重要。或许，在未来业委会能够成为撬动城市基层社会治理"最后一公里"的一个重要支点。

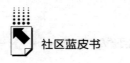

## 参考文献

徐琴：《转型社会的权力再分配——对城市业主维权困境的解读》，《学海》2007 年第 2 期。

陈鹏：《当代城市业主的法权抗争——关于业主维权活动的一个分析框架》，《社会学研究》2010 年第 1 期。

宋梅：《冲突与抗争：居高不下的物业服务合同纠纷》，《中国社区发展报告（2019~2020）》，社会科学文献出版社，2020。

吴晓林、谢伊云：《房权意识何以外溢到城市治理？——中国城市社区业主委员会治理功能的实证分析》，《江汉论坛》2018 年第 1 期。

石发勇：《业主委员会、准派系政治与基层治理——以一个上海街区为例》，《社会学研究》2010 年第 3 期。

# B.21
# 城市社区物业管理现实困境及解决路径

马晓燕*

**摘　要：** 传统体制下形成的物业管理观念与模式，使得城市社区物业管理
存在物业费调整难、产权界定模糊、监督机制缺失等难题。困境
的形成不单是一个行业管理问题，而是关涉众多主体间利益关系
的社会治理问题。破解这种困境，需要明确如下问题：明确业主
是物业管理的责任主体；改进物业管理体制，推进市场化运作；
建立健全物业服务认证标准与体系；构建以信用评价为核心的物
业服务监管体制。

**关键词：** 社区　物业管理　社区治理

社区物业服务是居民"美好生活"的重要组成部分。进入新发展阶段，
人们对"居有所乐"的需求越来越强烈。但由于我国物业管理发展起步较
晚，真正意义上的物业管理市场尚未形成，城市社区物业服务水平还不能满
足人民日益增长的生活服务需求。同时，相关法律法规和政策制度等不健
全，物业管理行业至今尚未形成规范性、标准性的行业准则，社会上对于物
业管理的观念仍未转变，物业管理行业发展受到限制。

## 一　当前城市社区物业服务发展创新实践

2021年12月17日，住房和城乡建设部发布了《住房和城乡建设部办

---

* 马晓燕，社会学博士，北京市社会科学院副研究员，主要研究方向为城市社会学与社区。

公厅关于印发完整居住社区建设指南的通知》，提出要建设安全健康、设施完善、管理有序的完整居住社区，推动实现物业管理全覆盖。物业管理全覆盖的建设内容包括物业服务建设和物业服务平台建设。物业服务的建设要求是要鼓励社区引入专业化物业服务，物业管理服务平台的建设要求是推动物业服务企业发展线上线下社区服务员，实现对社区数字化、智能化、精细化管理和服务。完整社区建设的目标是要把更多资源、服务和管理放到社区，更好为社区居民提供精准化精细化服务①。

中国物业管理行业经历了 40 年的发展历程。40 年来，中国物业管理行业从无到有、从小到大、从弱到强在不断地探索和创新。物业管理行业在发展过程中不断实践创新，取得了一些经验成果，激发了物业服务企业的创新力，提升了运营效率，一定程度上提高了物业服务质量，2022 年 1 月，中国物业管理协会开展"物业管理'微创新'案例征集活动"，活动收到物业服务创新案例 315 例。"微创新"案例的总体情况按类型统计包括服务微创新（119 个）、技术微创新（140 个）和模式微创新（56 个）（见图 1）。②

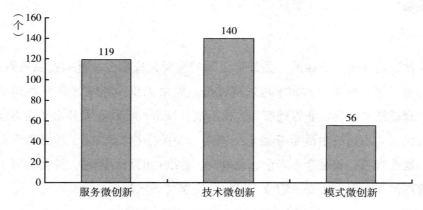

图 1　物业服务"微创新"案例类型统计

①　住房和城乡建设部：《住房和城乡建设部办公厅关于印发完整居住社区建设指南的通知》，2021 年 12 月 17 日。
②　中国物业管理协会：《物业管理微创新案例》，http：//www. ecpmi. org. cn/NewsInfo. aspx？NewsID，2022 年 2 月 14 日。

物业服务类微创新主要是从客户的角度出发，在工作方法、服务流程、服务形式、服务呈现等方面实现改进和创新。从日常服务的小事着眼，增加业主对服务的良好体验，从而更好地满足用户需求，提升服务的满意度。例如：与客户的沟通方式、服务细节和专业性的提升，小区环境的美化、景观小品的打造，服务的智慧化等。服务方面的创新投入成本高低不同，有较高成本的智能系统、社区 App 使用，也有较低成本的废弃物处理和再利用、社区便捷工具的制作和场景的布置等。

技术类微创新主要是在社区物业日常的管理和服务过程中对技术的小改良小创新、已有技术在不同层面的应用、增加服务产品的功能、在便捷性等方面进行改进和完善。技术创新从改良和替换两种方法着手。改良是对原实物进行操作，增加配件或者改造结构，从而实现性能的优化。替换是寻找一种替代品来解决问题，这种替代品符合节能、增效、提质的要求。创新内容主要体现为设施设备管理的改良优化，如改造二次供水设备、电梯、空调、门禁设备、地下室照明系统，管控公区能耗，实现设备房管理标准化等。

模式类微创新主要是创新企业经营管理模式，或在原有模式的基础上进行优化和升级，从企业的创新案例来看，主要体现为管理模式、架构体系的升级。包括社区治理模式，如红色党建文化建设、社区文化建设等；物业管理人才培养模式，如物业管理专业应届生的培养、社招人员的培训以及专项临时人员的培训等，主要是人才战略、培训方式的创新。

物业服务创新实践的范围主要包括安全管理类 12 个、工程管理类 75 个、公共秩序维护类 22 个、节能环保类 25 个、客户服务类 108 个、人才建设类 25 个、环境管理类 43 个、社区治理类 5 个（见图 2）。①

从物业服务创新经验的整体情况来看，实践性做法主要集中在服务和技术两方面，来源主要是企业管理和服务一线的工作实践。从案例申请表中对创新原动力的具体描述可以看出，绝大部分是基层员工在日常服务过程中为

---

① 中国物业管理协会，《物业管理微创新案例》，http：//www.ecpmi.org.cn/NewsInfo.aspx? NewsID，2022 年 2 月 14 日。

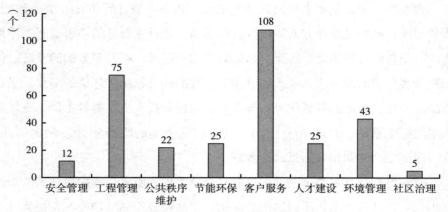

图 2　物业服务"微创新"服务范围统计

解决工作中的实际问题、提高服务效率和服务质量、提升服务满意度而探索出的一些经验做法。从企业申报的案例来看，物业管理"微创新"都是物业服务企业在日常管理和日常服务过程中对服务、技术、模式的微改进，也即创新的目标导向是改善服务体验，提升服务满意度、服务效率、服务品质，资产的保值增值，这也是物业管理"微创新"的价值所在。在物业服务行业发展中，通过活动归集整理物业服务管理项目上的具体举措和经验，发掘工作中的新亮点，展示物业管理行业在发展过程中取得的创新成果，激发了物业服务企业创新力，提高了物业服务质量，有助于逐步推进物业服务实现更好发展。

## 二　城市社区物业管理困境

物业管理的目的是为物业所有人服务。欧美发达国家由于市场经济体制完善、物业管理起步较早，其制度化程度普遍较高，且已形成各具特色的物业管理模式。近年来，我国物业管理市场逐步发展，总体规模呈现明显扩大趋势。然而，国内的物业管理尚处于起步阶段，物业管理市场机制体制不规范，业主和物业服务企业间的良性沟通难以实现，物业管理中某些问题

（如物业服务定价）也缺乏双方协商的基准或标准，使得物业行业处于相对不规范的状况，这种不规范状况直接影响到业主对物业行业的认知和评价。近年来业主与物业服务企业间的矛盾冲突事件较多，与小区物业纠纷相关的司法案件数量持续处于高位。社区生活中由于物业管理问题而产生的各种纠纷如果不能得到及时有效解决，必然会对社会有序运行造成不良影响。

### （一）物业费调整的市场失灵现象

虽然全社会的物价水平和劳动力成本在不断上涨，但是城市社区物业费调价困局普遍存在，这成为典型的物业费价格调整市场失灵现象。"物业服务质量不提高就不交物业费、收不上物业费就无法改进物业服务"的恶性循环几乎存在于很多城市社区的物业管理活动中。究其原因，主要表现为供求两个主体的观念差异。

一是物业企业"重收益、轻服务"的观念。随着城市居民住房需求从单纯的"生存型需求"向"舒适型需求"转变，物业服务的质量和水平越发成为物业管理行业发展的核心要素。这就要求物业企业在"对物的管理"的基础上更加重视"对人的服务"，以优质的服务最大限度赢得业主的认可和满意[1]。而作为供给方的物业企业普遍存在"重收益、轻服务"的思维观念，没有实现从"物业管理"到"物业服务"的根本转变，一味要求以提高物业费来破解日益上涨的成本困局。这种运营方式长期来看不可持续，最终将被物业市场淘汰。

二是业主尚未形成"物业投资"的观念。物业管理的主要功能是对房屋建筑进行养护和维修，并对相关设施设备进行管理和维护。物业服务对于房产的维护和管理能够确保房屋的使用功能和良好的居住品质，实际上对业主的房产具有明显的资产保护效果。然而，受传统住房制度的影响，现实中业主不仅普遍缺乏物业投资理念，甚至不具备物业消费的理念。很多业主希望享受高品质的服务却不愿意承担相应成本，这种观念严重阻碍了"物业

---

① 陈鹏：《城市社区物业费困局及其对策思考》，《行政管理改革》2018 年第 6 期。

消费"向"物业投资"的转变进程。物业费与符合发展规律的价格增长机制严重不符，对于住房未来的保值升值也具有不利影响。

### （二）产权界定模糊，外部性问题严重

产权是主体拥有的对物和对象的最高的、排他的占有。外部性问题是指某一主体对另一主体造成了影响却不予以补偿的现象。产权理论认为，当产权界定模糊时，容易引发"公有地悲剧"、权益纠纷等外部性问题。当前城市社区物业管理领域由于对社区公共区域的产权界定模糊，外部性现象突出。

一是公共区域破坏问题严重。部分社区对于公共区域的产权界定不清，导致公共区域空间和设备设施毁坏问题等"公有地悲剧"。例如，公共区域吸烟问题不能解决，会破坏邻里之间的和谐关系。另外，《物业管理条例》中缺乏对业主行为的具体约束，部分业主自律意识薄弱，缺乏在公共区域合理使用和积极维护公共设施的意识，导致社区公共设备损毁严重，增大了物业管理难度，增加了物业公司维修成本，容易激化业主和物业公司的矛盾，进而导致纠纷。

二是共有部分经营权益纠纷多发。对于社区共有部分的产权界定不明晰，导致社区共有部分经营权益纠纷现象多发。例如物业公司与业主因地下室经营权、地下室经营收益使用方式等问题产生纠纷，业主认为地下室属于共有部分，不允许物业公司出租地下室；物业公司认为业主没有对地下室的产权，或者没有缴纳物业费，没有权利干涉物业公司的经营行为，双方由此产生矛盾。类似情况成为社区物业管理矛盾的焦点。

### （三）对物业管理主体监督机制缺失

一是对业主委员会的监督缺位。业主委员会在物业管理中的作用就像一把双刃剑，如果能够发挥出应有的作用，那么将促进业主与物业服务企业的沟通交流，不仅能够使得业主与物业企业之间的矛盾冲突大幅减少，同时也能够降低物业服务企业的沟通成本，提高公共维修资金的使用效率。但是，

如果缺乏规制，业主委员会容易产生腐败、谋取私利等问题。对于业主委员会作用发挥的监督缺位，进一步助长了业主委员会的弊端，主要表现在三个方面。其一，业主委员会成立的初衷并非作为物业服务企业与业主之间的桥梁。个别小区的业主委员会与其他物业企业相互串联，煽动业主和小区物业企业之间的矛盾，从而在引入新的物业服务企业的过程中牟取私利。其二，业主委员会成为业主和物业企业之外的第三方。个别业主不了解业主委员会的工作范围，不能有效推动业主委员会运行；而业主委员会在和物业企业协调的过程中也不能真正代表业主利益。其三，整体而言，由于法律法规的缺失，业主委员会运行缺乏有效的指导和监督约束。在缺乏约束的情况下，业主委员会的运行就容易被部分业主委员会代表和物业企业利用，出现损害业主利益的违法违规行为。

二是对物业企业的监督缺位。国家取消物业资质审批和废除《物业服务企业资质管理办法》后，物业企业的准入门槛降低，市场竞争得到加强，但对物业企业的后续监管没有得到同步加强。对于开展物业服务的市场主体，在人员配备、技术力量方面没有明确的规定，缺乏硬性量化指标，事前缺乏监管环节，事中事后监管难。使得对于企业的监管和筛选难度也大大增加，而我国征信系统的普遍缺位，也在一定程度上加剧了物业服务行业的混乱。

目前，我国各城市完善的物业管理制度结构还远未形成。一方面，全新的物业管理制度和运行机制没有全面生成；另一方面，传统的物业管理方式缺乏深度的市场化改革，部分物业企业经营机制没有得到根本性转换。许多物业公司没有参与市场竞争的能力，却依赖过去凭借垄断地位所取得的市场生存空间，想方设法阻挠业主更换物业公司。物业管理接、撤、管的纠纷往往具有矛盾成因复杂、调处难度大、易形成群体性事件、易引发暴力冲突的特点，业主和物业服务企业为了各自的利益，有时甚至不惜采取极端手段。业主单方面更换物业企业，原来的物业服务企业拒绝退出，新的物业服务企业难以进入，社区居民的日常生活秩序遭到严重破坏。

## 三　城市社区物业管理困境破解路径

在以往建管一体的物业管理体制下，开发商完成小区建设后，其下属的物业公司通常就自然地接管了建成小区的物业服务，这不利于物业市场的有效竞争。这种物业管理关系呈现出三方面的性质。第一，物业公司的运行目的是追求经济收益，业主享有物业服务需要支付费用。第二，在社区楼盘及基本建设完成以后，社区的物业管理往往由开发商确定的物业公司接手，基本上仍属于建管一体的物业管理模式。第三，由于建管一体模式的延续性，社区的物业管理结构体系长期处于不完善状态，很多时候没有成立业主委员会，或者业主委员会有名无实，业主权益难以得到真正的保护。转变观念和管理模式，形成物业管理行业规范有序的竞争机制，需要在物业管理的责任主体、运行模式、监管机制等方面明确如下问题。

### （一）明确业主是物业管理的责任主体

在住房商品化改革之前，房屋属于国家所有，房屋管理部门受国家委托管理居民租用的公房。因此，物业管理的权责由国家的职能代理机构——政府房屋管理部门——拥有和承担。在市场经济体制下，物业的所有权实现了转移。国家以立法的形式明确提出，房产是属于业主的私有财产，要保护业主的财产权利。与此相对应，物业管理的责任主体已不再是政府部门、开发商和物业管理公司，而是物业区域内拥有房产的业主。业主作为房产的所有人，通过成立业主委员会对物业公司的物业服务进行监管，实行自己的权利与义务。业主委员会在小区事务管理过程中，需要对物业公司的各种行为进行监督协调，及时维护业主各项权益。当业主权益受到侵害时，业主委员会有权要求物业公司或实施侵害行为的其他业主停止侵害行为，责令其消除由此造成的危险，同时赔偿受害业主相关损失。业主委员会的成立需要依法通过业主选举产生。业主要在深入了解、深度沟通的基础上自主行使选举权。同时，政府相关部门要加强对选举的监督，明确业主委员会权责。业主委员会要严格按照法律规定实施各项活动，维护业主权益。业主委员会要按照相关规章制度，按时召开针对性、实效性的会议，认真讨论、有效解业主普遍关心的问题，并做出科学合理的决定。

### （二）改进物业管理体制，推进市场化运作

作为市场主体，物业公司既要追求利润效益，也要严格秉承独立诚信原则，遵守各项法律制度和规则要求，不断提升服务品质，在此基础上实现利润最大化。物业服务是一种以业主为依存、以市场为导向的服务行业。早期的物业服务因市场环境不够成熟、业主需求缺乏个性化，服务内容简单粗放。当前，物业管理行业的市场环境已经发生翻天覆地的变化，服务业态开始细分，智能化技术应用已经十分普遍，业主个性化定制服务需求层出不穷，物业服务市场化程度越来越高。面对新形势，物业服务企业要及时转变理念，迎合市场变化和业主需求，不断调整标准化建设方向，建立适应市场环境的运营和服务标准。

作为服务型企业从业人员，物业公司服务人员需要具备强烈的服务意识和专业的服务技能，能够为业主提供及时优质、专业高效的物业服务，不断提高业主对物业服务的满意度。物业公司要高度重视公司从业人员的教育培训，深度挖掘他们的工作潜能，特别是要形成科学合理的激励机制，提高员工对企业的归属感和忠诚度，增强员工的主人翁意识，为员工发展提供良好环境和平台等，在促进员工职业发展的同时，推进企业战略目标的实现。

### （三）建立健全物业服务认证标准与体系

物业服务认证对物业行业服务提供的标准化具有极大促进作用，建立健全物业行业服务标准有益于形成行业内的规范，化解业主和物业服务企业关于服务质量的纠纷，促进物业行业持续健康发展。物业行业内服务认证的标准需要政府和物业协会的参与，凭借政府公信力和协会行业威信及专业性，达成三方面的目标。一是保证服务认证标准的公正性、合理性和科学性；二是保证物业服务认证标准的可信度，即使业主充分信任物业服务认证标准；

三是使得物业服务认证标准具有可推广性并实现行业的全覆盖。政府和物业协会的介入可以使得业主和物业服务企业就服务标准达成一致，保证标准的合理公正，更快地实现物业服务认证标准体系的全行业覆盖。

同时，要大力培育服务标准评估与认证的相关第三方企业。由政府或者物业协会委托，让第三方企业介入物业服务标准的制定过程，既可以达到辅助协会进行管理的作用，又可以保证服务标准制定的公正性和可靠性。但目前市场上的第三方评估机构发育仍存在不足，数量较少、质量参差不齐、专业性相对缺乏、接触到的物业行业事项总体较少。因此，政府和物业协会需要加大对第三方评估机构的培育力度，关注提升第三方评估机构的专业性，使其了解和熟悉物业行业的整体现状、发展问题以及相关服务认证标准的制定情况，有的放矢地进行物业行业服务认证标准的制定，保证服务认证标准的合理性和科学性。

### （四）构建以信用评价为核心的物业服务监管体制

在物业服务企业的资质审核被取消后，业界内部分人认为，不管规模大小和类型差别，所有的物业服务企业都已经处在相同的层次上了。但事实上，在2018年4月，国务院修订了《物业管理条例》，修订后的条例在取消物业服务企业资质管理相关规定的同时，增加了建立企业守信联合激励和失信联合惩戒机制的有关内容。信用是主体能够履行诺言而取得的信任，是长时间积累的信任和诚信度。未来，监管物业服务企业的手段主要是信用考核机制。建立物业公司的信用评级，能够推动物业服务水平的根本提升，物业服务企业参与市场竞争的能力也取决于企业的信用评价等级。

在政府和行业主管部门制定出有针对性的信用评价体系后，通过第三方专业信用评价机构介入，吸纳社区居民等多元主体参与，对物业服务企业及其项目运行状况进行监督检查和动态管理，形成对企业的信用评价报告，并及时向社会大众公开检查考核情况。项目运行良好、信用评价等级高的企业将具备更强的市场竞争力，企业发展进入良性运行状态。违反行业规则、服务质量不佳、评价等级低的企业，将逐渐被淘汰出市场。这将推动物业服务企业不断规范经营行为，努力提升信用等级，逐步形成优良的行业运行环境。

## 参考文献

住房和城乡建设部：《住房和城乡建设部办公厅关于印发完整居住社区建设指南的通知》，2021 年 12 月 17 日。

中国物业管理协会：《物业管理微创新案例》，http：//www. ecpmi. org. cn/NewsInfo. aspx？NewsID，2022 年 2 月 14 日。

陈鹏：《城市社区物业费困局及其对策思考》，《行政管理改革》2018 年第 6 期。

温春娟：《物业管理纠纷的根源在哪里》，《社区》2006 年第 22 期。

陈士哲：《物业管理体制存在的问题及其对策》，《厦门科技》2007 年第 5 期。

# B.22
# 居民住宅偏好变化的多要素分析

宋 梅*

**摘　要：** 住宅偏好一般通过调查在特定时间点调查居民的住宅选择或偏爱的住房呈现出的特征。有两个因素将持续影响并导致人们对住宅社区的选择偏好发生变化。一个因素涉及人口结构的转变，另一个因素是由于收入增加和技术的进步，满足人们住宅偏好的选择更多。基于以上因素的影响，本文从以下五个方面探讨居民住宅偏好的变化：①居民更喜欢居住城市中还是郊区？②居住偏好与人口结构特征相关吗？③居住偏好类型与住宅属性相关？④偏好的居住环境类型是否与潜在动机（即价值观、目的和目标）相关？⑤根据个体特征、居住（环境）的偏好属性和潜在动机是否可以预测居住偏好？

**关键词：** 住宅偏好　人口结构　潜在动机

　　居住偏好是指居民对与居住相关的各种事物的选择，如房屋面积、社区提供的设施类型、社区附近可获得的资源和可以承受的房价，也可以定义为满足居民个人需求和及家庭需求的理想房屋类型。有两个因素持续影响人们对住宅社区的偏好并导致偏好发生变化。其中一个因素涉及人口结构的转变，城市地区的家庭结构将会呈现数量更多、人口更少、年龄更老的特征。另一个因素是随着收入增加和技术进步，满足住宅偏好的选择更多。本文基

---
* 宋梅，北京市社会科学院城市问题研究所副研究员，主要研究方向为社区治理。

于以下五个问题探讨居民住宅偏好的变化：①居民更喜欢居住城市中心还是郊区？②居住偏好与人口社会变迁特征相关吗？③居住偏好类型是否与住宅属性相关？④偏好的居住环境类型是否与潜在动机（即价值观、目的和目标）相关？⑤根据个人特征、居住（环境）的偏好属性和潜在动机是否可以预测居住偏好？

# 一 居住偏好与城市化进程

在城市规模快速扩大的 20 年时间里，我国住房市场的活跃程度和城市化进程息息相关。中国城市化的特点是区域和城市之间以及城市内部的空间发展高度不平衡，城市处于不同的经济和人口轨迹上。经济多元化的城市，特别是知识密集型产业占主导地位的城市，对年轻就业群体非常有吸引力。在过去的 20 年里，无论是在生产领域，还是在消费领域，像北京、上海这样的一线城市对不断壮大的中产阶级来说，确实已经成为最具吸引力的生活和工作场所，但这些城市在空间上是多样化的，城市中心区的商场显示出"高档化"特征，而居住在城市中心区的老居民继续与恶劣的居住条件和持续的贫困、日益加剧的隔离做斗争。

后工业城市人口构成的变化总体上影响着居住偏好。不仅大都市区的移民人群结构发生了变化，城市中心和郊区人口的迁移方向也重新配置了大城市内部的资源和消费需求。随着城市中心区老一辈中产阶级的老龄化和城市中产阶级新移民家庭的增加，以及受过高等教育的年轻人通常更喜欢住在中心城区的小房子中，城市更新是未来城市发展的主要动力，这可能会导致居住在城市中心地区的居民向郊区迁移的意愿降低，因此可能会阻止"郊区蔓延"。新移民的流动性可能与对郊区生活的偏好和工作机会的增加相吻合，这在区域层面又可能会促进郊区化。城市向郊区蔓延也与跨区域的社会流动和中产阶级人数的增加有关。城市新移民受到支持房屋所有权的强烈意识形态的推动，快速释放强大的购买力，使得郊区住宅在大都市地区迅速发展。

郊区人口的增长一直依赖于城市产业的发展和新移民数量的增加，城市

和郊区之间发展的动态变化都与人口流动过程密切相关。2021年底，我国城镇常住人口已达到9.14亿人，占总人口的比重高达64.72%，房地产市场存量为300万亿元，住房总量供大于求，人地分离、供需错配造成我国住房市场结构性矛盾十分突出，人随产业走，人口向收入更高的核心城市和大城市群集中，导致我国一、二线城市房价居高不下，而三、四线城市去库存困难重重。城市产业和阶层的动态变化不仅会影响城市化的总体水平，还会影响人口流动的方向。一些地区（不论是郊区还是城市中心区）可能会出现前所未有的人口增长，而另一些地区可能会出现人口下滑。

从根本上讲，人们对城市生活的偏好是稳定的，其原因不仅是年轻人和受过高等教育的人口的增加，还包括复杂的人口动态，学业、职业变化频繁的年轻人经常更换居所，因为他们尚未稳定。当孩子们达到学龄时，家庭变得不太愿意搬家并倾向于安定下来。因此，住房偏好会在整个生命过程中发生变化，这种偏好已被实践证明非常稳定。

## 二 住房偏好与社会人口结构的变迁

经济条件和社会人口结构特征对住房偏好的影响正在发生变化。首先，人口结构的转变涉及家庭数量的增加和家庭规模的缩小。其次，随着传统模式家庭的数量相对减少，家庭的组织形式更加多样化，这是由人口老龄化、生育推迟和离婚数量增加等因素造成的。社会人口结构特征的变化导致了居民对住房需求总数量增加和住房需求类型发生变化。例如，老年人也更喜欢更小、更容易清洁和获得公共服务的住宅，这导致他们不再像以前一样注重"几代同堂"，而是倾向于独立居住在熟悉的住房中。除了这些人口趋势变化之外，收入的增长、交通便利性的增加、通信技术的进步（例如远程办公）和自由职业机会的增加，也为居民满足居住偏好提供了更多选择。"千禧一代"推迟结婚或不结婚的比例高于前几代人，他们更喜欢住在市中心交通便利、设施完善且文化多元的社区，在市中心，他们可以获得新的体验，追赶流行时尚。笔者认为，为了了解住房需求数量和质量持续的深层次变化，重要的是要了解消费者住房偏好的异质性，并探索这些住房偏好背后的动机。

## 三　住房偏好与家庭生命历程的阶段性影响

家庭生命历程影响居住的流动性并因此影响都市地区的迁移动态。尽管家庭生命历程在个体之间的差异正在变得越来越大，但初婚年龄的推迟和丁克家庭导致没有孩子的生活阶段在整个生命历程中变长，在 25~35 岁这一阶段的年轻人更喜欢城市生活，城市生活在生命过程中拉长，更长的时间逗留在城市中心区本身可能会对住房市场价格产生影响。社会对离婚的逐渐接受导致单亲家庭数量增加。单身母亲或父母更愿意在城市中心地区找到价格合适的住房，可以平衡工作和照顾子女。

影响住房偏好研究的一个关键机制已被概念化为"家庭生命周期理论"。在家庭生命历程中，年轻人处于单身阶段，最吸引他们的是城市中心区；当他们想要组建家庭时，他们会搬到郊区。这种住房偏好理论基于住房在整个生命过程中作用有所不同的理念，人们在不同的人生阶段有不同的住房需求。年轻的单身家庭通常会寻找面积较小的房屋租住，当一对夫妇成立家庭时，住房需求可能会再次发生变化。住宅流动性通常与家庭状况的变化相关，家庭人口数量被认为是影响居住迁移的最重要因素（其中家庭成员的变化会导致住房需求的变化）。当住宅（环境）不再满足家庭的需要或偏好时，可能会引起居民对居住条件的不满，最终，基于对"触发因素"的反应，居民可能会决定搬家。例如，单身和其他没有孩子的小家庭大多居住在城市中心，而有学龄前孩子的家庭经常居住在郊区，年轻家庭居住在郊区的潜在动机是需要更大的住房空间。

## 四　住房偏好与住宅属性特征

住房偏好与住宅属性有重要关系。在兰开斯特的特征需求理论中，消费

者被描述为不是从商品本身，而是从他们的特征中获得效用的，因此，一种商品的消费可以被认为是对该商品的复合属性的消费，一种商品的价值可以分解为其属性的价值，住房消费满足了居民不同的需求，因此可以从许多不同的方面总结出消费者的住房偏好。偏好可以包括住宅的园林属性（例如花园的存在）、邻里属性（例如与邻居的联系）和更广泛的区域属性（例如住房周围的公共娱乐、康体设施）等。

居住偏好不仅受家庭人口特征的影响，也受特定地区的住房供应影响，特定居住环境的供应也会影响居住偏好。过去几十年中，住房市场的私有化和商品化导致了住宅市场的两极分化，商品房越建越"高档化"，让普通工薪阶层难以具备购买力，而保障性住房和老公房因缺乏管理和年久失修，将越来边缘化和剩余化。

此外，居住满意度与居住偏好有着密切联系，居住满意度由居民的主观和客观感受所决定。住宅满意度通常主观比客观方面更重要。这是因为不同居民对住房客观方面的评价可能不同，这取决于他们的偏好。一个家庭可能住在只有两个房间的住宅中，并且因为在维护方面所需的工作量相对较小而非常幸福，而另一个家庭则可能因为空间有限而感到非常不满意。社区满意度也可以视为居民居住偏好的反映。研究表明，按照自身居住偏好生活的居民比实际住房状况与偏好住房状况不匹配的居民有更高的居住满意度。居住满意度是社区生活质量的预测指标，而提高居民社区生活质量是城市规划的一个重要目标。因此，研究消费者的居住偏好以及影响这些偏好背后的因素最终目标是维持和提高与住房相关的生活质量。

居民对居住环境的偏好是住房市场关注的焦点。居民对邻里属性的偏好会影响位置选择，空间隔离会带来社会负效应。这就涉及是让城市扩展到周围的绿地（城市蔓延）还是通过城市更新来保护农村土地，并通过填充现有城区来促进致密化。限制城市扩张有利于更可持续的出行行为、更强的生态可持续性和更好的公共卫生环境。

研究发现，社会人口特征、住房属性和主观满意度共同影响居民对居住地点的偏好。人口数量多的家庭更喜欢住在离市中心更远的地方，单身青年和老年人都更喜欢住在靠近市中心的地方。自由、健康和团结的价值会随着与市中心距离的增加而增加。相反，通勤舒适度会随着距离的增加而降低。对房屋所有权的重视与居民购买郊区住房偏好有关，郊区在房价方面具有显著优势。以北京为例，北京的中青年人、老年人更喜欢居住在市中心，中年人的住房偏好是围绕着子女上学和通勤时间来决定的。住在市中心的老年人以健康医疗为首要考虑的问题，医疗资源在市中心可能更容易获得。此外，受过高等教育的年轻人，家庭规模较小或单身，并且从事高薪工作，他们也喜欢租住在繁华的商业中心。年轻人更喜欢新事物，因为他们乐于接受改变和新体验。此外，受教育程度较低的居民，家庭规模较大，从事有偿工作的频率较低，他们也倾向于住在市中心以外的地方，以弥补经济条件的不足。

## 五　住宅偏好与个体的潜在动机

收入和住房成本在很大程度上被认为是居住空间隔离的关键。根据社会经济地位对居住偏好的影响进行分析，可以发现住房偏好与社会经济地位交织在一起，住宅偏好随收入和教育水平而变化。受过高等教育的男性更喜欢郊区的居住环境，因为更看重宁静的环境和独立空间。高收入的女性更喜欢城市中心。与郊区相比，城市中心的居民更希望居民的构成相对简单（住户更多、租户更少），相比之下，郊区居民更渴望靠近公共交通和商店。可以清楚地看出，住宅位置偏好会受到个人特征（例如年龄、家庭类型）、住宅及其环境的属性（例如靠近商店或娱乐设施）以及这些属性（例如自由、舒适）的价值的影响。

影响住宅偏好的因素十分复杂，这些因素为房屋本身（建成年代、价格、大小等）、位置（该位置所内含的社会和象征性结构，以其是否可以提供有关学校、医疗等便利设施），以及是否可以促进与朋友和家人的社交互动。每个个体的住宅偏好是不同的，并且随着时间的推移也会发生变化。在人口统计学文献中，存在两种衡量方法：陈述偏好和显示偏好。人们说他们想要什么和他们做什么是相关的，但不同性质的限制（例如资源或健康）

会导致偏好和实践之间的差异。几乎不可能通过一次搬迁到新家就满足居住偏好。搬到新家总是包括复杂的权衡和偏好之间的冲突。例如，对大住宅的偏好可能与居住在城市中心的偏好相冲突，因为市中心的房子既稀缺，价格也贵。约束和偏好并不完全是两个独立的类别，偏好本质上与关于什么可以成为现实的假设相关，这意味着不可能完全区分陈述偏好和显示偏好。尽管如此，陈述偏好和显示偏好的对比研究表明，搬家、迁移行为的变化与显示偏好有关，显示偏好对于评估住宅流动性以及哪些约束起作用和对谁起作用有一定程度的影响。

无论住宅消费受到多少因素的影响，例如购买住房预算限制、感知到的住宅的实用性、家庭其他成员的偏好、与工作地距离和家庭人口结构，居民家庭住房选择一定基于效用最大化原则，购买的不仅是住宅的居住功能，同时还有物业服务和公共服务、商业服务的可及性。在社区属性方面，消费者会考虑开发商品牌、建筑物数量、停车场、容积率、绿化覆盖率。在位置属性方面，物理可达性决定了居民前往工作地和其他地点的时间和成本。

此外，品牌开发商的前瞻性设计和物业管理公司的服务是影响住宅舒适性的关键因素。高收入家庭更愿意为住房支付更多费用以保持社区同质性，当消费者对特定结构或邻里特征的需求缺乏弹性，并且由大量消费者共享这种偏好时，就会导致住房市场的分化和空间隔离。假设家庭偏好和收入水平是既定的，可以想象对这些属性的需求在空间上的分布特征。住宅市场被视为由住房隐含的每个属性特征组成，房价取决于对属性的需求，居民收入的增长增加了消费者对住房质量和环境设施品质的需求。当考虑不同的住房特征时，必须认识到住房属性在价格变化中的作用。例如，在北京，尽管学区房概念影响广泛，但影响二手房住宅单位价格的一个重要因素是房龄和物业服务，2000年后开发的商品房更受消费者欢迎，因为2000年后的商品房在小区绿化、健身设施、保洁服务、公共区域的安全维护方面具有明显的升级，商品房小区因物业提供的专业服务而更受居民的青睐。

大城市地区不同地区的住房类型和质量会影响城市区域内的住宅流动性。2000年后的城市中心区住宅往往以高层公寓楼为主，这些公寓楼密集，户外空间有限。当家庭更喜欢园林时，他们通常不得不搬到郊区甚至更远的地方，远离城市中心区。然而，当前郊区和城市中心新开发的住宅正在模糊这种区别，在郊区开发的房子，受到土地价格攀升的影响，也相当密集。

# 六　结论

住宅偏好是理解城市增长的重要部分，正是居民偏好的转变推动了政府进行老城区的产业升级和住房改造，虽然这是城市发展战略的常规方式，但当前一线城市中心和郊区之间的房价差异确实揭示了居民对城市生活的向往与偏好。然而，与居住流动性相关的人口变化并不一定意味着对城市生活的偏好有所增加，对城市生活的向往与偏好可能是由人口结构驱动的，也可能是由人口中的经济和文化变化驱动的。

## 参考文献

James，T.，Little，"Residential Preferences，Neighborhood Filtering and Neighborhood Change"，*Journal of Urban Economics*，1976.

Howley，Peter，Mark Scott，and Declan Redmond，"An Examination of Residential Preferences for Less Sustainable Housing：Exploring Future Mobility among Dublin Central City Residents"，*Cities* 2009（26）.

贾士军：《基于消费者偏好的住宅市场细分研究》，《广州大学学报》（社会科学版）2009 年第 8 期。

陈勇、John M. Clapp，Dogan Tirtiroglu：《基于特征价格模型的住宅需求价格弹性分析——深圳住宅市场实证研究》，《城市发展研究》2011 年第 2 期。

唐铭杰、刘宣：《城市住宅结构特征的居民偏好分析》，《经济地理》2015 年第 5 期。

# B.23
# 社会资源配置模式变迁与社区服务
# 社会化的体制机制创新
## ——以社区服务的"海淀经验"为例*

黄家亮　陶雁柳**

**摘　要：** 北京市海淀区根据时代特点和自身区情，以满足居民多元化的服务需求为导向，立足自身资源优势，充分动员社会力量，逐渐形成了具有海淀特色的社区服务社会化经验。主要体现在以下方面：第一，建立区、街道、社区三级服务体系，实现社区服务的体系化；第二，创新政府购买服务的机制，推进社区服务的多元化与专业化；第三，建设"一刻钟社区服务圈"，推进社区服务的便利化。海淀区在社区服务社会化方面的实践，对于在新时代背景下回应居民多元需求，破解社会资源配置模式变迁下的基层社会治理现代化这一重大命题具有重要启示。

**关键词：** 社会资源配置模式　基层社会治理创新　社区服务社会化

　　从社会学的角度来看，无论是社会治理，还是社会发展，最为核心的问题就是社会资源及其配置。不同的社会资源配置模式意味着不同的社会治理

---

　　* 基金项目：本文为北京市海淀区民政局委托项目"新时代社区建设的'海淀经验'实地调查研究"的阶段性成果，项目编号为2020K20624。
　　** 黄家亮，中国人民大学社会与人口学院副院长，副教授，博士生导师，研究方向为基层社会治理、法律社会学、农村社会学；陶雁柳，中国人民大学社会与人口学院硕士研究生，研究方向为基层社会治理、法律社会学。

模式，也意味着不同的社会发展模式。新时代以来，我国社会资源配置模式呈现出一系列新的趋势，社区服务应该因应这种时代变迁，积极创新体制机制，以更好回应广大社区居民的社区服务需求。

# 一　社会资源配置模式变迁与社区服务社会化

改革开放以来，随着市场化改革和社会重心的下移，我国社会资源配置模式发生了深刻变化。这为基层社会治理创新提供了重要的资源保障，也对基层社会治理创新提出了新的要求。社会资源配置模式的变迁使得社区服务社会化成为一种必然的趋势，同时也为社区服务社会化奠定了坚实的基础。

## （一）社会资源配置模式的变迁

新中国成立后到改革开放前，在计划经济体制之下，整个社会资源配置模式呈现高度行政化的特点，即政府掌握并主导着社会资源的配置。与此相关的最基本的制度设置是单位制，社会资源配置的基本模式是，国家通过行政权力按照行政级别将社会资源配置到各个单位，然后再由单位通过行政权力按照个人的级别和身份将部分社会资源配置到单位成员[1]。改革开放后，随着计划经济的终结和单位制的解体，原有的社会资源配置模式逐渐发生了变化。这种变化是渐进的，也是全方位的，概括来说主要包括以下几个方面。

第一，从配置方向来看，呈现出明显下移即社区化趋势。单位制解体后，基层社会治理的基本制度框架由单位制为主、街居制为辅转变为社区制，相应的，单位人转变为社区人，社区取代单位成为人们社会生活和国家治理的基本单元。为了实现对社区人的有效管理，各种资源大量向社区下沉，有学者将其概括为"社会资源配置的社区化"[2]。

---

[1]　黄家亮、郑杭生：《社会资源配置模式变迁与社区服务发展新趋势——基于北京市社会实践服务探索的分析》，《社会主义研究》2012 年第 3 期。

[2]　杨敏：《我国城市发展与社区建设的新态势——新一轮城市化过程社会资源配置的社区化探索》，《科学社会主义》2010 年第 4 期。

第二，从配置主体看，呈现出明显的多元化趋势。在计划经济时代，社会资源配置的主体是单一的国家，其弊端是显而易见的。市场化改革后，市场和社会都逐渐分化和发育起来，成为社会资源配置的新主体。随着改革的深入推进，国家、市场、社会三大主体相互补充、良性互构、优势互补的资源配置格局逐渐形成①。

第三，从资源配置的领域来看，越来越向民生领域倾斜。新中国成立后，由于国内工业化和国际竞争的压力，我国在国防和重工业建设方面倾斜了大量的资源。改革开放相当长一段时期内，国家在经济建设领域倾斜了大量资源。伴随着我国社会主要矛盾的逐渐转变，国家在民生领域倾斜的资源越来越多。

第四，从资源配置的理念来看，普惠化、均等化是一个明显趋势。随着社会的发展，社会资源配置理念逐渐向均等化、普惠化方向转变。"公共服务均等化"成为公共服务和资源配置最为重要的目标之一。

### （二）社区服务的社会化

社会资源配置模式的变化，为社区服务事业的发展提供了宝贵的历史机遇，同时也对其提出了严峻的挑战。在机遇方面，主要在于为社区服务提供了资源。

主要有两个方面的挑战：一是如何有效承接、整合、发掘社会资源，使社会资源转变为可用的社区资源；二是如何高效配置和运用社区资源，使其服务于社区居民需求的满足和生活品质的提高。② 社区服务的社会化是应对这些挑战、提升社区服务水平的必然要求。

所谓社区服务社会学是在政府的主导和支持下，在社区居委会、民间组织、驻社区单位、企业及社区居民的共同参与下，充分整合社区资源，为社

---

① 黄家亮：《论社区服务中国家、市场与社会的互构——以北京市 96156 社区服务模式为例》，《北京社会科学》2012 年第 3 期。

② 黄家亮、郑杭生：《社会资源配置模式变迁与社区服务发展新趋势——基于北京市社区服务实践探索的分析》，《社会主义研究》2012 年第 3 期。

区全体居民和驻社区单位提供多元化服务的过程①。社区服务社会化意味着广泛动员和依靠社会力量优化社区服务，而不是仅仅依靠政府。社区服务需求的增长和多元化，为社区服务社会化提供了空间和动力；经济的发展、人民生活水平的提高都为社区服务社会化奠定了良好的基础。这意味着政府在社区方面不再大包大揽，而主要是着手整合社会资源，建立社会机制，组织社会力量，实施社会管理，强化社会效应，实现社会价值交换，逐步建立起"政府搭台、社会整合、企业运作、群众受益"的社区服务社会大协作模式。

北京市海淀区长期致力于社区服务社会化的探索，以需求和问题解决为依据，选取社会需求大、社会关注度高的社区服务项目作为"社会化"改革的突破口，改变传统的由政府直接提供社区服务的做法，推进政府购买服务，充分发挥社会组织的力量，利用市场化机制，推进社区服务社会化供给改革，建设多元投入、多元参与、多元共享的社会化社区服务体系。

## 二　海淀区社区服务社会化基本情况

海淀区各级党委政府深入贯彻落实中央和北京市关于社会治理和服务的要求，立足社区发展实际，加强社区建设，在社区服务社会化工作中进行探索，并且取得了相关成果。

### （一）海淀区社区服务社会化现状

海淀区先后制定下发了《关于创建全国社区治理和服务创新实验区实施方案》《关于全面开展社区减负工作的实施方案》《海淀区"家庭助理　亲情扶助"义工行动项目试点方案》《关于加强新时代街道工作的意见》等政策性、指导性文件，指导社工工作，推动社区服务的社会化供给，积极回应居民的多元需求，推动治理能力现代化。

---

① 齐永钦、张丽红编著《图说社区管理》，山东人民出版社，2014。

海淀区按照地理位置将全区社区服务中心划分为"东、西、南、北、中"5个片区，各镇、街道建立社区服务中心，全区共有24个街道社区服务中心，并在各社区建立社区服务站，基本实现社区服务站全覆盖。海淀区建立区街两级孵化基地加强对社会组织的引导扶持，完善政府购买服务机制，全区共登记注册社会组织837家、备案社区社会组织2705家，大大增强了社区服务供给力量。积极利用社会建设专项资金购买专业社会工作岗位，海淀区持证社工达4700多人。此外，海淀区积极培育志愿服务力量，推动居民自治，现有注册志愿者36万多人，先后培育出3800多支社区志愿服务队伍，形成了"霞光计划"为老服务、"天使之爱"助残服务、"手拉手"助学服务、海淀义工在行动等志愿服务品牌。完善"便民生活服务圈"，把600多家社区服务类市场主体纳入社会化社区服务体系，截至2017年，共建成区级"一刻钟社区服务圈"示范点430余个，覆盖全区576个社区；共建成329个市级"一刻钟社区服务圈"示范点，覆盖565个社区。海淀区积极转变政府职能，引入社会力量提供专业化服务，创新了社区公共服务供给，提升了社区服务社会化的水平。

### （二）海淀区社区服务社会化的具体内容

在社区服务方面，海淀区提升管理和加强服务并举，形成区、街道、社区三级服务体系。强化政府对社区服务的引导职责，关切居民的多元需求，同时突出海淀区的自身特色，创新社区服务方式，改进政府直接提供社区服务的做法，推进社区服务社会化。主要体现在以下几个方面。

#### 1. 依托区、街道、社区三级服务体系，实现社区服务的体系化

近年来，海淀区强化统筹规划，通过形成区、街道、社区上下联动，各部门相互协调的机制，着力提高便民服务水平，提升基层治理效能。

一是以海淀区社区服务中心为依托统筹社区服务，开发服务项目。

海淀区按照地理位置把全区社区服务中心划分为"东、西、南、北、中"5个片区，根据各片区特色和功能进行定位。东片区确定了"调动多方社会力量，多元参与主体"的工作思路，西片区把"共享片区资源，推进

整体发展"作为工作重点,南片区探索"社区服务项目的规范化、专业化、连锁化与社区服务社会化相结合",北片区探索"信息技术融入社区服务",中片区"从社区服务项目的规范化入手,推进工作有序高效开展"。片区机制为社区服务注入新活力,形成区街两级联动机制①。

社区服务中心以满足居民需求为出发点,形成了"一中心一品牌"的局面,不断完善社区服务体系,加强管理,充分发挥组织、领导、协调作用,带领各街镇社区服务中心积极推进社区服务的各项工作,为居民提供均等、高效、优质的社区服务。

二是以街道社区服务中心承接公共服务,指导社区服务。

街道社区服务中心是重要的中介站,也是重要的资源集聚地,是区政府和社区的中介平台,既是代表政府形象的服务窗口,又是了解民情民意的桥梁纽带。街道社区服务中心一般设有法律咨询、家政服务、综合服务咨询、养老券服务、人防空间等窗口,开展辖区内居民法律咨询、家政服务、综合业务咨询、地下人防空间开展娱乐活动查询等工作。此外,海淀区各街道服务中心着力打造"一中心一品牌",已取得丰富成果,例如羊坊店街道社区服务中心的"居家养老"服务,北下关街道的"社区社会组织管理",清华园街道的"社区服务信息化"等。街道社区服务中心是密切联系群众、服务居民的重要平台,是真正实现"小需求不出社区、大需求不远离社区"目标的载体。

三是通过社区服务站提供便民服务,开展服务活动。

社区服务站是社区服务社会化的"最后一站",发挥各类资源的效能、激发多元社会主体参与社区自治共治是其重要发展方向。社区服务站主要职责包括代理代办政府在社区的公共服务,组织开展社区公益服务,组织开展社区便民利民服务,培育和壮大社区公益性服务组织,畅通民意诉求渠道等。当前,海淀区基本实现了社区服务站全覆盖,社区服务站是社区居委会专业服务机构,按照分工不分家的原则,在社区党组织和居委会统一领导和管理下开展工作。社区服务站政务服务全面推行"综合窗口"模式,实行"一口受理"、预约办

---

① 李京燕:《海淀区打造特色社区服务模式 优质服务满足居民》,《海淀报》2015年7月6日。

理、为行动不便的居民上门办理。社区服务站在资源共享的基础上，注重发挥自身特色，为居民提供更多贴心服务，打通服务落地的"最后一公里"。

2. 创新政府购买服务的机制，推进社区服务的多元化与专业化

一是购买社会组织服务，实现社区服务多元化。

当前，海淀区各社区按照"创新政策、大力扶持、积极培育、科学发展"的工作思路，通过建立区、街（镇）两级社会组织孵化中心，购买社会组织服务等途径积极培育社区社会组织，通过业主自治、物业管理、社区社会组织等途径扩大居民参与社区服务渠道，这些社会组织积极参与社区救助、助残、帮困、为老、文体、教育、治安等社区服务活动，大大增强了社区服务供给力量。

上庄镇探索建立了机构设施场地委托方式。积极推进社区、社会组织和社会工作的三社联动，倡导"以人为本、助人自助"的专业理念，通过政府购买服务的方式，培育扶持社会工作服务机构为残疾人、低保户等特殊困难群体提供心理疏导、扶贫济困、就业咨询、社会融入等专业化服务，构建社会保护与关爱支持网络。阜四社区以政府购买服务方式，委托一家专业性社会组织——北京海淀睿翔社工事务所具体负责阜四文化小院（简称"阜四小院"）的管理运营和日常工作。田村路街道吸引整合外部资源，引进了《北青社区报》，开通了皮卡书屋，先后引进仲坤儿童服务社、抱朴永续自然学院、中华文化促进会万里茶道等社会组织，开展了丰富多样的文化活动，形成了多个活动品牌。西三旗街道先后引进中国社会工作联合会、中华志愿者协会、北京海朝社会组织服务与评估中心等社会组织参与西三旗街道的社区服务项目。此外，海淀区还引入孔子基金会、壹基金等投入社区服务，引导社会组织从政府单一"输血"向多元"输血"和自我"造血"相结合转变。

二是健全"三社联动"机制，实现社区服务专业化。

海淀区健全"三社联动"机制，具体表现为培育社区社会组织，最大限度激发和增强社区活力；购买社会工作服务，加强社会工作专业人才队伍建设，推进社区社会工作，把社会工作的理念方法运用到社区工作中；增强

社区的载体功能，为社会组织和专业社工参与社区治理服务提供良好平台与条件。"阜一空间"作为海淀区民政局"三社联动"项目之一，建立了"三社联动"机制，通过政府购买服务和引入社会组织等外部资源，形成了把矛盾化解在社区、把多元服务供给实现在社区的新型社区治理模式。

政府利用财政资金，采取市场化、契约化方式，面向具有专业资质的社会组织和企事业单位购买社会工作服务是一项重要制度安排。通过购买社工岗位等形式，加大专业社会工作人才引进力度，以居民的需求为导向，最大限度激发基层治理的自治活力。海淀区现有社区工作者5700余人，平均每个社区9人。海淀区以田村路街道阜石路第四社区为试点，引入社工机构和社工专业人才，通过"阜四文化小院"、"西木学堂"、微信公众号和网站等运营项目，将社团、社区服务供应商、社区志愿者、社工力量整合在一起，建立了"政府主导、公益优先、社区参与、市场推动"的协同共建运维模式，为居民提供更加丰富、优质的服务。

**3. "一刻钟社区服务圈"，推进社区服务的便利化**

一是体现为多方参与打造"幸福圈"。

"十三五"期间，海淀区整治了94家服装、小商品、建材家居等专业市场，通过疏解整治促进产业空间的统筹提升。与此同时，为满足百姓需求、补齐民生短板，加强社区商业网点建设和管理，推动便利店、早餐、洗染、蔬菜零售、美容美发、家政服务、维修、快递等8项基本便民服务进社区，基本实现社区全覆盖。为了满足市民的其他需求，打造承载"8+N"项服务功能的社区商业中心，为周边居民提供一站式便民服务，实现"小需求不出社区，大需求不远离社区"。"十四五"期间，海淀区将聚焦科技创新带动消费升级，发展面向社群的垂直传播、网络传播、网红消费等模式，推动夜间经济的发展，实现经济效益与社会效益的均衡发展。①

二是表现在信息技术助力"智能圈"。

---

① 北京头条：《海淀区明年实现便民服务社区覆盖率100%》，北青网，https：//baijiahao.baidu.com/s?id=1685595214216559180&wfr=spider&for=pc，2020-12-09。

　　"一刻钟服务圈"的建设采取线下和线上同时推广和服务的模式，在社区服务站向社区居民发放"一刻钟服务圈"宣传册和生活地图，社区居民可以通过纸质资料、社区宣传栏以及社区工作人员介绍了解社区的所有便民设施和商业网点。同时，街道、社区也着力打造线上平台，例如网站、微信公众号等，社区将服务网点、服务咨询信息用互联网平台展示，社区可以线上发布各类便民生活资讯，居民可以通过互联网平台查询、查找社区便民服务生活设施的相关信息，并通过互联网平台进行监督。

　　海淀区田村路街道通过打造"田村通"微信公众号，发布田村路街道生活服务信息，居民可通过公众号平台的生活服务菜单栏一键查询餐饮、购物、娱乐、医疗、快递、酒店等各项生活服务信息①。海淀区中关村街道按照社区成员出生、婴幼儿、青少年、中年、老年等不同年龄段的服务需求梳理各种办事指南、服务动态和热点资讯等信息，打造了全生命周期社区生活查询板块，实现了"登陆此平台，服务全知道"，并且基于三维实景地图在全市率先创建了实景化、动态化的"一刻钟信息圈"，立体化、全景式地展现了本辖区生活性服务业网点、基础设施的总体情况，让广大居民足不出户就能检索到离自己最近的各类网点的服务信息，身临其境地感受网点周边的环境状况。"一刻钟服务圈"互联网平台的搭建有利于更好地为社区居民的生活带来便利，也减少了社区服务的压力，提升了社区治理的效能。

## 三　典型案例

### （一）为老服务

**1.四季青镇引进社会力量，创新为老服务模式**

　　四季青镇在做好对老年人政策服务的基础上，通过购买社会组织服务项

---

　　① 孙毅：《一刻钟社会服务圈到底长啥样？比如北京这些样板社区》，《北京晚报》2018年10月31日。

目，动员社会力量参与社区服务，丰富老年人的生活。推动实现居家养老。

（1）开展"快乐爸妈助老项目"。四季青镇在各社区开展手机课堂、棋牌赛、趣味运动会、手工制作、外出参观等活动，一方面丰富社区老年人的退休生活，另一方面帮助老年人融入现代化生活。同时社区能够借助文化活动凝聚人心，带动社区治理。

（2）引进第三方餐饮公司振达绿橱，在振兴社区打造老年小饭桌项目。老年小饭桌项目既方便了老年人就餐，又能让老街坊老同事有机会聚到一起，搭建起老年人交流平台。

（3）积极引进第三方养老服务机构落户四季青。四季青镇建设初玉泉养老照料中心、门头村社区养老服务驿站、七叶香山养老照料中心等养老服务设施，逐渐实现养老服务在四季青地区全覆盖，力争使每一位老人都享受到方便、快捷、优质的养老服务。

四季青镇的为老服务，是针对人口老龄化的发展、社区回迁老年人越来越多而做出的正确决策，这些为老服务极大地丰富了老年人的文化生活，有利于增加社区居民的幸福感，增强社区凝聚力。具体而言，四季青镇的为老服务探索具有以下经验价值。

第一，立足社区实际，回应居民需求。随着人口老龄化的发展，回迁房接受老年人越来越多，四季青镇以回迁小区居民需求为导向，量身定制系列活动，调动居民的参与积极性，探索回迁房社区治理的经验方法。

第二，购买社会组织服务，以服务促治理。四季青镇通过购买社会组织服务项目，创建了"快乐爸妈"服务品牌，丰富社区老年人的退休生活，也有利于增进社区凝聚力，吸引老年人积极参与到社区建设中，激发社区活力，使社区回归到自我管理、自我服务的治理本位。

第三，引进第三方机构，促进社区服务社会化。四季青镇引进第三方餐饮公司以及养老机构，为老年人提供专业的照料服务，使老年人享受到方便、优质的服务，促进社区"共享共建共治"治理格局的形成。总而言之，整合社区资源、引进社区服务组织、完善社区服务机制，一方面有利于形成社区建设特色品牌；另一方面也有利于社区减负增效，实现社区治理的特色化和多样化。

**2. 北航社区探索居家养老服务模式**

北航社区全面探索大院社区治理机制，以居家养老服务为主要着力点，积极探索居家养老服务工作模式，搭建社区居家养老工作组织平台，制定相关规则和制度，链接地方资源，形成辖区内社区、单位联动机制，促进多元主体参与治理，从多方面提高社区居家养老服务质量和服务水平，逐渐形成一套"社会投资、社区监管、企业经营、市场运作"的社区居家养老服务工作模式。

（1）强化平台建设，引进社会力量。北航社区在社区服务中心下面成立社区居家养老服务中心，负责社区居家养老服务项目开发、指导、管理和监督，通过充分挖掘和利用辖区内的服务资源，设立服务网点，签订服务协议，逐步建立健全了"社会力量投资，社区进行监督管理，有偿、低偿、无偿相结合，服务对象签字认证"的管理运作模式，为老人提供了全方位、多层次的服务。社区与联讯公司开通了社区为老24小时的救助热线，社区老人随时随地拨打电话都能轻松享受到全方位的救助服务，真正做到了"小事不出社区，大事有人帮扶"。社区与锦州银行合作开设了"社区老年人理财培训班"，为老年朋友定期举办科学理财、分析理财产品等课程。社区开设了家庭问题心理咨询、指导服务，并开设了咨询热线电话，解决老年朋友在处理家庭问题上遇到的一些问题和麻烦。

（2）健全各项制度，成立服务队伍。北航社区专门成立了居家养老领导小组，居委会主任担任组长，下设成员4人；成立了居家养老办公室，办公室主任由书记担任；此外还成立了党员志愿者服务队、老年人健身文娱活动服务队、志愿者服务队、大学生志愿者队伍、联讯安防救助队伍，为身边有困难的老年人提供力所能及的帮助。

（3）开发服务项目，丰富文娱生活。北航社区开发多样化居家养老服务项目，主要包括以下五类：①电视教育，组织老年人观看国家重大新闻直播，以及一些革命题材、戏剧、卫生保健等方面的片子；②棋牌娱乐，提供多种棋牌工具，使绝大部分老人都能参加到居家养老的大家庭中来；③文化娱乐，开放各类图书、报纸，更加丰富老年人业余生活和各项知识，提供乒乓球场供老年人适当运动；④休闲聊天，专门设立一个聊天室，以实现法律咨询、调解纠纷、精神慰藉等功能；⑤卫生保健，由学校医院负责，与联讯公司合作，为 70 岁以上的老年人提供免费体检、免费健康咨询、卫生保健课程等服务。

具体而言，北航社区居家养老模式具有以下经验价值。

第一，充分调研，了解社区需求。北航社区开展了老年人状况和需求的摸底调查工作，充分收集老年人的收入状况、居住状况、养老意愿、养老服务项目等信息，根据老年人对开展居家养老服务的态度进行社区居家养老决策。

第二，强化制度建设，提升平台效能。北航社区成立了专门的居家养老领导小组，建立社区老年人台账，规范社区居家养老的各项服务内容，对签约服务协议的服务网点明确规定提供各项服务条款；利用居家养老服务中心这一平台，与辖区内企业、机构达成合作，向居民宣传和推广服务；充分挖掘市场信息，为老年人提供各类实用培训。

第三，夯实基础服务工作，推进养老服务社会化。北航社区成立社区居家养老服务中心，充分利用辖区资源，形成了一套"社会投资、社区监管、企业经营、市场运作"的社区居家养老工作模式，为社区居民提供全方位、多层次的服务。总而言之，北航社区夯实基础养老服务工作，并在充分了解居民需求的基础上对养老服务进行创新，以提升养老服务品质为切入点，抓住主要矛盾，吸引社会力量参与社区建设，提升社区养老服务的质量和水平，为老年人提供全方位、多层次的服务，提升社区的活力，创新社区治理。

## （二）文化建设

### 1. 田村路街道打造西木学堂特色街区

西木学堂，又名田村路街道社区活动中心，由于该空间陈旧破烂、空间划分不符合当前实际需求，在海淀区民政局的支持下，2016 年 12 月田村路街道办事处启动该空间的改造工作，并将其更名为西木学堂。西木学堂特色街区项目是田村路街道进行社区治理的创新项目，通过政府购买服务，引进优质社会资本，进行部分市场化运作，将公益与市场有机结合，为地区居民服务。西木学堂以文化建设为重点，以不断提高社区居民素养、文化自信为目标，提升居民的获得感、归属感、幸福感。

（1）建立"政府主导、公益优先、社区参与、市场推动"的协同共建运维模式。西木学堂由田村路街道委托第三方机构春藤中心进行运维，引进中国孔子基金会德本教育基金、北京修实公益基金会、北京修德慈善基金会等多家基金会以资金或项目形式进行公益支持。以周边企业共建、社区深度参与、部分市场化运作的协同运维模式，实现公益与市场有机结合，使学堂真正拥有自我"造血"能力，不依赖政府资金支持却能辅助政府实现社区治理的一些职能与任务。

（2）加强空间建设，打造多板块、多空间的文化活动场所。西木学堂分为一个国学堂及十五个深度内容空间，涵盖国学、党建、艺术、传统文化、现代科技等项目，将学堂打造成为集学、教、乐于一体的综合性文化活动平台。在德智体美四大板块的基础上，西木学堂延伸发展出红色空间、国学堂、亲子空间、悦读空间、艺术空间等 15 个各具特色的活动空间，满足附近居民日益增长的多元文化需求，解决老旧小区文化需求不充分不平衡的难题。

（3）建立以提升居民素质为主要目标的创新型社区治理模式。通过设立德智体美四方面丰富多彩的活动和课程，使居民在参与过程中养成举止文雅、知礼重义、尊重他人的文明习惯，培养居民的社会公德、高尚的个人和家庭美德、有品位的文化修养；通过落地社会主义核心价值观，引导居民树立正确的世界观、人生观、价值观，爱社区爱生活。居民通过自身素质加强而提升自己实现美好生活的能力及社区自治、德治水平。

具体而言，西木学堂建设具有以下经验价值。

第一，以问题为导向，改进社区服务。田村路街道考虑到社区活动中心已经陈旧破烂，无法满足社区居民的服务需求，考虑到社区居民文化需求日益增长，老旧小区文化需求不充分不平衡等一系列问题，在充分调研的基础上对该空间进行维修改造，改善地区居民空间匮乏的情况，致力于为居民打造闲暇时的文化公益空间，提升居民生活品质。

第二，公益+市场协同运维。田村路街道改进仅仅由政府提供资金支持的方式，引入市场化机制，引进多家基金会对西木学堂进行公益支持，同时带动周边企业共建，引进社会资本和各类机构进行部分市场化运作，将公益与市场有机结合，提升社区自治理的能力。

第三，以文化治理促进社区治理。西木学堂以文化治理为手段，以社会力量为突破，以共商、共建、共治、共赢为原则，以文化建设助力居民素质提高和社区事务参与，在提升居民服务品质的同时，也为社区治理提质增效。总而言之，西木学堂以文化建设加强社区德治、自治，充分结合公益和市场的优势，链接各类资源，以空间建设为手段，搭建社区文化服务平台，吸引社会力量共同参与社区建设，形成多元主体协同共治、共同促进社区治理的模式。

**2. 田村路街道阜石路第四社区打造"阜四文化小院"**

阜石路第四社区位于海淀区田村路街道辖区范围内，该社区属于人口老龄化社区，老年人口较多；社区主要由北京橡胶工业设计研究院的家属院组成，社区居民文化素质普遍较高，文化服务需求较多；社区属于老旧小区，大部分房屋建于20世纪80年代。阜四社区以及周边社区的居民群众对社区文化服务的需求较为旺盛，阜四社区在结合社区实际情况以及居民需求的基础上打造阜四文化小院，为社区居民提供一个综合性、多功能的社区公益性文化活动中心，开展社区群众性文化活动，增强社区认同感和凝聚力，推动实现社区共治新格局。

（1）多元主体共同管理运营。阜四文化小院改变传统的由街道组建团队运营的模式，改由社区居民推选产生多方参与的院委会负责管理协调，通过政府购买服务方式委托专业性社会组织北京海淀睿翔社会工作事务所具体负责阜四小院的管理运营日常工作，街道办事处、北京橡胶工业设计研究院、阜四社区党组织和居委会等共同对阜四小院的日常业务进行指导和监督，并且积极吸纳、招募志愿者参与阜四小院的社区文化服务。

（2）链接多方资源丰富文娱活动。田村路街道办事处、阜四社区以及睿翔社会工作事务所充分利用阜四小院这一平台阵地，积极吸引相关社会组织和志愿服务力量前来开展社区文化服务活动。阜四社区建立由中国青年政治学院社工学院、清华大学社会学学院等高校组成的人才资源库，为阜四小院运营发展提供专家学者和青年志愿者力量。积极引入符合本地区居民群众需要且居民喜闻乐见的服务项目，目前已有亿未来、永真公益基金会、百特

英语、老百姓国学会、中国少儿基金会、首都保健营养美食学会等 20 多家合作伙伴入驻小院开展各具特色的社区文化服务活动，其中包括嘻哈包袱铺"社区曲艺小明星"、京剧"裘派"传人牟惟瓄国粹艺术传承班等品牌活动。

田村路街道阜石路第四社区是平楼混合的社区，治理难度和服务需求都非常大，田村路街道创新治理模式，拓展服务资源，为社区居民提供更加丰富、优质的服务。具体来说，阜四文化小院具有以下经验价值。

第一，"一刻钟服务圈"推进居民自治，阜四文化小院有效地满足了阜四社区以及周边社区居民的文化服务需求，以文化活动为纽带，拉近居民之间的距离。开展社区文化活动，搭建社区文体团队，有利于社区共同协商社区难题，解决社区问题，促进社区自治，提高社区治理水平。

第二，四社联动形成社区服务合力，阜四社区充分发动社会力量，通过微信公众号和网站等运营项目，将社团、社区服务供应商、社区志愿者、社工力量整合在一起，形成了四社联动服务机制，不断完善信息共享、服务互补、组织联动体系，破除治理壁垒，不断完善社区服务体系，创新社区治理。总而言之，阜四小院是现代文化生活的一个范例，也是社区治理的一个范例，其开展的文化空间建设、文体活动服务，能够拉近居民之间的距离，提升居民社区服务的参与感和获得感。同时，创新社区治理模式，引进社会组织、社工、高校等社会力量，可以为社区服务赋能，提升社区服务品质，促进社区服务社会化，形成社区共治新格局。

3. 羊坊店街道打造"一门一品"楼门文化

羊坊店街道持续推进"一门一品"楼门文化建设纵深发展，探索居民自治的社区服务模式，倡导以德治理、用文化凝聚人心，提高社区居民的民主自治意识和自治能力，增强居民获得感。羊坊店街道以楼门的"客厅文化"为切入点，打造"楼道是所有楼门居民的大客厅"的文化概念，打造不同的楼门文化实体，形成楼门特色，采取居民自我提供文化的方式自下而上引导社区居民自决策、自治理，营造和谐社区、和谐社会。

（1）开展社区客厅沙龙，利用社工小组破冰。铁西社区动员楼门居民来到社区客厅沙龙，并且以社工小组破冰，引导居民彼此熟悉，消除隔阂感。在大家相互熟悉了解之后，引导社区居民共同讨论制定楼门公约，思考楼门特色，确定楼门品牌。截至目前，铁西社区"一门一品"项目确定 6 个楼门主题，如家庭和谐的"幸福之家"，生活都十分具有品质、享受楼门生活的"致雅苑"，近邻乐于相助的"睦邻"楼门，老带小、亲子乐的"薪火相传"楼门，楼门中三分之二家庭都十分乐于参与志愿服务的"志愿者"楼门，以及老人居多但又拥有活力生活的"老宝贝"楼门。

（2）举办楼门文化活动，加强文化宣传。电信局社区以居民会议的形式举办了传统扎染、冰皮月饼、画出"我心中的楼门"以及征集居民设计楼门BIS（品牌识别系统）等一系列活动，确定常态化楼门维护小组，制定居民公约，建立了楼门微信群，引导居民相互讨论本社区楼门文化建设内容。

"一门一品"楼门文化建设，是社区治理的进一步延伸，将治理阵地向下延伸到楼门，实现楼门治理。一方面，楼门文化的宣传有利于形成社区文化的合力，在社区范围内甚至街道范围内形成特色文化氛围；另一方面，在建设楼门文化的过程中，居民的参与意识不断增强，增强居民对社区的归属感，有利于形成"环境促居民，居民育文化"的良好局面。

## （三）志愿服务

海淀区大力倡导"人人都是志愿者　人人都是受益者"的新时代文明实践志愿服务理念，最大限度地调动基层普通群众的积极性和参与性，在志愿服务的活动方式、服务内容、供需对接、激励回馈等方面，积极探索经验，打造海淀特色品牌。海淀区打造了"家庭助理，亲情扶助"义工项目，为地区特殊群体家庭排忧解难，走进社区为居民提供更加便捷、精准的服务，探索社区服务新思路，提高社区服务水平，推进社区治理体系和治理能力现代化。

（1）三方联动，打造"N+"效果。2020 年，学院路街道联合第三方机构北城心悦社会工作事务所为项目规范有序开展保驾护航，组建了 28 名由社区工作者和社区居民构成的义工队伍，28 名义工服务 550 余人次，共计420 余小时。街道、社区、第三方机构建立了上下联动机制，实现了党建引领+义工融入+社工支持的服务架构，最大限度满足社区服务的需要，在社

区营造友好互助的志愿服务氛围，激励更多人积极主动地参与社区志愿服务，推进社区治理。

（2）义工+社工"多对一"精准帮扶。曙光街道运用"义工+社工"的团队模式，在发挥社区义工"本地化"优势的前提下，整合各类社区社会组织和社区内有效资源网络，打造一批有爱心、有水平的义工志愿帮扶队伍。采取多对一精准帮扶小组的形式，做到活动有记录、事后有分析、服务有温度，利用电话问询、上门探访等服务形式，为困难弱势群众提供精准服务，让受帮扶者感受到"亲情化"的志愿服务①。

具体来说，"家庭助理、亲情扶助"义工行动项目具有以下经验价值。

第一，以服务看问题。义工行动实际上也是一次民情调研活动，通过义工行动可以直接了解社区居民的需求和问题，进而分析出社区的共性问题，以便有针对性地引进社区服务项目，精准帮扶，推动社区服务社会化和专业化，提高社区治理能力和社区服务水平。

第二，以服务建品牌。"家庭助理、亲情扶助"义工行动项目是海淀区的一项品牌活动。海淀区利用该项目打造一个社区志愿服务的平台，在社区培育"奉献、友爱、互助、进步"的志愿精神，以服务行动为抓手，形成品牌效应，在社区形成良好的文化氛围，进而形成良好的社会氛围。

第三，以服务促治理，通过义工、志愿行动，吸引、鼓励、支持更多人参与社区建设，从而带动更多的社会力量参与社区服务，创新社会治理方式，推动社区自治理。

## 四　主要问题

### （一）社会服务管理水平有待提高

社会化社区服务体系包括社区公共服务和社区商业服务，涉及社区教

---

① 王艳洁：《北京海淀：曙光街道"家庭助理、亲情扶助"义工行动书写人间大爱》，北京海淀官方发布，https://baijiahao.baidu.com/s? id = 1687039126993491474&wfr = spider&for = pc，2020 年 12 月 25 日。

育、社区卫生、社区治安、社区文化、社区便民服务等多项内容，这些服务内容接受不同政府部门的管理与指导，有时有所交叉，因而部门职责权限界定需要进一步清晰，避免出现行政管理体制上的问题。

## （二）社区服务中心职能不明

政府的大量公共服务工作都需要落实到社区，而社区服务通常需要多元主体相互协调合作、共同推进。社区服务站接受街道社区服务中心的领导，同时也要服从社区党组织、社区居委会的协调与合作安排，社区服务项目容易出现职责不明的情况。

## （三）社区之间发展不平衡

海淀区社区服务社会化建设立足于社区本地资源，本地资源的差异、区域间经济水平发展的不同，导致不同社区在服务设施、社区办公经费等方面有一定差距，社区之间社会化社区服务发展不平衡。

## （四）社会化服务项目类型较为单一

海淀区社区服务社会化探索的重点在于运营模式，即"政府出资购买、社会组织运营、全程跟踪评估"的项目化运营管理模式，而社会化服务项目主要集中于老年人服务、文化建设以及"一刻钟服务圈"建设，项目类型较为单调，需要进一步探索社会化服务项目，广泛吸引社会参与。

## （五）社会化社区服务水平有待进一步提高

当前海淀区积极探索政府出资购买服务，激发社会组织活力，促进社区居民、社会力量参与社区服务的社会化社区服务体系，但距离"多元需求、多元参与、多元投入、多元共享"的完善的社会化社区服务体系还有一定差距。此外，目前社区服务项目主要靠政府出资购买，若政府财政投入不足，则会影响社区服务的质量和水平，社会化社区服务多元"输血"、自我"造血"的功能有待加强。

# 五　关于海淀区社区社会服务化的政策建议

## （一）加强社区建设的组织领导

各级党委政府要高度重视社区建设和社区服务社会化工作，进一步加强制度建设，明确各级部门职责，改变社区建设和服务条块分割、多元领导的局面，推动社会化社区服务的体系建设。将社区服务中心事务与行政管理事务区分开来，一方面为社区居委会减负，另一方面促进社区服务中心良好地发挥其职责，更好地为社区居民服务。各级党委政府要对社区社会化服务进行管理与监督，保证各项政策措施的落实，推进社区服务社会化不断发展。

## （二）加强社区服务社会化规划意识

一是社区基础设施规划，落实社区公共空间建设，保证办公地点、文体活动地点、便民服务设施地点等配套用地设施建设规划，确保各项社区服务工作能够良好开展。二是社区服务内容规划，保障社区居民的公共服务需求是最基本的社区服务内容，除此之外还要多深入群众，了解社区居民的共性需求，以及具有建设性的个性需求，拓展社区服务领域，进一步促进社区服务社会化。三是社区服务财政规划，做好社区服务项目的预算工作，合理安排社区建设资金，根据协调发展的原则，对社区服务社会化水平较低的地区给予适当财政补助。

## （三）进一步完善社会化社区服务体系

公共服务方面，首先以社区就业服务、社区医疗卫生服务、社区文化教育服务、社区安全服务为重点，完善社区公共服务体系，保证社区公共服务的可及性，保证社区公共服务惠及所有居民。其次，政府购买社会组织、社会工作岗位的服务，严格落实准入规则、过程监督机制以及考评机制，保证社会化社区服务的专业化。

商业化服务方面，首先引进商业化服务需要以满足社区居民的需求、增强社区居民幸福感为目标，社区商业化服务需要保证经济效益与社会效益的平衡。其次，需要积极拓展社区商业化服务，以政府投入为引导，进而实现社会多元化投入，进一步提高便民利民水平。最后，培育和扶持社区居民需求高、发展前景好的龙头产业，打造社区商业服务的品牌企业，树立标杆引导更多社会力量参与社区建设。

### （四）鼓励辖区社会力量参与社区建设

第一，在街道、社区培育志愿精神，鼓励辖区退休职工、青年大学生等力量加入社区志愿服务队伍，充实社区服务力量。第二，与辖区内企事业单位建立联结，设立一对一帮扶机制，鼓励辖区内企事业单位组织员工到社区进行社会实践，参与社区服务。第三，完善社区志愿者管理规章制度，对所有志愿者进行建档，统计志愿时长，并适当奖励；完善志愿培训制度，可由优秀志愿者为新人志愿者提供志愿工作辅导。第四，有计划地吸引有较高文化水平、较高专业素养的社会工作专业人才加入社区服务队伍，提高社区服务队伍的专业素质，为社区居民提供更专业化的服务。

**参考文献**

叶南客、陈金城：《我国"三社联动"的模式选择与策略研究》，《南京社会科学》2010 年第 12 期。

齐永钦、张丽红编著《图说社区管理》，山东人民出版社，2014。

王杰秀编《社区治理实践创新与探索》，中国社会出版社，2019。

# B.24
# 北京市社区"停车难"问题探讨

柴浩放*

**摘　要：** 缓解北京的社区停车难问题，是建设国际一流的和谐宜居之都的题中应有之义。但社区停车问题的解决往往面临先天不足的空间及硬件条件约束，以及基层治理能力不强等软性约束。因此，需要以党建为引领，稳步推进社区基层社会治理良性循环，通过综合施治、多方协力，注重社区自身的民主建设，强化社区内部资源整理和外部资源引入，有序缓解社区停车难问题。

**关键词：** 社区停车　基层治理　停车难

北京作为首都，其四个中心的定位和建设国际一流的和谐宜居之都的城市宏大叙事，寓于一件件小事之中。一流的城市需要一流的治理。作为首都的北京，更需要良政善治在基层层面的精耕细作，以体现首善之区的治理能力、治理效率与人文关怀。社区停车问题关系群众安全感、幸福感、获得感，是基层治理热点和难点问题，是关键小事，亦是国之大事。

## 一　加强北京社区停车治理的现实紧迫性

社区停车难、停车乱一直是困扰北京城市发展和居民生活的一件难事和

---
\* 柴浩放，管理学博士，北京市社会科学院城市问题研究所副研究员，研究方向为公共治理、城乡统筹。

烦心事。停车资源先天不足,这是北京停车问题的基本面。2017 年实施的最近一次停车普查数据显示,北京停车位总数是 427 万个,停车位的缺口有 137 万个,新的停车资源虽然在不断建设投用中,但缺口仍不断扩大。2013 年之前,北京市居住区配建车位标准较低,以三环为界,三环内居住区配建标准为每户 0.3 个车位,三环以外按每户 0.5 个车位配建,形成一笔明显的"历史欠账"。随着小汽车加速进入家庭,社区停车难问题不断发酵并外溢,成为顽疾式社区治理难题。《2021 北京市交通发展年度报告》显示,截至 2020 年末,北京市机动车保有量达到 657 万辆,较上年增长 3.2%。其中私人机动车保有量达到 534.3 万辆,较上年增加 21.3 万辆。在出行选择方面,北京机动车存在"高速度增长、高强度使用、高密度聚集"的问题,进一步加剧了停车问题。

在北京市 12345 市民服务热线电话中,有关停车事务的诉求占比居高不下。对 12345 市民服务热线数据的分析显示,交通管理类和物业管理类投诉居第二位和第五位,对这两类投诉进行细分,与停车问题相关的违章停车投诉和小区停车场地紧张、停车秩序差投诉均是交通管理类和物业管理类投诉的首因。西城区和东城区的数据显示,2019 年交通管理类投诉量分别为 13005 件和 11944 件,居两区各类投诉的第一位和第二位[1]。值得注意的是,除了我们传统上认为的中心城老旧小区和平房区停车问题突出,郊区及农村社区的机动车停车问题也并不乐观。

## 二 社区停车的性质界定

### (一)北京停车问题的特殊性

停车问题在北京有特殊的敏感性,对其本质属性的探讨,不能局限于技

---

① 北京市人民政府:《数读:北京 12345 热线 2019 年度数据报告》,首都之窗网站,http://www.beijing.gov.cn/gongkai/shuju/shudu/202001/t20200119_1838347.html,2020 年 1 月 19 日。

术层面，它还是一个经济和政治（公共决策和管理）问题。首先，就经济属性而言，北京的主城区，尤其是首都功能核心区，土地资源极度稀缺，开发强度极高，各类用地目标之间存在激烈的竞合关系。如果停车设施占用空间资源过多，会损害到主要城市职能的履行。就政治属性而言，首都停车问题的政治属性最直接地体现在综合交通秩序的维护对于政务环境的影响上，社区停车问题的外溢，不仅影响城市风貌，更会影响首都的政务环境建设。其次，在极端有限的空间内建设和提供停车位，在哪里建设、建设多少，均是一个需要公共决策的过程，具有政治属性，是各利益相关者相互博弈的过程，并非纯粹的技术问题，无法用一套具有普适性的技术原则或路线来处理。从现实看，停车问题上各级政府部门的深度介入，也验证了停车问题的政治（公共决策和管理）属性。应确保行人、绿化和公共服务优先地位，确保有限的空间不是为私人开车者服务，而是为四个中心等重要首都功能服务，为所有交通模式的人们服务。

### （二）社区停车问题的本地意涵

社区停车问题表面上表现为不同停车主体间以及停车主体与非停车主体间对稀缺停车资源和公共空间的排他性竞争，但其实归属于一个公共空间使用权竞争与冲突的更大的问题簇。相似的问题还有社区遛狗、社区广场舞、社区垃圾桶的安置、社区绿化和休憩空间与停车设施占用之间的竞争与平衡等。社区作为联系居民的空间纽带，被赋予多种功能和意义，其使用和占用也牵涉基层民主实践，以及政府、企业之外的第三部门的运转等更宏观的命题。可以预料的是，随着时间推移，社区公共空间未来承载的功能会越来越多样、越来越复杂，例如电动自行车的普及，以及基于安全考虑对户外充电桩的硬性需求，会进一步挑战社区有限物理空间的规划配置。未来，不同功能对空间的竞争关系还会以难以预测的方式不断出现。

在城市公共停车场景中，不同的停车政策和停车价格具有不同的收入分配效应，过低的停车价格意味着停车行为人对公共空间和资源以过低的价格占用，可被视为享受了一定的公共补贴，而这对于不开车的人是欠妥的。而乱停车则更是免费占用了公共空间，并将影响环境秩序和公共安全等问题外部性溢出，由不停车的他人承受。显而易见，这些效应在社区层面也是存在的。

## 三　缓解社区停车难问题的治理逻辑、技术路线及治理措施

停车事务的解决面临着居民自治的内生动力不足以及政府介入的效果差、成本高的双重困境。因此不能单方面强调向社区的赋权、放权，不能因为居委会的"行政化倾向"就主张政府撤出社区的场域空间。相反，居民自治的良好治理生态需要在党的领导下，把握准基层治理的方向和民意脉搏，通过资源注入、共建共治等手段加以完善。社区层面的停车改造过程中，应清晰界定社区公共空间秩序公平、公正的状态，顺应群众生活便利、环境优化的原则实现空间秩序"各归各位"，维护空间正义。并由此出发，构建和维护良好的社区公共关系、包括居民间的关系，以及居民与物业管理部门的关系、居民与公共部门（如居委会）的关系。在此基础上，根据社区资源禀赋并配合外部资源的引入，结合智慧社区建设，形成规划科学的空间调整方案，同时完善法制保障，形成均衡合理、各具特色、群众满意的社区停车空间利用共识和规约。

### （一）缓解社区停车难问题的治理逻辑

#### 1. 建立共治共建共享的良好社区社会治理生态

社区停车事务小事不小，以小见大，是基层社会治理的具体实践领域。党的十九大报告明确提出"打造共建共治共享的社会治理格局。加强社区治理体系建设，推动社会治理重心向基层下移，发挥社会组织作用，实现政府治理和社会调节、居民自治良性互动。"[1] 联合国对各国的调查研究表明，

---

① 党的十九大报告辅导读本编写组：《党的十九大报告辅导读本》，人民出版社，2017。

收入增长只在初始阶段对人们幸福感的提升作用明显。收入达到一定水平后，幸福感的消长更多取决于非物质的因素，如家庭和人际关系、政府的服务、工作和收入稳定性、社会治安、公平正义、身心健康等。我国整体上已进入新发展阶段，社区停车的治理成效，关系社区居民对空间正义的感知，关系良好社区公共关系的维护，也关系到群众的幸福感和获得感。

社区停车问题丛生导致群众满意度低，居民改变现状的愿意强烈，这是开展工作的有利因素，但绝不能因此就低估事情的难度和复杂性。很多业主尤其是中青年业主，因工作繁忙等原因，往往对社区公共事务意识浅、参与少、态度淡，社区整体缺乏议事氛围。社区集体行动过程中还面临着"搭便车"者所带来的成本分摊难题和少量"意见钉子户"对集体议事决策和决策执行的干扰。社区干部和社区民意代表之间，也有产生精英合谋和精英俘获进而脱离群众的风险。因此，可以创新居民议事的组织形式、创新民意收集形式，将组织化的正式议事渠道与自发性的非正式渠道相结合，注意利用现有各类自发的业主群（微信、QQ），使其成为民意收集的补充渠道。在居民动员阶段，可以发挥人大代表、政协委员、社区报到党员的民意收集、行动引领、舆论引导作用。在基础调研和基本情况摸底、意见征集、方案草拟、意见公示及反馈、方案优化、（代议）表决等各个阶段，要实现全公开化流程、全链条监督、全流程反馈。只有经过几上几下、多轮反馈，才能充分协商，也才能体现出"治理"本该有的意涵。基层各类治理实践锻炼，既可以提高社区群众的民主意识、参与意识、公德意识、奉献意识，提升群众的议事水平和议事能力，完善议事的组织架构和渠道，也能提升社区居委会对社区治理议题的方向引领力、民心凝聚力、民生领悟力、民情体察力、民主决断力。

### 2. 党建引领确保社区治理体现民生实效

党政军民学，东西南北中，党是领导一切的。党建引领，在推进社区公共事务，尤其是需要通过居民议事方式来完成的基层治理时，主要在两方面起核心作用。一是攻坚克难，在遇到难题时需要党建引领，凝聚共识，迎难而上。二是把握方向，避免基层议事从形式到内容走偏、走歪、走虚、走向形式主义。党建引领，也是突破基层治理中普遍存在的条块分割的治理瓶颈的重要方式。基层民主寓于民生之中，需要做到为民、助民、民为主、民意顺。党建引领起到重要的把方向作用。通过党建引领，我为群众办实事，可以持续推进基层社会治理，避免"一阵风式"治理，形成长效机制，滚动推进，持续优化，让基层民主建设在一件件具体实事中不断磨合、优化、提升、成长。

### （二）缓解社区停车难的技术路线

解决小区停车问题的具体技术路线主要有资源优化和资源引入两种。资源优化指小区内公共空间使用方式的再优化，主要是加强小区低效空闲用地的集约化改造。资源引入不仅包括经济资源的注入，比如政府主导的小区更新改造、智慧小区建设，政府投入或第三方投资的小区停车设施改扩建，也指小区对周边空间资源的合作式或共享式利用。比如利用周边空闲场地设置小区临时停车场，和周边各类公共停车场间的错时共享停车，以及经过特殊认证的夜间居住地路内停车等。现实中这两种技术路径可以交叉并行。

### （三）缓解社区停车难问题的具体措施

2021年，停车问题被列入北京市接诉即办每月一题，提升至市级层面统筹解决。北京在实践中也已经涌现出一些很好的案例，如西城区德胜街道的"停车物联网+停车自治"模式和东城区和平里街道交通社区的"引入第三方停车管理单位"模式，再如现有的居住区与周边企事业单位间的错时共享停车案例，均是属地街道等基层部门通过多种途径与周边机构商谈出来的。在市级层面的助推下，全市330个停车场2.8万个停车位实施了与周边居民的错时共享。但停车问题的解决，需要长期系统性政策和资源投入，和群众的期待相比，还需要持续发力。

1.充分利用闲置空间资源，加强资源引入

各个社区资源禀赋千差万别，有些社区紧临一些低效用地或者暂未利用土地，具有开辟临时停车空间的便利条件，但更多的社区只能通过社区内部

空间的再规划和再组织来实现。比如朝阳区团结湖社区，通过社区内交通"微设计、微循环、微改造、微调整、微引导"，实现社区内交通组织再造优化，新增车位400多个。海淀区世纪城社区改革路侧停车划线方式，新增路内停车位400余个。对于利用临时空间划定的临时停车位，其停车问题的缓解也只是暂时性的。非规划类项目的停车位，身份尴尬，前途未定，未来随着相关土地的整备开发进入议事日程，这些社区将面临更为严重的停车问题。加之居民使用形成惯性之后，在未来相关土地实现其真实用途时，应谨防停车成为新的难以破解的"历史遗留问题"，需要未雨绸缪，提前做出预案，避免其成为民怨爆发点。

新建、改建、扩建停车位的资金来源问题，也是值得深入探讨的。一般来讲，各种社区改造项目，一旦出现需要居民出钱的环节，推进便会举步维艰。社会资本的进入也存在利润低、事务杂、协调难的问题。因此，在社区停车位改造投资时，政府需要量力而行，重点考察资金使用效率和投资收益的可持续性。此外，社区停车，做增量容易，调存量难，如固定车位调整为非固定车位时，往往伴随着激烈的反对、质疑、纠纷，甚至法律诉讼。因此，有关操作不仅要合情、合理，更要求程序上合规、合法，不留隐患。

基于社区空间的有限性和停车资源作为时空资源的特点，开展各类停车错时共享是更值得深入挖掘的领域。北京主城区居住区夜间停车位饱和，而公建类停车位的夜间利用率不高，据统计北京市公建类车位的夜间利用率只有39%。可以借鉴居住区停车自管会的经验，鼓励区域内各相关企事业单位及居民区，建立重点地区、难点地区区域停车资源统筹委员会，加大区域内停车问题协调解决力度。

2. 发挥价格杠杆作用实现精细化操作

理顺居住区不同类型停车位的价格体系，体现路内高于路外、地上高于地下的收费逻辑，利用价格杠杆规制作用，减轻路内停车和地面停车对公共空间的过多或不合理占用。这一原则不仅适用于社区外停车，亦适用于社区内部停车。充分利用价格杠杆，调控居民的拥车、用车行为。比如充分保障居民拥有的第一辆车的小区停车权益，而对其第二辆车、第三辆车的停车采取阶梯上浮收费方案。考虑到很多停车供需矛盾突出的老旧小区的人口老龄化程度也比较高，针对一些家庭探亲停车需求，尤其是子女探访老年父母的短时停车需求，可以借鉴上海一些小区的做法，设置"家庭套餐"，在白天停车低峰时段，延长探亲车辆的免费停车时长，降低收费标准，当超过家庭停车基准时长时，超出部分按正常外部车辆收费标准执行。通过精细化操作，提升居民的幸福感、获得感、满意度。

对小区内车辆和外来车辆的停车问题，进行分类管理，对车辆属性进行细分，区分业主车、租客车、访客车、亲情（属）车。突出停车制度服务业主的属地属性，兼顾访客便利性，避免社区空间（停车）利益外流。很多小区针对社会车辆停车设置的停车费用标准偏低，且未设置时长累进机制，导致一些社会车辆长期进入小区内停车，造成小区内公共空间利益外溢。建议针对外来社会车辆，在兼顾访客停车利益的前提下，对于工作日长期占用社区公共停车位的车辆，设置超时累进的停车收费制度。

针对老旧小区和平房区等车位供需矛盾极端突出的地区，加大推行居住停车认证制度。这一制度是指在特定区域内，视停车资源禀赋和停车需求时空分布情况，对居住停车需求和外来停车需求进行精细化认证和停车调控，在不影响安全的前提下，适度放宽居住停车需求对一些公共空间（比如路内）在特定时间（比如夜间）的占用。北京市正在加快推广和完善"居住停车认证制度"，目前已为7.9万车辆办理居住认证。

**3. 加强社区停车领域的法制保障**

从法制层面来看，社区停车需要综合施治，引导（购车和用车行为）、拓展（潜在停车空间）、规范（停车行为）多管齐下，避免只罚不管、以罚代管。

北京市全市交通综合治理领导小组统筹老旧小区的停车治理工作，日常工作则由市提升行动领导小组办公室负责。这种统筹管理提升了对停车问题治理的聚焦能力和协调能力，但目前有关社区停车位的建设、销售、占有、使用、改造等的法律法规依据分散见于《北京市机动车停车条例》、《北京市物业管理条例》以及其他规划、交通相关法律法规文本中，有关居民议

事和自治的条款见于《中华人民共和国城市居民委员会组织法》等法律法规中。这些法律涉及部门众多，缺乏专门针对社区停车事务的政策集成和操作办法。在社区停车设施改扩建的制度环境上，也还有优化空间，比如优化审批流程，简化审批手续，发改、园林绿化、交通、交管、质监、人防、规自等部门应加强协同，加强对社区内停车设施改、扩建的顶层设计、业务指导和前瞻性研究。

社区内停车，缺乏日常的行政化执法力量的规范，依靠的是契约精神和公共精神。物业人员针对机动车乱停乱放的管理缺乏法律依据，只能劝说、告知，对于不配合的车主，往往也没有其他办法。对于杂物占车位、非机动车占车位、私自安装停车地锁等行为苗头处理不及时，会形成破窗效应，法不责众，最后只能听之任之。要借助公共（警务）资源，迅速处置小区内的不规范停车顽疾，就要建立联动机制，做到迅速发现、迅速查找车主（驾驶人）、迅速通知改正。上海在这方面有一些有益的探索，比如将小区内停车与上海交警 APP 一键挪车功能联动，做到迅速通知和处置。

### 4. 加强智慧社区建设

社区停车难题的解决，可以借力正在统筹推进的智慧社区建设和新基建，通过现代技术手段赋能高质量基层治理。2019 年 7 月 30 日，中共中央政治局会议上，将以智慧停车为主要方向的城市停车场建设确定为城市新基建的重要内容。对现有停车场进行改造升级，使停车场资源能够互联互通、资源整合，利用借用、错时、定时、预约等技术手段，实现车位共享、错峰停车，盘活现有停车资源，提高车位使用率。鼓励各类涉停车主体间的深度合作，在确保信息安全的情况下，促进各类停车数据畅通流动，实现停车资源供需两端的快速匹配，尤其是推动实时动态车位信息与商业化导航软件之间的深度融合。通过共享信息，提高停车透明度，减少车辆巡游时间。外地的一些实践也提供了非常好的借鉴，如上海市长宁区着力推进"社区新基建"工程，着力于社区层面智能化、精细化技术的应用推广。以"智能停车诱导系统"为例，通过在小区内安装地磁设备，对小区内的车位余缺情况进行实时监测，同步投射至小区出入口的显示屏上，配合小区停车议事规则的制订和完善，极大提升了居民停车的便利性①。

## 参考文献

周江评、冯苏苇：《大学校园停车治理方式探究——以美国大学为例》，《公共治理评论》2016 年第 1 期。

刘倩、王缉宪、李云：《面向可持续的城市停车管理：国际比较与借鉴》，《国际城市规划》2019 年第 6 期。

谭立满：《空间正义视角下城市社区公共空间治理实现路径研究——以 W 市 J 社区停车系统改造为例》，《湖北社会科学》2019 年第 11 期。

张雪霖：《分配式协商民主：国家有效介入与社区居民自治培育——以城市老旧社区公共品供给模式的探索为例》，《中共宁波市委党校学报》2022 年第 1 期。

---

① 澎湃新闻：《上海一小区用 1 元硬币大小地磁，让停车位情况一目了然》，https：//www.thepaper. cn/newsDetail_ forward_ 15850841，2021 年 12 月 15 日。

# 社区卫生篇

Community Health Service

# B.25
# 中国社区卫生服务发展现状
# 及标准化建设探析

白慧君　冯昊*

**摘　要：** 社区卫生服务是由社区卫生服务机构输出的，集预防、医疗、保健、康复、健康教育和计划生育技术指导等功能于一体的基层卫生服务。面对我国人口老龄化加速和慢性病持续增长、疾病谱变化、医改政策的推进、大健康产业迅速发展等新情况，以社区卫生服务为核心的基层医疗卫生服务体系越发不能满足人民群众的就医需求。大力推动社区卫生服务标准化建设是我国卫生事业发展的战略举措，是健全和完善我国基层卫生服务体系的重要环节。本文通过分析我国社区卫生服务发展现状和存在问题，明确社区卫生服务标准化建设是一项全员参与、多层面统筹协调的工作，需要政策、管理、资金、设施设备和人才等全方位的支持。

* 白慧君，中国医学科学院副研究员，研究方向为公共卫生管理、卫生管理；冯昊，北京协和医学院科技管理处助理研究员，研究方向为流行病与卫生统计。

并提出加快推进社区卫生服务标准化建设的相关建议。

**关键词：** 社区卫生服务　基层医疗卫生　标准化建设

社区卫生服务（Community Health Service，CHS）是我国公共卫生服务体系中的一个重要环节，是集预防、医疗、保健、健康教育、康复、计划生育技术指导等于一体的基层卫生服务[①]。随着我国社会经济的高速发展，基层社区卫生服务中心（站）基本全面覆盖基层社区。大力发展社区卫生服务，健全完善社区卫生服务体系，是适应医学模式转变、人口老龄化发展趋势，建设具有中国特色的基本卫生保健制度的重要举措，同时也是解决广大人民群众"看病难、看病贵"问题，促进医患关系和谐发展，实现"人人享有基本医疗卫生服务"目标的重要突破口[②]。

## 一　我国社区卫生服务发展现状

随着我国医药卫生体制改革的不断深入，基层公共卫生和初级卫生保健的发展日益成为国家的重点关注问题，构建以社区卫生服务为基础，社区卫生服务机构与医疗、预防保健机构密切协作、合理分工的医疗卫生服务体系，已成为社区卫生服务发展的必然趋势。2015~2020年，我国社区卫生服务取得了长足发展，社区医疗卫生服务能力、服务质量、服务效果均有明显提升，为保障人民群众健康和提高居民生活质量做出了重要贡献。

### （一）全国社区卫生服务情况

#### 1.社区卫生服务中心（站）数量

社区卫生服务机构是由相关政府部门、社区以及医疗卫生机构多方参与

---

[①] 王扣柱、杨薇娜、马学东等：《上海市闵行区社区卫生服务综合标准化建设的主要做法和成效》，《中国全科医学》2020年第16期。

[②] 姚敏、徐义海、饶志翔等：《"强基层"改革下的社区卫生服务供给优化路径探讨》，《中国卫生经济》2020年第3期。

构建的非营利性基层医疗卫生服务机构，其发展程度直接影响着基层公共卫生服务的质量，是目前我国城市卫生建设工作中不可或缺的重要内容。随着健康中国战略的全面实施，我国社区医疗卫生事业有了新的发展需求。截至2020年底，全国共设立社区卫生服务机构（中心、站）35365个，其中社区卫生服务中心9826个、社区卫生服务站25539个。相较于2015年，共增加社区卫生服务中心1020个，增加社区卫生服务站24个，实现社区医疗服务机构平稳增长，总体发展形势向好。

2. 社区卫生服务中心诊疗情况

当前，我国已初步形成"小病在社区、大病进医院、康复回社区"的新型阶梯就医格局和服务模式，有效促进了优质医疗资源的下沉和共享。2020年，全国社区卫生服务中心诊疗人次为6.2亿人次，入院人数达292.7万人，平均每个中心年诊疗量为6.3万人次，年入院量为298人，医师日均担负诊疗13.9人次；社区卫生服务站诊疗人次为1.3亿人次，平均每站年诊疗量为5248人次，医师日均担负诊疗10.8人次（见表1）。

表1　2015~2020年全国社区卫生服务情况

| 指标 | 2015年 | 2016年 | 2017年 | 2018年 | 2019年 | 2020年 |
|---|---|---|---|---|---|---|
| 社区卫生服务中心（站）数（个） | 34321 | 34327 | 35327 | 34652 | 35013 | 35365 |
| 社区卫生服务中心数（个） | 8806 | 8918 | 9147 | 9352 | 9561 | 9826 |
| 床位数（万张） | 17.8 | 18.2 | 19.9 | 20.9 | 21.5 | 22.6 |
| 卫生人员数（万人） | 39.7 | 41.1 | 43.7 | 46.2 | 48.8 | 52.1 |
| 执业（助理）医师数（万人） | 13.9 | 14.3 | 15.1 | 16.1 | 17.0 | 18.2 |
| 诊疗人次（亿人次） | 5.6 | 5.6 | 6.1 | 6.4 | 6.9 | 6.2 |
| 入院人次（万人次） | 305.5 | 313.7 | 344.2 | 339.5 | 339.5 | 292.7 |
| 医师日均担负诊疗人次（人次） | 16.3 | 15.9 | 16.2 | 16.1 | 16.5 | 13.9 |
| 医师日均担负住院床日（日） | 0.7 | 0.6 | 0.7 | 0.6 | 0.6 | 0.5 |
| 病床使用率（%） | 54.7 | 54.6 | 54.8 | 52.0 | 49.7 | 34.0 |
| 出院者平均住院日（日） | 9.8 | 9.7 | 9.5 | 9.9 | 9.7 | 6.1 |
| 社区卫生服务站数（个） | 25515 | 25409 | 25505 | 25645 | 25452 | 25539 |

| 指标 | 2015 年 | 2016 年 | 2017 年 | 2018 年 | 2019 年 | 2020 年 |
|---|---|---|---|---|---|---|
| 卫生人员数（万人） | 10.8 | 11.1 | 11.7 | 12.0 | 12.3 | 12.7 |
| 执业（助理）医师（万人） | 4.3 | 4.5 | 4.7 | 4.8 | 5.0 | 5.2 |
| 诊疗人次（亿人次） | 1.5 | 1.6 | 1.6 | 1.6 | 1.7 | 1.3 |
| 医师日均担负诊疗人次（人次） | 14.1 | 14.5 | 14.1 | 13.7 | 13.9 | 10.8 |

数据来源：2015~2020 年我国卫生健康事业发展统计公报（卫生健康委）。

### 3. 社区卫生服务机构人员情况

人力资源是发展社区卫生、推动分级诊疗的关键。根据我国卫生健康事业发展统计公报数据，我国社区卫生人才队伍建设也取得一定进展。截至 2020 年底，全国社区卫生服务中心拥有卫生人员 52.1 万人，平均每个中心配备 53 人，较 2015 年共增加 12.4 万人，平均每个中心增加 8 人；全国社区卫生服务站拥有卫生人员 12.7 万人，平均每站 4 人，较 2015 年增加 1.9 万人，平均每个中心增加 0.8 人（见表 1）。

### （二）中医药服务

中医药是我国独具特色的健康服务资源，是中华民族在长期生产、生活和医疗实践中不断总结、积累、完善的医学科学[①]。随着健康观念的转变和人口老龄化趋势加快，中医药以临床疗效确切、治疗方法灵活多样、预防保健作用突出等特点，在疾病预防、治疗、康复以及医疗服务模式传承创新方面发挥了一定优势，是新时代促进健康服务业发展的重要支撑。2020 年，全国 99.0% 的社区卫生服务中心和 90.6% 的社区卫生服务站可向群众提供中医药服务，所占比重分别较 2015 年增长 2.1 个百分点和 9.6 个百分点（见表 2）。

---

[①] 夏健松：《中医药社区卫生服务人才发展现状与人才培养的思考》，《中医药管理杂志》2020 年第 2 期。

表 2　提供中医服务的基本医疗卫生机构占同类机构的比重

单位：%

| 指标 | 2015 年 | 2016 年 | 2017 年 | 2018 年 | 2019 年 | 2020 年 |
|---|---|---|---|---|---|---|
| 社区卫生服务中心 | 96.9 | 97.5 | 98.2 | 98.5 | 98.3 | 99.0 |
| 社区卫生服务站 | 81.0 | 83.3 | 85.5 | 87.2 | 85.9 | 90.6 |

数据来源：2015~2020 年我国卫生健康事业发展统计公报（卫生健康委）。

### （三）国家基本公共卫生服务项目

国家基本公共卫生服务项目是指政府向全体居民免费提供的最基本的公共卫生服务，是促进基本公共卫生服务均等化的重要内容。2019 年，根据国务院办公厅印发的《医疗卫生领域中央与地方财政事权和支出责任划分改革方案》，基本公共卫生服务包括主要由基层医疗卫生机构承担的 12 类原基本公共卫生服务项目，以及新划入的地方病防治、职业病防治和重大疾病及危害因素监测等 19 项基本公共卫生服务（不限于基层医疗卫生机构实施）[1]。

"十三五"期间，我国基本公共卫生服务经费人均财政补助标准持续提升，从 2015 年的 40 元增加至 2020 年的 74 元，增加了 42.5%。另外，2020年我国卫生健康事业发展统计公报显示，全国约有 66.7%（12718.9 万）的 65 岁及以上老年人接受健康管理，按要求接受高血压和 Ⅱ 型糖尿病健康管理的患者分别为 10912.1 万人和 3573.2 万人。

表 3　2015~2020 年国家基本公共卫生服务项目情况

| 指标 | 2015 年 | 2016 年 | 2017 年 | 2018 年 | 2019 年 | 2020 年 |
|---|---|---|---|---|---|---|
| 国家基本公共卫生服务项目数（项） | 12+2 | 12+2 | 12+2 | 12+2 | 12+19 | 12+19 |
| 国家基本公共卫生服务项目人均财政补助标准（元） | 40 | 45 | 52.6 | 57.6 | 69 | 74 |

数据来源：2015~2020 年我国卫生健康事业发展统计公报（卫生健康委）。

---

① 中华人民共和国国家卫生健康委员会：《2020 年我国卫生健康事业发展统计公报》，《中国实用乡村医生杂志》2021 年第 9 期。

## 二 我国社区卫生服务现存问题

经过长期发展，我国社区卫生服务的发展迈进了一个新的阶段，以基本医疗服务和公共卫生服务为基础的社区医疗卫生服务体系已基本形成。但也暴露出一些问题和不足，例如未得到政府部门足够的重视和支持、缺乏相关机构管理制度和标准、双向转诊机制不健全、机构协作渠道不通畅，以及缺乏优秀人才等，这些问题在一定程度上影响了社区卫生服务的健康和稳定发展。

### （一）卫生行政部门重视支持程度不够

促进社区卫生服务体系建设，不仅需要政府部门健全社区卫生服务体系，提供完善的政策保障，也需要政府做好资金要素保障。目前，政府部门出台的有关社区卫生服务机构发展的指导意见大多为一些原则性的规范，部分内容过于笼统，相关标准体系不完善，使得社区卫生服务机构的管理工作缺乏管理和监督标准。另外，我国社区卫生服务发展的财政经济政策同基本医疗保险结合程度不高、配套措施不完善，加之政府经费投入不足，在一定程度上限制了社区卫生服务机构的发展。

### （二）双向转诊机制不完善

完善的双向转诊机制不仅能大幅度提升卫生资源在社区卫生服务机构和大型医院的使用效率，还能有效缓解"看病难、看病贵"的部分压力。然而，目前我国社区卫生服务机构与大型医院间的双向转诊通道无法有效运作，还存在诸多障碍因素，产生上转容易下转难。主要原因一方面在于社区卫生服务机构自身能力有限，机构间信息沟通不通畅，造成患者对社区卫生服务机构缺乏正确认知和信任。另一方面在于政策落实不到位，分级诊疗、双向转诊推行效率低，致使医疗服务资源分布失衡，大医院人满为患，医疗服务供需矛盾加剧。

## （三）社区卫生服务协作性不强

信息化平台、基层医疗卫生服务网络的建立，显著提高了医疗资源和医疗信息的利用效率，提升了基层社区卫生服务机构的服务能力。然而，部分地方公共卫生服务信息系统，如居民健康档案系统和门诊、住院医疗系统等多个系统资料不能在各机构间、地域间实现共享和反馈，无法在临床诊疗决策中得到有效利用。加之各机构内外人员间缺乏有效的沟通渠道和协作机制，致使医务人员、不同医疗机构和各业务指导部门间存在较为严重的"信息孤岛""重医院轻社康"现象，进一步阻碍了社区卫生服务信息化发展①。

## （四）人员配置不充足

全科医生队伍不仅是居民健康和控制医疗费用的"守门人"，也是我国基层医疗卫生服务体系建设的基石，在基本医疗服务和公共卫生服务中发挥着不可或缺的作用。然而，与大型医院相比，社区卫生服务机构的工作环境和福利待遇相对较低，且缺乏先进科学的人力资源管理方法，因此，社区卫生服务机构在人才队伍建设方面存在诸多障碍。2020 年全国虽有 1347.5 万卫生人员，但社区卫生服务机构卫生人员只有 64.8 万人，仅占总人数的 4.8%，且每万人全科医生数仅为 2.90 人，社区卫生服务机构人员队伍仍存在数量不足、结构不合理的问题。

## 三　社区卫生服务标准化建设及相关建议

大力发展社区卫生服务事业是深化我国医药卫生体制改革的重要内容，也是促进和规范社区卫生服务发展，提高社区卫生服务质量的关键所在和重要途径②。近年来，我国社区卫生服务事业虽取得了较快的发展，基本完成

---

① 史薇君：《社区公共卫生管理中存在的问题及对策探讨》，《医药前沿》2017 年第 34 期。
② 邓剑、古子文、邓伟中等：《社区卫生服务中心标准化建设工作及其成效、存在的问题和对策》，《中国社会医学杂志》2018 年第 6 期。

国家规划布局和体系建设，且部分城市的社区卫生服务机构已通过标准化建设评估，服务能力和群众认可度得到大幅度提升①。但由于各地区社区卫生服务水平和质量存在显著差异，提升基层社区卫生服务能力，还需进一步加强社区卫生服务机构标准化建设。

社区卫生服务机构标准化建设是一项系统性改革工作，涉及政策、卫生、行政、财政、人力资源等多方面内容，需要多部门参与和配合，以保障其顺利实施。目前，我国社区卫生服务标准化建设主要由国家、省、市等层面统一制定的规范和标准进行理论指导，但对社区卫生服务机构具体落实相关标准要求缺乏探索和实战经验。且由于各部门之间缺乏有效的协调沟通机制，影响了有关保障政策的制定，造成标准化建设工作未有效落实，缺少完善的工作制度、运行管理、人才保障等方面的长效管理机制。另外，部分社区卫生服务机构依旧存在医疗设备陈旧落后、人才队伍流失严重、医疗服务能力不足等亟待解决的问题。

## （一）加大政府对社区卫生服务的经费投入

社区卫生服务机构标准化建设工程的持续推进，需要政府加大对公益性项目和预防保健项目的经费投入和保障力度，提升对社区卫生服务的财政保障能力。一是调整社区卫生服务机构的经费补偿机制，调整投入结构，健全社区卫生服务机构财务管理制度，提高资金使用率。二是按照区域卫生规划，合理分配社区卫生服务机构基础设施建设和基本医疗服务补助资金。三是进一步完善医疗保险政策，将医保支付方式从原先的后付制改为预付制、包干制，在增加基本医疗保险社区定点单位数量的基础上，扩大社区卫生服务机构服务内容及用药范围，并将其纳入基本医疗保险报销范围。

## （二）持续完善社区卫生服务标准化建设相关制度和标准

社区卫生服务标准化建设是一项基础性、长期性、系统性的工作，随着

---

① 王洪锐、邱创良、邓剑等：《我国社区卫生服务标准化建设概述》，《中国社会医学杂志》2017 年第 6 期。

社区卫生服务综合改革的推进、信息化等技术手段的引进、社区卫生服务范围的扩大和精准化和精细化服务要求的落实，已有的社区卫生服务标准体系无法契合当下的社区卫生服务运行规律，需要进一步结合实际情况持续修订相关制度及标准，构建新的社区卫生服务机构服务标准体系和框架，以提高社区卫生服务的可及性，切实缓解人民群众"看病难、看病贵"的问题。

### （三）优化调整社区卫生服务标准化管理机制

构建完善的内部管理机制，严格划定政府各行政职能部门的职责，建立健全监督评价机制，形成多部门协同监管、专业评价和社会监督体系。发动媒体（诸如电视、网络、自媒体等）加大相关信息的公开力度，广泛宣传社区卫生机构服务标准化的重大意义，总结标准实施中的典型经验、做法和成效，引导媒体和群众一同监督。借鉴国内外先进的管理经验，树立社区卫生服务 QSCV（标准、服务、清洁、价值）管理理念，建立社区卫生管理信息系统，为居民提供更高品质的社区卫生健康服务，推进社区卫生高质量发展[①]。实行标准化绩效管理，将战略任务分解为多个可行的管理目标，建立和完善一系列标准制定、执行、反馈和更新机制。立足于"共建共享、全民健康"战略要求，将健康融入所有政策，推动社区卫生机构服务与政府部门、社区、医疗卫生机构、企事业单位、相关资源、信息和文化协同发展，进一步优化发展环境，延伸健康服务产业链条[②]。

### （四）推动社区卫生服务标准化建设和个性化服务相结合

为贯彻落实健康中国战略，提升社区卫生服务标准化建设质量，不仅要依据区域健康卫生服务需求及疾病谱、死因谱的变化特点，健全社区医疗卫

---

① 林妮娜、徐良玉、傅炽良等：《深圳市龙岗区社区卫生服务标准化建设效果及其改进策略》，《中国社会医学杂志》2020 年第 2 期。
② 全晓明、张勇、董宏伟等：《我国社区卫生服务机构协同发展战略路径选择》，《中国医院管理》2018 年第 12 期。

生体系建设和管理制度，推进社区卫生服务机构基础设施建设；同时也要加快智能化信息平台建设，通过完善数字医疗服务功能，切实提升基层社区家庭医生的服务能力，合理配置卫生和人力资源。此外，采用差异化战略在促进生育、医疗护理及老龄事业发展等方面实施精细化管理和个性化管理，推动社区卫生服务的创新发展和标准化进程，实现为人民群众提供全方位全面卫生服务的目标[1]。

### （五）打造智慧社区卫生服务

近年来，"互联网+"技术发展迅速并广泛应用于各行各业中[2]。"互联网+"健康服务模式是满足人民群众不断增长的医疗健康需求、实现预防性检测和个性化诊疗的必然趋势[3]。通过智能穿戴设施设备和数据服务平台，将"互联网+"技术应用于社区卫生服务和公共卫生服务，通过个人电子健康档案建立、健康和营养监测、运动管理、异常提醒、在线学习等日常指导监管，建立家庭医生、健康管理师、患者及家属在线签约、实时监测、诊疗干预及动态随访的社区健康管理服务新模式，为居民提供系统化且个性化的智慧健康管理服务。

### （六）提高服务能力和管理水平

有效整合社会和个人资源，通过新建、购买、租赁、转型等方式，允许社会力量和健康产业有机结合，解决社区卫生服务机构设置和业务用房建设问题，促进社区卫生服务快速发展。根据机构功能定位、医疗技术水平和学科发展需要，引导社区卫生服务机构合理配置卫生资源和适宜设备，改善社区卫生服务机构基础设施。运用互联网技术和信息化手段，加快医

---

① 付敏、刘晓、梁希等：《深圳市龙岗区社区卫生服务发展分析》，《中国初级卫生保健》2014 年第 11 期。
② 王磊智：《大数据》，上海交通大学出版社，2014。
③ 姚银蓥、熊季霞、周亮亮等：《"互联网+健康"背景下区域医联体信息化建设探析》，《中国医院》2019 年第 2 期。

院、社区卫生服务机构功能整合，打造全链条社区健康管理系统和全生命周期健康服务体系，并依托数字健康、数字医院等核心业务，探索"医防协同""全专结合""中西医并重""医护康养一体化"等智慧健康医疗服务路径①。

### （七）高度重视人员激励与人才培养

社区卫生服务标准化建设工作离不开卫生人员的积极配合和专业操作，因此标准化专业人才的需求和培养，也是社区卫生服务"软实力"和标准化建设的基础和关键。推动社区卫生服务机构人才队伍建设，应将人员激励和人才培养作为社区卫生健康服务发展的根本要务。一要建立完善的人才流动机制，鼓励医师多点执业，鼓励中高级人才或社区卫生服务机构急需的全科医生向社区卫生服务机构流动，并给予持续稳定的投入。二要优化薪酬分配制度，推行全员聘任制度及绩效工资制度的内部绩效管理机制，不断提高社区卫生服务机构工作人员的薪酬待遇水平，保证不低于同级别医院医务人员的待遇。三是实行分层分类的人才培养和人才引进计划，为医务人员制定个人职业发展规划，持续提升医务人员的工作积极性和职业幸福感。四是争取社会力量支持，探索"医务人员+医务社工+志愿者"三方联动服务模式，补充社区卫生服务机构的人才。

**参考文献**

王扣柱、杨薇娜、马学东等：《上海市闵行区社区卫生服务综合标准化建设的主要做法和成效》，《中国全科医学》2020年第16期。

姚敏、徐义海、饶志翔等：《"强基层"改革下的社区卫生服务供给优化路径探讨》，《中国卫生经济》2020年第3期。

邓慧慧：《城市社区卫生服务存在的问题及发展策略研究》，《中国保健营养》2021

---

① 郭文杰：《社区卫生服务与医学人文初探》，《医学与哲学A》2016年第5期。

年第 4 期。

夏健松：《中医药社区卫生服务人才发展现状与人才培养的思考》，《中医药管理杂志》2020 年第 2 期。

中华人民共和国国家卫生健康委员会：《2020 年我国卫生健康事业发展统计公报》，《中国实用乡村医生杂志》2021 年第 6 期。

# B.26

# 联动与联结：疫情防控常态化的
# 社区动员机制研究

## ——基于北京 X 社区疫情防控的调查[*]

李 敏 罗胡伊[**]

**摘 要：** 常态化下疫情防控凸显了社区防控的重要地位。社区动员在社区
防控中发挥推手作用。基于北京 X 社区疫情防控的调查发现，
社区居委会采取线下和线上相结合的动员策略，在动员过程中存
在制度管理碎片化、联动体系单一化、联结网络微弱化等困境。
对此，本文基于现实需要和长效发展，提出以制度为纲，助推动
员体系规范化；以合作为要，筑牢主体多元化基础；以情感为
线，打造社区共同体意识等建议。

**关键词：** 疫情防控 社区动员 社区共同体

## 一 问题的提出

2020 年伊始，新冠肺炎疫情席卷全球，是近百年来人类遭遇的影响范
围最广的全球性大流行病，极大地考验着我国的治理体系与治理能力。在抗

---

* 基金项目：国家社会科学基金"超大城市生人社会的熟人社区建设研究"阶段性成果，课题
编号：16BSH119；中华女子学院科研课题"社区治理背景下城市居民社区参与研究"阶段性
成果，课题编号：KY2019-0201。
** 李敏，博士，中华女子学院教授，硕士生导师，研究方向为社区和社会工作；罗胡伊，中华
女子学院 2021 级社会工作专业硕士。

击新冠肺炎疫情的战斗中，习近平总书记提出："抗击新冠肺炎有两个阵地，一个是医院救死扶伤阵地，一个是社区防控阵地，坚持不懈做好疫情防控关键靠社区。"社区防控在抗击疫情过程中具有突出地位。对此，民政部、国家卫健委联合印发了《新冠肺炎疫情社区防控与服务工作精准化精细化指导方案》，为全国社区做好常态化疫情防控工作提供了行动指南①。2021年5月，国务院制定了《新型冠状病毒肺炎防控方案（第八版）》，进一步强调守牢社区是疫情防控的第一道防线②。疫情防控常态化凸显了社区防控的重要地位，构建"人人有责、人人尽责"的社区治理共同体势在必行。社区动员是保障公众参与疫情防控的客观需要，也是确保疫情得到有效防控的重要手段。在应对疫情局部零星点状散发，以及疫情突发地及周边社区需要进行全员核酸检测时，须充分发挥社区动员的推手作用。

基于疫情防控常态化背景，基层社区动员居民参与全员核酸检测的策略是什么；社区动员的效果如何；社区动员过程中存在哪些困境；如何优化社区动员机制，提升基层社区应对公共卫生危机事件的能力是本研究关注的主要问题。

## 二　研究方法

本研究选择的X社区位于北京市大兴区南部，社区面积为1.5平方公里，由东、西两个小区组成，共有50栋楼房、两排平房、单元门248个、3067户、约1万人。该社区流动人口较少，以中老年人口居多。X社区居委会共有工作人员20人。每一栋楼房设置1名楼栋长管理各单元楼门长，共6人。每一单元门设置一名楼门长，每一楼门长主要管理10~12户。楼

---

① 中华人民共和国中央人民政府：《新冠肺炎疫情社区防控与服务工作精准化精细化指导方案》，http://www.gov.cn/zhengce/zhengceku/2020-04/16/content_ 5503261.htm，2022年2月21日。

② 中华人民共和国国家卫生健康委员会：《关于印发新型冠状病毒肺炎防控方案（第八版）的通知》，http://www.gov.cn/xinwen/2021-05/14/5606469/files/97921b2e20134f1faad6af9dacd51d07.pdf，2021年2月21日。

栋长与楼门长总计 160 人。

本研究主要采用半结构式访谈法收集资料。访谈对象包括 X 社区居委会工作人员、社区志愿者、社区楼栋长、社区楼门长以及社区居民，共 15 人，访谈对象的基本情况如表 1 所示。通过访谈，了解该社区在 2022 年春节前北京频发新病例的情况下如何动员社区居民积极做好疫情防控，即如何动员居民完成社区全员核酸检测。因此，本研究围绕 X 社区完成全员核酸检测这一重大防疫事件，探究社区居委会的动员策略、成效以及存在的困境等。

笔者作为 X 社区的居民，由于全程配合了社区动员的各项工作，故有机会对此次社区动员的过程进行全程观察，了解了 X 社区居委会疫情防控工作的动员情况以及社区居民对社区防疫工作的配合程度。

表 1  受访人员基本情况

| 编号 | 性别 | 年龄（岁） | 居住时间（年） | 职务/身份 |
|---|---|---|---|---|
| Case1 | 女 | 48 | 10 | 社区居委会副主任 |
| Case2 | 女 | 26 | 2 | 社区居委会委员 |
| Case3 | 女 | 58 | 15 | 社区志愿者 |
| Case4 | 女 | 63 | 20 | 社区志愿者 |
| Case5 | 女 | 58 | 20 | 社区楼栋长 |
| Case5 | 男 | 54 | 14 | 社区楼门长 |
| Case6 | 女 | 52 | 16 | 社区居民 |
| Case7 | 男 | 60 | 10 | 社区居民 |
| Case8 | 男 | 45 | 15 | 社区居民 |
| Case9 | 女 | 28 | 3 | 社区居民 |
| Case10 | 男 | 31 | 5 | 社区居民 |
| Case11 | 男 | 30 | 14 | 社区居民 |
| Case12 | 女 | 53 | 14 | 社区居民 |
| Case13 | 女 | 56 | 15 | 社区居民 |
| Case14 | 男 | 57 | 15 | 社区居民 |
| Case15 | 女 | 26 | 13 | 社区居民 |

## 三 常态化下 x 社区防疫的动员策略、效果及困境

### （一）动员策略

X 社区居委会于 1 月 24 日上午 9 点 30 分接到街道办事处的通知，要求 1 月 24 日与 25 日完成社区的两次全员核酸检测。临近春节，时间紧任务重，社区居委会马上召开工作会议，要求全员到岗，商讨人员分工问题。在现场配置上，根据社区实际情况，按照防疫要求合理设立检测台、消毒工具与居民等候的隔离桩。在人员安排上，成立检测小组，具体分为对接医护人员、录入信息人员、通知居民人员、维持秩序人员。要圆满完成这一繁重且紧急的任务，通知居民人员是关键。为保证动员范围的全方位覆盖，信息及时传达到每位社区居民，工作会议讨论决定改变以往在社区楼栋单元门张贴通知通告的动员方法，采用线上与线下动员相结合的策略开展此次动员工作。

#### 1. 线下动员

调查发现，X 社区居委会工作人员通知居民进行核酸检测是通过大喇叭的方式在每栋楼外进行"扫楼"通知，通知的时间在工作日的下午 3 点前后。随后，X 社区居委会召开了楼栋长代表会议，让各位代表通知其他楼栋长，将核酸检测的时间与地点告知所在楼栋的楼门长，并要求楼门长通知该单元的每一住户。此外，X 社区居委会利用微信群发布了核酸检测通知，要求楼栋长线下告知该楼栋的楼门长，再由楼门长负责通知该单元门的每一住户。

#### 2. 线上动员

互联网为社区居委会发布通知带来了便利。X 社区居委会利用其自行管理的微信群以及社区微信公众号进行了线上动员。社区居委会管理的微信群主要有两种，一种是长期管理群，主要是方便通知各楼栋长、各单元楼门长的官方群，群内成员信息公开透明；另一种是疫情以来为执行各项任务而组

建的临时群，例如新冠疫苗接种群、外来人口返京报备群等。这些临时群随着相关活动的结束便不再活跃，群内的约束力较弱，也不涉及后续管理群成员问题。X社区微信公众号于2020年11月注册，春节前完成全员核酸检测的通知均在公众号上进行了推送，两次通知的观看次数分别为863次和464次。

## （二）动员效果

对X社区动员全体居民进行核酸检测的有效性主要从动员程度、居民参与程度和实现程度进行全面考核和评估。社区动员是有目的、有组织、群众性的社区活动。社区动员的动员程度决定了居民的参与度，动员程度主要从动员主体所发动的范围以及过程进行考量。居民参与程度是评估社区动员是否成功的一项重要指标，主要从居民的参与意愿以及居民接受动员后的态度、价值观等的变化进行考查。社区动员的实现程度决定了任务目标的完成情况。

### 1. 动员程度

X社区动员居民进行核酸检测通过线上与线下的交叉动员方式，理论上可达到以点带面、以面带点的理想效果。但实际线下"扫楼"动员方式无法实现全覆盖动员，存在遗漏外出居民的情况。而社区居委会运用网格化的管理方式，通过楼栋长、楼门长与居民的联系可进一步弥补"扫楼"动员方式的缺陷。网格化管理体现了合作动员的智慧，最大效用发挥其作用的前提是落实每个单元配备楼门长、每栋楼配备楼栋长。但调研发现，X社区并未完全落实楼门长、楼栋长的人员配置与管理，这势必影响社区防疫动员程度。X社区共有50栋楼248个单元，意味着要配备50名楼栋长与248名楼门长。但楼栋长与楼门长的微信群中实际只有160人。在访谈X社区居民是否知晓自己所居住单元的楼门长设置情况时，受访居民基本知道社区配备了楼门长，但存在楼门长与楼内居民失联的情况。可见，社区居委会对楼门长的管理处于较松散的状况。

"我不知道我们这楼的楼门长是谁，但是我知道其他楼倒是有。"

（Case6）

"我知道以前我这栋楼的楼门长是3楼的一老太太，以前我们这栋楼的电都是她去弄，但是我一年在这住也就几个月，后来听说那老太太要卖房，也不知道她卖没卖出去，之后也没看她管过什么事了。"（Case7）

在动员社区居民到指定地点进行核酸检测的过程中，检测现场由社区居委会工作人员采集信息，协调现场秩序，部分老年志愿者协助社区居委会工作人员发挥引导作用。社区内安排核酸检测的指定地点有两处，东西两门各一处，但由于东区居民比西区居民多出一半以上，因此大部分居民在距离上优先选择东区的检测点进行排队，于是出现了现场配置失衡的情况，东区排起长队，影响了社区内车道通行，同时加大了东区工作人员的任务量，而西区几乎没有人排队。因此社区居委会工作人员和志愿者动员东区排队居民去西区检测时，现场居民以天气太冷和找不到西区检测点为由拒绝挪动位置。在这次社区防疫动员中，老年志愿者也是重要的动员主体之一。通过访问社区志愿者，了解到此次参与社区防疫活动的志愿者都是相互熟悉的邻里，大家愿意来担任志愿者大部分是因为过去熟人社会中的邻里情感，但外来居民想要加入很难，一是缺少吸纳新志愿者的平台，二是缺少与老志愿者相熟的纽带。在社区居委会召集与如何管理社区志愿者上，社区居委会表示志愿者目前是一个自发状态。可见，X社区居委会缺少管理、活化社区主体力量的意识和制度。

"待着没事干，出来晒太阳的时候，我看他们（其他志愿者）去，那我也跟着去了。"（Case3）

"没有怎么特意召集，大家都是自发的，你愿意来就来，这个时间点你能来就来，我们也不做强制……一般也是在群里发个时间段吧，像社区里平常其他的工作，他们自己排个时间表，门口测量体温啊，垃圾分类值守啊这些都是他们自发的，谁有时间谁就去。"（Case1）

## 2. 居民参与度

春节前社区居委会组织的两次核酸检测是事关社区居民家庭健康安全的大事，因此受访居民均表示参与了核酸检测，但两次核酸检测的参与度存在差距。社区居民的参与度呈现两个特点：一是非常配合，两次核酸检测均已参加；二是配合，只参加了一次核酸检测。从社区居民的参与度看，社区居民均配合参加了核酸检测，但部分居民对社区居委会工作安排的合理性提出异议。

> "这反正是有利于自己的好事，不用自己花钱，让咱们去测那就都去测呗。"（Case8-参加两次核酸检测）
> "因为两次间隔核酸检测的时间在 48 小时之内，我认为第一次去检测了，结果是阴性就没必要再去检测一次，不然也是在浪费资源，所以我只参加了一次核酸检测，而且这玩意儿两次测不测的并没人查。"（Case10-参加一次核酸检测）

## 3. 实现程度

X 社区居委会工作人员介绍 X 社区完成了这次疫情防控的全员核酸检测目标。但通过访谈社区居民发现，其实现程度只是完成了第一次全员核算检测的任务，第二次的核酸检测的实现程度受诸多因素的影响并未完成。因此，动员方式暴露了 X 社区居委会动员工作上的短板：缺少系统的管理，社区居委会与社区居民之间通过社区积极分子联结，当积极分子不能很好发挥中介作用时，社区居委会与居民将处于松散的联结中。缺少必要的监督，被访居民表示是否参与核酸检测并无人查证，动员的实现程度可能存在水分。

> "微信群我们是翻记录，看到的群能发的都发了，之前想把所有居民都拉个微信群，但是这事太麻烦也一直没有弄……一般群里有居民问问题能看到的都会回复，但是肯定是做不到马上回复的，毕竟我们还有其他的工作。"（Case2）

X 社区动员效果是否有效主要体现在两个方面：一方面在动员程度的广泛性上；另一方面通过居民参与度与实现程度考察 X 社区是否实现动员目标。调查发现，X 社区动员程度的广泛性并未达到与其动员目标相适应的程度，这必然降低动员的有效性和减损活动过程的效率。另外，由于居民的参与度受动员程度的影响以及居民主体意识的增强，两次核酸检测的居民参与度存在差距，尽管全员参与了首次核酸检测，但第二次并未实现全员参与。X 社区此次动员效果未达到理想状态，体现在动员程度存在遗漏、居民参与存在偏差、实现程度不完全。同时，此次社区动员亦显露出的诸多困境。

## （三）动员困境

社区不仅是社会治理的基本单位，也是群众重要的生活单元。持续两年之久的疫情，社区防控需要每一位居民在场。中央强调疫情防控重心下沉基层，社区在疫情防控中凸显了外防输入、内防输出的重要战略地位。研究发现，X 社区防疫动员存在以下动员困境。

### 1. 制度管理碎片化

社区动员必须建立在制度化保障基础上，否则将影响动员效果，导致社区治理流于表面。疫情的突发性和危险性考察了社区韧性，需建立在社区制度的建设和落实基础上。在这次 X 社区动员居民完成核酸检测的过程中，暴露出社区居委会制度呈现碎片化趋势。

### （1）管理规则无秩序

互联网给人们的工作与生活带来便利和快速，社区动员可融合线下与线上的方式，不仅可呈现互联网时代交叉动员的特点，又能体现合作动员的智慧。但 X 社区并未将交叉动员的优势完全发挥，也未能最大效用发挥合作动员的效率，依然固化在行政动员自上而下的传统思路里。在疫情防控初期，社区居委会依托网络组建了疫情防控相关的临时微信群。随着时间推移和疫情防控工作内容的累积，由于缺乏系统的管理思路，工作人员盲目建群，但并未统计现存微信群的数量以及制定明确的管理规则。这不可避免导致群内信息交流的混乱、信息发布的遗漏与重复，进而浪费了大量的工作时间和精力。

（2）监督机制不健全

X 社区实施网格化管理，在每栋楼设置楼栋长、每一单元门设置楼门长，期望通过层级化的划分将行政动员的管理智慧与合作动员的联动思路融合，进而激发社区动员的最大活力。但层级化管理需落实层层的监督机制。通过调查 X 社区现存楼栋长、楼门长的数量，发现近一半的楼栋并未落实人员配置。可见，社区居委会未建立明确的识别机制，对社区缺少楼栋长、楼门长的楼门并未及时补缺。此外，通过访问居民，发现设立了楼栋长、楼门长的楼单元也存在"只有虚职、未有实责"的现象。楼栋长、楼门长作为社区居委会的"腿"，没有相关的监督机制，当出现"没腿"或"少腿"的情况时，必将出现社区防控动员中的缺口。

（3）激励机制缺公平

达到理想效果的社区动员、实现特定的社区目标离不开一定的激励机制。激励机制既包括精神层面，也包括物质层面。激励对象既要包括为社区做出贡献的积极分子，也要包括所有社区居民。一些楼门长未能很好履职现象，反映的是社区缺乏对社区积极分子的必要激励。精神鼓励固然重要，一定的物质激励也可更大限度调动积极分子的活力。调研发现，社区居民在谈及社区疫情防控中的其他问题时反映出针对社区居民的激励机制缺乏一定的公平。

> "社区居委会之前还喊大家去打第一针、第二针，现在不是出来个加强针嘛，我认识好些人他们一开始都不愿意去打，后来说给超市的购物券，基本能打的都去打了。我也不是计较这百八十儿的，只是觉得我们这听话的没有东西，反倒不听话的还能领东西，以后谁还会一开始积极配合啊。"（Case13）

为了实现必须完成的行政任务，通过一定的物质奖励当然可达到短期效果。但缺乏公平的激励机制，必然折损群众未来参与活动的积极性以及配合度，影响社区未来的综合治理。

### 2. 联动体系单一化

社区作为物理空间的共同体，除了由社区居委会作为动员主体之外，还有物业公司、业主委员会、社区党组织等。在疫情防控工作中，X 社区居委会承担了大量的主导工作。因此，在社区动员中，也仅能看到社区居委会工作人员的身影。社区居委会是基层群众性自治组织。从建立时起，国家就一直鼓励其发展自治性。但从实践中可看到社区居委会已然成为政府工作的基层抓手，成为各类行政文件的最终落脚点[①]。社区居委会一方面被要求去行政化，导致社区居委会的整体权能不足，主要表现在人力、财力、权力等资源的短缺上[②]，当出现突发事务，社区内其他组织的积极配合将极大提升社区工作效率。就如社区防控工作，物业公司与社区居民打交道的时间很多，也更了解社区每家每户的具体情况，当物业公司将其掌握信息的能力与社区居委会相互配合，社区动员也不再是单一横向联动的局面。另一方面，"上面千条线、下面一根针"，出现临时应急事务，社区居委会成为行政体系中最弱势组织[③]，而社区居委会担任基层工作任务的主责，担任主责但无主权，其他组织不配合社区居委会的工作是基层工作中的"常态"。若想"马儿跑"，必然要给"马儿"提供"吃草的条件"。形成社区联动必然无法只依靠社区居委会发挥作用，物业公司在社区动员中应义不容辞担负起辅助责任。此外，社区居委会应盘活社区内的党组织，使党员发挥先锋模范作用。

### 3. 联结网络微弱化

随着计划经济朝向市场经济的改革和社会结构的转型，我国原有的单位制过渡到街居制，再到现在的社区制。城市商品房住宅的日益增多，使社区居民逐渐搬离原来的老旧社区，邻里熟识度降低，越来越呈现原子化趋势。即使依然存在传统的熟人老旧社区，由于社会流动率地加快也逐渐成为生人

---

① 俞祖成、黄佳陈：《城市社区治理的困境：居民权利与义务的失衡——基于上海社区田野调查的思考》，《上海大学学报》（社会科学版）2021 年第 5 期。

② 顾东辉：《从"区而不社"到共同体：社区治理的多维审视》，《西北师大学报》（社会科学版）2021 年第 6 期。

③ 杨爱平、余雁鸿：《选择性应付：社区居委会行动逻辑的组织分析——以 G 市 L 社区为例》，《社会学研究》2012 年第 4 期。

社区。社区归属感和认同感普遍弱化，城市社区表现出"陌生人社会"的特点。学者认为社区积极分子的"动"和普通居民的"不动"是当前社区治理普遍存在的现实困境①。X 社区的常态化疫情防控中涌现了很多社区志愿者，但大都是年龄较大的社区积极分子。调研中访谈年轻的社区居民是否愿意参与社区疫情防控或日常维护社区发展的活动时，得到的答案都是"不愿意"。可见，社区大部分居民对待社区公共事务的态度是"事不关己高高挂起"。社区既存资源的延续发展，依赖的是社区居民之间日积月累所形成的情感联结。如果社区动员依然延续精英式的动员路线，在疫情防控背景下必然无法形成全员参与的结果。追求形式上全员参与的结果无法改变社区居民因弱联结而带来的弱参与。

## 四　疫情防控常态化下社区动员机制优化

### （一）以制度为纲，助推动员体系规范化

制度是推动社区动员体系规范化的基础，应在顶层设计中将社区动员路径科学化、明确化、标准化，只有这样才能在面对疫情防控"新常态"下的突发风险事件时，调动社区各方力量的协助与社区全体居民的参与。

#### 1. 制定规章制度

社区居委会在社区动员工作中发挥了互联网相关平台的作用，但存在缺少系统管理和无序的困境，应制定明确的规章制度。针对管理微信群、微信公众号的工作，首先应明确专门处理相关事务的工作人员及其职责；其次，统计现存微信工作群的数量，将重复交叉或活动已结束的群解散。对微信群重新进行分类，做好长期管理群和临时管理群的登记管理；最后，制定微信群的通用规则，确定每个群的群主为社区居委会工作人员，负责发布信息；群管理员是社区积极分子，协助社区居委会人员管理群内的交流内容与解答

---

① 周延东：《社区治理的"关系式动员"研究》，《中国特色社会主义研究》2020 年第 1 期。

居民疑惑。此外，在实际操作过程中，应针对不同群的性质，灵活调整，切勿一刀切管理。

### 2. 建立监督机制

推进社区网格化管理，需建立完善的监督机制。一方面是对社区居委会的工作有效性的监督，应将社区居民对社区居委会工作的评价纳入考核内容之一。社区居委会是否有效进行社区动员，最直接的是社区居民的反应和行动。这不仅可优化既有的民主评议等社区治理制度，又可激活社区居民作为社区主人翁的意识。另一方面是社区居委会对社区积极分子的监督，社区居委会进行社区动员的效果一部分取决于社区积极分子的负责程度。这不仅要依靠社区居民自身的道德觉悟，还需建立有效的监督机制，制定考核楼栋长、楼门长尽责的措施，这样才能在突发疫情等其他风险事件时有效进行社区动员。

### 3. 完善激励机制

社区动员离不开一定的激励机制，在疫情常态化防控中，社区动员是动员全体居民参与的手段，因此不仅激励未有行动的居民参与社区活动，还要充分考虑一直以来积极响应和配合社区事务的居民以及为社区事务做出贡献的积极分子。激励不应单独发挥物质层面的作用，还应将精神奖励作为激励的核心。在精神层面，应充分发挥社区宣传栏的作用，将社区积极分子和志愿者张贴在宣传栏中进行嘉奖，还可每一季度或年度举办由社区居民评选出社区中的"活雷锋"等活动，不仅强化社区道德建设，还有利于形成社区的精神凝聚力。在物质层面，对社区居民参与率低的活动，要兼顾眼前任务量和社区长远发展的视角，实施公平的激励机制。同时，对于社区已有的积极分子，要适当通过物质激励稳固其参与活力。

## （二）以合作为要，筑牢主体多元化基础

社区居委会作为居民自我管理、自我教育、自我服务的基层群众性自治组织，发挥其自治性，离不开社区动员主体的多元化以及主体之间的合作。社区动员主体，首先要通过社区居委会发挥领头羊作用，凝聚社区居民力

量；其次，充分依托社区内其他组织的力量，例如物业管理公司、社区党组织，充分展现各组织的独特优势。各主体之间通过合作，不仅发挥动员最优效果，还能筑牢社区动员主体多元化的基础。

### 1. 赋予自治实权

各组织之间实现联动，首先需赋予社区居委会一定职权，使其发挥动员各组织之间合作的龙头作用，协调各组织相互配合，在社区防控中实现合作。虽然 2018 年版《城市居民委员会组织法》①，对社区居委会的性质及社区居委会与政府的关系做出了明确规定，但未明确界定社区居委会与社区内其他主体间的关系，导致社区居委会无实权但又要担负实责的处境，实现社区内各组织的联动存在诸多困难。社区居委会应搭建各组织之间合作的平台，不仅促进社区自治组织的合作，还要不断吸引社会组织的参与，形成社区各组织与内外资源的联动。

### 2. 激活组织活力

强大的组织是社区动员的有力资源。激活组织活力是推进社区主体联动的关键。依靠组织动员是中国共产党在百年革命与建设实践中取得成功的宝贵经验，这一经验对社区在疫情防控中达到广泛社区动员效果具有重要启示意义。对社区内的组织，不是在物理空间中加入一个新的组织层级，而是对社区既有的资源重新调整。对于社区资源，有两类组织本就存在并有其价值。一方面，通过激活党组织的活力，将党支部建在居民区，在结构上使党支部嵌入社区，吸纳社区党员加入，增加社区积极分子的种类，改变以年龄为优势的社区积极分子趋势。党员作为社区内隐性的精英分子，应充分发挥群众对党员的信任，让社区动员发挥从群众中来到群众中去的广泛性。另一方面，盘活业主委员会，每位居民都是业主，作为社区的一分子有融入组织的现实需要。业主委员会作为业主发声的渠道之一，成为业主满足自身生活需求、解决社区问题的自治组织，促使这一组织重新焕发生机，社区动员也会更加顺畅。

---

① 中国人大网：《中华人民共和国城市居民委员会组织法》，http：//www.npc.gov.cn/npc/c30834/201901/d0f093d6b5174681826577eddf5d4bb4.shtml，2022 年 2 月 21 日。

### 3. 确保组织再生产

保障社区动员各主体合作的长效发展，首先是保证社区动员主体的持续再生产，延续组织的生命。社区积极分子大都由社区居委会动员，但缺少对积极分子的维护和管理。当积极分子搬离社区或生理原因退出社区时，无法实现后续力量的补位，因此积极分子呈现临时化和个体化趋势。激活组织活力，却无法保证组织的长效发展，将使社区动员活动流于形式，动员效果掺杂水分，而影响社区未来的永续发展。因此，赋予社区组织基本的自治全能，盘活社区的有效资源，还应确保组织的"再生产"功能。各类组织通过参与社区的动员活动，扩大自身的影响力，吸引社区居民参与。同时，可通过激励机制，吸纳新成员，更新组织血液。

### （三）以情感为线，打造社区共同体意识

社区作为空间层面上居民共同生活的共同体，在陌生人社会的发展趋势中，居民之间缺少精神层面的共同体意识。社区共同体意识是社区动员的驱动器，凝结了社区每位居民的态度、文化以及价值观。打造共同体意识，不仅可消除居民之间的疏离感，还可驱动居民响应动员，通过参与社区公共活动增强社区归属感和认同感。首先，唤醒"人人有责"意识。社区除了现有的线下张贴通知与线上公众号发推文让每位居民充分认识新冠肺炎疫情防控的复杂性、艰巨性、长期性和重要性，还要让每一位居民意识到社区内的大小事务是与居民的生活息息相关，每位居民不仅有权参与社区防疫，还应承担起相应责任。其次，提升对社区的价值认同。使社区居民深刻体验和认识社区是每个人的公共家园，尊重社区居委会的工作，身体力行响应动员。最后，宣传教育，把握舆论话语。善于挖掘社区居民共同记忆里富有情感的人物和事件，提炼价值精华，进行宣传教育。在社区动员中，只有先聚集大家的思想，达成共识，才能在疫情防控中进行广泛动员，在社区未来活动动员中发挥内核作用。

常态化疫情防控下，社区动员是当前与未来社区防控的桥梁，不仅联结着社区内多元主体的合作，还联结着社区防疫各环节间的工作畅通与效率。

研究发现，X 社区居委会的社区动员存在制度管理碎片化、联动体系单一化、联结网络微弱化。社区动员作为社区工作的手段和过程，一方面体现的是社区治理的过程截面，反映的是社区治理的思路和能力；另一方面体现了居民参与的程度以及居民与社区的关系。因此，针对现有社区动员困境，在制度上、组织上、意识上优化社区动员机制，使社区动员实现规范化、规模化以及有效化。

**参考文献**

俞祖成、黄佳陈：《城市社区治理的困境：居民权利与义务的失衡——基于上海社区田野调查的思考》，《上海大学学报》（社会科学版）2021 年第 5 期。

何少辉：《陌生人社区：整合与治理》，社会科学文献出版社，2017。

田毅鹏：《转型期中国城市社会管理之痛——以社会原子化为分析视角》，《探索与争鸣》2012 年第 12 期。

席亚洁：《社区网络动员：突破"中心-边缘"结构的尝试——以南京市栖霞区为例》，《江南论坛》2019 年第 6 期。

蓝启先：《疫情防控下社区动员能力的提升》，《太原城市职业技术学院学报》2020 年第 8 期。

王润泽、徐诚：《重大疫情中基层社区的高效动员能力》，《经济导刊》2020 年第 6 期。

# Abstract

In 2021, the overall development trend of China's urban and rural community development is turned to be well, and there is also further progress in resilient communities construction against the COVID-19 epidemic. On the new journey, communities construction and governance over all China have been actively explored, and a number of advanced models have emerged, and the community construction has been solidly promoted with the tenacity of the green hills. Therefore, the new trend of low-carbon community construction and digital community construction discussed in Beijing, Shanghai and Hangzhou is seen obviously; the construction of digital community is opening up the information communication ways between various subjects in community governance, so as to provide necessary preparations for both the online and offline integration of community resources; the home-based community care for the elderly has been continuously improved, and the pattern of diversified subjects participating in home-based community elderly care service has been formed; the integrated smart community elderly care model of "medical care, elderly care and insurance" has begun to integrate and develop. At the same time, the health resources of grass-roots communities have been further enriched, and the effect of the mobilization model of joint prevention and control of the COVID-19 epidemic has emerged. The new trend of low-carbon community construction and digital community construction is highlighted, and community governance is also further refined. However, there still are some problems in terms of Community governance and development, which includes the urban and rural areas unbalanced development, inefficiency of community services, the imperfect governance system, as well as the insufficient intelligence. For example, The development of smart care products for

the elderly and the technical support of the platform are insufficient, and the digital, intelligent, refined management and services of community property management for the community need to be improved; the construction of rural communities is relatively lagging behind, and the transformation from management to service at the grass-roots turns to be difficult.

Accordingly, based on the above understanding, this report puts forward proposals as follows. We should make overall planning in details, coordinate the development of urban and rural areas, take service refinement as the main direction, strengthen the supply of community public services oriented to residents' needs, promote community governance to openness, linkage, and integration, and promote the complete communities construction; we also should standardize the institutional mechanism of the smart community elderly service model, increase the transparency of the smart community elderly service information, promote the construction of digital communities, so as to build a more resilient smart community network ecological environment. It is important that communist party leads community owners' committees and property enterprises to participate in community governance. At the same time, it is necessary to clarify the main responsibilities of all parties, promote the market-oriented operation of property management, and build a property service supervision system with credit evaluation as the core. Attach importance to the application of neighborhood public space as an innovative carrier of grass-roots governance, build a new platform for residents to participate in community governance, and promote a virtuous circle of community grass-roots social governance. Last but not least, pay more attention to the application of neighborhood public space as an innovative carrier of grass-roots governance, in order to build a new platform for residents to participate in community governance, and promote community grass-roots governance to work well.

# Contents

## I  General Reports

**B**.1  Solidly Promote the Building of Resilient Communities With
the Tenacity of Firm Determination

—*Analysis of the Situation of Community Construction and*
*Community Governance in China from* 2021 *to* 2022

*Tan Rihui*, *Li Jinjuan*, *Hao Jiajie and Wang Tao* / 001

**Abstract:** Risk society is a new normal that current social governance needs
to adapt to urgently. It is an effective choice to deal with the risk society to firmly
promote the construction of resilient communities with the tenacity of the green
hills. In recent years, the construction of resilient communities has achieved
remarkable results, which are highlighted by the steady increase in the enthusiasm
of multiple subjects to participate in governance, the steady improvement in the
level of smart governance in the community, the significant enhancement in the
level of community elderly care services, the significant enhancement in
community awareness of prevention and control and the ability to resist risks.
However, in the current process of building resilient communities, there are still
insufficient institutional guarantees and capacity levels for the participation of
multiple subjects, insufficient breadth and depth of technology-enabled resilient
cities, low awareness of social governance community, insufficient community
social capital and community resource endowments. Resilient community building

is a complete chain and a long-term systematic project. In future, it is necessary to further strengthen the identification of multiple subjects with the community, build a higher level of harmonious, stable and safe communities, and create a governance model that integrates autonomy, rule of law, and rule of morality.

**Keywords**: Resilient Community; Risk Governance; Grassroots Governance; Community Building

## B.2   The Research on Structural Evolution and Development Trend of Community Governance in China

—*Based on the Analysis of the Evolution of Township Streets and Urban and Rural Communities in China from* 2000 *to* 2020

*Jiao Ruoshui, Chen Yuzhou and Li Youwei* / 020

**Abstract**: The community has become a key node in social governance, and the urban and rural communities are an important breakthrough in the modernization of social governance in China. With the rapid advancement of new urbanization, great changes have taken place in the urban social infrastructure, economic production mode and organizational form. Based on the statistics from 2000 to 2020, this paper systematically sorts out the evolution trend of township streets, urban and rural communities and community services in China in the past 20 years. In the past 20 years, with the rapid growth of the urbanization rate, China has stepped into the development process of "urban China", with the rapid contraction of the number of townships, the significant increase in the number of streets, and the increasing diversification of social public services. However, under the new situation, the east-west gap, the duality of urban and rural areas, and the plurality of people's needs have put forward new requirements for governance. During the "14th Five-Year Plan" period, in the face of new situations, new challenges and new opportunities, China's community governance should shift to the people-centered, demand-oriented, service-centered refined, intelligent, specialized, socialized and legal governance, build a social governance community, and promote the construction of "urban China" to high-quality development.

**Keywords:** Community Governance; New Urbanization; Service-oriented Government; Social Governance Community

# Ⅱ   Community Construction

**B**.3   Community Governance Practices from the Perspective of Common Vision

   —*Taking the Building of "Harmonious Minhang" in Minhang Nanli Community in Haidian District as an example*

*Huang Li, Huang Ti* / 049

**Abstract:** As one of the important elements of organizational development, common vision is the common desire of team members in organizational development, and it is the goal that inspires all members to strive for and pursue from the heart. It brings people of different personalities together and works toward a common goal. Building a community governance model from the perspective of a common vision is a process of digging out the common vision of the multiple governance subjects of the community based on the needs of community residents and cultivating a community. With a bottom-up process, the multiple governance bodies of the community will be encouraged to participate in actions to meet the demands of residents, and the effective implementation of community participation services at the three levels of self-help, mutual assistance and public services will be guided. Based on the research carried out in Minhang Nanli Community, Sijiqing Town, Haidian District, Beijing, the article concludes that in the process of community governance in Minhang Nanli Community with the construction of residents' councils, the cultivation of community social organizations, and the resource chain of collaborative governance, it explores the principles of "Party building as the guide, government as the impetus, people as the main force,

military-civilian integration, social coordination, and cultural empowerment", the main practices and basic experience of building a community governance community from the perspective of a common vision, hoping to provide experience for improving the efficiency of social governance and promoting the modernization of social governance in the city.

**Keywords:** Common Vision Perspective; Community; Social Governance

**B . 4** "Practice" a Beautiful Environment and a Happy Life
—*Taking the Construction of "Complete Community" in Liaoning Old Community as an Example*

Jin Juan, Lu Jie / 066

**Abstract:** This article focuses on the advanced experience and typical case of constructing complete residence with safety and health, perfect facilities and orderly management, by adhering to the people-centered concept of social governance, to the leadership of Party building and resident participation, and with means of ' together to create a better environment and a happy life ', during the transformation of old residential areas in Liaoning Province. From three angles of the government's high-level and vertical to the end promotion, the community organizations' horizontal to the border help and the residents brainstorming, consultation and governance, this paper sums up the advanced methods and bright spots of integrating the integrated community concept into the old residential area transformation of the cities in the province, and finds and excavates the existing problems, and puts forward some countermeasures and suggestions.

**Keywords:** Jointly Creation; Complete Community; Old Community

**B**.5 Research on the Innovation of Space-operation Social Organizations Participating in Urban Grass-roots Governance

—*Taking Taoranshuyuan operated by Beijing Yitaoran Community Development Research Center as An Example*

*Wang Xuemei, Wu Jun / 083*

**Abstract:** In recent years, driven by the two forces of "top-level design" and "grass-roots creation", Beijing grass-roots governance has gradually formed three main paths: organizing activities, building platforms and operating space. The latter is the latest practice path, which is still under exploration. Based on the case study of the public space of Taoran Bookstore organized and operated by yitaoran in Xicheng District, this study presents in detail the theoretical and practical background, origin and creation, actual operation and efficiency of this path, and puts forward some enlightenment accordingly. The research shows that space operation is a feasible path for social organizations to participate in grass-roots governance. It is characterized by relying on the block public space as the carrier of grass-roots governance innovation, using the block public space as a governance tool, sinking the party and government resources, linking the country and society, providing opportunities and platforms for residents to participate in community governance and community services, and attracting multiple stakeholders in quality communities, humanistic communities Play a supporting role in the construction of harmonious communities and significantly improve governance efficiency. Research enlightenment: space governance requires grass-roots governments to actively transform, implement the "space +" strategy, and promote governance innovation.

**Keywords:** Social Organization; Space-operation; Grass-roots Governance

社区蓝皮书

**B**. 6　Research on the Construction Path of China's Low-Carbon

　　Community From the Perspective of "Double Carbon" Goal

*Lu Xiaocheng* / 105

　　**Abstract**：As the basic unit of urban population living and even working, community is an important place for population activities and their carbon emissions. It is the key carrier to practice the concept of low-carbon, build a low-carbon life and achieve the goal of "double carbon". At present, the construction of low-carbon communities in China has a long way to go. There are many problems, such as unreasonable planning and design, high proportion of traditional energy, inadequate waste classification, serious lag in ecological construction and so on. To speed up the construction of low-carbon communities and achieve the goal of carbon peak and carbon neutralization, we should strengthen low-carbon top-level design and technological innovation, build a low-carbon energy structure, strengthen waste classification, encourage low-carbon consumption, promote greening construction, and speed up the construction of a beautiful low-carbon community space.

　　**Keywords**：Carbon Peak；Carbon Neutralization；Low Carbon Community； Construction Path

**B**. 7　Research on Construction's Key Points and Development

　　Directions of Digital Community in Beijing　　*Li Mao* / 119

　　**Abstract**：Digital community construction is a key way for Beijing to improve the level of refined urban management, a key way to improve community governance and service capabilities in the capital region, and an important method for Beijing to build a global digital economy benchmark city. This paper studies the software and hardware foundation and supporting policies of digital community construction in Beijing, analyzes the progress of digital community construction, and proposes problems such as "data chimney", application redundance, common design insufficiency, and data precipitation. In response to the problems and in combination with Beijing's strategic goal of building a global digital economy benchmark city, this paper points out the key direction of digital community construction: strengthening top-level design, strengthening demonstration, carrying out data mining, and launching key projects; it suggests to promote digital industry innovation by digital community construction. , accelerate the application of new technologies and strengthen network security.

**Keywords**: Digitization; Community Governance; Digital Technology

**B**.8　Research on the Spatial Layout of Social Construction in
　　　　Beijing Under the Background of Urban Renewal and
　　　　Rural Revitalization　　　　　　　　　　　*Mu Songlin* / 130

**Abstract**: Under the dual background of urban renewal and rural revitalization, based on the data of Beijing in 2020, the research analyzes the current situation of the spatial layout of social construction in Beijing, mainly as follows: first, guide the orderly flow of population in space. At present, the core area has the highest population density. It is necessary to further guide the population to optimize the spatial layout, especially to guide the orderly flow of the population in the central urban area, including the core area, to other key areas. Second, promote the spatial balance of educational resources. In terms of space, the number of functional areas is unbalanced, and there are large differences within each area. We should make full use of the space resources vacated by urban relief and rural construction, and give priority to the construction, reconstruction and expansion of educational facilities. Third, accelerate the balanced distribution of medical resources. Spatially, medical resources, especially high-quality medical resources, are mainly distributed in core areas and central urban areas, while high-quality medical resources are relatively scarce in multi-point plain areas and

ecological conservation areas. Fourth, strengthen the spatial governance function of social organizations. Improve the specialization level of service supply for unused regional spaces, and make up for the shortcomings of key regional spaces such as Haitian area. Fifth, optimize and improve the spatial layout of sports facilities. With the idea of improving the construction function of the whole people, we should pay attention to the needs of the old people and children, and make sports facilities more diversified, especially large-scale national fitness centers and large-scale sports parks.

**Keywords:** Urban Renewal; Rural Revitalization; Social Construction; Spatial Layout

**B** . 9   Research on Public Space Construction in the Reconstruction
of Old Communities in Beijing                    *Yuan Lei* / 139

**Abstract:** Through comprehensive renovation, the old communities in Beijing have greatly improved the level of safety and livability, and entered the stage of improving the functional quality of the community, in which the construction of public space is an important link. The old community has insufficient supply of public space resources, unreasonable planning and layout, low quality, low utilization rate, and insufficient follow-up maintenance due to the lack of effective property management. Therefore, it is proposed that taking demand as the guide, scientifically plan the community public space integrating all ages, excavate the community public space resources in a three-dimensional and intensive way, improve the cultural quality of community public space, promote the co construction, CO governance and sharing of public space, and strengthen policy support.

**Keywords:** Old Community; Public space; Renovation; Beijing

# III  Community Governance

**B**.10  Study on the Countermeasures of Fine Governance of
Community Public Service                    *Bao Lulin* / 147

**Abstract**: The level of community public service is the key to solve the contradiction between people's increasing needs for a better life and unbalanced and inadequate development level. Since the 13th five-year plan, China's community governance has achieved obvious positive results. The construction of laws and regulations related to social governance has made steady progress, and the content of community services has been constantly enriched. In the face of the demand for increasingly complex and diversified community services, there are still problems such as low efficiency of Community Services, unsound governance system and low level of intelligence. It is necessary to strengthen overall coordination and aim to improve fine service, and push forward community governance towards openness, linkage and integration.

**Keywords**: Community Governance; Refinement; Countermeasures and Suggestions

**B**.11  Investigation on the Current Situation of Kunming Urban
Community Governance
—*Based on the Analysis of Five Urban Communities
in Chenggong*
*Zhang Hui, Li Fangjuan and Shi Lei* / 159

**Abstract**: in the continuous practice and exploration, urban communities have formed governance characteristics such as party construction guidance and

pluralistic co governance. According to the regional characteristics, they have accumulated rich experience in community governance. However, in the context of the new era, there are different degrees of problems in the governance of the community, such as residents' participation, division of functions and powers, owners' committee and Party members' "double check-in and double report". Based on the investigation and Research on the experience of community governance in five cities in Chenggong District, it is concluded that for the current difficulties of community governance, community governance innovation can be carried out from the aspects of residents' participation, diversified governance pattern, owners' committee and digital community.

**Keywords**: Urban Community Governance; Party Building Leadership; Pluralistic Co-governance

**B**.12　The Transformation of Community Governance Driven by Digital Reform: A Case Study of Hangzhou

*Liang Juan* / 176

**Abstract**: Digital technology provides new ideas and methods for solving social problems. In recent years, local government have explored digital reforms to drive the transformation of systems and mechanisms of community governance. The paper studies the path of the local government to promote the transformation of community governance through digital reform in Hangzhou. It was concluded that the local government continued to strengthen the top-level design of the party building and holistic governance, systematically built a county-township integrated intelligent governance, and reshaped the community governance mechanism, digitalempowerment reduced the burden and increased efficiency for the community, and drove the integration of community governance. At the same time, local exploration has also accumulated experience such as building a warm and sentimental community overall intelligent governance, empowering the grassroots to reduce burdens and increase efficiency, and activate social cell vitality through co-construction, co-governance and sharing to improve governance ecology. These practices and experiences have certain reference for other places.

**Keywords:** Digital Reform; Community Governance; Holistic and Intelligent Governance

**B**.13 From "Lively" Participation to "Value" Participation
— *Beijing "Public Welfare Second Generation" Training and Government Support System Version 2.0*

*Liu Yang / 192*

**Abstract:** The older generation of community-participating activists, represented by the "Chaoyang Masses," are gradually retiring from the community-participating scene as they age, and there is an urgent need to find a "second generation of community-benefactor" in the community. Due to the generational differences in the population, this means not only finding a new group, but also changing the nature of participation from "lively participation" to "value-based participation". This further requires that the entire community-participation support system of local governments must be upgraded to version 2.0. To this end, it is necessary to reshape the entire support system for community participation by specializing in the design of community-participation and the content of services, and by integrating various dimensions under the coordination of party building.

**Keywords:** Community-participation; "Second Generation of Community-benefactor"; "Lively Participation"; "Value-based Participation"

社区蓝皮书

**B** . 14 Public Space Building and Innovation of Community
Governance: Analysis on Construction Practice of
Community Gardens in Dongming Road Sub-district
in Shanghai                                         *Jin Qiao* / 206

**Abstract:** The practice of public space building in urban communities could
be analyzed to find theoretical meanings for innovation of governance. Based on
case analysis of community gardens' construction in Dongming Road Sub-district,
Pudong New District in Shanghai, this article introduces different actors' roles
during the construction process, summarizes basic positive effects and experiences,
and discusses theoretical meanings for innovation of governance connecting with
requirements of CCP. The article concludes that: in the practice of public space
building, belief of participating accords with requirement of "Co-building, Co-
governance and Co-sharing"; organizational structure of multi-actors is helpful to
form "the community of social governance"; basic principles of "whole process
people' process" are also embraced in the practice of public space building.

**Keywords:** Public Space; Community Building; Innovation of Governance

**B** . 15 Exploration of a New Path for Flexible Governance of
Grassroots Urban Communities
—*From the Example of "Immersion Work Method" in*
*Hudong Community of Suzhou Industrial Park*
*Hao Jiajie, Liu Jiayi, Wang Jing and Zou Guangrong* / 218

**Abstract:** Jinji Lake Street in Suzhou Industrial Park has long been
committed to exploring the practice path of community governance, and has
gradually formed a flexible governance model of immersion work method in
practice. The process of using the immersion working method is mainly divided

into two stages. The first stage is "mobilization". Jinji Lake Street extensively develops interest clubs, carries out community education projects, and makes good use of residents' personal role norms to awaken residents' sense of autonomy. The second stage is "empowerment". Jinji Lake Street adopts various ways to ensure the expression of residents' needs, promote professional forces to participate in community governance, and improve the management of volunteer teams to consolidate residents' community participation and cultivate residents' self-governance ability. The immersion work method of Jinji Lake Street has demonstrated the inherent logic and governance advantages of precise governance, cooperative governance, emotional governance and cultural governance in practice. The immersion working method can provide reference experience about how to enhancing the enthusiasm of residents to participate in governance for other grassroots communities.

**Keywords:** Community; Flexible Governance; Innovative Governance; Infiltrating Working Method

# Ⅳ Community Care for the Elderly

**B**.16 Current Situation and Countermeasures of Table Operation
for the Elderly in Beijing Community *Li Jinjuan* / 236

**Abstract:** Dining is the primary problem of the elderly's life care needs, especially the empty nest elderly and the elderly have a stronger demand for community canteens. As a metropolis that has entered the aging stage earlier, Beijing has successively issued a series of policies in recent years to improve the living and welfare level of the elderly and achieved certain results. Based on the topic of community elderly meal in Beijing, this paper makes an in-depth analysis from the aspects of supply status and existing problems, and puts forward countermeasures and suggestions from the aspects of optimizing the top-level design, innovating the supply mode of elderly meal, and dealing with the public

welfare and profit-making relationship of elderly table, so as to promote the high-quality development of service level for the elderly in the capital.

**Keywords:** Community Care for the Elderly; Elderly Dining; Countermeasures

**B**.17 Study on Evaluation Index of Age-Friendly Community in Beijing　　　　　　　　　　　　　　　*Qu Jiayao* / 247

　　**Abstract:** Based on the questionnaire survey data of 150 communities in Beijing in 2020, this paper analyzes the construction and satisfaction in five environmental dimension indicators of four community types: living environment, building and community environment, service environment, cultural participation environment and science and technology environment for the elderly. It's found that the old residential areas have the most problems in the dimension of living environment; The affordable housing communities have more problems that need to be reconstructed in the two dimensions of building and community environment, service environment; The unit communities have more problems in the cultural participation environment; Four types of communities have similar construction conditions in the science and technology environment. The key areas of the construction have been put forward to provide reference for the establishment of demonstrative age-friendly communities.

　　**Keywords:** Community Type; Age-Friendly Community; Evaluation Index

**B**.18 Research on the Progress, Problems and Countermeasures of Hangzhou Smart Community Care for the Elderly

*Zhu Hailong, Xu Xinyi, Xu Wenjiao, Ding Xiaoyang,*

*Fang Zenan and Zheng Siyu* / 264

　　**Abstract:** Taking Hangzhou as an example, this paper expounds the realistic path of the smart community elderly care service model. Based on the regional demand and local capacity, Hangzhou has made some achievements in the construction of smart community elderly care by expanding the scale of network infrastructure construction, strengthening the construction of smart community, and exploring the digital empowerment of Hangzhou smart community elderly care life mode. Through the smart elderly care service policy in Hangzhou, we promoted the implementation of services, "community smart governance online" assisted services, upgraded and optimized the municipal "Internet + elderly care" platform, and explored the digital empowerment of the elderly care life mode in Hangzhou smart community. At the same time, Hangzhou smart community elderly care service has the following problems: First, there is a lack of unified norms, and the level of standardization and institutionalization is not high; Second, intelligent technology is underdeveloped; Third, there is a shortage of intelligent elderly care talents; Fourth, the supply and demand of community elderly care services are mismatched and have poor adaptability. In response to the above issues, this article proposes the reform of the number of pension services; new ways to expand rural pension services; promote the new format of the pension industry and innovate Hangzhou social collaborative participation; cultivate Hangzhou local professional elderly service talents; strengthen the responsibility of the Hangzhou municipal government's pension responsibilities Specific strategies with regulatory consciousness.

**Keywords:** Community Pension; Smart Pension; Practice in Hangzhou

**B**. 19   Exploration and Research on Elderly Care Service Model in
         Smart Community                    *Liu Shu, Li Moyang* / 279

**Abstract:** With the acceleration of the aging process of China's population, the traditional ways of providing for the elderly have high requirements for human, material and financial resources, which is not enough to fully cover the needs of the elderly group. However, in the context of the rapid development of

information technology, "Internet + pension" permeates into community pension, and the smart community pension model emerges at the historic moment, which is also an important way to meet the challenge of aging. In this paper, through combing community endowment service transformation from the tradititional pattern of "Internet +" smart community endowment patterns of shift process, finding out the smart Community pension problems of Intelligent platform information technology support is insufficient; medical resources are not abundant enough,; product development is not humanized enough,; the construction of talent system is not perfect. Suggestions to enhance the technological level of smart community; strengthen the integration of medical and nursing services; standardize service systems and mechanisms; Clarify the development path of endowment service talent team; Increase the transparency of information on elderly care services. Let us jointly promote the continuous development of the service model of smart community endowment.

**Keywords**: Smart Care for the Aged in the Community; Care for Aged in the Community; Smart Care for the Aged

# V Community Property and Community Service

**B**.20  Research on the Operation Status, Problems and
Countermeasures of the Community Owners Committee

*Zhang Juzhi*, *LI Yanzhong* / 291

**Abstract**: As the representative agency of community owners with housing property rights, the owners committee has grown rapidly across the country in recent years, and its role in the community governance process has been highlighted. Owners committee in the actual operation is mainly affected by their development stage, and internal and external environment factors. They face some problems, such as difficulty in verifying the public gains, action and professional abilities" insufficiency of the owners committee, and lack of effective participation of the property owners. Owners' committee's effective operation need the policy, resources, information and other related support from the community residents 'committees, grassroots government and other community governance subject, and also need the owner's trust and support. Only when the owners' committee and other community management subjects cooperate and negotiate together, can we continuously promote the benign development of the community. Perhaps, in the future the owners committee can become an important fulcrum to leverage urban community-level social governance "the last kilometer".

**Keywords:** Owners Committee; Community Governance; Grassroots Governance

**B.21 Realistic Dilemma and Solution of Urban Community Property Management**

*Ma Xiaoyan / 307*

**Abstract:** The concept and model of property management formed under the traditional system have made the property management in urban communities difficult to adjust property fees, ambiguous in the definition of property rights, and lack of supervision mechanism. The formation of the dilemma is not just an industry management problem, but a social governance problem involving the interest relationships among many subjects. To solve this dilemma, it is necessary to clarify the following issues: clarify that the owner is the main responsible body of property management; improve the property management system and promote market-oriented operation; establish and improve the property service certification standard and system; build a property service supervision system with credit evaluation as the core.

**Keywords:** Community; Property Management; Management Mode

社区蓝皮书

**B**. 22 Multi-factor Analysis on the Change of Residential Preference

*Song Mei* / 318

**Abstract**: Housing preferences are generally characterized by surveying residents' housing choices or preferred housing at specific time points. Two factors will continue to influence and lead to changes in people's preference for residential communities. One factor relates to demographic shifts, the other is due to rising incomes and technological advancements. Based on the influence of the above factors, this paper explores the changes in residents' housing preferences from the following five aspects: (1) Do residents prefer to live in the center of the city or the suburbs? (2) Are residence preferences related to demographic characteristics? (3) Are residential preference types related to residential attributes? (4) Is the preferred type of living environment related to underlying motivations (values, purposes, goals, etc.)? (5) Can housing preference be predicted based on individual characteristics, preference attributes of housing (environment), and underlying motivations?

**Keywords**: Residential Preference; Demographic Structure; Latent Motivation

**B**. 23 The Change of Social Resource Allocation Model and the Institutional Innovation of Socialization of Community Services

—*A Case Study of the "Haidian Experience" of Community Service*

*Huang Jialiang, Tao Yanliu* / 326

**Abstract**: Since the new era, the social resource allocation model has shown a more obvious trend of communitization, diversification, people's livelihood orientation and equalization. In this context, how to realize the socialization of community services through institutional innovation is one of the major propositions to be solved in the current modernization of grassroots social governance. Based on the characteristics of the times and its own regional conditions, Haidian District of Beijing is guided by meeting the diversified service needs of residents, based on its own resource advantages, fully mobilizes social forces, and gradually forms an experience in the socialization of community service with Haidian characteristics. It is mainly reflected in the following aspects: first, the establishment of a three-level service system of districts, sub-district and communities to achieve the systematization of community services; second, to innovate the mechanism of government procurement of services and promote the diversification and specialization of community services; third, to build a "quarter of an hour community service circle" to promote the facilitation of community services. The practice of socialization of community services in Haidian District has important enlightenment for the major proposition of responding to the diverse needs of residents and cracking the modernization of grass-roots social governance under the change of social resource model in the context of the new rea.

**Keywords:** Social Resource Allocation Model; Grassroots Social Governance Innovation; Socialization of Community Services

**B**. 24 Discussion about Community Difficult Parking of Beijing

*Chai Haofang* / 346

**Abstract:** Alleviating the community parking conundrum of Beijing is one of the keys to Beijing's plan to create a world-class, harmonious and livable metropolis. However, the solution to the community parking problem is often faced with inherently insufficient space and hardware constraints, as well as soft constraints such as weak grassroots governance capabilities. Therefore, it is necessary to take party building as the guide, steadily promote the virtuous circle of community-level social governance, focus on the democratic construction of the community itself, strengthen the arrangement of internal resources in the community and the introduction of external resources, and ease the problem of

社区蓝皮书

parking in the community in an orderly manner.

**Keywords:** Community parking; Primary-level Governance; Resources Introducing

# VI Community Health Service

**B.25** Development Status and Standardization Construction of Community Health Service in China

*Bai Huijun, Feng Hao / 356*

**Abstract:** Community health service as the output of community health service institutions, including prevention, health care, medical treatment, rehabilitation, health education, and family planning technical services as one of the primary health service set. With the acceleration of population aging and the continuous growth of chronic diseases, the change of disease spectrum, the promotion of medical reform policy and the insufficient investment in health field, the grass-roots medical and health service system with community health service as the core can not meet the people's medical needs. Vigorously developing the standardization construction of community health service is a strategic measure for the development of health undertakings in China, and an important link to improve and perfect the grass-roots health service system in China. By analyzing the current situation and existing problems of community health service in China, this paper clarifies that the standardization of community health service is a work involving full participation and multi-level overall coordination, which requires all-round support from policies, management, funds, facilities and talents. And put forward relevant suggestions to speed up the standardization of community health services.

**Keywords:** Community Health Service; Primary Health Care; Standardization Construction

**B**.26 Linkage and Connection: Research on Community
Mobilization Mechanism of Epidemic Normal Prevention
and Control
—*Based on the Investigation of Epidemic Prevention and
Control in Beijing " X" Community*

*Li Min, Luo Huyi / 368*

**Abstract:** Epidemic prevention and control under the "new normal"
highlights the important position of community prevention and control.
Community mobilization plays a driving role in community prevention and
control. Based on the investigation of epidemic prevention and control in X
community in Beijing, it was found that the mobilization effect of the combination
of offline and online mobilization strategy adopted by the neighborhood committee
did not reach the ideal state, reflecting the following difficulties in community
mobilization: fragmented institutional management, simple linkage system, weak
connection network. Therefore, based on the realistic needs and long-term
development, it is proposed to promote the standardization of mobilization system
based on the system. With cooperation as the key, we need to lay a solid
foundation for mobilizing diverse subjects. Take emotion as the line, build
community consciousness and other suggestions, and then optimize the community
mobilization mechanism, improve the efficiency of community governance.

**Keywords:** New Normal of Epidemic Prevention and Control; Community
Mobilization Mechanism; Linkage Connection

# 皮 书

## 智库成果出版与传播平台

### ❖ 皮书定义 ❖

皮书是对中国与世界发展状况和热点问题进行年度监测，以专业的角度、专家的视野和实证研究方法，针对某一领域或区域现状与发展态势展开分析和预测，具备前沿性、原创性、实证性、连续性、时效性等特点的公开出版物，由一系列权威研究报告组成。

### ❖ 皮书作者 ❖

皮书系列报告作者以国内外一流研究机构、知名高校等重点智库的研究人员为主，多为相关领域一流专家学者，他们的观点代表了当下学界对中国与世界的现实和未来最高水平的解读与分析。截至2021年底，皮书研创机构逾千家，报告作者累计超过10万人。

### ❖ 皮书荣誉 ❖

皮书作为中国社会科学院基础理论研究与应用对策研究融合发展的代表性成果，不仅是哲学社会科学工作者服务中国特色社会主义现代化建设的重要成果，更是助力中国特色新型智库建设、构建中国特色哲学社会科学"三大体系"的重要平台。皮书系列先后被列入"十二五""十三五""十四五"时期国家重点出版物出版专项规划项目；2013~2022年，重点皮书列入中国社会科学院国家哲学社会科学创新工程项目。

# 权威报告·连续出版·独家资源

# 皮书数据库
## ANNUAL REPORT(YEARBOOK)
## DATABASE

## 分析解读当下中国发展变迁的高端智库平台

### 所获荣誉

- 2020年，入选全国新闻出版深度融合发展创新案例
- 2019年，入选国家新闻出版署数字出版精品遴选推荐计划
- 2016年，入选"十三五"国家重点电子出版物出版规划骨干工程
- 2013年，荣获"中国出版政府奖·网络出版物奖"提名奖
- 连续多年荣获中国数字出版博览会"数字出版·优秀品牌"奖

皮书数据库        "社科数托邦"
                微信公众号

### 成为会员

登录网址www.pishu.com.cn访问皮书数据库网站或下载皮书数据库APP，通过手机号码验证或邮箱验证即可成为皮书数据库会员。

### 会员福利

- 已注册用户购书后可免费获赠100元皮书数据库充值卡。刮开充值卡涂层获取充值密码，登录并进入"会员中心"—"在线充值"—"充值卡充值"，充值成功即可购买和查看数据库内容。
- 会员福利最终解释权归社会科学文献出版社所有。

数据库服务热线：400-008-6695
数据库服务QQ：2475522410
数据库服务邮箱：database@ssap.cn
图书销售热线：010-59367070/7028
图书服务QQ：1265056568
图书服务邮箱：duzhe@ssap.cn

社会科学文献出版社 皮书系列
SOCIAL SCIENCES ACADEMIC PRESS (CHINA)

卡号：376667555777
密码：

**中国社会发展数据库**（下设 12 个专题子库）

紧扣人口、政治、外交、法律、教育、医疗卫生、资源环境等 12 个社会发展领域的前沿和热点，全面整合专业著作、智库报告、学术资讯、调研数据等类型资源，帮助用户追踪中国社会发展动态、研究社会发展战略与政策、了解社会热点问题、分析社会发展趋势。

**中国经济发展数据库**（下设 12 专题子库）

内容涵盖宏观经济、产业经济、工业经济、农业经济、财政金融、房地产经济、城市经济、商业贸易等 12 个重点经济领域，为把握经济运行态势、洞察经济发展规律、研判经济发展趋势、进行经济调控决策提供参考和依据。

**中国行业发展数据库**（下设 17 个专题子库）

以中国国民经济行业分类为依据，覆盖金融业、旅游业、交通运输业、能源矿产业、制造业等 100 多个行业，跟踪分析国民经济相关行业市场运行状况和政策导向，汇集行业发展前沿资讯，为投资、从业及各种经济决策提供理论支撑和实践指导。

**中国区域发展数据库**（下设 4 个专题子库）

对中国特定区域内的经济、社会、文化等领域现状与发展情况进行深度分析和预测，涉及省级行政区、城市群、城市、农村等不同维度，研究层级至县及县以下行政区，为学者研究地方经济社会宏观态势、经验模式、发展案例提供支撑，为地方政府决策提供参考。

**中国文化传媒数据库**（下设 18 个专题子库）

内容覆盖文化产业、新闻传播、电影娱乐、文学艺术、群众文化、图书情报等 18 个重点研究领域，聚焦文化传媒领域发展前沿、热点话题、行业实践，服务用户的教学科研、文化投资、企业规划等需要。

**世界经济与国际关系数据库**（下设 6 个专题子库）

整合世界经济、国际政治、世界文化与科技、全球性问题、国际组织与国际法、区域研究 6 大领域研究成果，对世界经济形势、国际形势进行连续性深度分析，对年度热点问题进行专题解读，为研判全球发展趋势提供事实和数据支持。

# 法律声明

　　"皮书系列"（含蓝皮书、绿皮书、黄皮书）之品牌由社会科学文献出版社最早使用并持续至今，现已被中国图书行业所熟知。"皮书系列"的相关商标已在国家商标管理部门商标局注册，包括但不限于LOGO（▨）、皮书、Pishu、经济蓝皮书、社会蓝皮书等。"皮书系列"图书的注册商标专用权及封面设计、版式设计的著作权均为社会科学文献出版社所有。未经社会科学文献出版社书面授权许可，任何使用与"皮书系列"图书注册商标、封面设计、版式设计相同或者近似的文字、图形或其组合的行为均系侵权行为。

　　经作者授权，本书的专有出版权及信息网络传播权等为社会科学文献出版社享有。未经社会科学文献出版社书面授权许可，任何就本书内容的复制、发行或以数字形式进行网络传播的行为均系侵权行为。

　　社会科学文献出版社将通过法律途径追究上述侵权行为的法律责任，维护自身合法权益。

　　欢迎社会各界人士对侵犯社会科学文献出版社上述权利的侵权行为进行举报。电话：010-59367121，电子邮箱：fawubu@ssap.cn。

社会科学文献出版社